新中国 新建筑

六十年60人

郑时龄 主编

江西科学技术出版社

1949-2009

为新中国建筑和新中国建筑师立传（序）

郑时龄

适逢中华人民共和国建国60周年，在《设计家》历年采访建筑师的基础上，以在建筑设计领域具有重大影响力的国内60位建筑师的设计生涯以及他们的代表作品为经，以这些杰出建筑师的设计理念为纬，江西科学技术出版社隆重推出《新中国 新建筑：六十年60人》一书，为新中国60年的建筑立传，也是为新中国的建筑师立传。

事实上，这个构想很好——以辩证唯物主义态度，本着百花齐放、百家争鸣的原则，阐述传主各自的设计理念，展示建国60年来在建筑理论、建筑实践等诸方面所取得的成就，具有纪念意义和实践意义。与此同时对部分传主略显偏激的观点采取保留、包容的客观态度，仅供学术参考。

60人的限额当然不合理，但是又不得不承认它与新中国60年的关系。新中国建国60年来出现的优秀建筑师岂是这区区60席可以涵盖的！600位都嫌少！但我们并不想把这本书作为权威性的结论，只是看作一种辑录和记载，只是想从这60位建筑师的思想和作品窥见新中国建筑的一斑。因此，本书只是某种意义上的选集，而不是史诗意义上的建筑师全集，是像坊间流传的无数种文选那样具有诗意的选集，只是从这60位建筑师的作品和故事这个切入点来部分了解60年以来的新中国建筑、新中国建筑师。

60年的历程至少涵盖了五代建筑师。通常所称的中国第一代建筑师曾经为新中国的建筑事业作出了巨大的贡献，他们也培养了一代又一代建筑师，我们都是学习他们的作品，读着他们的论著成长起来的。遗憾的是，他们中的绝大部分已经故世或者无法直接采访，因此本书没有这一代建筑师的身影。这里面列入的有通常所称的中国第二代建筑师，他们是我们的导师和楷模，但是他们中的许多人也已经故世或者无法接受采访。第三代建筑师是今天中国建筑界的中坚，他们是曾经教过我们的老师，有些是我们的同事和友人，他们活跃在今天的中国建筑舞台上，起着承前启后的核心作用。但是如果要把这一代建筑师的代表人物都列入的话，也远远超出60位，因此只能割爱，留出空间给第四代、第五代建筑师——他们中的有些人已经是，或者不久的将来是中国建筑界的中坚。各代人在书中的比例并没有刻意加以考虑，列入本书最年轻的建筑师是70后。

本书的体例也与其他同类书不同，采用叙事式、谈话式，而不是常见的简历式的小传，以较详实的篇幅着重介绍传主的设计之路、设计理念和代表作品。从中我们可以深刻地认识这些建筑师的设计生涯和思想，他们的成长道路和培育他们的社会政治环境。我们可以看到，这些建筑大师不是不吃人间烟火食的神祇，而是有喜怒哀乐、有思想、有个性、有血有肉，做出了丰功伟绩，对新中国建筑有重要贡献的凡人。本书也不是为了表彰这些大师，他们的事业和成就已经在无数的评奖、论著、选集、文集和作品选中介绍过，许多名字的光辉无需更多的笔墨来彰显，他们的名字就代表了中国建筑史。

这是普通人写建筑师，凡人写给凡人看的一本朴实的书。

承前启后

目 录

目 录

目 录

薪火相传

我始终没有懈怠过

同济大学建筑与城市规划学院名誉院长　冯纪忠

1915年生于河南省开封市。1936年9月至1941年6月，在奥地利维也纳技术大学学习建筑，获建筑师及工程师学位。1946年回国，相继在上海同济大学、交通大学担任教职，并于20世纪50年代在同济大学创立了国内第一个城市规划专业。

冯纪忠是中国老一代建筑学家、建筑师和建筑教育家，是中国现代建筑的奠基人、中国城市规划专业以及风景园林专业的创始人、中国第一位美国建筑师协会荣誉院士。作品包括武汉同济医院、东湖客舍、方塔园等。2004年获第一届“中国建筑学会建筑教育特别奖”，2008年获首届“中国建筑传媒奖”的“杰出成就奖”。

冯纪忠是同济大学建筑与城市规划学院创始人，也是中国城市规划专业的创始人，中国科学院院士，在我国现代建筑的理论建设、学科发展和实践等多方面卓有建树。正如冯纪忠在2008年接受电视采访时所说，“我始终没有懈怠过”。他集深厚的国学功底和现代建筑学养于一身，早在20世纪50年代，就对城市规划问题十分关注，并在这一专业学科的建立和发展中倾注了自己的心血。此外，冯纪忠“与古为新”，在规划、建筑和园林领域内作了深入的探讨，并在上海松江方塔园里树立了这样一个典范。

贯古今，跨中西

冯纪忠出生于书香门第，祖父曾任浙江巡抚，父亲曾任徐世昌秘书。他自小就深受国学熏陶。待到在圣约翰高中和大学就读期间，冯纪忠兴趣很广泛，喜绘画、爱话剧、勤书法，还很欣赏梅兰芳、程砚秋等人的京剧。因为在上海“大光明”电影院体会到这一建筑不仅与地形结合得好，内部空间组织也十分合理，让人产生美好的印象，他对建筑学也有了兴趣。

1936年，冯纪忠随姨母到维也纳求学。他后来回忆说，许多人都到维也纳学音乐，而他则感到这也是一个“建筑之都”，有着瑰丽的历史文化建筑。在他念书的维也纳技术大学，当时只有他一个中国人，当时又正值欧洲烽火连天，学业、生活都十分艰苦。据冯纪忠回忆，他甚至在那时学会了如何在飞机扫射时迅速贴墙而站，以保性命。冯纪忠在维也纳曾修读博士课程，计划以一栋老建筑为题写博士论文，也完成了测量工作，后来这座建筑却被战火所毁，因此他的论文也只能不了了之。20世纪30年代至40年代，包豪斯热潮已遍及德国、奥地利、瑞士、荷兰等国。冯纪忠的一些老师的作品，如20世纪30年代初，Theiss在维也纳市中心设计的Hochhaus，就堪称现代建筑的一个典范。可以说冯纪忠对建筑设计与规划关系的体悟，是与现代建筑理念的发展相互关联的，他本人，也正是将现代建筑理念介绍到国内的先锋。

1946年，经过一番奔走、苦候和行旅，冯纪忠回到了阔别已久的家乡。他跨进家门第一件事，就是趴在地上给母亲磕头。10年的异域生活，使得冯纪忠带回了西方建筑体系的认知、数年的从业实践。与此同时，他依然保留着中国传统文化的根底。冯纪忠曾说，自己一直比较注重文学的修养，但增加修为的方式是通脱的、多样的，并不一味拘泥于诗、文，而是要学会中西文不同的文法，理解中文文章和字体的“气”。他说：“有了‘气’就有了‘势’，‘势’有推动力，这条线就起作用了，就能出现‘形’。”比如说，有一种气是凝练的，如楷体；而草体简直是飞动了。在冯纪忠看来，这样的文化感受，对设计师是有益的。

建筑的道路上，冯纪忠在建筑设计、城市规划设计、景观规划设计这三个学科中均有成就，其中一个重要的原因，就在于他深厚的中西方文化学养，完整而丰富的感受、理解和表达能力。

建筑与城规，合则两利

在中国，城市规划作为一个专业，从1952年已经创设，1956年得以正名。而说到冯纪忠在城市规划领域内的学习与研究，则要追溯到他在维也纳技术大学求学的时期。在《中国第一个城市规划专业的诞生》一文中，冯纪忠追忆了这段经历：

“早年，我在奥地利读书时受规划课老师的影响很大，”他说：“在当时的课程里，不光是规划的老师，连设计的老师也都讲规划的内容。规划和建筑是不能分的，这个思想对我的影响很深刻。”然而那时，规划的内容在课堂上也并不多，冯纪忠就在住宅区布置一类的课程里去练习，体悟其中现代的建筑思想。

回国后，冯纪忠于1947年应邀到南京都市计划委员会工作，可惜当时南京在城市建设方面比较薄弱，冯纪忠在那里只做了南京房屋、遗存、绿化等的调查分析，就回上海任同济大学教授，并兼任上海都市计划委员会的一些工作。

第二次世界大战后，现代城市规划的标志性方案——“伦敦规划”和“华沙规划”出现了。当时，我国的规划思想还停留在“开几条像样的马路，搞个分区”的层次上。在冯纪忠看来，那只是规划的一个侧面，应当从大学一年级开始就培养学生现代规划的思想。

冯纪忠认为，建筑学应该是比较全面的一门学科，包括整个环境和建筑内部。特别是外部的环境，包括城市环境以及自然环境。“当时的建筑学专业还纯粹只是建筑学，建国之后，因为到处都在发展才有了城市规划。那么城市规划是不是建筑学再加一点知识就行了？我认为不行。如果只是建筑师的话，对城市来说不够、不全。不能只是简单地放大，城市有供应，有交通，有其他方面，建筑师加点课，还是没有办法摆脱本行业的思维方式。”正如1987年冯纪忠在获美国建筑师协会海外荣誉院士的授奖会上的发言所说，城市规划教育不要吃“盖浇饭”，而要吃“什锦炒饭”。这话的意思是：“如果把建筑比作底下的白饭，上面来那么薄薄地一层盖浇，这种规划不行，规划一定要融合着吃。”

正是抱着这样的想法，冯纪忠和同事们创立了国内第一个城市建设与经营专业。他回忆道，1955年那年毕业的班级，可以说是他与金经昌（我国城市规划教育的重要奠基人之一，曾与程世抚、钟耀华等人共同完成上海市都市计划总图一稿至三稿）、李德华、邓述平、董鉴乱几位同事一起“泡”出来的。邹德慈院士就是1955年毕业生中的一个，他参与的毕业设计“上海肇家浜路成街设计”，正是在冯纪忠的指导下完成。

1956年，时任同济大学建筑系主任的冯纪忠在全国建筑教学计划会上提出成立“城市规划”专业。当时，世界上只有四五个国家的学校开设有此专业。“认知现代规划和认识成立专业的必要，还不是一回事。”冯纪忠说，在这方面，我们是领先的。因为秉持“建筑与城规合则两利”的观念，冯纪忠直到20世纪80年代初，还曾有意识地连续六年选择旧区改建为题指导。

如今，城市规划这个学科专业在国内、在世界上都有快速发展。尽管时代不同了，冯纪忠认为城市规划的许多原则是万变不离其宗的：“我们说人有肌肤、筋骨、气血，”在他看来，城规的筋骨是总图。应抓住总图，内聚外延，小大由之，不僵不浮，虚实相生。

2006年，冯纪忠在一次访谈中谈到了对当前我国城市规划现状的看法。他认为，现在规划还是没有跟上——“有些地方遭到破坏，增加的东西不恰当，也更乱。因为发展太快，思想跟不上。主观的原因也有，就是抱着形式主义不放。建筑的问题在形式主义，规划的问题也在形式主义。另外，最不好的客观原因是利润挂帅。”尽管认为把这些问题都归罪于建筑师太不公平，冯纪忠也恳切地指出，建筑师应该有敬业精神，认为是对的就是对的，认为错的，就大胆指出。

空间是建筑设计的核心

在推动我国现代建筑研究与发展方面，冯纪忠“空间原理”的提出，具有深远的学术意义。他的学生邹德慈院士认为，冯纪忠这一思想，早在20世纪50年代已然有所发展。后来，这一理论成果集中于《空间原理（建筑空间组合原理）》一书中。冯纪忠认为，设计的实质是“空间”，这一观点，不仅与中国传统建筑、造园的环境意识有着内在的联系，对于在新的时代（建筑的新材料、新功能与城市发展的需要等）里思考设计之特性，有着很强的研究意义与现实意义。邹德慈院士曾言，冯纪忠这一理论对于今天规划设计领域“形式至上，忽视功能”的偏向是一剂良药，而自己在《城市设计概论》中关于城市两种空间——建筑空间和城市开敞空间相互联系、流动的观点，也是在冯纪忠的影响下形成的。

在20世纪60年代，冯纪忠这一理论研究工作，走在了建筑学界的前沿。尽管“空间原理”在提出之时，曾有着许多不同的意见、乃至批评，冯纪忠仍切实地在教学工作中去贯彻。当时大学建筑系的授课，多以类型划分，比如在讲授“医疗（医院）建筑时”，就单独将这一类型孤立地作为对象，而不涉及其他建筑类别。冯纪忠不满足于此，他常思考，难道不同类型的建筑之间就没有共性吗？尔后，他从学生一年级时，就以“空间原理”的方式去给他们讲建筑，讲从功能空间组织出发的设计方法。

冯纪忠在这方面所作的工作，与其说是建筑学人理论工作的成就，不如说，是在提前为我国社会现代化进程的前瞻性反应——20世纪80年代以后，我国的社会发展、城市发展与建设始终保持高速，建筑师与规划师的工作环境变得更加复杂。在这样的情况下，冯纪忠“空间原理”中所涉及的建筑的场所特性、设计师的工作方法，仍具有现实意义。

捕捉园林景观设计的新韵

在同济大学，冯纪忠不仅创立了第一个规划专业，也曾创办风景园林专业方向。事实上，冯纪忠不仅在园林景观方面，而且对于建筑设计，也十分注重其与“自然”的关系。在这个意义上，冯纪忠又是极“中国”、极“古典”的，他对于“意境”的产生与营造，保有文人式的细腻。

冯纪忠认为，中国人认识自然早，“我所说的认识不是科学上的认识，而是美学上的认识”。正因为能够欣赏自然之美，并以此为乐，中国人对自然比较尊重，讲求回归自然、和自然配合、甚至强调自然。

同时，他在园林景观的研究中，又主张使用现代的方法方式，提出了旷奥度、计算机分析等方法，使这个专业领域能够将感性和理性很好地结合起来。对此，冯纪忠说：

“主要是利用遥感开发风景的问题。开发风景要考虑很多方面，在审美上主要是旷奥度。中国人口众多，开放后游客数量剧增，也需要新的风景。要找新的风景，光靠踏勘就太不够了，很多地方到不了。而利用遥感可以画出各种图来，再利用这些有意识地选择：首先是选形，形最根本的就是旷奥的问题。”

冯纪忠说，“旷奥”其实是来自于柳宗元：“游之适，大率有二：旷如也，奥如也，如斯而已。”

在具体的工作中，冯纪忠指出，还需要其他东西来配合——“首先是植被，还有土质，都可以依靠遥感。最后当然还是要踏勘。但是已经有大体的概念，有很多踏勘就可以省掉。国外有遥感，但没有用到过风景上面，没有把旷奥度作为研究对象。把遥感用于风景开发，是我们首先做的。”1986年前后，刘滨谊就曾在三清山这样做过。

在我国，“园林”作为建筑院校的专业学科，其发展伴随着许多不同的观点。在冯纪忠看来，尽管后来这个专业被定名于“景观”，但这个专业的基础确实是园林，只是发展之后就不再局限于园林，而是以所有环境为研究对象。他指出，对“景观”的研究与实践，需要深厚的园林知识以及综合性的能力，“开发风景，如刚刚讲的利用遥感开发风景，也并不光属于测量系，这需要测量的知识，也要建筑学和城市规划的基础。所以我们的范围很广，要懂得园林怎么设计，也要懂得怎么欣赏自然美，怎么寻找、怎么开发，用什么标准发掘。包括了这么多方面，还一定要追溯园林的历史。”因此，冯老一方面注重“广”字，提倡学生从多个方面增进素养；在另一方面，则有针对性地将学科范围内所设计的许多领域、问题，从本科专业到硕士、博士题目，有意识地安排进去，“也许每个点的深度还需要代代积累，但各个点都安排到了。”

与古为新：“方塔园”

入选中国建筑学会建国五十年优秀建筑、世界建筑师大会优秀设计展，荣获50个优秀设计作品中唯一的园林设计奖的方塔园，是冯纪忠“与古为新”创作观的结晶，其优美的意境、轻盈雅致的“何陋轩”，匠心独具之规划布局，已成为经典。

方塔园给人们的深刻印象，在于它与宋文化之间的同构关系。“方塔园的宋塔收分线很美，我们认为方塔园就应该有宋朝的味道。主题是宋塔，也并不是真正把宋朝的东西都搬来，不是在形式上，而应该在味道上匹配。”冯纪忠说，在方塔园里，每个东西包括细节都要考虑有宋的味道，所用到的对比、刚柔等手法均是有意为之，但它又是新的东西。“我们是中国人，只要主观地去想这个意境，就会和外国人不同。”从意境出发，而不是从形式去考虑，最后所体现出来的就是具有宋文化气质的、属于今天的“形”与“象”。

冯纪忠说，方塔园最初只有塔和影壁，随后搬来了一个天后宫的殿，塔和影壁本身就不在一条线上，这是三个时代的东西，难以按轴线放置；加上两棵两百多年的大树，方塔园自然而然就不是对称布局。在空间上既有变化，又要有规律。这个规律也跟宋朝的规律一样，不呆板，是很活跃的东西。因此，在布置上，他强调“意动空间”，即“我的情感，我想说的话，我本人的‘意’，在那里引领着所有的空间在动，在转换”。

布局以塔为核心。“塔院与广场、园子之间的墙都不封闭，所有的空间都相互贯通，并且有多种方向的引导，甬道等引向宋塔、天后宫，几个大块的面积，大广场的地面、大水面、大草坪既独立，又不封闭，互相之间的空间分而不断，构成整体。”为了不破坏塔的秀丽，冯纪忠堆土做成堑道，再种上树，以此挡住一角比较碍眼的公房，自然成景而又节省资金。

方塔园的布局园中竹构的“何陋轩”，是一处极巧妙的构思与构造。本来公园想在那里建一个竹亭、竹廊，冯纪忠不喜一般的做法，他从嘉兴、松江等地的民居形式得到启发，运用中国的“竹构”，结点用绑扎的方法，在节约资金的同时，创造出一个阴凉轩敞的空间。

对于冯纪忠来说，建筑学、规划、园林是三位一体的。重要的是，他对此进行的深入研究，并落实在学科建设、设计实践中，产生了重要的奠基意义，形成了我国现代建筑历史上宝贵的财富。（司阿玫 王丛秀/文）

方塔园何陋轩模型

方塔园何陋轩鸟瞰（效果图）

方塔园何陋轩入口

凝固音乐的指挥大师

中国科学院院士、中国工程院院士 吴良镛

1922年5月出生于南京。1944年毕业于重庆中央大学建筑系，曾留美学习建筑与城市设计。中国科学院院士、中国工程院院士。

吴良镛先后主持了天安门广场扩建规划设计、中国历史博物馆扩建方案等国家重大工程，其研究性规划作品北京菊儿胡同新四合院住宅工程被授予联合国1992年世界人居奖。吴良镛其他成就还有：1976年，参加新唐山的城市规划工作；1999年，主持第二十届世界建筑师大会，起草了国际建筑领域的世纪宣言——《北京宪章》；2001年，主持完成《京津冀北地区城乡空间发展规划研究》；自2002年12月起，参与《北京城市空间发展战略研究》等。

“我豪情满怀地目睹祖国半个多世纪的进步，每每扪心自问：我们将把一个什么样的世界交给我们的子孙后代？”

这是1999年6月，吴良镛作为国际建筑师协会第二十届建筑大会的科学委员会主席和国际建筑师协会《北京宪章》起草人，在大会报告中讲的一番话。《北京宪章》的通过，标志着吴良镛在20世纪历经几十年形成的“广义建筑学”与“人居环境”学说，将成为指导21世纪建筑发展的重要的纲领性文献。

“谋万人居”。带着这个萌生于对百姓生活切身之痛的信念，吴良镛已然为我国城市规划领域，倾注了近乎毕生之心血，收获了沉甸甸的果实。

废墟中孕育的建筑师之梦

吴良镛的建筑师之梦，诞生在抗战时期四川一座小城的废墟之上。当时他跟随家人颠沛流离，来到蜀中合川逃避战祸。在他参加完大学入学考试最后一门科目的那个中午，日军的飞机轰炸合川，半个城被烧，大火到第二天还没有熄灭。满目疮痍的景象让吴良镛心中十分震动，当时他就想：“要把城市重新建好。”

1940年，他如愿考入重庆中央大学建筑系。1945年毕业后，又来到清华大学协助梁思成、林徽因先生筹办建筑系。1948年，梁思成推荐他远赴美国匡溪艺术学院攻读建筑与城市设计专业，师从世界著名建筑大师伊利尔·沙里宁。“沙里宁希望在中与西、古与今结合方面找出自己的道路，这对我后来治学影响很大。”

学业既成，他收到梁思成、林徽因先生的一封来信，信里写道：北平百废待兴，城市规划工作正待展开，望你从速回来，尽上一份心力。1950年底，吴良镛取道香港返回祖国。回国后先后参加了人民英雄纪念碑、国家图书馆新馆和天安门广场的规划设计，主持了清华大学建筑系市镇组工作，并与中国农业大学汪菊渊教授一道创办了我国第一个园林专业。1959年，在他的倡导下创办了清华大学建筑设计研究院。

改革开放之后，城市建设高潮迭起，吴良镛也投入了与火热的实践与研究中。步入花甲之年，在许多人看来是人生休养阶段的开始，而对于吴良镛，这才是他20年辉煌事业的发轫。这位生于1922年的老人，在自己61岁时创办了清华大学建筑与城市规划研究所，73岁时创办了清华大学人居环境研究中心。

从广义建筑学到人居环境学

面对中国大动乱之后建筑百废待兴的局面与种种矛盾，吴良镛深感传统建筑学难以满足中国

著作《人居环境科学导论》

当时错综复杂状况的需要，在道萨迪亚斯“人类聚居”概念的启发下开始进行“广义建筑学”的思考。历经长达6年的酝酿，1987年8月19日，吴良镛在清华大学召开的“建筑科学的未来”学术讨论会上，第一次正式提出“广义建筑学”的思想。1989年《广义建筑学》一书出版，该书是吴良镛用融贯的综合研究方法，积长时期的教学工作及参与城市规划和建筑设计实际经验而结出的硕果。

正如2002年4月7日，吴良镛在“21世纪建筑与城市发展学术研讨会”上所说：“在实践上我从最基本的盖房子做起，后来认识到不能孤立地就建筑论建筑，需要研究城市，于是面向大规模的城市建设，从事城市设计、园林景观和城市规划问题的研究。”

继“广义建筑学”之后，吴良镛在1993年提出了“人居环境科学”的理念。这是“一门以人类聚居（包括乡村、集镇、城市等）为研究对象，着重探讨人与环境之间的相互关系的科学。”目标是“建设可持续发展的宜人的居住环境”。他强调：“把人类聚居作为一个整体，而不像城市规划学、地理学、社会学那样，只涉及人类聚居的某一部分或是某个侧面。学科的目的是要了解、掌握人类聚居发生、发展的客观规律，从而更好地建设符合人类理想的聚居环境。”

吴良镛在《建筑·城市·人居环境》一书中写道：“我们研究建筑，要从房间——房屋——邻里——市镇等等各种物质构成的大小不一的空间中，看到人群，看到人的需要，觉察人们的思想、活动、喜怒哀乐的心理变化，看到即使是同一个人，各时间的需要不一，有时需要热闹、交往、流动，有时却又要安宁、私密、静态，因此，为他们服务的这一切物质设计都要做到‘粲乎隐隐，各得其所’。”

从建筑走向城市，又从城市跳出来走向人居环境，核心思想都是“以人为本”。而吴良镛又绝不满足于在象牙塔中雕琢理论，虽然由他亲手设计的建筑项目并不多，但每一处都渗透着他深切的人文关怀，是他的理想之光照进现实的产物。

菊儿胡同原貌

菊儿胡同改造工程

菊儿胡同新貌

菊儿胡同：“有机更新”的典型探索

青砖红檐、典雅古朴的北京菊儿胡同，东起交道口南大街，西止南锣鼓巷，全438米，居住着200多户居民。20世纪80年代，菊儿胡同被列入北京的“危房”改造项目。对于北京的旧城改造，吴良镛关注已久，早年北京城墙的拆毁让他心痛，改革开放后对旧城区老四合院无规划、无节制的拆毁，让吴良镛深感忧虑。在他的眼中，北京旧城代表了中国封建大一统社会城市建设的最高成就，是“卓越的纪念物”和“一个文明的顶峰”。这个城池的院落体系，从故宫太和殿，到每一套四合院，不问大小，都呈方形。街道也都是正南正北，非常完整，呈现着世界上独一无二的平铺式城市的美感。

为此，吴良镛提出了对旧城改造“有机更新”的理念，在发展中保护旧城格局的完整性，保持平铺式城市的特色。遵循城市发展的固有规律，以新替旧，并使新的建筑有机融入城市的整体。他说：“有机更新就好像一个人衣服破了打块补丁。其实，只要精心缝补，即使旧了的百衲衣也不失其美丽。”

为了在实践中发展“有机更新”的理论，1987年，吴良镛接手了菊儿胡同改造项目。改造工程最初仅有2000多平方米，他不嫌其小，精心设计。他说，在这里他实现了一个多年的梦想。

他将胡同的房屋按照质量分为三类：20世纪70年代以后建成的质量较好的房屋予以保留，现存较好的四合院经修缮加以利用，破旧危房予以拆除重建。

他采取了更多的进深数来强调庭院中“进”的概念，而且在“院”的形态上又不断出新。胡同吸取了南方住宅“里弄”和北京“鱼骨式”胡同体系的特点，以信道为骨架进行组织，向南北发展形成若干“进院”，向东西扩展出不同“跨院”，有的在传统厢房的位置用过街楼联系两个庭院，使整个建筑群交通方便，突破了北京传统四合院的全封闭结构。两条南北信道和东西开口，显得更通达，解决了院落群间的交通问题。

菊儿胡同住宅楼设计参照了老北京四合院的格局，又吸取了公寓式住宅楼的私密性的优点。在保证私密性的同时，利用连接体和小跨院，与传统四合院形成群体，保留了中国传统住宅重视邻里情谊的精神内核。他用二三层的单元楼来围绕原有树木作为庭院，形成“类四合院”。胡同中的树木尽量保留，原有的每一棵老树都在设计中占有一席之地，再结合新增的绿化、小品，新的院落构成了良好的“户外公共客厅”，颇有趣味。建筑基本沿袭了传统灰瓦粉墙，并不时以稳重的暗红提示人们这是一组谦逊但很有活力的建筑群。

菊儿胡同的改造，既讲究人工与自然的巧妙结合，又保护了城市的历史，在吸取国内外优秀建筑文化和经验基础上，创造出适合中国的人居环境建设理论，被认为是旧城更新实践的成功典范。1993 年，联合国为吴良镛颁发“世界人居奖”，这也是迄今为止中国建筑界获得的最高奖项。

曲阜孔子研究院：传统文化的继承与发扬

改革开放后，快速的城市建设步伐，带来了“千城一面”之虞。作为一位长期进行城市研究的老学人，吴良镛对此十分关注。他认为，文化作为历史积淀，是城市和建筑的灵魂。它融会在人们的生活中，对城市氛围的营造和市民的行为有着潜移默化的影响。

山东曲阜孔子研究院

在曲阜孔子研究院的规划和设计中，吴良镛决意将其定位为：既要有高度的文化内涵，承载着研究和发扬儒学文化的历史使命，又必须是现代建筑，渗透着现代建筑的审美和特色。为了更好地处理“继承与发扬”的关系，他对战国时代的建筑文化以及中国书院建筑发展的沿革、形制进行专门研究，借鉴“河图”、“洛书”和“九宫”的观念，采用“方圆”结合的建筑形式，集中体现了孔子思想的文化意义。

吴良镛还为孔子研究院设计了辟雍广场。广场借用古代学宫中的“辟雍”圆形水池围绕方形台基模式加以变形而成。广场硬质铺装纹样总体成十字玉形，在广场中心部位以《周礼·春官·大宗伯》中的典故为据，“以玉做六器，以礼天地四方以苍璧礼天，以黄琮礼地以青圭礼东方以赤璋礼南方，以白玻礼西方以玄瑛礼北方”，利用特形石，分别在东、南、西、北做圭、璋、玻、磺形。正中心递阶成台，台心铺地，做璧形以喻天。并设圆形干喷泉，不喷水时，平台可以做多种用途。这种设计模式既表现了建筑美，又体现了自然美，并将中国文化的深厚内涵与鲜明的时代精神融合在一起，形成了具有深邃文化内涵的“场所意境”。

中央美术学院：城市、建筑、地景的三位一体

对中国传统建筑文化有着深厚兴趣与研究的吴良镛，素来推崇“城市规划——建筑——园林”这一中国古代人居环境建设的良好传统。他从传统中吸取营养，创造性的提出了“建筑、城市、地景三位一体”的建筑创作观，即用城市规划的原则与创造以明确城市设计的思路，以城市设计的观念来指导建筑设计，在建筑设计的基础上推进城市设计，以保护自然，利用自然，“妙造自然”的园林设计原则组织生态空间，创造出时代人文精神，富有诗情画意的建筑艺术作品。他多次强调，“建筑与城市要综合起来考虑，要同时从理论与实践上解决建筑学与城市规划学相分离的现象。”

2003 年，由他主持的中央美术学院新校园规划，正是城市、建筑、园林设计三者有机结合的典范。

新校园坐落在北京东北郊望京新区中心绿地东侧。这里原为废窑坑，最深的地方有 30 多米。这一特殊地形在给吴良镛的设计增加了难度的同时，也为善于因势利导的吴良镛开启了创造的契

机。通过对绿地、操场的合理布局，建筑在高低起伏的地势实现与南渠湖公园的开放式连接，形成校园起伏并开敞的独特风貌。根据艺术学院建筑的独特性，他吸收了中国方丈院和西方修道院这两种古代讲学场所的建筑特点，并借鉴旧式书院的建筑特点，采用十字形的院落式设计，以寓意学校的原始形态。在确定建筑风格时，根据美术教室需要大量天光和雕塑教室要有高低不同的创作空间的特殊要求，尽可能地利用屋顶层，以新的合院式布局为基本形态的建筑群进行组合。整个校园给人的印象是建筑不高、错落有致、线条简明、青砖堆砌、深灰色调。

“大北京”规划：打破“同心圆”

吴良镛创建的“广义建筑学”和“人居环境科学”，不仅对建筑学进行了全方位的分析和拓展，将建筑从房子推进到社区、城市乃至城乡区域发展，更将生态、经济、科技、社会、文化等纳入建筑之中，强调了人居环境建设的整体观念和区域协调的战略思想。他的眼光早已超越了单一的建筑，甚至单一的城市规划，而是扩大到了区域城市规划和协调的研究中。

北京是京、津、冀北地区的特大型城市及全国的政治和文化中心。然而，长期以来它不自觉地陷入了新城套旧城、“同心园”式的发展模式。这不但不利于历史文化名城的保护，还形成了以古城区为单一中心、以一圈圈环路向外扩张的“摊大饼”式的恶性循环，使得城市的就业功能过度集中于中心区，从而带来一系列环境和交通问题。

“老北京与新北京为什么一定非得你死我活呢？”面对北京的这一发展瓶颈，吴良镛提出，“必须从更大空间范围来研究北京的未来。重点解决包括京、津、冀北诸多城市在内的大北京地区的发展战略，然后再回到北京的问题上。”

1999年，吴良镛组织国内跨学科的100多名学者历时两年多，完成了“京津冀大北京地区城乡空间发展规划研究”。该研究确定了大北京地区规划的基本思路，提出以北京、天津“双核”为主轴，以唐山、保定为两翼，疏散大城市功能，调整产业布局。发展中等城市增加城市密度，京、津两大枢纽应进行分工与协作，实现区域交通运输从“单中心放射式”向“双中心网络式”的转变。城市应沿区域交通轴呈“葡萄串式”分布和发展，并以生态绿地相连结，建立行之有效的区域协调合作机制。

2004年，吴良镛受北京市政府委托，作为首席领衔专家，直接参与并指导《北京城市总体规划》的修编工作。该修编对北京的城市空间格局进行了调整，重新构建了“两轴——两带——多中心”的发展模式，即完善中轴线和长安街“两轴”强化“东部发展带”和“西部生态带”，构筑以城市中心与副中心结合、市区与多个新城相联系的“多中心”。修编后的北京城市规划合理地引导了城市功能布局，将全市各类分散的资源和功能整合到若干联接区域的交通走廊上，实现了城市的集约化发展。

老北京和新北京，终于有望“和谐共处”了。（刘波／文）

江苏南通博物苑

西方建筑史教学体系的奠基者、文化交流的使者

同济大学建筑与城市规划学院教授　罗小未

同济大学教授，博士生导师，上海建筑学会名誉理事长，《时代建筑》杂志编委会主任，美国建筑师学会荣誉院士（Hon. FAIA, USA），国际建协建筑评论委员会委员及意大利《空间与社会》国际杂志顾问。曾任国务院学位委员会第二届学科评议组成员，国家教委学位委员会第二届学科评议组成员，中国建筑学会第四、五、六、七、八届理事会理事，上海市建筑学会第七、八届理事会理事长，中国科学技术史学会第一届理事会理事，上海市科学技术史学会第一届理事会副理事长，《时代建筑》杂志主编等。

在同济大学建筑与城市规划学院里，有一位已过耄耋之年，依然仪态端庄、优雅迷人的女教授。师生们亲切地称其为“罗先生”。这并非性别的错位，而是表达一种发自内心的对学者、“大家”的尊重和一种对知识的敬畏之心。她，就是我国著名的建筑历史理论专家罗小未。

罗小未是新中国成立以来西方建筑历史教学体系的奠基者和核心人物，也是第一代西方建筑历史学家的代表人物之一。她在同济大学建筑系主持西方建筑历史教学50多年，献身于西方建筑理论、西方建筑历史、建筑评论与建筑设计方法的教学与研究，特别是在现代与当代西方建筑史、理论与思潮上有较深的造诣，影响遍及中国建筑师及学人。

课堂教学的重视及特色

罗小未1948年毕业于圣约翰大学建筑系，3年后成为圣约翰大学的一名助教，开始了西方建筑史的教学工作。1952年院系调整后，作为同济建筑系建筑历史与理论教研室的创始人和核心人物，她继续着这门课程的教学，并与同事一起孜孜不倦地展开了长期的教学建设。

罗小未最为注重课堂教学，她为此倾注了大量心血，也积累了丰富经验。她一贯重视备课工作，不断思考学生要了解什么，如何了解，因此她认为课堂教学要关注师生交流，而教学的反馈一定会融入她对下一版讲义的修订中。罗小未强调建筑作为视觉艺术其图像在历史教学中极为重要，早在刚刚完成院系调整的1952—1953年，她就将活页图片加入初始的教材。她还是国内相关院校最早用135毫米幻灯片教学的老师，几十年里积累了丰富的幻灯资料。当她在20世纪80年代有机会出国考察时，一次就制作了1000多张幻灯片，都是为了增强课堂教学的活力和效果。这些图片也使她后来在国内众多院校和职业人的巡回讲学时魅力大增，深受欢迎。在改革开放之前中国与西方的建筑文化交流被隔绝的30多年里，这些精心积累的图片资料对学生们理解建筑非常重要；就是在20世纪80年代大多数学人也没有机会实地考察西方建筑，罗小未实地拍摄的图片、尤其是现场的建筑体验和精辟的讲解，又让多少学人终生难以忘怀。

建筑史观和教学思想的形成

一个优秀的历史学家一定会有自己的史观，罗小未也不例外。她曾自觉学习了马克思的历史唯物主义、黑格尔和普列汉诺夫的哲学。罗小未受黑格尔的影响较大，逐渐形成了历史是变迁的、任何事情都要放在一定的时间和空间里面去看的基本史观。在历史教学和研究中，她很早就提出：建筑史是什么？如何教？她说自己心里总是坚持这样一个认识：建筑史既与时代的各种条件相关，但又有本身的特征，建筑其实是一种文化现象，建筑史应该是一部人类的建筑文化史。在对建筑

史本质的认识中，罗小未逐渐形成了“5W+H”的教学思想，即建筑历史教学的任务就是要帮助学生梳理历史进程中建造活动的 “what,when,where,who,why and how”，然而，这在当时的教学实践中又是何等艰难，尤其是对于“who”，罗小未认为不能忽视建筑师对于建筑文化史的贡献。

教材建设与全国核心教材的组织编写

教材建设是推动教学的一项核心工作，几十年来罗小未与同事们耕耘不止，成果卓著：1955 年编撰出版了《西洋建筑史概论》，1957 年出版了《西洋建筑史与现代西方建筑史》以及《外国建筑史参考图集》，1963 年又出版了《外国建筑史（近现代资本主义国家部分）》，这些无疑是当时国内相关领域的开创性工作。改革开放初期，罗小未担当几个院校的召集人，组织编写了全国教材《外国近现代建筑史》，该教材在之后的 20 多年一直是各相关院校使用的关于外国近现代建筑历史的唯一教科书。2004 年，罗小未再次领衔，精心主编完成了教材增编修订工作并出版，使其继续成为跟上时代的全国核心教材，现为 100 多个相关院校使用。此外，罗小未 1986 年主编出版的《外国建筑史图说——古代部分》(分别获得 1986 年全国图书“金钥匙”奖与 1990 年华东区大学出版社首届优秀图书一等奖)已重印近 20 次，其使用一直推广到台湾和香港的一些院校。

在多年的退休生活中，罗小未仍未停止过关于外国建筑史教材的进一步建设工作，近来，被列入教育全国高校“十一五”教材建设行列的《外国建筑史图说——古代部分》修订再版工作接近尾声，而与其主编的、建设部“十一五”全国教材《外国近现代建筑史》配套的《外国近现代建筑史图说》的编撰工作也已经完成了大部分的工作。就这样，即使是社会发展和建筑界的发展进程已经有了如此多的变化，即使是建筑史学研究一直是份寂寞而艰苦的工作，罗小未仍多年坚守，孜孜不倦。

对西方现当代建筑思潮的引进和理性批判，做文化交流的使者

在我国建筑学教育的发展过程中，整个教学体系基本是从西方移植的，因此，西方建筑史其实在学科建设中占有举足轻重的分量，因为它在呈现西方建筑发展历程的同时，也蕴含着人们对建筑学的基本认识与思想建构。罗小未很早就有这样的意识，而且尤其关注历史教学的时代作用。过去的历史教学很少包括西方近现代部分的内容，而 20 世纪 40 年代的圣约翰大学是国内最早介绍西方现代派建筑师的教学机构。在罗小未求学期间，建筑课里讲的都是现代建筑，系主任黄作燊当时就已经讲现代建筑四位大师，以及现代艺术家毕加索，音乐家马勒、德彪西等。人们常说圣约翰大学的建筑是现代派，事实上黄作燊认为“现代建筑”(Modern Architecture)已经过去了，应该提的是新建筑。新建筑是永远进步的，每个时候有每个时候的新的建筑；新建筑永远是在变化的，我们要做的是新建筑。这番熏陶使罗小未在建国后成为第一个将西方现代建筑内容引入建筑史课堂教学的教师。过去各个大学都只讲古代建筑史，罗小未想到建筑史应该有近现代的内容，便开设了西方近现代建筑史课。这种紧握时代脉搏的历史意识在罗小未一生的教学研究事业中都能捕捉到，而对于现在的青年教师和学者来说，如果进一步了解她当时教学研究的困难与学术逆境的话，就能更深切体味其探索与思考的难能可贵了。

改革开放后，罗小未迎来了她教学与学术生涯的黄金时代。她开始经常出国考察，终于亲历了讲解过几十年的众多西方著名城市与建筑。给人印象最深的是她提到第一次走近巴黎歌剧院的感受，“就像见到了老朋友”！在这一期间，罗小未最为关注的是如何将西方现代建筑的发展以及当代建筑的动向展现给国内建筑界，因为她强烈意识到，了解世界先进经验是我国结束封闭状态、重启现代化进程的关键起点。凭借良好的英语水平和国际化的交流姿态，罗小未先后在哈佛大学、麻省理工学院、华盛顿大学、弗吉尼亚大学、悉尼大学、伦敦建筑学院、伯明翰工学院等 20 多所

西方著名学府访问、讲学和学习，并访问了数十位西方著名建筑师，获得了众多研究西方建筑状况的第一手资料。她在20世纪80年代推出的一系列研究成果，不仅对国内建筑教育、更对推动国内建筑思想与实践的发展具有重要的历史意义。她关于四位西方现代派建筑大师的介绍与评述，首次在国内详细展现了西方现代建筑成长的史实与特征，后集成《现代建筑奠基人》（获第三届全国优秀科技图书二等奖）一书，成为国内最早的理论丛书《建筑文库》的重要组成部分；她关于第二次世界大战后西方建筑界各种思潮和流派的梳理、介绍和综合评述，第一次为国内建构了西方现代建筑发展和演变的整体图景，并成为全国教材《外国近现代建筑史》中最有开拓性的章节；她对西方建筑中“后现代主义”思潮的讨论，是最早推动国内建筑界关注西方当代建筑设计倾向、开展国内建筑理论建设的学术成果之一，意义深远。由于成果不断，罗小未在国内的各个相关院校与设计单位频繁讲学，为建筑学人开阔了视野，解放了思想，激发了热情，成了国内最有影响的学者之一。她还在学科领域担任各种职务，曾是中国建筑学会最早的理事之一，上海市建筑学会第七、第八届理事长，此外还长期担任《时代建筑》杂志的主编、《世界建筑导报》的顾问。

罗小未自改革开放以来的国际交流并非一味的单向输入，也扮演了东西建筑文化交流使者的重要角色。在积极了解世界建筑动向、学习国外先进经验的同时，她在国外知名学府进行了关于中国传统建筑、中国古典园林以及传统中国的空间思想等系列讲学，为中国建筑文化在西方世界的传播做出了可贵的贡献。这并非一个简单的民族姿态，而是一个历史学者的世界主义视野，是当代建筑文化研究领域中极为重要的学术态度。在与西方建筑史家的学术讨论中，罗小未丰富的专业知识和良好的英语水平使她能充分理解并融入讨论的话题；同时，罗小未不愿人云亦云，总是独立地提出中国建筑师和学生会怎样来看西方建筑史中的这些问题，也为西方学者提供了另一种视野。

身为西方建筑历史教授，罗小未又是最早提出外国建筑史的研究必须打破“地中海中心论”的学者之一，她很早就把目光拓展到西方之外的伊斯兰建筑，拓展到第三世界建筑走向现代的种种状况与特征，于是，在为第二十届国际建筑协会（UIA）大会编辑出版的《20世纪世界建筑精品集锦》（获国际建协嘉奖）中，罗小未受邀担当副主编，与多位国内外著名建筑理论家一起工作就毫不奇怪了。由于如此广泛的交流活动和突出的学术成绩，罗小未也很快在国际建筑界建立起了声誉，她被频繁邀请参加各种国际学术活动，在80年代后期成为国际建筑协会建筑评论委员会委员、美国多所大学的客座教授，1986年起担任意大利《空间与社会》国际建筑杂志的顾问，1998年获得了美国建筑师学会荣誉院士的称号。

在中国建筑的发展进程步入崭新阶段的20世纪八九十年代，对历史与当代状况的认识必然要深入到理论的思考与探索中。面对西方建筑界流派纷呈、理论多元的态势，如何在高层次的建筑人才培养中形成当代建筑文化的多维视野和批评意识，是罗小未不断思考的问题。20世纪90年代初，罗小未集聚其周围年轻学者的力量，主持建设了研究生课程“近现代西方建筑历史与理论”，以系列讲座的形式为研究生展开当代西方建筑理论的广泛学习，极大地活跃了学院的建筑理论舞台，也使建筑教学的国际化水平又走上了一个新的台阶。罗小未对建筑理论的作用有长期的思考和认识，她坚持建筑学既是实践性很强的学科，又是与人文、社会和历史有广泛关联的领域。最为可贵的是，在各种艰难的形势下，在学术探索因为种种历史局限而很难走上真正理性平台的境况下，罗小未始终努力地追求着对建筑问题的独立而严谨的思考。从20世纪50年代起，国内建筑界经历了一边倒地批判西方学苏联、继而又批判苏联、再到设计革命和“文化大革命”的一连串的政治变换，理论思考和学术建设举步艰难，但罗小未却清楚地看出，这些不断的批判是“把小孩同洗澡水一起倒掉”；而改革开放后面对西方建筑文化的冲击，罗小未却又保持了理性的批判态度，早在80年代初她就对上海某些宾馆建设追求国外全玻璃幕墙的“现代化气息”保持谨慎态度，提出“决策前必须知道全玻璃幕墙的利和弊”；在高楼以惊人的速度发展之初，罗小未就对高层建筑包含的城市问题和建造技术以及节能、造价问题展开学习讨论，力图推动建筑发展的理性思考。她强调对西方的学习一定要“知其然又要知其所以然”，她说“无法分析批判也就难以借鉴”。虽然她称建筑理论教学与研究“只是在做大家的思想、业务上的后勤工作”，但在国内建筑界已呈现纷繁复杂景象的今天，她的朴素的说法依然是极其意味深长的。

上海近代建筑史研究及历史建筑保护的开拓

在广泛的国际交流中，罗小未与西方建筑界的诸多大理论家建立了诚挚的友谊，他们的成就扩展了罗小未历史理论研究的学术视野，看到了建筑与文化更深层次的纵向和横向联系。虽然罗小未认为我们在西方建筑研究上没法做得像西方学者一样深透，但完全可以用这样的态度和方法来研究自己的东西，这对罗小未几十年来同时关注的上海建筑史与历史建筑保护的研究中颇有启迪。20世纪80年代末至今，罗小未作为上海近代建筑与城市研究以及地方文化遗产保护工作的开拓者之一，在这些方面做出了突出的贡献。其刊登在《建筑学报》上的《上海建筑风格与建筑文化》(获中国建筑学会优秀论文奖)是最早将上海近代建筑置于城市文化脉络中解读、并将文化人类学思想引入城市建筑史研究的的重要学术成果，其后主编、参编的《上海建筑指南》、《上海弄堂》、《上海新天地》以及《上海老虹口区北部的昨天、今天与明天》，都是研究上海近代建筑与城市的珍贵文献。此外，不仅其历史研究成果在推动社会对遗产价值认识上意义重要，罗小未为上海地方政府建立建筑文化遗产保护制度也发挥了持久的作用，她直接参与了几乎所有关于上海优秀历史建筑的立法保护与建筑再生的实践指导工作，受人关注的外滩3号、9号和18号的修复改造(外滩9号和18号修复改造先后获得中国勘察设计协会全国优秀建筑工程一等奖和二等奖)，“新天地”和“外滩源”的保护改造项目，罗小未都是专家顾问。（卢永毅 彭怒／文）

罗小未部分著作

以平常心，做创新事

中国工程院院士　戴复东

1928年4月生于广州，安徽无为县人。1952年毕业于南京大学建筑系，同年到同济大学建筑系任教至今。现任同济大学建筑与城市规划学院教授、博士生导师、名誉院长，同济规划建筑设计研究总院总建筑师。1999年当选为中国工程院院士。1987至1991年任East Regional Organization of Planning and Housing副主席。

戴复东曾获设计竞赛奖5项，其中省部级一等奖4项，二等奖1项；设计工程56项，其中2项获奖；大型规划2项；专著7部，译著1部，教材3部，论文85篇；曾开展轻钢砼轻板房屋体系及产业化研究开发，进行住宅商品化的制作、组装和销售全过程研究。

自大学毕业以来的57年间，戴复东已设计了85项工程。从20世纪50年代初期造价很低的教师住宅楼，到新世纪较为充裕条件下设计的现代公共建筑，戴复东一直以“合理、合情、合法”自勉自励。他所设计的武汉东湖梅岭工程、北京中华民族园及园内布依寨、同济大学建筑与城市规划学院院馆、河北省北戴河朱启钤先生纪念亭、上海市中国残疾人体育艺术培训基地、浙江大学紫金港校区中心岛组团建筑群等项目中，有许多对建筑材料的原发性研究与实践以及在富有人情味的建筑空间上的创新之举。

就建筑师的责任，戴老曾写过这样一段诗：“设计建筑，为人服务。抬头看路，走对脚步。适用坚固，不得有误。经济支柱，心中有数。美观情愫，恰到好处。生态永驻，文化融入。他人长处，学习借助。盲目趋附，别人厌恶。创新丰富，整体、局部。历史托付，切莫辜负。记取错误，永作财富。目标贯注，全力以赴。”尽管他将此自谦为“打油诗”，但诗中所言，却也正是戴复东身体力行的个人守则。

是将门之子，也是“平民建筑师”

戴复东的父亲是抗日名将戴安澜。这位杰出的军人在北伐战争、台儿庄战役、武汉会战、桂南昆仑关战役中战功赫赫。戴安澜将军于1942年率200师作为中国远征军的先头部队赴缅参战，在38岁之英年，为国捐躯。父亲的热血与严谨，在少年戴复东身上刻下了深深的烙印。“父亲出生在安徽省无为县一个农民家庭。不论军衔多高，他总把自己当作普通平民。作为他的子女，自然也没理由享受特殊待遇。”戴复东回忆说，1939年，他与父亲一起生活了几个月，父亲为他穿上军装，扎起绑腿，有意让他体验紧张、艰苦和有组织的军旅生活。长大之后，戴复东也继承了父亲严于律己、以“平民意识”自省的品格。

高中毕业后，喜欢画画的戴复东选择建筑作为专业方向，考取了当时的中央大学建筑系，与钟训正、齐康、郭湖生、吴贻康等人同学，师从中国现代建筑学的主要奠基人刘敦桢、杨廷宝、童寯，水彩画大师李剑晨等。他的妻子吴庐生也是大学同学，伉俪二人后来在建筑人生的道路上，共同创作了许多精彩的项目。

1952年，他大学毕业，分配到上海同济大学，正式开始了作为建筑教师和建筑师的生涯。戴先生曾被问及：几十年中最满意的作品是什么？他说：“只要让使用者觉得方便了，便是成功，没有所谓‘最满意’。”在他看来，“好建筑会使人发自内心地欢迎，那些普通人看不懂、用不来的建筑不应是好作品”。他以为，建筑师只有放下架子，站在普通人的角度上考虑，才可能创造出让人感到舒适的环境。

1999年，71岁的戴复东当选为中国工程院院士。对于建筑工作，他依然保持着积极、谦虚的态度和责任感。在《辉煌的成就，艰巨的前程——2000年现代建筑与都市发展之省思》一文中，他以平实的语言讲述了自己对于新世纪建筑与城市发展面临的问题的看法。尤其可贵的是，他在文中提出，自己在未来还要重点在“提高普通老百姓的居住生活环境和水准”方面做些工作。戴复东说，他的一位建材企业家朋友曾于1992年提出，一般人的住宅就应该像宾馆。他说，关键是钱。于是这位企业家花了7年时间，提出一个不使用黏土砖，而用钢材和轻质绿色建材板的全装配住宅体系的构想，以实现工厂预制，现场安装。戴复东欣然答应参与规划与设计工作。他介绍说，在上海土质较差的条件下建造这样的住宅，十八层可以基本不打桩，从地基到材料，能节约不少钱。“我们提出：这就是搞房屋产业化，关键是构配件的产业化。”他认为，过去几十年，产业化都是往整体、重型、大块出发，历史证明了这条路走不通，今天他们决定只能走构件轻型的道路。这项研究后来被命名为“轻钢混凝土轻板房屋体系及其产业化”。1999年，上海市曾向遭受洪灾的湖南、江西和四川赠送100栋这种体系的房屋。

武汉东湖梅岭宾馆

在期盼着建筑与高科技的结合能更好地走向工业化、产业化的同时，戴复东更对自己提问：“为什么一个非建筑师和非工程师能够考虑一种建筑和建筑体系的改革更新，为什么一个非建筑师能够考虑去组织居住建筑小区内部的生活，而建筑师和工程师却未能做到？”他由衷地感到，人民和历史现实对建筑师的要求不是“等米下锅”，而是“巧妇应作觅米之炊”，同时积极地学习非建筑师思想中的闪光之处。老人的学习精神与身为建筑师朴素的使命感，让人感怀。

建筑设计要合理、合情、合法

在谈到自己的建筑主张时，戴复东曾说：“我们最好能建立‘为人、求精、创新、动人的广义建筑创作观’。”而广义上的建筑，最终的目的就在于“为人”。那么如何才能根据具体情况，做到“为人”？戴复东认为，需在设计工作中重视“合理、合情、合法”的原则：“设计合理就是我们设计的目标要根据时间、地点及条件有目的地解决若干或全部的问题。解决得好就合理。”对于如何做到“合情”，他认为，应是立足于现实，情感上就高带低，就未来带现在。而“合法”，则是指在建筑的行为和过程中，遵守相关的法律、法规和各项规定。

在超过50年的创作历程中，戴复东在设计中就不同个案，去建立“理”与“情”之间的关系：

1957年春，杭州西湖边就“华侨旅馆”组织了新中国成立后的第一次大型建筑设计竞赛。踊跃参赛的戴复东给自己设定了两个目标：一是要让每间客房都能看到西湖；另一方面，旅馆在西湖的东侧，即景观的方向在西边，西晒对客房不利。为此，他将矩形的客房外墙做成凸出的钝尖锥形，一排客房的外墙平面形成了锯齿形，解决了朝向与景向矛盾问题。这个方案当时获得了竞赛的并列第一名。

武汉东湖梅岭宾馆

1958年的夏天，戴复东和同为建筑师的太太吴庐生、同事傅信祁接到了设计武汉东湖梅岭工程群的任务。这组建筑群包括最高级别招待所、多用途小会堂、室内游泳池、水榭、长廊等，为毛泽东在武汉时生活、工作、接待、会议及文体活动和接待外国元首所用。设计组决定，根据梅岭小山坡基地的特点，结合地形条件，不强求对称布局，按功能需要自由灵活地组织空间，使人在其中的活动动静皆方便，尺度宜人。当时国家处在发展的初期，建筑材料有限，戴复东和同事们坚持“不想用昂贵的材料，做涂脂抹粉的工作，于是就努力做到善材精用、低材高用”。其中，“小会堂”在细节处的精心考虑尤其值得一提——为人让台上台下的关系更具互动性，设计师不设台框，让多功能厅宽度与舞台开口一致，而不采取用墙将二者隔开、以开洞相联系的方式；此外，台唇被做成活动部件，根据需要可以逐层拉出，形成多级踏步。当时这个做法并无模板可参照，“我不怕困难，我运用上了我的全部建筑、构造、结构、材料和机械知识。设计好了之后我很开心。”而在室内游泳池内界面的材料问题上，他也有原创性的措施。为了同时达到防潮、不吸水、易清洗和吸声的目的，他利用玻璃做面层，内表面磨砂喷漆，再密集穿孔。同时，他又想到我国南方农民穿的蓑衣，不怕水，不腐烂，就将制作蓑衣的材料放在穿孔玻璃后作吸声材料。经过实践，取得了成功。空间创新与材料创新，在这里得到充分的结合。

2002年，戴复东和吴庐生设计了上海中国残疾人体育艺术培训基地——诺宝中心。在旅馆的设计中，他们碰到了一个难题：在直线型平面旅馆的走廊中，与残疾人、尤其是与聋人的联系很困难。因此，他们提出旅馆部分用圆形并有中庭的平面，并最终确定了双环形平面、双中庭，用观光电梯放在双圆之间。这样，人们可以用肢体和形象语言来达到与聋人联系的目的。此外，戴复东还充分考虑了消防问题。在普通的情况下，只需要做消防楼梯就可以了，但考虑到使用者的特殊情况，就将其做成大的坡道，让残疾人可以坐着轮椅沿坡道下来。“同时，很多的残疾人体育活动就可以在这个上面做了，比如练习爬坡，锻炼身体等。”

建筑设计是一个内容很多、范围很广，包括了规划建筑结构、设备和室内外环境等等在内的综合项目，另外还有各种系统的工作，所以对以上的内容范围作出有创意的设计，可以说是牵一发而动全身，属于一种既有局部又有全局的活动。戴复东认为，建筑设计中的创意，就是采用新的办法，想前人所未想，与前人不同，在前人的基础上往前走一步，来解决实用、安全、经济、美观的课题。而且，他以自己的实践来证明了因地制宜、创造性地使用材料的现实意义。对于一个身处发展中国家的建筑师来说，这种对于成本、新奇特材料的理性调节，对于材料创新与空间创新始终保持高昂的热情，无疑十分宝贵。

追求“现代骨、传统魂、自然衣”

“我有两只手，一只要紧紧抓住世界上出现的先进的东西，使我不至落后；另一只要紧紧抓住本土上生长的有生命力的东西，使我有根。另外还要抓住机会，或创造条件，将两只手上的东西紧紧地结合起来，去创造出新的东西。”

广西人民大会堂

戴复东将自己这一认识和方法归纳为九个字：“现代骨、传统魂、自然衣。”他强调，重要的是对这九个字不应当仅仅从“形”及“式”上去理解，而应当是全面、综合、互渗地加以对待：“骨”是根本，是宏观、中观、微观物质存在的基础与依据，是这一物质环境今天得以实现的最主要成因。它是为生活在今天的人服务的，因此，“骨”必须是现代的。相对说来，现代的“骨”必然会带来现代的“魂”，也就是具有现代精神的“魂”。可是文化是积淀的，情感也是积淀的，甚至一部分生活也是积淀的，因此这一些积淀中有生命力的内容应当也可以进入并反映在现代的骨骼之中，成为传统的精魂。有了这一种精魂，就会使我们这块土地上的使用者觉得心有所托，灵有所依。同时，人总是生活在自然之中，被自然所孕育，因此，对于人们的宏观、中观、尤其微观环境来说，绿、水、气应当是无所不在、无所不包、无所不容的。

戴复东设计的浙江省绍兴市震元大厦，就是这样一个将现代、传统和自然融合的典型。震元堂是一个始建于清乾隆十七年（1752年）的老药店，老店的前店早已被拆除，要求在市中心转角极小的基地内建造新楼。戴复东采用了办公在后药房在前，办公十二层药店三层的做法，并用“震元”二字来做文章。震元堂位干道路转角，平面用圆形以示“元”，三层药房有一小中庭，从剖面看即为震卦形状。考虑到易、医、药三者同源，底层地面在中心部位设计了圆方六十四卦图，圆代表时间运行，周而复始，却又无始无终；方代表空间定位。这一图案是一种时空高度统一的象征。由于基地太小，故在两端迭落山墙上做花池，使绿化与生命进入高空。入口两侧做汉画像石风石刻，由同济大学陈行教授设计，南面内容为中药发展史，东面内容为震元堂史。入口两侧还设计并应用了球形树灯，白天钢花怒放，夜间火树银花。

上海市中国残疾人体育艺术培训基地

1995年5月，戴复东受广西壮族自治区建委邀请，参加广西人民大会堂的设计竞赛，而从彼时到交图，时间仅有两个月。尽管戴复东早已决定不再参加国内设计竞赛，但会堂所在地南宁，正是他的父亲戴安澜抗日战争时期浴血奋战过的土地，戴复东本人也曾于少年时在广西生活过，广西对自己和家族有着特殊的意义，于是同意参与。

戴复东笃信陆放翁“汝果欲学诗,工夫在诗外”一说。在构思方案时，他想到一位语言学家曾这样描述自己对中国建筑的看法：

“中国建筑的基本精神是和平与知足……环抱大地，自得其乐。”

“比笔直的中轴线原则或许更为重要的，是弧形、波浪形或不规则线条的应用，与直线相对映……本质上总是由柱子的直线和屋顶的曲线组合对比而成。”

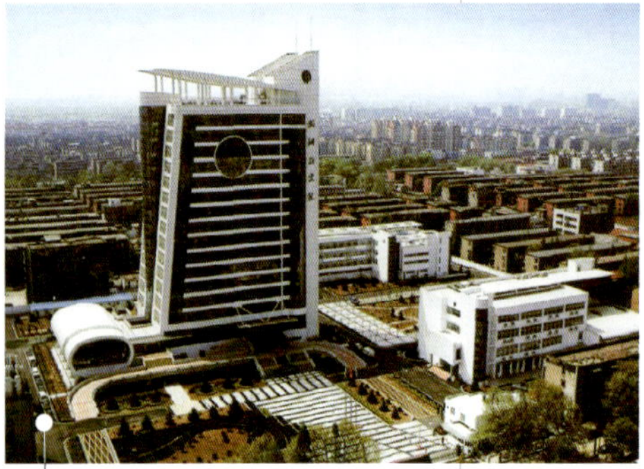

武钢技术中心

武钢技术中心东南立面

武钢技术中心上部中庭

这些看法对戴复东产生了启发，他根据上述特点和特殊语言，嫁接到建筑上来——因广西各民族大多崇尚青黑色及白色，配以孔雀蓝、朱红、中黄等鲜艳的色彩，且以银器为贵，戴复东确定了“三弧、二色、一折、一银”为设计思路，并充分考虑了南宁的气候条件。

戴复东将会堂作为主体，两侧根据室内空间及柱网整齐的要求，结合地形，在南向平面上错落布置。由于广场弧形极为强烈，于是在错落平面外加立面为弧形反曲门架。他以两座广西民居的大门为“源”作母题，多次在各部分重复出现，尤以在中轴线上大会堂南北顶部加以应用。建筑物外界面的一些部位饰以用不锈钢组成的、类似银挂件及银饰物的图案、花格、装饰件，以象征银器物，再在部分地方饰以鲜艳色彩，将广西各民族服饰加以嫁接。整个设计，很好地诠释了戴复东“现代骨、传统魂、自然衣”的主张。

在谈到建筑创作时，戴复东曾在一篇名为《建筑师的“乐”与“苦”——从建筑与文化所感到的》的文章中写道：“我们有幸在新中国建设之初，得以实践志向机遇；祖国改革发展之时，又喜逢大兴土木之潮；而今神州腾飞之际，更有夕阳献热之地。生而逢时，真是人生之乐！”恳切的建筑师情怀，跃然纸上。（王丛秀／文）

重要的是得体

中国工程院院士　关肇邺

1929年生，北京市人。教授，中国工程院院士，国家设计大师。1947至1948年就读于北京燕京大学理学院，1948至1952年就读于清华大学建筑系，1952年毕业并获得工学学士学位。1952年至今在清华大学建筑系工作。

作品北京地铁东四十条站获首都20世纪80年代十佳建筑奖；清华大学图书馆获1993年建设部优秀设计一等奖；清华大学理学院楼群获1997年度首都建筑汇报展十佳建筑；北京大学图书馆获1998年度首都建筑汇报展十佳建筑一等奖；徐州博物馆获教育部2000年度优秀设计二等奖；海南大学第二教学楼获海南省优秀设计一等奖。

建筑是一门艺术，充满艺术思维特质的关肇邺常借用大家论画的分级法来谈建筑。他说建筑可分为四等—产品、作品、精品、神品。“产品”是简单地为了完成任务，敷衍塞责之作；“作品”是真正有兴趣、有追求而作；“精品”是背负着责任感、尽最大努力的创作，一丝不苟，精益求精；至于“神品”，则是一种可遇而不可求的事，有“蓦然回首，那人却在灯火阑珊处”的境界。

而作为一个严谨、求实的建筑学人，关肇邺有着笃实的、负责的建筑态度。他曾说，自己始终怀疑以“创新”作为衡量一个建筑设计优劣的主要标志的观点。在他看来，人类已有几千年的建筑活动，创造了无数的建筑类型，现在还在每日成千成万栋地建造。若想不重复已有的类型而取得成功，突围者也不过凤毛麟角。不顾各种条件，只是为了不与人同而盲目追“新”，后果将是不妙的。他主张，重要的是得体，而不是豪华与新奇。只有有助于建筑的完美之“新”，才是有意义的。在关肇邺数十年来设计的作品中，我们看到的也正是这种“有助于建筑的完美之‘新’”。

建筑有书香

祖籍广东南海的关肇邺，1929年10月生于北京一个书香世家，其父为清末甲辰进士。浓厚的传统家庭环境和文化氛围造就了他谦谦君子之风。从小勤奋好学的他，18岁就顺利考入燕京大学理学院。大一那年选修课上结缘梁思成先生，梁先生儒雅的谈吐、翩翩的风度和睿智的思辨，使年轻的关肇邺深为折服，倾心于建筑艺术，并最终转投清华梁先生门下。而童年时代老北京那些互相穿套的四合院落、曲折的胡同、重叠的灰色院墙屋顶，与故宫、太庙一起构成的同质、统一、有序、主次分明的环境，都深深印在关肇邺的脑海中，并对其建筑设计风格产生了深远的影响。

梁思成和林徽因两位先生的启蒙教育，让年轻的关肇邺对建筑深感兴趣并得以逐渐步入其堂奥，窥见建筑学百花园中的“宫室之美，百官之富”。而他们言传身教中最富感染力的当属其对建筑文化无比的真挚情感和广博学识。回顾关教授50多年来的作品，不难发现，图书馆、博物馆类的文化建筑占据了大半壁江山，且每部作品不同的风格下都隐隐透出谦谦君子之风。

1952年毕业后留校任教至今，关肇邺在清华园工作了近60年。在这座美丽的校园，许多建筑均出自他之手。清华大学图书馆是关肇邺最主要的代表作品之一。对于很多清华学子来说，厚重中透出轻灵感的图书馆是他们一生难忘的美丽记忆。若非特别留心翻阅资料，很多人难以想见，这座几乎可以当作艺术品来欣赏的建筑是经过了20世纪30年代和80年代两次扩建而成的。如果说建筑是凝固的音乐，那么1919年由墨菲大师设计的一期工程则是乐章的起点，1931年杨廷宝先生设计的第一次扩建是主旋律，1982年关肇邺设计的第二次扩建，则达到了整组建筑乐章的高潮。正是这三位建筑大师薪火相传、珠联璧合，才成就今日清华图书馆之风貌。

1982年，关肇邺承接的图书馆新馆逸夫馆建设任务为2万多平方米，约为旧馆面积的三倍，体量可谓相当庞大。如何在满足使用功能的同时，解决好建筑群中礼堂与它的主次关系，使两者相得益彰，是始终要努力解决的重要而困难的课题。在思考的过程中，他谨记老一辈建筑师杨廷宝的话："在完整的建筑群中新修和扩建，有时并不一定要表现你设计的那个个体，而要着眼于群体的协调。"他认为建设和谐统一的建筑环境，尊重历史，尊重有历史价值的旧建筑，尊重前人的劳动和创作，应是在旧建筑群中设计新建筑的重要原则。所以关肇邺在图书馆新馆的设计上煞费苦心。在新馆的位置和高度上，它尊重大礼堂的中心地位，甘居偏位和次高，但却一箭双雕，形成了图书馆区和西大操场区两个环境空间在建筑形式上与旧馆建筑在呼应中有变化；在采用欧美建筑形式的同时，不是"一览无余"，而是采取了中国传统的院落空间，几进几出，院中有院，如围合的庭院平顶女儿墙和坡屋顶的连接、过街楼和八角形楼梯间等的应用，恰与一、二期老馆中的某些手法相互呼应。另外，在选择传统建材"粗粮细作"的同时，也应用了铝合金大玻璃门窗采光、共享大厅天窗采光通风。正是这些现代建筑元素的运用，使设计既具历史感，又凸显时代精神。

在1994年所做的清华大学理学院建筑群的设计中，关肇邺根据原有建筑的条件，创造出了一个带有围合空间的学校建筑形象。建筑群选址的四周均有建于20世纪30年代、带有ART DECO意味的旧楼——北面，有沈理源设计的滑雪馆；西南部的小山，有杨廷宝设计的气象台；南面隔河，有同为杨廷宝设计的生物馆。关肇邺认为，这些建筑反映了当时美国建筑的影响力，颇能引起人们对抗战前清华处于上升阶段的那份辉煌的回想，是清华园记忆中值得留存的部分。因此，他将新旧建筑之间的关系作为设计中最重要的课题。

清华大学理学院

由于设计任务的要求，关肇邺需要在地块的北半部为物理系、数学系建造大楼，而南半部的东侧则预留给生物系今后之用。他和同事们很快想到了在新楼使用三合形式，与北面的化学馆形成围合空间，并保持贯串生物、化学二馆中轴线的格局，形成大体对称的布局形式。新楼以清水红砖砌面，使用少量石料做勒脚，基本上没有装饰，朴素平和。这种形式，与原有建筑彼此应和。关肇邺在文章中记录这次创作时曾说："这里没有任何追求气派和新颖的意图，有的只是努力创造一种和谐安宁、适合大学校园性格的文化学术气氛。"

关肇邺认为，文化教育建筑会长久且强烈地影响人的思想，甚至会塑造使用者的人格和世界观、人生观、价值观。对于文化教育建筑，尤其是大学校园建筑，使用它的人正值青春年华，正是学习知识的年龄，它们的教化作用显得尤为重要，所以不能像商业性建筑那样只是通过追求时尚和新奇来吸引眼球，却没有历史文化底蕴而显得浅薄。尽管第一眼看去显得平淡，但它们却是真正有魅力的建筑，在经历了数百年之后会愈品愈有味道。

建筑之美在于和谐

作为建筑师，绝大多数人都有树立自己纪念碑式代表作的心理，他们往往在设计时尽其所能建造一座规模雄伟、夺人眼目的作品，而忽略了建筑应与周围环境相协调的重要原则。关肇邺却一直把"尊重环境、追求和谐"作为信奉一生的基本理念。

关肇邺强调说，他初学建筑时，梁思成先生就开宗明义告之，建筑就是体形环境。大到城市、园林，小到室内家具，建筑学就是设计环境的。"孔夫子说'君子和而不同'，建筑其实也一样。"与清华大学图书馆新馆设计相隔12年，在另一个优秀学府——北京大学，同样是设计图书馆，关教授采用了完全不同的设计思想，大胆地使用了颇多非议的大屋顶形式并在组合、细部处理等方面进行了创新。因为考虑到该图书馆处于周围建筑群的核心位置，建成后要成为这片建筑的主角而统领全局，所以关肇邺采用了“歇山顶”和“攒尖顶”以及相应的外檐形象，檐下部分斗组合适当简化并加大构建尺度，采用“人”字做补间，从而巧妙地将新楼旧楼连成整体，在建筑体里也形成了丰富的空间层次。建筑色彩以靠近中央区建筑的灰色调为参照，放弃了西北区建筑的红、白、青。考虑到建筑的永久性和重要性，屋瓦用了无光的带釉瓦，其色度较周围建筑略深。总之，图书馆从总体到细节都是在本体性质和时代特征的需要与环境和谐的矛盾中寻求着平衡。

北京大学图书馆新馆

建筑设计在较好地满足各项使用功能和形象处理的前提下，如何作进一步的艺术追求，使其表现出更多的思想内涵，具有更好的建筑自明性？曲阜师范大学图书馆的设计是关肇邺的又一杰作，它对此作出了回答。设计采取了总体不对称、入口处局部对称的形式，以期与图书馆前幽静、曲折有致的小游园产生呼应，并保持庄重的格调。为了不破坏小游园的完整性，主入口设在二层，利用门廊前的平台和台阶，将东西两侧的人流引到中间来；在使用功能上，建筑集中、紧凑，大体上像一个横卧的“日”字，形成南北两座大楼和三个连接体，同时产生大小两个内院，分别为学生及员工使用。总体上说，各层平面之功能分区、各部之间的联系、各主要房间的通风、采光均得到了合理的处理，室内主要大厅的功能和空间处理也形成了自己的特色与表现力。

然而，作为孔子故乡培养师资的大学图书馆，仅达到适用、经济、美观的要求显然还不够，还需要更清晰地表现一下中华文化，把孔子之乡的题点出来。关肇邺在设计中就使用了一些简化了的中国传统建筑语汇，如传统瓦檐、明间扩大的柱廊、门廊和藻井等。为让入口标识更加醒目，关肇邺最终选用一座原型出自曲阜的小石坊，立在柱廊的明间之下，石坊上入口面刻“就道”二字，出口面刻“弘道”二字（均出自《论语》），表达了今天广大青年学子以先贤为楷模，追求真理、弘扬真理的顽强精神，从而使建筑的思想文化内涵愈加浓厚。

埃及亚历山大图书馆国际设计竞赛上，关肇邺“将建筑融入环境的‘和谐’设计理念”再次受到赞誉。尽管由于邮路关系错过竞赛截稿时间，但组委会还是被关肇邺的设计打动，特别授予关肇邺“特别奖”，这也是我国建筑设计师首次获得的国际设计大赛重要奖项。

除了多座图书馆和校园建筑外，关教授主持设计的北京地铁东四十条车站建筑被评为20世纪80年代北京十大建筑之一。博物馆和美术馆等文化建筑也是关肇邺的专长。在“天安门广场空间环境优化设计及地下空间开发利用”、“深圳市如何在城市规划、城市设计和建筑设计中体现中国传统文化”等科研项目中，关肇邺也取得了累累硕果。

呵护并建立城市的“肌理”与“文脉”

作为新中国建国后早期毕业的建筑人，关肇邺亲历了我国建设史上的多个时期。在他的记忆图景中，有20世纪50年代火热而快速的一批重点工程，有“文革”后随着社会经济发展而出现的城市面貌的变化，也有着一系列的城市与建筑文化现象。

在建筑界颇为关注的文化保护问题上，关肇邺的主张是“呵护城市‘肌理’与‘文脉’”。对于城市肌理的保护要比单幢建筑的保护更重要。所谓城市肌理，指的是一座城市的主干道，有历史价值的街道、胡同等。以北京的老胡同为例，胡同两旁的四合院可以修缮、改造甚至重建，但胡同本身是不可再造也不可拆改的，它就是北京的城市肌理。对一座城市而言，保住肌理，才保住了这座城市的风貌。当然，由于城市发展的需要，有节制地建设一些或拓宽一些干道也是必要的。关肇邺的另一个主张就是坚持文脉与和谐。一个城市是有它的历史积淀和独特气质的，这就是所谓的文脉。一方面要避免毁掉那些与城市文脉一脉相承的建筑；另一方面，在重建中也要讲究新建筑与周围建筑的和谐、与整个城市气质的和谐。有的时候，比拆更重要的，是新建什么样的建筑。在这方面，关肇邺颇为认可北京的菊儿胡同。原有的胡同盖起二、三层小楼后，气质没变，文脉没断。北京的国子监、什刹海、琉璃厂地区也是不错的案例。

对于大规模的城市建设，关肇邺从自己的学识积累出发，撰文为建筑界提供具有指导性的分析。在 1994 年发表的《市政厅和市政广场》，就是其中一例。20 世纪 90 年代中期，城市兴建广场、增建或新建政府办公建筑的风气日渐浓厚，甚至刮起了不切实际的模仿风、攀比风。关肇邺在文中将西方市政厅与市政广场的结合方式、政治意义、公众意识、建筑及规划要点等娓娓道来，并加入日本相关类型建筑之介绍，翔实可信。在文末，关肇邺说，近年来在大规模的城市规划建设中，城市行政中心建筑的建设也有不小的数量，但尚未听说有吸取国外几个世纪以来逐渐形成的主要经验，建成具有高度精神功能的、和市民广场有良好结合的市政府建筑之例。“这应当是我国规划者和建筑师要努力承担的许多重要任务之一吧！”而作为一名在高校中耕耘的建筑学人，关肇邺不浮躁，不流于批评，这样恳切的学理探讨，正是一个学者对现实务实的参与。

“师者，传道、授业、解惑者也。”尽管建筑设计占去了关肇邺大部分时间和精力，但他从未忘记先贤韩愈的这句至理名言，一切活动都围绕着教学展开。身为博士生导师，除了设计之外，关教授在五十多年的从教生涯中为国家培养出无数优秀的建筑设计师。在教学过程中，关教授重“质”不重“量”，为了尽可能联系实际，总要让学生选择真实项目来做。为了提高学生的积极性和主动性，他常让学生草拟最初的方案，且只要不是原则问题，总是尽可能保留其基本想法，只稍加改进和润色。有的属个人性格爱好，无所谓高低，即便他自己不太喜欢的，也尽可能加以保留。对需要修改甚至改变思路、推翻重做的，也不是简单地发表“指示”，他总是说出自己的想法，从理论上、中外有关的历史经验上、不同条件的比较上以及外围学科相互借鉴上加以分析，使学生不只提高了设计水平，开阔了眼界，更帮助他们提升了素养和品位。（刘波／文）

台州图书馆（效果图）

徐州博物馆

西安欧亚学院图书馆

云南省图书馆

不是保护传统，是保护历史的见证

清华大学建筑学院教授　陈志华

1929年生于浙江，1952年清华大学建筑系毕业，留校任教，曾经讲授“外国古代建筑史”、“文物建筑保护”等课程，现已退休。

近十几年来，陈志华率领清华大学建筑系乡土建筑组，从事乡土建筑遗产保护工作，出版了许多专著，如《乡土建筑遗产保护》、《楠溪江中上游乡土建筑》、《碛口》、《诸葛村乡土建筑》、《新叶村乡土建筑》、《关麓村乡土建筑》、《张壁村》、《福宝场》等。主要著作有《外国建筑史》、《外国造园艺术》、《外国古建筑二十讲》、《意大利古建筑散记》等，译著有《走向新建筑》、《风格与时代》等。

“每一个人，每一类人，在历史面前都应该谦逊，因为他们的财富、权力和知识在历史面前都很渺小，微不足道。”陈志华在他的文章中如是说。为了保护记录普通中国百姓千百年来生存状态的活生生的历史物证—乡土建筑遗产，这位八旬老人还在中国天南地北的村庄中跋涉着。挡在他面前的有形无形的沟壑很多，他讲述那些无可奈何之事时结尾总是大笑，然而殊无欢愉之意。这笑仿佛是一种轻蔑，一种抵抗—“坚持原则即使注定要失败，也要坚持”。他的担忧和愤怒不是为了自己，而是为了国家和民族。

可以说，这位老者在精神上始终是青年，他身上那种激扬锋锐之气质沿袭自“五四”精神，虽年深月久，但不可磨灭，不可摧折。

我们为什么要保护乡土历史建筑

建筑是石头的史书。这部史书，就如同编写成册的书籍一样，内容极其丰富多彩，只有保留它的复杂性和多样性，才可能接近历史的本真。在古建筑保护的工作中，属于皇家、世家与文人士子的建筑类型相对得到了更多的重视，而对于乡土历史建筑的注意力与保护力度，对于保护乡土历史建筑的出发点与宗旨，则有待更多的探讨。关于这个问题，陈志华有自己清晰的见解：

“我们保护古建筑、古村落，不是为了保护传统，是为了保护历史的见证，为了去认识中国人的历史。我们认识自己的历史，要通过什么？只通过《二十四史》是不行的，用梁启超的话说，那只是帝王将相的家谱和断烂朝报。中国的平头老百姓吃什么、穿什么、住什么、干什么、想什么，《二十四史》里头没有。最多有点笔记，但笔记是从文人立场写的。我们要知道老百姓的历史，资料不是很多，而建筑往往凝聚了一个时代普通老百姓生活最丰富的信息，它是物证。建筑携带的信息比任何一本书都生动，特别是乡土建筑，因为农村是农业文明时代的中心。”

在这个意义上，陈志华认为，文物建筑保护不是传统领域。“不要以为我们是维护传统，”他说，“我从来不认为我们的文化传统有多好，弄到现在那么一塌糊涂，就是因为传统。我们保护古建筑恰恰跟传统是针锋相对——我们的传统是拆古建筑。”因此，他强调，要保护好乡土历史建筑，首先文物工作者就要去克服我国文化传统中长期占主导地位的士大夫文物价值观，需懂得着眼平民的、农村的、下层社会的文化遗存；懂得重视稍稍晚近一些的、日常使用的、寻常材质的、为普通人所制作并为普通人所使用的历史建筑。

这样的观点，与陈志华曾受过社会学的训练不无关系。在刚上大学时，他本是社会学专业的学生，出于他对建筑的热爱，清华大学建筑系的梁思成先生破例同意他转了专业。陈志华认为，社会学的训练其实是所有人都应该接受的，无分文理：“清华大学从1952年‘教改’以后，只办理工科，迁走了文法学院，以前那么高水平的文科和社会科学教育，你看我们以前老一代那些理工

楠溪江上游古村落林坑

科的教师，写诗写得很好。华罗庚写诗写得好着呢。”老人自嘲道：“现在，我这辈子没写过一首诗啊。”他说，自己甚至碰到过有电子系的学生来问他，为何清华的人文气息那么少？“电子系啊！这么一个纯技术的科系的学生问我这个问题……”陈老说，这种环境下教育出来的人，他就始终不理解为什么要保护古建筑。

保护乡土历史建筑究竟难在哪儿

在国际上，文物建筑保护还是一个较新的学科领域，从1964年《威尼斯宪章》出台，学科建立，历经几十年，才形成其完整的学术体系。在乡土建筑保护方面，更是迟至1999年，才由国际古迹遗址理事会第十二届大会通过了《乡土建筑遗产宪章》（*Charter on the Built Vernacular Heritage*），提出了乡土建筑保护的基本原则和行动指南。在这一领域，还有太多需要探索与解决的问题。

在《乡土建筑保护十议》中，陈志华分析了多项对乡土历史建筑保护造成困难的原因。他认为，我国文化传统中缺乏世界的、历史的眼光，因此也不能认识到我们的文化遗产是对世界的责任，是一种历史使命；我们国家当前一些制度，一部分村、乡、镇干部的工作存在着缺陷和片面性；而我们的一些文物保护工作者，也缺乏一丝不苟、细致深入的工作作风……在多样的原因中，陈志华认为，与技术层面上的难度相比，在“意识”层面上的问题是深层次的。

“最近某部出台的保护历史文化城镇的条例不合理，认为保护古村落就是为了搞旅游。其实旅游除了娱乐身心外，还应该有文化教育的功能呀。我接触到外国的一些年轻人，他们旅游是为了长知识，什么苦都能吃。外国那些青年旅社，条件很差，但你一看墙上那些英文、法文、德文、日文的留言簿，告诉后来的人哪儿的建筑非常好，有什么典故，出过什么人物……”

“还有建筑界，老要盖新的。”对于这种看法，陈志华认为，还是核心价值观无法转变的问题，不理解建筑或村落一旦被评成文物，它的核心价值就变了，而并不是因为它设计得多好，多漂亮，功能多完善，才要去保护它。对于“保护乡土建筑就是让农民住破房子”的批评，他主张用积极的心态去保护、改善，而不是消极地退却，降低保护工作标准。“如果要继续使用，里面可以装电灯、自来水、空调呀！收拾出来也很舒服的，我们请了一些很会过日子、很会享受的人去住，他们觉得舒服着呢。”又，“我们的文物建筑保护工作者最常说的就是中国建筑都是木结构的，不好保护。那你做做看啊！你做了多少？结果木头的防火防虫防腐防变形都是那些以砖石为主要建筑材料的国家研究出来的！”

陈志华坚信，就像古建筑保护有原则一样，做人也有原则。“古建筑保护有原则，可是在实际工作中你还得让步，真要一点不让步，那就难了。可是你搞理论的时候不能让步，理论是不能让步的。理论一让步，全崩溃了！完了！实践工作呢，你不让步，也完了！空调能不用么？卫生间能不改么？电灯避雷针能不装么？可是你理论怎么说？就是原样保护。”在陈志华看来，理论工作者无所谓教条主义，“他的任务就是建立教条呀！实际工作者有时候遇到一些问题了，不肯让步，那是你实际工作者教条主义，可是教条没错。现在有些人就搞折中主义，怎么都行。这些人表面看起来最公道，最和平，最实惠，他实际上就是把原则化解了。”

楠溪江上游古村落上坳

我们怎样保护乡土历史建筑

从整个社会的层面上来看，对于乡土历史建筑，我们还缺什么？

陈志华认为，缺者有三：“我们是一没有强有力的机构，二没有环境，三没有一个‘界’——

'保护界'。像意大利的古建筑保护协会，在国会里就很有势力。"

在这种情况下，需要学者、建筑师和有识之士在宣传和普及上多下工夫，也需要来自于官方的方向性的引导。陈老说，自己曾向英国一位文物保护权威人士"诉苦"，对方告诉他，英国也曾有如此现象，国家管起来很难，私人行为也不容易奏效，还得靠宣传。"1975年，联合国教科文组织在欧洲搞了一个古建筑保护年，他们就出了一本书，讲欧洲历史上好多有价值的建筑是怎么被破坏的。这本书一出，比其他宣传方式都厉害。"最后，在民间，保护建筑意识上升到这样的程度——有些老建筑，政府没有把它列为文物建筑，拆改都可以的，业主自己花高价去请文物建筑保护师，修缮后在门口挂上铜牌，业主便觉脸上有光。在国内，是否有这方面的宣传？有，但并不多。陈志华说，后来有人写了一本可以说是北京的古建筑破坏史——《城记》。"我遇到那个作者，问他，你这本书起作用了没有？他说没有……所以社会的文明程度太重要了。而这个社会的文明程度呢，上头得有推动，有一个方向性的引导——社会风气的形成早着呢。"

福建连城培田

福建连城培田

现在，陈志华很重视写书，用文字和图记录古村落。"我有时候安慰自己就这样想：保不住的话我至少还可以做点记录，实在不行了我们还留几本书呢！还有图片，总比一无所有好。"更重要的是，图书出版后还是会在社会上引起一些正面的影响，吸引人们的兴趣，唤起人们的自豪感。

基于长期在乡土建筑保护一线工作所取得的经验和研究成果，陈志华总结出了乡土建筑保护的战略性指导思想，即以保护聚落整体也就是完整的古村镇为基本方法，原因在于，这是保护乡土建筑所携带的历史文化信息的最有效的方法。而与此同时，也需要注意有保护聚落群的必要和机会。

在"保护"与"利用"的关系上，陈志华认为，乡土聚落的合理利用，最基本、最重要的就是争取村民们，至少不太少的一部分，能在那里继续安居乐业。这就要努力设法在文物保护的前提下提高古聚落和老住宅的居住舒适度。第二个"合理利用"，便是发挥它的认识、教育价值，通过设置陈列室、编写书籍、培训讲解员等方式，让旅游者在轻松愉快的状态下增长知识，提高修养。

对于农村因社会经济发展、人口增长带来的"扩容"需求，他主张文物建筑保护工作不但不应该妨碍这个进步，还要及早为之准备条件，开辟新区，将现代化的设施建设在新区中，一切旅游开发的娱乐场所也建立在新区，从而保护原始村落不受现代建设的破坏，维持原有的生活风貌。而且，农村新区的规划与建设，也正是当下亟须关注的大问题，"老区跟新区比起来，很小。如果新区没有规划，更费地。"

乡土历史建筑保护的昨天、今天和明天

回忆起与同事、与学生为考察与保护文物建筑所吃的苦头，陈志华不以为苦：

"不管怎么说，现在毕竟比20年前好多了。20年前人家把我们当怪物，我们在诸葛村工作的时候，人家拿着手铐来赶我们，我们当时都不知道，后来还是那个支部书记告诉我们的。当年我和李（秋香）老师要蹲在地摊上吃豆腐丸子，现在还可以混吃混喝了。交通也好多了，那时候交

山西离石彩家庄

山西离石彩家庄窑院

通多困难呀，我们到楠溪江去，介绍我们去的省建设厅厅长告诉我们，那条路上经常发生车祸。我们还是去了呀。那根本不是公路，都是烂泥。第二年我们又去了，带着学生去的，早上五点出发，半夜里两点到，花了 22 小时。我还记得那天是八月十五，月亮其美无比。到了后，大家洗洗、吃点儿，都赶紧睡了，七点就起来工作。我们学生真是不错，一点怨言也没有。”

但如今，依然有许多问题需要正视、需要面对、需要解决，乡土建筑的保护与利用，仍有很长的路要走。据 2007 年《新京报》上的统计数据，我国有 380 多万个自然村，“保到现在也就一二百个”。陈老说：“你知道印度有多少国家级文保单位？ 6 万！就算它历史长、地方大吧，那你知道越南多少么？ 3 万多！我说的仅仅是国家级的。”

谈到文物建筑保护的未来，陈志华并不十分乐观。他说自己的态度是“鞠躬尽瘁，死而后已”，只是凭着良心去做，去说服别人。“我们的情况也会变好。不过就怕变好的时候到了，这些老房子就都已经没了……”陈志华如是说。

（李威　王丛秀／文）

广西龙胜龙脊村

浙江省厚吴村

四川省合江县福宝镇

四川省合江县尧坝镇东岳庙

四川省合江县尧坝镇进士牌坊

大型体育建筑的宗匠

哈尔滨工业大学建筑系教授　梅季魁

1950年考入哈尔滨工业大学土木系，1956年留校任教，后到同济大学建筑系研究生班学习，毕业后回哈尔滨工业大学执教。1965年，响应国家号召赴拉萨支援西藏建设，1975年底重返哈尔滨工业大学。1986年创建哈尔滨工业大学建筑设计及其理论博士点，并担任博士生导师，20世纪90年代中期设博士后流动站。曾于1983至1989年在哈尔滨工业大学任两届建筑系主任，1990年创建建筑研究所并担任所长。

梅季魁的代表作品有：惠州体育中心、哈尔滨梦幻乐园、哈尔滨工业大学邵逸夫体育馆、淮南市文化体育中心、汉中体育馆、大连理工大学体育馆等。

体育场馆设计对建筑师提出了许多要求——它需要一系列高科技的支撑，需要使先进的技术与建筑本身较好地契合，需要在有限的空间内实现大效益，常常也需要成为一个地区、一个城市当代风貌的表达。建筑师需要对结构学也有着较深的研究，具备充分考虑场馆内部空间安排、做出合理构造的能力。

梅季魁潜心于大型体育场馆的设计已经数十年，取得了丰硕的成果。他曾主持设计大型公共建筑近60项，建成30余项，作品遍布在祖国大江南北，是许多城市里市民所“喜闻乐用”的体育文化场地。他也将自己在大型公共空间建设方面的研究撰写成文，为业内提供了具有可行性的思考与实践成果，为提升我国该类建筑的设计水平贡献良多。

对外开放和多功能化是大型公共建筑发展的趋势

从20世纪70年代到90年代，我国的大型公共建筑经历了一个由慢到快的发展过程。建国之初很长一段时间内，我国的公共建筑很少，并且大多数不向公众开放。改革开放后，随着经济的快速发展，公共文化活动、体育活动更为频繁，在许多城市，一些中型甚至大型的公共建筑开始如雨后春笋般地建设起来。数十年来，我国承担的国际大型赛事数量增多，北京亚运会的成功举办，北京奥运会的成功申办、举办等重大体育事件，大大刺激了大型公共建筑的发展。这些年各大中型城市都在规划建设自己的大型公共建筑，这其中尤以大型体育场馆居多。

梅季魁根据自己多年的从业经验，敏锐地发现了国内大型公共建筑的发展趋势。他认为，随着城市的发展，人们的休闲娱乐时间增多，休闲意识也在提高。身体健康成为多数人日益关注的焦点，相应的体育健身活动也就越来越为人们所喜爱。在这种情况下，大型体育场馆势必不能再作为体育竞技的专用场所。即使从经济效益角度考虑，大型体育场馆的公共化也是大趋势之一。而大型体育场馆的开放，正与全民健身的理念相契合，对普遍提高国民身体素质有很大的促进作用。这一点，西方国家早已做到，我们也会慢慢赶上。

正是由于体育场馆的开放，带动了场馆的一系列变化趋势。公众对体育活动的需求是不一样的，这就要求不同种类、多种多样的体育场馆的出现，比如提供冰雪运动和水上运动的新型体育场馆、运动与娱乐相结合的水上乐园等建筑，还有各种体育中心和俱乐部等多种项目汇集的复合型建筑。而且大多数体育场馆摆脱了以前只有田径场围绕足球场的单一场地的模式，开始向多元化发展，实现了融田径、体操、游泳和各种球类运动于一体，一个体育馆具备多种功能的场馆模式。

这种发展趋势，使得体育场馆的结构也开始发生变化。为了实现比赛场地和平时公共场地之间的转换，体育馆内的活动座椅数量开始增加。比赛时安放好可以坐观众，赛事结束可以拆除为公众健身腾出场地。而体育馆本身密闭的环境对人体健康不利，这与公众关注身体健康的要求相矛盾。为了解决这一矛盾，体育馆不得不走上复归自然的道路，通过改变结构和设计来尽可能地引进自然光，体育馆内部也开始增加花草木石来改善自身的环境。总之，尽量改善自身以适应周围环境和公众的需要，是如今体育场馆发展的一大趋势。

大型公共建筑依然存在着诸多矛盾

梅季魁指出，我国大型公共建筑尤其是体育场馆在高速发展的同时，目前整个行业还存在着很多的矛盾和问题。

深圳大学城体育中心（效果图）

深圳大学城体育中心游泳馆（效果图）

供不应求和低微效益，设计意图与使用现实，功能单一与多种实用这三个矛盾是目前我国大型公共建筑普遍存在的问题。与发达国家相比，我国现有的体育场馆数量远远不足。以体育馆为例，我国每百名城市居民约占有 0.5 个席位，发达国家一般占有一到两个席位，差距在 2 到 4 倍之间；而从全民占有量来衡量，发达国家 2000 人有一座体育馆或训练房，我国约 10 万人有一座，差距在 50 倍左右。但是，目前我国的大型公共建筑又确实存在低效益和使用不足的情况，一栋建筑建成不久后就冷冷清清，少有人光顾。体育馆、电影院上座率偏低，徘徊在 30% 左右，而各单位的礼堂、俱乐部等，一年之中除几次会议使用外，绝大部分时间闲置。这种现象由来已久且有加重的趋势。

在设计意图与使用现实上，我国的公共建筑更存在着主次颠倒的现象。比如大部分体育馆和游泳馆是专门为比赛而设计的，但实际上一年当中用于比赛的时间极其有限，大部分时间还是用于公众的健身锻炼。因此作为主体建筑的比赛用场地大部分时间闲置，而用于公众锻炼的健身房、台球室等副建筑却常有人光顾。况且大多数体育场馆的场地用于文艺演出的时间多，用于比赛的时间少。这种情况与当初按照比赛设计场馆的意图大相径庭，因此在设计上存在着严重的误差，导致了空间的大量浪费。

我国很多公共场所往往设计时功能单一，但在实际使用时又做多种用途。比如我国传统的电影院往往只是以电影放映为主，设计上多单厅，结构比较简单。改革开放以来，许多电影院不得不进行改造，由单厅扩展为多厅，由简陋变为舒适，由电影放映走向多种经营，以适应社会的发展。而像礼堂和体育馆等功能格局比较固定的场所，勉强做多种用途使用，效果往往不佳，质量也要大打折扣。

对于以上三个矛盾的出现，梅季魁认为有深刻的内在原因。观赏比赛和演出属于被动型活动，观众处在客体的地位，这一点是无法改变的。而随着社会的发展和生活水平的提高，人们越来越倾向于主动型活动，随自己的意愿参与体育活动。尽管体育馆和电影院规模巨大，设施先进，但它不是人们天天光顾的场所。且现代生活中娱乐方式多种多样，近年来体育场和电影院观众人数的滑坡，既有电视等新的视听方式的冲击，也有主动型文体活动对观众的巨大分流。歌舞厅、娱乐城等基本是群众活动的天地，自娱自乐，适合群众参与的需要。参与为主是我国群众文体生活的巨大发展和重大转折。

另外，现代社会人们健身方式也开始向自然复归。越来越多的人愿意在户外进行体育锻炼，享受阳光和清新的空气，这也导致体育场馆的观众数量减少。

要解决上述问题，梅季魁不但要从管理和建设等多个方面下手，更要在场馆的设计上下功夫。“行为模式、管理方式、建设模式变了，设计本身必然要变，以变应变。但设计着眼点不应只停留在应付当前的变化，而是要力求适应几十年的发展变化需要。我国大空间公共建筑设计从总体上看，应变能力不强，适应的时间短，有的不到10年就不大适用。因而提高应变能力，延长适应周期是一项重大而迫切的任务。”梅季魁如是说。

因地制宜建好体育场馆

梅季魁在从宏观上关注国内大型公共建筑的发展趋势的同时，多年来也一直在自己的设计创作中进行着探索，努力设计出在造型和结构上都能满足需求，并与外部环境相协调的建筑作品。结构、材料、设备等对于建筑设计、特别是体育场馆等大跨建筑设计的巨大制约不可忽视。为了突破障碍，梅季魁对结构问题进行了跨学科的深入研究，并出版专著《大跨结构构思与结构选型》。为此，他荣获2006年中国建筑学会第二届建筑教育特别奖，该书也被推选为高校建筑研究生选修用书。

哈尔滨工业大学体育馆

哈尔滨工业大学邵逸夫体育馆是近年来梅先生的作品之一，正好在哈工大75周年校庆时完工，为校庆提供了5000人的活动场馆，贡献不小。体育馆位于哈工大校园内游泳池旁一块不大的缓坡地上，用地比较紧。校园内的体育馆不同于社会上的场馆，主要用于体育课和课余师生的锻炼，比赛、演出和集会并不多。因此，设计方案在满足多种使用的前提下，尽量增加活动场地，简化附属房间，减少固定座位，增设活动坐席。而在外观造型上，考虑到体育馆用地紧张，空间不够开阔，且地形有2米的高差，因此，将体操房做成半地下放在馆前置于人们视线之下，其他房间以裙房形式围绕主厅四周布置形成建筑基座。体育馆主体选用四片双曲抛物面单双层钢网壳交替组合结构，空间立体，形体优美，经济指标也比较低。顶界面随使用需要而有高有低，既减少了大厅体积，也使空间富于变化。单层与双层网壳的交替组合形成了采光带，使大厅洒满阳光，一扫空间的沉闷气氛。

惠州体育中心是梅季魁的又一作品。与其他作品相比，这一作品的建成颇为曲折。惠州体育中心的建设从1993年便已开始，梅季魁的设计原是根据当地的实际情况，基本保留了起伏的地形和水塘，场馆随地形布置。但是当时的开发商急于上马，未等设计完成就推平了土丘和水塘，令人遗憾。之后惠州的经济出现起伏，体育馆的建造计划于是搁浅。直到5年后，惠州的经济形势好转，才于1998年和1999年行进了两次竞标。此时人们对于城市规划的理念有了很大的提高，因此在体育馆的建设上做出了相应的调整。体育馆由一角移至场区中轴并退后街道百米，建筑组合由沿街的封闭布局变为低端深处的开放布局，建筑与外部空间相互穿插批次拥簇。这样的布局使体育中心为城市提供了开敞的空间环境，并与周围的建筑相映成趣。在体育中心的外形上，由于惠州有“鹅城”的美誉，建筑借助量身定做的结构形式构成流畅的椭圆形平面和起伏的空间体形，既反映出了球类运动的抛物线轨迹特点，也为展翅腾飞的天鹅构筑出基本框架。两侧的商务用房取半弧平面形成环绕之势，覆以洁白亮丽的薄膜雨棚，好似群鹅雀跃起舞。这一设计不仅为评审专家通过，建成后也获得了惠州市民的一致好评。

广东惠州体育馆

哈尔滨梦幻乐园是梅季魁参与设计的一座商用水上乐园。水上乐园是一种新型的集运动娱乐于一体的大型场馆。室内空间室外化是水上乐园的主题，因而仅将自然景观纳入室内远未达到目的，还应创造相称的空间氛围。戏水大厅在空间上应有开阔宽敞的视觉效果，因此在设计时取变异的扇形。这样的平面具有明显的扩展趋势，站在泳池边面对大厅开口，其视角可达100°，是矩形平面的两倍左右。大厅采用玻璃屋面，即可引入明媚阳光，也可延伸视线至广袤苍穹，营造出开敞明亮的空间效果。由于梦幻乐园是一处充满刺激和异域风情的场所，因此建筑的外观设计力求新颖独特，让人耳目一新。戏水大厅呈扇状多菱体形，同常见的大空间公共建筑相去较远。同时屋顶随水滑梯的降落而取降坡形式，两道侧墙向外不断拓展，高度逐渐下降，好似高峡出平湖，别有一番情趣，其空间让人倍感开阔，并有较强的动态感。整个建筑不但外观独特，且与周围的高层建筑形成高耸于平展的对比，相得益彰，建成之后，受到了市民的喜爱。

梅季魁对于我国体育场馆建筑的发展现状和趋势十分关注，面对当前各地体育场馆"热建"的红火场面，他有着清醒的认识。2007年，他发表了《体育场馆建设刍议》一文，针砭时弊，敲起了警钟。他指出，当前比赛场馆建设过热，而群众健身的设施却得不到充分的重视，很是不足。在梅季魁看来，盲目的建设是一种巨大的浪费，让人痛心。比如说，北方几省可用于公共建设的资金并不充裕，但先后修建的巨大的速滑馆却有5座之多，数量与西方发达国家速滑馆的总和相当，耗费既大，使用率又不高。他在文中指出，最近10年，仅山东、辽宁、吉林、黑龙江四省，就有6座现代体育场馆使用仅10～20年，就被推倒了。作为一位在该领域有着专门研究的建筑学人，他也找出了场馆在设计、结构等方面常见的问题，如选址偏远、过度追求规模、辅助用房配置的运营措施不力等。这些问题，都是未来体育场馆建设中需要避免的。

体育场馆，是一座装承着生命的活力与梦想、光荣与拼搏的"建筑容器"，它在长久的使用过程中，也是城市记忆的重要组成部分。梅季魁在长期的创作和研究中所奉献的，也正是一座座富有"力"与"美"、具有昂然奋发之气的作品。更可贵的是，他对于建筑师社会责任的认知，为这些体量甚大的公共建筑，增添了一分"善意"之美。（单明川／文）

大连理工大学体育馆

青岛大学体育馆

青岛大学第一体育馆

北京朝阳体育馆

顺其自然，不落窠臼

中国工程院院士 钟训正

1929年7月出生于湖南武冈。1952年毕业于南京大学建筑系（今东南大学建筑学院），曾先后任教于湖南大学、武汉大学，1954年至今任教于南京工学院（今东南大学）建筑系。1997年11月当选为中国工程院院士。现任中国建筑学会理事。

钟训正编著了《建筑画——环境表现与技法》、《国外建筑装修构造图集》、《脚印——建筑创作与表现》等著作。以他为主合著的《建筑制图》获1996年国家建设部优秀教材一等奖。他于20世纪60年代设计了南京长江大桥桥头堡；无锡太湖饭店新楼获国家教委优秀设计一等奖；兰州甘肃画院和海南三亚金陵渡假村获国家教委优秀设计二等奖。

如果从接受建筑学教育算起，钟训正的建筑生涯几乎与共和国同龄。在建国后很长一段时期内，我国的建筑业都处在各种条件的制约中。从现实条件出发、不慕虚华，关注空间创新的实效，就成为许多中国建筑师的工作态度。我国第一代建筑师之一的杨廷宝堪称这样一个典型，而钟训正，也延续了老师这种严谨、扎实的作风。从进入大学，到20世纪五六十年代参与北京火车站、南京长江大桥桥头堡设计，再到20世纪80年代屡获建筑大奖，90年代成为中国工程院院士，钟训正先生形成了细腻、舒展的建筑风格。他在设计中讲求空间的品质，常具轻盈、大方的品格和恰如其分的传统意蕴。在跨越半个多世纪的创作历程中，他对城市问题的关注，勤勉的创作与教学实践，都是值得记录的。

"我自知没有很高的资质，但有一股傻劲，一经投入，必然全力以赴"

1948年，钟训正考入中央大学（今东南大学）建筑系。当时该校的建筑系拥有一批十分优秀的师资队伍，杨廷宝、刘敦祯、童寯等先生都在建筑系任教。尽管背靠一片建筑沃土，但钟训正并没有选择舒舒服服的乘凉，而是用一种艰苦与执著一点点敲开建筑的大门。他说"我自知没有很高的资质，但有一股傻劲，一经投入，必然全力以赴"，"只有真正投入进去，抛开名利得失，到达一种忘我、甚至狂热的境界，才能有所作为"。

刚入大学时，钟训正因故比其他同学迟到校一个多月，测验时成绩不理想。为此，他总是花更多的时间来复习和预习，到课程结束时，他已经是班上做题速度最快、准确率最高的学生了。

毕业后，钟训正被分配到湖南大学任教，后来又被调到了武汉大学。当时武汉大学还没有建筑系，他就暂时在水利系从事建筑教学工作。尽管自己的专业知识没有完全派上用场，他还是坚持做设计训练。20世纪60年代初，钟训正深感缺乏技术经验，便在教学之余，搜集和抄录国外各种各样的建筑构造大样，前后一共描绘和翻译了800多幅图纸。20世纪80年代，钟训正撰写了《国外建筑装修构造图》一书，受到了许多建筑系师生以及设计师的推崇。这本书的底稿正是来源于他60年代描绘和翻译的800多张图纸。

20世纪80年代中期，钟训正以访问学者的身份到美国印地安那州包尔大学学习。那时工作清闲，待遇也不错，但他没有选择安逸的访学生活，而是先后在印第安那波利斯市及波士顿市两家设计公司工作。他解释道："我的外语底子不好，教课、听课不方便。不如和实际接触，了解国外设计师的思想和操作过程。"

正是凭着这种时刻学习的认真态度，钟训正在攀登建筑学的道路上留下了一个个坚实的脚印。

在文化延续中追求创新

在长达半个多世纪的建筑生涯里，钟训正佳作迭出，他的许多建筑作品都获得了建筑界同仁的高度评价。在钟训正的建筑辞典中，好的建筑体系大致要满足以下几方面的要素：首先，从功能上看，是建筑能够满足人们需要的程度；其次，从建筑外形上满足大部分人的审美需求；第三方面就是整个建筑有没有内涵，能否满足人们的心灵需求。

而细细考量他的建筑作品，人们会发现“顺其自然，不落窠臼”是钟训正始终坚持的建筑思想。他的作品从当地的自然环境、历史背景、现有经济文化条件等方面出发，寻求建筑与历史文脉的延续，因地制宜，同时又不因循守旧，在设计中追求创新之处，力图呈现出环境与建筑的完美结合。

在1983年设计的无锡太湖饭店中，他充分考虑了饭店的选址与后湾山、鼋头渚和三山岛鼎足而立的自然特点，将地方的形式简略抽象为有古典韵味的现代造型，建筑随山势起落，呈台阶形，与地形非常协调；同时，将建筑体量化整为零，使得尺度宜人。

另一个充分体现了钟训正的建筑创造性的作品是南京科技会馆。南京科技会馆坐落在南京主城北部，周边既有自然景观和历史建筑，又有体现现代政治和文化生活的南京市政府及东南大学。如何在一所建筑中同时协调好建筑本身的功能性以及与周边环境的适应性，成了这块区域规划时要面对的一个重要问题。钟训正以庭院来组织空间及多层建筑远离干道的构思，使会馆建筑与环境得以协调和谐。他从传统的空间原型入手，创造出现代的功能空间和流线秩序。同时，科技馆现代简洁的造型，也表达了他在坚持表象和内涵的高度融合下的“以简出新”的时代追求。整个建筑，充分体现了他尊重而不拘泥于中国传统建筑艺术，以现代建筑的手段和创新意识去弘扬传统文化和传统技术的思想。这个项目既体现出了科技馆的功能和空间要求，又彰显出了浓郁的古典风格。

而在三亚金陵度假村的设计中，钟训正在入口面结合中庭空间采用曲面屋顶形式，既不像传统坡屋顶顶部那样浪费空间，又表现了某种轻盈的传统意味；南京嘉年华的屋顶设计虽然采用了坡屋顶，但是在空间方面也作了创新的处理。

在处理传统与现代之间的关系上，钟训正时有巧妙构思。洪泽县文化中心，这一项目需要同时具备展览、会议、文化娱乐、图书馆、博物馆、青少年活动中心及文化局办公等众多功能。这种集大成的综合建设策略，无疑与洪泽县作为苏北发展中县份的社会经济实力是匹配的，却也对设计师提出了挑战——如何让各项功能各得其所、相互补充，有效地共享场所资源？最终，人们看到了这样一个格局：展览与会议、表演区相对独立，其余各项功能围绕着一个内庭院形成围合式布局。这样，一方面能够集约利用服务性设施，另一方面也有利于各功能空间实现较好的通风与采光，在实际使用中达到节约能耗的效果。在建筑造型上，垂直向的钟楼与水平向的形体构成富有力度的对比，而灰色面砖加上白色线条，恰如其分地点染出水乡城镇的气质，简炼、大方而又雅致。

海南三亚金陵度假村

在钟训正看来，传统都是与当时的技术条件相符合的。如封闭的四合院之所以采取封闭的结构，与当时皮纸做窗户有很大的关系，而不仅仅是源于自成一家的宗族观念。因此，在科技不断进步的今天，我们面对传统建筑时，不应照搬在当时技术基础之上产生的美学原则，而应当尊重现有的物质条件，追求与传统建筑之间神似而形不似的关系，体现出与原有建筑气质上的一致性，同时又具备新时期的时代感与艺术性，而非简单的照搬老建筑。

城市是一首永存的未完成的交响曲

一个成功的建筑师，关注的绝不仅仅是一座建筑本身的成败，而是一座城市中所有建筑之间的和谐度。就好比一个优秀的指挥家，他在乎的绝不仅仅是某一音部的表现，而是整部交响乐的演出效果。对于当今城市建设中无可避免的新旧建筑之间的协调问题，钟训正一直立足于城市本身，从前人的成功中汲取营养，并将传统建筑与时代要求相结合，从而在城市保护方面作出了自己的贡献。

1984年，钟训正指导设计了南京夫子庙两侧东西市场连同夫子庙建筑群，在商业建筑与古城主景点文化氛围的融合方面进行了一些尝试。从1995年起，他担任了南京市古城区中华路、雨花路改造总建筑师，在中华门城堡周围，建成了中华门广场，新增绿化面积近万平方米，架设一批高杆照明宫灯和草坪灯。老城区的改造工程不仅改善了原有交通状况，而且美化了城堡的外环境，城堡与广场连为一体，使城堡更显雄壮巍峨。

钟训正主张，专业建筑设计人员以及城市领导者应该从长远着眼，本着对历史负责态度和“前人栽树后人乘凉”的精神，用心规划城市建筑，使建筑一方面满足现有条件和需要，另一方面又为后人的发展留有充足的余地。

对于建筑师来说，也不妨对特定城市的建筑档案加以留心，去了解城市的历史，探索更美好的将来。“我是怀着激情和绮思踏入建筑学大门的，前人留下的建筑档案是我获得知识的重要来源，因为它集中了人类的智慧，为我广开思路提供了大量的创作‘词汇’。”钟训正说。当建筑师面对“旧城改造”工作时，原有建筑档案应该是一个不可忽视的重要出发点，他说：“如果说建筑是凝固的音乐，城市则是一首永存的未完成的交响曲。它是否优美和谐，取决于人们对城建档案的重视程度。可以说，城建档案是城市发展的一个重要音符。”

长期以来对城市规划与建设十分关注的钟训正，对于当下存在的诸多城市问题也常提出自己的意见。针对近几年地方政府攀比似的兴建政府广场以及各种好大喜功的献礼工程等现象，钟训正多次撰文呼吁要摒弃浮夸的风气，从文化以及全局的角度考虑问题，提升建筑品质。同时，他还撰文《城市的绿化和公共活动空间》，要求“停止这些劳民伤财的工程，多建造属于老百姓的绿地和公共活动场所”，他的胆识和作为得到了各界的尊敬。同时，对于一些现有管理体制和评论原则的不科学之处，钟训正也提出了大胆的批评，他说：“建立一个完善的管理机制，开展正常的评论，希望对那些主管城市建设的官员要立法规定其权限范围，要有一个开明的管理体制……评论者要有对新生事物的宽容，对不正之风和陈规陋习的无情，不循私，既公正又要灵活。评论者也要客观地分析事物发展的因由，避免抓住一点不及其余的生硬化和绝对化，同时也要避免不合国情的理想化。”

感念恩师，寄语青年

在钟训正成长的过程中，得到了我国第一代著名建筑师杨廷宝先生的悉心指导。

杨先生以严厉著称，学生因功课不认真遭批评是常有的事。有一次，在描绘一个希腊柱式的檐部时，原图上有卷草花纹，钟训正想偷懒不画，杨老直接了当地说：“你想偷懒就不必学建筑了。”这句话给了钟训正很大的震撼，后来这个作业他做得特别认真，并在这门课程中得到了最高分，也因此信心倍增。在大学里，钟训正的第一次设计，是按照西方古典手法设计一座公园桥。他表现出了极高的创作欲望，不顾古典法式的制约，在创作中增添了很多自以为是精华的元素，但杨先生在修改设计图时，毫不留情的将多余的部分去除，并严肃地批评他“是在干一般泥水匠的活”。

20世纪50年代中期，钟训正一度着迷于美籍匈牙利人Kautzky（考斯基）的铅笔画，对他的画风刻意模仿，并得到多方面的肯定。那时他以为自己已深得其精髓，并将其定位自己的努力方向。杨老看了之后，恳切地说：“你年纪还轻，不要过早建立自己的风格和独家手法，更不要以他人的风格来束缚自己，应博采众家之长，勤学苦练，融会贯通，日久自然水到渠成。某一家的独到手法也须经过他本人的刻苦探索、千锤百炼，才能达到炉火纯青的境界……用笔的简练、豪放、传神，必须出自深厚的功底。不要看人家传神的寥寥几笔，这凝结了多少年的心血。粗要出自细，从功深的细得到解脱和无羁的发挥，才能获取神韵。”钟训正几经思索，意识到自己的局限性，并重新开始搜集、品味并学习名家作品，为日后的创作打下了健康而全面的基础。

薪火相传，师长有心。历经数十年耕耘之后，钟训正自己也成为一个桃李满园的建筑学人。对于建筑事业，他有着由衷的热爱，也抱有切实的期待。在他看来，目前我国的建筑学还没有形成自己明确的学术思想和建筑理论，建筑学的发展还有赖于青年建筑师的努力奋斗。因此，钟训正对青年建筑设计工作者提出了几点希望：

一要努力提高自己的学术水平和综合素质，注重人文、自然、历史文化知识的积累。

二要富于创见，勤于思索。甘于四平八稳做作品不会有大的建树，同样，只会设想不会落实也不能取得成功。要有创造性的思维，然后去探索怎样将创见表达出来或付诸实践。

三要懂得如何与他人分工协作。想发挥个人的才能，有钻劲固然重要，懂得从他人那里得到帮助或启发也是事半功倍的好方法。学会在人群中调整自己的位置，然后根据自己的特点发现脱颖而出的途径。“海纳百川，汇流成河，汪洋之势，因其位最低。”（李子涵／文）

南京长江大桥桥头堡

江苏洪泽县文化中心

中国传统建筑的创造性转化

中国工程院院士　李道增

1930年1月出生于上海市。1952年毕业于清华大学建筑系，后留校任教，曾任该系主任、建筑学院首任院长。教授，中国工程院院士。1984年被评为有突出贡献的中青年专家。

李道增曾于1958至1960年主持国庆工程——国家大剧院和解放军剧院的建筑设计（限于国家财力均未建成）；主编了《剧场设计手册》、《国外剧场图集》、《中国会堂剧场建筑》、《2300座剧场设计总结》等书籍；承担过5座剧场设计，其中天桥剧场方案获首都十佳优秀公建方案第一名。1997年秋参加了国家大剧院国际邀请赛，属入围报送中央的三个方案之一。

在我国剧场设计领域内，李道增是“第一人”。他数十年来在这方面所作的实践与研究，本身既是我国剧场设计历史中的重要事件，也极大地推动了这一建筑类型的发展。李道增曾三次参与国家大剧院的设计，其间的故事，折射出不同历史时期里大型文化建筑的政治、社会、文化意识，可堪回味；他对中外剧场之历史沿革、形式变化、技术进步都有笃实的研究，所出版的《西方戏剧·剧场史》，更是一本富有参考价值和学术价值的著作。

李道增在许多方面都延续了老师梁思成先生的衣钵，对于中国传统建筑在当下、在未来的发展，尤有关注与研究。他主张对传统建筑进行创造性的转化。在《环境行为学概论》、《新制宜主义的建筑观》等论文中，他的“新制宜主义”设计哲学得到了充分的展示。

师出名家，扎根清华

李道增系晚清重臣李鸿章之弟李鹤章的第五代孙，于1930年1月出生于上海，自幼便是家族中公认的学习榜样：小学就读于中西女中附小，初中时考入南洋模范中学初中部，高中时考入江苏省立上海中学（今上海中学），高中毕业后，他又考取了清华大学机电系。

在清华大学，自幼喜好艺术的李道增得知梁思成先生创办了建筑系后，他立刻向学校申请转入建筑系学习。这样，他良好的物理学基础和对于美术的爱好可以在学习中得到很好的发挥。清华建筑系创始于1946年，1947年李道增转入时，全系才两个年级，学生共20多个，同学之间的关系非常融洽。建筑系虽是草创，但在当时却是名师风流。梁思成先生是建筑系的系主任，他邀请来了留学英国的著名建筑家陈占祥讲授城市规划，北京大学著名的侯仁之先生讲授北京的历史地理……在清华这片沃土上，初涉建筑的李道增在名师的指点下，不仅在学业技能上打下了坚实的基础，而且形成了统揽全局的建筑观。

回忆起自己的求学岁月，李道增最不能忘怀的是恩师梁思成先生的谆谆教诲。梁先生是一位很有民族骨气的学者，对中国文化有很深的感情。在李道增的新生入学会上，梁先生讲过一个故事，极大的鼓舞了中国建筑学人的士气：他当年在美国拜访了美国现代建筑大师莱特。莱特见了他以后，第一句话就问他：“你为什么要到美国来学建筑？你们中国伟大的哲学家老子，两千年以前就在《道德经》里把建筑的哲学问题讲透了，‘建筑是空间，而非实体，实体包含的空间才是建筑中的主角’。”《道德经》的原话是“埏埴以为器，当其无，有器之用。凿户牖以为室，当其无，有室之用。故有之以为利，无之以为用”。而今，这句话已经成为中国建筑界的一句名言了，其渊源正是始于梁先生的故事。李道增先生说：“从那个时候起，我们的民族自信心增强了不少，我一直记着这件事。”

除此之外，梁先生对中国古建筑的保护和研究情有独钟，但是绝不保守。他在设计课中引进了现代建筑的理论，尝试用包豪斯新学派中的一些观念来大胆改革传统学院派的教学体系和内容。李道增他们从一年级起就学习抽象构图原理，而不是画古典的渲染图，这在当时可谓开全国建筑教育的先河，这充分体现了梁先生大师级的胸怀。

梁先生还十分注重学生的文化艺术修养，认为只有全面提高审美趣味才能设计出充满“灵气”与“内涵”的艺术作品，因此，他主张建筑师“要善于体验，善于观察，善于分析，处处皆学问”。

梁先生的教诲让年轻的李道增受益匪浅，在他日后的建筑和学术生涯中，他始终关注建筑与文化以及艺术的关系，不断在已满足功能需要的建筑作品中增添审美及文化的要素。时至今日，每每忆及梁先生的教诲，李道增都激动不已。

剧场设计的先行者

作为新中国培养的第一代设计师，李道增留校任教不久就把专业重点放在了过去国内很少有人涉及的剧场设计领域。从20世纪50年代至90年代期间，李道增曾三度参与国家大剧院的设计。尽管由于种种原因，李道增设计的国家大剧院最终未能付诸实施，但其他剧院项目，如东方艺术大厦、北京天桥剧场、中国儿童剧院和台州文化艺术中心等多座剧场已落成使用，这些美轮美奂的剧院都已成为李道增剧院设计生涯中的代表作。在从事剧场设计实践的同时，他还将教学与实际相结合，为我国培养出了一批又一批剧院设计师。

1958年，周总理提出建设国家大剧院的设想，并亲自选址在人民大会堂西侧。为了保证设计方案的合理性，总理要求开展设计竞赛。经过评比，最终选中了当时年仅28岁的李道增的设计方案，并委托清华大学作为设计单位。方案入选后，清华大学校长蒋南翔调选全校师生，组成了由建筑、土木、机械、自动化、电机等系300多人组成的设计组，全面深入地开展设计工作。在当时的设计方案中，国家大剧院为一个单一的歌剧院，建筑面积4万多平方米，3000个座位，可满足人民代表大会期间代表们观看演出的需要。舞台的主台、侧台、后舞台呈“品”字形布局。黄绿色琉璃檐体现着民族传统文化特色，这在当时是一大创新，后来在人民大会堂、革命历史博物馆等的建筑中被广泛采用。然而，由于经费有限，国家大剧院以及1959年由李道增主持设计的解放军大剧院均未能开工。

20世纪80年代末90年代初，中央决定重新将国家大剧院的建设提上日程，进行可行性研究和技术经济论证工作。李道增代表清华大学参加其中一个方案的设计。与20世纪50年代的设计方案相类似，1991年的方案仍以“品”字形舞台平面为基础，不仅广泛借鉴世界范围内剧场设计经验，同时也考虑了一定的民族形式。而在舞台设计上，则借鉴了美国纽约大都会歌剧院的模式。

正式决定建设国家大剧院是在1996年党的十四届六中全会上，1998年4月，在京开始举办国家大剧院建筑设计的国际邀请赛。李道增与他的同事们在1991年的方案基础上，两个月就完成了模型制作。参加最后角逐的有三个方案，李道增主持的方案也在其中。经过漫长的论证和等待，1999年7月22日，中央政治局常委会决定采用法国巴黎机场公司的设计方案。虽然李道增的方案没有入选，但他依然坚持这样的观点：不管如何创新，国家大剧院也应该与周围环境相协调，要让大家一看就知道是中国的、北京的、天安门的剧场，而不是一个天外来客。

虽然三次与国家大剧院这一标志性建筑的建设擦肩而过，但作为毕其一生研究剧院设计的中国工程院院士李道增却在其他剧院设计中展现了其建筑才华。北京天桥剧场可以看作是李道增剧院设计的代表作之一。天桥剧场始建于1953年，是新中国成立后建成的第一家剧院。1993年，在李道增的主持下，在原址上新翻建了天桥剧场。新天桥剧场是一座高质量的建筑，要在声学、灯光、电声设计等方面同时满足大型歌舞、戏剧和交响乐的演出要求。而且，考虑到天桥曾经是老北京下层市民的重要活动场所，在天桥剧场的立面造型上，李先生力求做到既高雅又有民俗气息，既现代又有传统的联想。剧场自东向西分为文化广场、前厅和休息厅、观众厅以及舞台化装间和演员公寓四个部分，整个建筑造型庄重典雅。新天桥剧场获得了首都十佳优秀公建方案的第一名。

与剧院建设实践相同步的，是李道增对剧场建设历史及理论的探讨。1958至1960年，在主持国家大剧院与解放军剧院建筑设计时，李道增主编了《剧场设计手册》、《国外剧场图集》、《中国会堂剧场建筑》、《2300座剧场设计总结》等书籍，为我国刚刚起步的剧场设计提供了宝贵的经验。1993年，李道增应邀赴美国卡纳基·梅伦大学，担任剧场设计客座教授。1999年，在四十余年国内外访问、调研的基础上，李道增撰写了《西方戏剧·剧场史》一书。《西方戏剧·剧场史》分为上下两册，汇集了1500幅插图，共计150余万字，横跨戏剧与建筑两个学科，融人文与科技于一体，史料翔实，被公认为是他对剧场研究所作的重要贡献。

“因地、因事、因时制宜”的主张

梁思成先生在《中国建筑史》一书中写到：“建筑活动是以其地域、时代、气候条件和当时能够提供的物产、材料的品种数量，更不自觉地受到同一时间的艺术、文化、技巧、知识、发明的影响，而建筑本身的规模、形体、工程艺术恰恰是民族文化兴衰的一面镜子。一个国家，一个民族的建筑，将最准确地反应这个国家、民族物质精神继往开来的面貌。”作为梁思成先生嫡系弟子的李道增，在多年的建筑实践中，始终将建筑与文化紧密地结合在一起。他在追求建筑文化内涵的同时，还时刻关注国内外建筑界及理论界的最新变化，用前沿的眼光看待中国的传统以及中国的建筑。

近年来，随着国际交流越来越频繁，越来越多的学者特别是人文学者对全球化问题给予了较高的关注。李道增一方面像其他人文学者一样，从哲学和史学的角度对全球化背景下的本土化问题进行了追根溯源的探讨；另一方面，又凭借其建筑学者的独特身份，对建筑的全球化与本土化问题进行具体研究。

在李道增看来，文化全球化“从任何意义上都是不能成立的”。“‘文化本土化’的发展方向也是一股不可低估的具有无限生命力，适合于自然生长和历史发展规律的力量，将与‘全球化’永远处于互动、冲撞、并存、抗争、均衡、对话的位置上”，“世界先进理论的本土化，结合本土的实际，创造出含有本土特色的新成果，不仅是对本国的贡献，也是对世界的贡献”。

在这个理论的基础上，作为建筑学者的李道增提出了中国传统建筑在现代进行“创造性转化”的观点。从文化的角度去理解，中国传统建筑至少可以分为三个层次：最表层的建筑形式和做法，建筑组合中的具体方法、程式和规律，以及城市、建筑、环境与艺术相关的理念、话语、典籍、著述。在当今社会，要在建筑作品中再现传统建筑的气质，需要因地制宜地进行建筑规划与建筑设计，从而实现“创造性转化”。在这方面，上海金茂大厦作为一个现代建筑，成功地展现出了中国古代密檐塔的气质；而上海新天地的旧城改造则一方面成功地保持了原有风貌，另一方面又体现出了新时代的人性化需求。这两个成功的案例得到了李道增的大力赞扬。

在广博的人文知识储备和坚实的建筑学基础上，李道增参考20世纪初德国著名戏剧导演莱茵哈特的“制宜主义”主张，并结合日渐多元化的时代背景，提出了“新制宜主义”，主张将古今中外一切优秀的建筑风格手法都包容进去，都为我所用，要求建筑除了反映高科技的时代精神以外，也能彰显这个民族在文化上的历史连续性。“新制宜主义”主张“因地、因事、因时制宜”，追求一种因地域、气候等自然条件与社会、民族、历史、文化之异而派生出的丰富多样带有地方特色的建筑风格。符合“新制宜主义”的建筑，除了建筑本身要具备“情理之中，意料之外”、“得体、切题、兼容并蓄”以及“妙在似与不似之间”的设计哲理之外，还需考察建筑与周围环境的关系，要充分体现城市设计和场所精神。

从对全球化和本土化建筑的研究到“新制宜主义”的提出，李道增始终站在宏观的角度上考量建筑与文化的关系。具体到微观的建筑实践，李道增也紧跟时代步伐，密切关注科学领域的动向，主张用新的材料和能源开发出更好的建筑，以顺应当今世界所提倡的可持续发展观。

20世纪60年代，意大利建筑师保罗·索德瑞提出了“生态建筑学”概念，从建筑生命周期全过程出发，全面考虑资源、能源、环境和健康舒适的要求。1982年，李道增到四川省崇庆县某村参观，注意到了当地合理采用沼气发电，因地制宜，经济且合理地改善了居住环境，并取得了生态上的良性循环。这次参观激发了李道增对生态建筑的浓厚兴趣，并使他成为国内较早步入这一领域的学者。近些年，随着材料、能源、环境等科学的不断发展，“生态建筑”也获得了更多的关注。21世纪初，李道增曾撰写《国际建筑界有关“生态建筑”的实践》一文，详细介绍了自20世纪60年代以来世界各国在“生态建筑”方面的实践，并对多种新型环保材料进行了系统的介绍，预见了“生态建筑”的发展将是大势所趋。（李子涵／文）

《后现代主义建筑20讲》

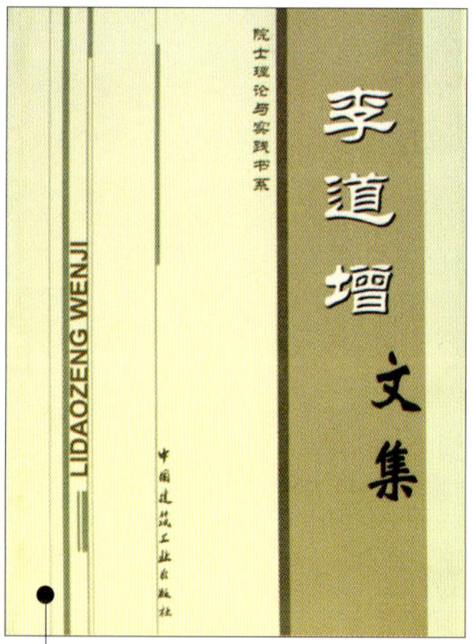

《李道增文集》

为了更美丽的“人类风景线”

中国科学院院士、中国工程院院士　周干峙

1930年6月出生于江苏苏州，中国科学院院士、中国工程院院士。曾任国家建设部副部长，清华大学教授，博士生导师。

1952年毕业于清华大学建筑系，长期从事城市规划设计和政策制定工作。曾负责编制西安市的总体规划，天津、唐山市地震后的恢复重建规划，深圳市的总体规划等；提出了“滚动、灵活、深细、诱导”的城市规划指导思想，提高了城市规划的深度和广度，发展了城市规划理论。他是中国第一部城市规划法的主要起草人之一，主编的《国家科委蓝皮书第6号——城乡建设》获国家科技进步一等奖。

“城市是人类的风景线。”为了将这道风景线缔造得更加亮丽，周干峙将毕生的心血都倾注在自己钟爱的城市规划事业上，虽已年近八十，依然奔波辛劳，孜孜不倦。进西安，他顶住压力，坚持在重视建设开发的同时保留古城风貌；转深圳，他大胆创新，提出带状组团式布局的城市结构；去唐山，他责无旁贷，肩负起灾后重建的重任……光阴荏苒，究竟是什么样的力量能够支撑他一直保持如此高的热忱和斗志？回顾他一路走来的汗水和光环，也许就可以找到答案……

历史的机遇

1930年，周干峙出生于苏州一个普通工人家庭，两岁时随家人迁居上海。那是个战乱频仍的年代，年少的周干峙甚至无法在同一所学校安顿下来，“理想”对他而言，是个遥远又陌生的词。到了考大学的年龄，因为不满国民党政府的腐败，年少气盛的他最终选择了北上，选择了与“民主”、“救国”密切相关的清华大学。当年的清华建筑系，周干峙是唯一一个自愿填报建筑学专业的学生。“其实建筑不是我当时就懂的。”周干峙曾在一次访问中这样说。那时候，作为普通家庭的孩子，上大学选专业都是和日后的谋生联系起来的，“传统意义上，土木和建筑是连在一起的，不像现在分得很清楚。那时候也没有什么名牌大学或者名教授的概念”。

从1951年开始，全国的营造厂施工单位都被打倒，设计施工人员匮乏，清华北大建筑专业的师生于是联合起来搞建校工作，读书期间的周干峙也加入进来。那时候，清华的第一教室楼，16、17学生宿舍，阶梯教室等就出自他的笔下。1952年，大学毕业的周干峙和其他踌躇满志的青年一样，一心奔赴边疆搞建设。还未等出征，8月，新中国为第一个五年计划做准备，中央决定设立建筑工程部，并为新成立的部门大量招兵买马扩充人力资源。而当年毕业的周干峙也恰逢其时，被分配到了建筑工程部，没过多久便参与了苏联援建的“156项”中的重点城市规划，为日后重要的城市规划工作的开展打下了坚实的基础，积累了丰富的经验。

就这样，周干峙总算在城市规划这片沃土上站住了脚跟，并以此作为自己毕生的理想。

西安：保护古城，保护文化

1953年春天，周干峙开始负责编制西安的总体规划和详细规划。这是一个庞大城市体系，涵盖了人口、道路、区域划分、市政配套等各类规划设计问题，同时又因为其“十三朝古都”的历史地位，有着保护历史文化遗存、保留古城风韵的问题。

直至今天，周干峙一直认为，在我国向现代化迈进的过程中，同时要注意搞好历史文化名城的保护。世界发达国家有一个发展规律，就是在进行现代化建设的同时，都注意进行历史文化名

美丽的西安古城墙

城的保护。到任何一个发达国家，在看它新的城市的同时，必然要去看它的老城区。但在当时“拆墙成风”的情况下，周干峙要求保留西安明城墙的提案遭到了反对。后来有人提出城墙还能防止原子弹的冲击波，是现代防空的好办法，这才扭转了一部分人的观点，将城墙保留了下来。今天的西安，如果没有那些厚重的布满青苔的城墙，或许，这座古城的历史感和沧桑感也就不复存在了。

西安的城市规划是周干峙后来一系列城市规划工作的成功开端，他所提出的“经济和人文、自然和生态有机结合”的规划理念也成为中国早期城市规划编制的一个样板。今天的西安仍然坚持将历史文化遗产保护和现代化建设有机结合放在首位，提出了“古代文明与现代文明交相辉映，老城区和新城区各展风采，人文资源和生态资源互为支撑”的思路并写进了城市总体规划里。

为了解决保护与发展的矛盾，西安采取了“新老分治”的建设方针，老城区以保护为主，凸显古城风貌；新城区为居住、经济发展提供空间，凸显现代城市形态。新老城区又以历史文脉为内在纽带，这样就形成了新老和谐共生的城市特色。

一篇专访中这样写道：“近日，周老与多位专家一起到西安曲江新区参观考察。他们一一走过曲江规划馆、曲江池遗址公园、大雁塔北广场……看到的是一个正在还原历史的文化景观群落，亦是一个正在复苏的城市生态园林区。见证了西安半个世纪的城市发展，周老对西安充满了感情。短短的考察期间，面对曲江日新月异的变化，周老也多次流露出感怀和期许。”

深圳：成功的“城市规划实验场”

1980年，国家批准在深圳设置经济特区。作为“五人小组”的成员之一，周干峙被国家建设委员会派去深圳，参与主持特区的规划工作。改革开放伊始，特区作为一个新生事物，在以往的城市规划中没有可供借鉴的先例。有关资料中记载：深圳“在中心区保留了传统棋盘式格局，同时为招商引资的需要，建设了一批小型工业区，适应了当时港资建厂的需要。他巧妙地利用深圳地形狭长、河道分隔的特点，结合自然山川，从东到西，依次布置了沙头角—盐田、罗湖—上步、福田—华侨城、南头—蛇口等组团，既可按不同组团确定不同开发次序重点，又可在组团内部分期分片集中开发。分期分片，紧凑实施，做到规划一片，开发一片，成功一片。这种带状组团式布局的城市结构便于灵活调节，为后来的发展预留了空间……同时，规划还预留了地铁、机场、火车站的位置，为深圳日后的城市交通建设大大节约了成本”。这一城市布局，既考虑到既有的实际情况和格局，又适应了改革开放的需要，获得了相关专家和领导的一致认可，并在后来的发展建设中经受住了一轮轮考验，成为“世界之窗”。

深圳市景

周干峙曾提到，现代城市规划是在20世纪初经济高速发展带来大量社会、环境问题并急需解决的过程中发展和强化起来的。衡量城市规划的好坏，只能看规划对该城市经济、社会、环境合理发展所面临的问题，能否提出深谋远虑而具有可行性的发展战略和实施对策，能否达到经济、社会、环境三种效益在现实条件下的最佳统一。作为现代化的城市，必然要求居住舒适、办事高效、生活赏心悦目，必须具有现代的基础设施、服务设施、文教设施等。这些现代城市的内涵，在城

深圳风貌

市规划布局上，都以环境条件和交通条件为框架。有了一个良好的环境和交通构架，规划设计就可以纲举目张，有骨有肉，逐步塑造出现代化的品质良好的城市。

回首过去的20年，深圳经济特区的城市规划无疑是成功的；放眼未来的发展，周干峙也一样乐观："目前深圳面临着从单一的特区城市发展成为一个地区城市的机遇——与周边城市结合成规模更大、效率更高的城市地区。"

唐山：在原地重建家园

1976年，唐山地震发生三天后，周干峙就来到现场。当时，专家们对于原地重建还是异地重建存在分歧。周干峙赞成前者，他认为，原地恢复有很重要的社会因素，可以让群众参与修复建设的过程，且周围的社会关系不会改变，并积极提出合理的规划方案。地震前的唐山城市格局由主城区和距其东部25千米的东矿区两个片区组成。出于震后生产和生活安全的迫切需要，城市空间结构和选址的规划变得尤为重要。周干峙和他的同仁们编制的震后重建规划采用了混合型的布局方式。在老市区安全地带采取原地重建，并适当向西、向北发展，将机械、纺织、水泥等工业及相应生活设施迁至主城区北部25千米的丰润县城东侧建设新区。由此，唐山被有机地分散成三大片区：中心城区、丰润新区和东矿区，形成了南、北、东三足鼎立的"一市三城"的分散组团式城市布局结构。这套规划系统除了满足震后唐山城市功能分区之外，还力求解决以前存在的大部分问题，将灾后重建作为唐山城市振兴的重要契机，"几乎解决了当时所认识到的原有唐山所存在的大部分不合理状况"。

2008年5月，四川汶川发生大地震。一周后，78岁的周干峙赶赴灾区，在随后举行的"四川地震灾后重建中的工程建设问题"论坛上，作了《山区震后再建的城镇规划问题》的报告。他提出，汶川震后的重建工作，要借鉴当年唐山的经验，既要又快又好，又不能急于求成，必须用大系统的观念和方法，将生态、水利、交通等都纳入到整体规划中去。他同样赞成原地重建的提案，说："异地重建会打乱人们的社会关系，身边没有认识的人，人的心理上就会产生孤独感。"

人们和周干峙一起期待着，数年后，一个美丽的汶川新城也能像当年的唐山一样，以崭新的面貌呈现于人们的面前。

亦学者，亦公仆

虽然已经年近八十，但对于工作中出现的各种问题，大到关乎国计民生的规划政策，小到城镇里车流量的统计，周干峙依然亲历亲为，并乐此不疲。

或许正是有了这些丰富的实践经历，周干峙的理论研究才更加贴合国情、贴合实际。翻阅他发表在各大刊物上的学术文章，无论是涉及大城市的轨道交通还是小城镇的基础设施建设，无论

唐山抗震纪念碑
今日唐山城市风貌
今日唐山城市风貌

是探讨风景园林规划还是分析农村的城市化进程，仅从理论角度去谈问题的文章很少。文章虽措辞简单，字句朴实，但常有调查数据和实例分析作依托，深入浅出，极具说服力。“滚动、灵活、深细、诱导”，这个在城市规划指导思想上著名的八字方针，提高了城市规划的深度和广度，发展了城市规划理论。那么，如何将这个方针落实到具体的城市规划工作中去呢？根据周干峙在《城市规划面临的形势和任务》一文中所述，可分三个层次来梳理和认识：

（1）宏观层次即国家层次的问题。包括城镇化方向、城乡建设方针、环境保护的目标、资源利用的要求、城市经营管理方面的改革和法制的健全等政策或体制方面的内容。

（2）中观层次即部门层次的问题。包括确定城市发展规模、控制土地资源、如何对待原有建筑、如何安排城市中的大型公共工程等等，主要是部门直接抓，直接影响规划工作的一些综合性问题。

（3）微观层次即专业层次的问题。主要有规划应当包括的内涵问题、规划方法如何改进、如何使规划适应信息化发展、交通规划解决道路拥堵问题等等，这些都是规划的技术基础。

三个层次构成一个互动互济的系统，推进城市规划作用的有效发挥。

在目前的城市化进程中，农村人口大量向城市聚集是人们普遍关注的一个热点，对此，周干峙提出了自己的看法：

“城镇化并不等于所有人都要到城市里来。因为我们农业不可能消除……我们理解的城市化，不完全是人口都到城市里面来住，是有一定比例的人在城市里面住，还有一定的比例在农村住。但在农村住不等于是经济、社会各方面比较落后的农村，将来的农村也可以具有与城市同样的现代化设备和条件，甚至于可能农村环境还更好一点。在中国现有的情况下……一定比例的人口要转到城市里来，这是必然的，科学的，合理的。

“城市规划这个行业，按我的亲身感受来说，首先感觉很可爱，很可干，很可闯，也可以有很大的用武之地。大概没有哪个行业像这个行业那样那么广泛地深入我们国家的经济活动，能够深远地涉及子孙后代，因为这是对几代人的影响。也没有哪个行业像这个行业这样有那么多的复杂要求。如果方方面面都要得到充分的满足，没有一个非常细致的工作是做不到的。我说这个复杂程度跟困难程度也是很多行业所不具备的。正因为这样，我说它可爱、可干就是这个道理，大有可为。”

寥寥数语，他为之付出的，却是一生的热情、坚持和勇气。

周干峙说，我们已经迈入了城市规划的第三个春天。“第一个春天，是第一个五年计划，建国初期的，那个是重点建设。第二个春天是改革开放，展开了大规模的城镇建设。第三个春天，就是要普遍地把城乡环境提高，要提高素质，既要有现代化的设施，又要有高度发达的精神文化的各种条件，还要有经济合理的各种方案。”

任重道远，但我们相信，有这么多和周干峙一样的规划工作者，全国的城市、乡镇和村庄一定会迎来光明的未来。（朱妍丽／文）

建筑的最高境界是文化

中国科学院院士　齐康

1931 年 10 月生，浙江杭州人。1952 年 9 月毕业于南京工学院（今东南大学）建筑系后留校任教。现为教授、博士生导师，1993 年当选为中国科学院院士。

齐康长期从事建筑和城市规划领域的科研、设计和教学工作，所主持、参加的科研项目中，"乡镇综合规划设计方法"、"较发达地区厅市化途径研究" 分别获得建设部科技进步一、二等奖，"城镇建筑环境设计理论" 获国家教委科技进步三等奖。在建筑设计作品中，南京五台山体育馆获 1982 年国家优秀建筑设计银质奖；南京梅园周恩来纪念馆获 1992 年国家优秀建筑设计金质奖；侵华日军南京大屠杀遇难同胞纪念馆获 1988 年江苏省优秀建筑设计二等奖。

有这样一位深深地热爱建筑事业，热爱祖国的山河、土地与城市的老建筑学家，经过抗战时期炮火纷飞的年代，感受过建国后大学建筑系里火热的求知阶段，在"文革"时期抄图不辍——他将自己所有的热爱和精力，以一种深沉的感情，设计出许多让国人为之感动、为之赞叹的作品，像南京侵华日军南京大屠杀遇难同胞纪念馆、福建武夷山庄、黄山国际大酒店、郑州河南博物院、沈阳"九一八"纪念馆扩建工程等。他善于运用中西方建筑传统手法探索中国现代建筑风格，具有丰富的建筑哲学思想；他还是我国最早参与发达地区城市化及相关的城市化与城市体系的研究者之一，首先提出了城市形态的研究及其相关的城市形态与城市设计研究。

他，就是齐康。齐康在建筑专业教育、建筑设计及城市规划（设计）研究工作这三者中所付出的努力和所取得的成就，为我国现当代建筑做出了不可磨灭的贡献。

钟爱绘画，结缘建筑

1931 年 10 月 28 日，齐康出生于古城南京。在他年方 7 岁时，抗日战争的战火烧至南京，他随着家人逃难到浙江天台，在他的姨妈家度过了 5 年。姨妈鼓励他习画，时常从教堂带回基督教画片作为他习画的摹本。到了晚年，齐康还说，没有当上画家是终生的遗憾。

齐康的父亲齐兆昌曾就读于之江大学，后赴美学习土木工程，回国后在金陵女子大学任工程部主任。青少年时期，齐康就看惯了父亲在工地上忙碌的身影、家中案头上的建筑设计图以及各类国外建筑杂志。

考入南京大学工学院建筑系后，齐康开始接受正规的建筑科学知识以及绘画训练。勤学好思的他，得到不少良师指点，尤其是我国著名建筑学家和建筑设计师杨廷宝、童寯。除了老师出色的才华，"老先生的人品和善良憨厚的性格也对我产生了很大影响，那就是一个人受到点儿委屈不要紧，受到点儿误解也不要紧"。

他向杨廷宝老师学习古建筑保护与维修的思路与方法；与杨先生共同投身福建武夷山风景区规划与景点建筑设计，探索风景区规划的方法、地域建筑文化的应用……他向童寯老师请教如何学习城市设计，后者的《新建筑与流派》一书，对他在现代建筑研究方面的影响和启示至深。他还向另一位我国著名的建筑师与学者刘敦桢请教中国古建筑的知识。

在学习和实践中，齐康逐渐走上了对建筑设计与城市规划（设计）并行的道路。"我是既重视建筑的创作和研究，又重视城市的研究和规划设计，两者是并重的。一位建筑师不了解、不研究城市，那就不够完整。如果他的创作缺乏社会实践的全过程——即从接受任务、可行性研究、方案构思、综合各相关工种、作出施工图直到建造完成使用，那就不是一个好的、有责任感的建筑

南京雨花台烈士纪念碑

南京雨花台纪念馆

南京雨花台纪念馆

师。”

风景建筑：要有风景环境意识

从1979年跟随老一辈建筑学人杨廷宝为福建武夷山进行建筑设计开始，齐康对于风景建筑的研究与探索，已经走过了30年征程，创作足迹遍及福建武夷山、浙江天台山、福建泉州东湖公园、福建长乐等地。对自然山水十分喜爱的齐康，认为自己在长期的研究与实践中，渐渐形成自己“自然”的哲理。

他认同并秉持杨廷宝先生“始终与大自然协调”的山地自然建筑风景观，让景区功能性建筑（大门、酒店等）与欣赏性建筑（山庄、山房、茶馆等）都适配于地形、景色以及当地的建筑及装饰文化。当时，福建武夷山的管理者追求的是混凝土和砖混结构的城市型建筑，杨廷宝先生所率领的设计团队则坚持应该建造具有当地乡间风格的建筑。

他以历史的、传统的、自然的民居风貌为创作艺术的源泉，遍访当地，作细致的民居调查，将民居的形式、空间特征化合至景区内的新建筑，创作了以旧居改建或扩建的幔亭山房、带有传统闽南民居客家圆型住宅风貌的玉女山庄以及充分利用地方民居特色的武夷山庄等。

他将风景建筑的创作环境理解为一个“风景场”，主张要有风景环境意识，并寻找建筑对当地文化内在精神的表现。在浙江天台山，齐康将作为自然景观的山与作为文化景观的国清寺及佛教建筑相结合。“我们引用‘天者圆也’设计了天台山风景入口的标志，采用圆拱，将佛教经幡内涵以形象的变形雕凿在石头上，镶嵌在圆拱内，象征这山林是佛教圣地的标志，同时也含蓄地表明了它是天之台，以形喻义天台山是佛都的圣地。”

他还提倡寓民间故事传说于建筑形象之上，取其形、取其意。如福建武夷山的玉女峰、大王峰、铁板鬼峰都是取自民间传说。

纪念性建筑：把建筑作为一种事件来表述

齐康建筑设计实践的另一个主项，是纪念性建筑。早在1976年和1980年，齐康就随杨廷宝先后参加了毛主席纪念堂和南京雨花台烈士纪念馆、纪念碑的设计工作。杨先生所提倡的“设计纪念性建筑，可以是古典的比例（中、西方），现代的手法”，也正是齐康多年来主持纪念性建筑设计所遵循的原则。

从1982年以来，齐康和他所在的研究所参加和主持了10多项纪念性建筑，规模较大的包括广为人知的南京雨花台烈士陵园中心轴线部分、侵华日军南京大屠杀遇难同胞纪念馆以及南京梅园周恩来纪念馆、苏中七战七捷纪念馆、如皋市烈士陵园建筑群、淮安周恩来纪念馆等。这些作品，后来收录在他的《纪念的凝思》一书中。

“可以认为没有一座纪念物不带上思念、回忆、缅怀、哀悼及对现实环境的感受和感应，因为它是对一种事件的反映，既是一种文化，也是一种精神。设计纪念性建筑时，我们把建筑作为一种事件来表述，从当时的历史背景去思考，采用各种建筑造型来表现。”建筑作为历史的一种表现与再现，是人类精神的延续。同时，建筑也是生活，“在今天的生活里再现和表现过去的实况”。为此，“我们选用的是建筑的语言和符号。建筑的历史‘场’使建筑与社会对话成为历史在建筑中的表现现实。这种表现是塑造自身的本体特征”。

从1984年到2002年，齐康以“生与死”为主题，担纲侵华日军南京大屠杀遇难同胞纪念馆总共三期纪念馆的设计，对设计费却分文不取。这座纪念馆，今天已经成为南京城市记忆的重要部分。出生于南京，亲历抗日战争的齐康，对于这段民族苦难的历史有着深切的记忆。他的父亲齐兆昌，在南京沦陷后曾为拉贝（德国人，在南京沦陷时期曾与国际友人一起设立安全区，保护中国难民）工作。幼年时期，齐康也曾在轮船上，亲眼目睹日本兵用鞭子毒打中国群众的暴行。

对人民的爱与对入侵者的恨，成为他设计构思的中心——即“生”与“死”、“爱”与“恨”。为了充分表达这一情感，齐康首先借助于“场地”，其次是一座有感染力的“墙”，以及空间的氛围与特殊的序列，使场地、墙、树木、建筑、坡边和雕塑都成为不可缺少的环境创作要素，表达出与南京大屠杀这一历史事件紧紧关联的“灾难”、“悲愤”、“压抑”、“痛苦”的情感。

广场与雕塑的设置使得这一历史事件所激发之情感的广度、深度和锐利程度得到了充分的外化——“这里有死者的‘千万’、‘难以数计’的概念，我们使用了‘卵石’广场。卵石形成的荒凉、悲戚感，呈现出当时的情景，卵石地面寸草不长，一种死亡的象征，焦枯增加了死亡的气氛。地形是东北高，西南低，呈斜坡状。为了增加视野，墓冢似的纪念馆就设在原北入口的东北处，而尸骨陈列在西南角，这样既增长了视距，又扩大了视野。‘生与死’则采用草地与卵石相对映，形成强烈的对比。”

让建筑讲述故事，齐康在许多设计中都延续了这个思路。在苏州丝绸博物馆的设计中，齐康通过两个方向的联想——“丝绸之路”与“丝绸女”，来组织设计线索。他在馆前留出空地，使一条斜穿用地的丝绸之路从中央呈44°斜角穿越。“斜路象征性地穿越中央大厅，桥、悬挂的船、小品石塔和水池在展览路线上交叉穿过，门厅墙面的甲骨文、缧祖像及骆驼队自前厅向着中庭，老人带着狗将骆驼队引向远方，天篷顶为帐篷，微缩了历史的景象，这一幅立体画框展开了博物馆的展览，有历史、有事迹、有蚕房、有桑园，将博物馆组成长的画卷。”

侵华日军南京大屠杀遇难同胞纪念馆

建筑设计观：“和谐、入境、出新”

经过长期的实践、探索和理论研究，齐康渐渐形成了一种“自然”的哲理，它是“历史唯物和辩证唯物的，是感性和理性的结合，是出自不同的时空观念以及建筑文化相互汇集、渗透和延续的表现，是不同层次观念的特征以及社会约定俗成的突破，是环境给予建筑师的感应”。

他认为，创作者要达成建筑和自然，建筑和人造环境，建筑和城市，建筑和社会及人，建筑和历史文化、科技、社会经济，乃至建筑和未来的和谐；要将所设计的建筑物融入环境之中，达到美的境界和感受；要使得建筑和谐而又有创新，产生突破；建筑师还应十分关注现代技术对建筑的影响，去研究建筑的实体、空间、功能、经济与美观。

得益于对城市规划与城市建筑的深入研究，齐康对城市新建筑也形成了自己坚定的“城市环境意识”。他认为，新建筑应该属于城市，属于具体而特定的地域。建筑师首先要从城市的角度来看待建筑的整体，注重城市建设区位和规划结构。这是因为建筑师本身对城市文化建设负有历史责任，而且他所设计的建筑，只有在良好的城市环境中才能更好地显现出自己的特点。为此，齐康与他的学生十分关注设计和规划人员如何掌握建设的序列，提出四项相关的原则，即“规划结构”、“线形活动”、“形象特征”、“层次空间”。在进行高层建筑设计、群体设计时，齐康就注意从城市设计的原则来进行。如位于南京鼓楼广场东南的邮政大楼，考虑到它的位置在五条干道的汇合处，用地呈斜梯形，齐康用三个正方形来组合，“再衔接两个方形分开出入口，并加入一个方形的楼梯部。群楼的功能不一，错层造成了体形的变化，但整体上又是合一的”。

城市规划的研究与实践

1955年，齐康在一次赴京进修时，开始涉足城市设计的学习和研究。他很快被Fredrik Gibbert所著的《城镇设计》所吸引。在该书的影响下，他于1964年写出《建筑群的观赏》译文。他的老师童寯又向他推荐了奥地利学者卡米罗·西梯的《城市建设艺术》。

喜爱实践的齐康，从20世纪60年代初期就曾为安徽省马鞍山市进行广场规划设计，自此开始了对群体设计的实践和研究。在那个年代，我国建筑学界能够获得的相关信息还很贫乏，他努力收集欧洲著名广场实例，临摹绘制了许多平面、立面、剖面、透视的图片。

在过去的数十年中，他参加过许多城市设计总图的评审工作，参加过许多大中型建筑设计实践。在他所参加和主持的百余项工程设计中，也有不少涉及建筑群的设计。他历年来所带的硕士生、博士生中，许多人的研究方向也都是“城市设计”。

在长期的研究与实践中，齐康形成了自己系统的“城市建筑学”。他认为，首先要具有整体认识城市规划设计的思想，发展、保护和控制的思想，研究城市建设和规划本身的规律性。在这里，“整体”指的是城市这个载体在不同规模、性质、条件下具有的特点和特色。而作为规划设计者，必须去研究所在城市的特性、性格和品位。由此，使得“各项设计在统一的规划下，包括总图专业规划、详细规划、城市设计中的那种整体的意识，进行有序建设，有科学策划的意识和法制的意识，并从整体上来解释城市建筑学和城市设计，使建造的、设计的建筑都能成为所设计的城市中的有机组成部分。而城市设计又是以建筑与相关环境设计为主体的设计，这是一种适配、制宜、融贯的思维方式。整体是一种时空关系上的发展过程中的整体，即通俗讲的‘远近结合’，总图上的由远及近、由近及远的城市规划设计的整体”。其次，他认为城市建筑学应建立在跨学科的基础上，应了解和研究与城市建筑学相关的社会学、经济学、地理学、历史学、美学、信息学及相关生命科学与人口、土地、环境、行政建制等的关系。

在为我国许多城市在总体规划和城市设计所取得的成就感到骄傲的同时，齐康也怀着热情与责任，思考其中的混乱和无序的问题。“我们虽有总图的道路网络，却没有有机组织的建筑布局，一个有序的规划变成了无序……天天在运行的、建设的城市，天天都有失序的建筑在建造。城市经常清除违章建筑，但也有不按建设规划程序而建的高大建筑。”同时，城市建设也带来了生态与环境的压力，给规划师和建筑师带来了更加严峻的历史任务——去建立一种双重的美学观点，“不再是单纯的建筑审美标准，而是城市和大地景观的美学标准”。而规划建筑师最重要的原则，则是留出空间、组织空间、创造空间，去研究城市、生态，去研究大自然对人类的制约和协调的关系。齐康提倡，我们要从人类自身的种种束缚中来一个彻底的“解放”。原有的城市、新建筑的城镇都以绿色来“打底”，这个底是“绿色系统”，是“网络的”，是“楔形的”，更是生态的，它与城市自然及对外交通紧密结合。（赵夏榕／文）

淮安周恩来纪念馆

淮安周恩来纪念馆

河南省博物院

深根厚德催新苗

中国科学院院士　彭一刚

1932年9月出生于安徽合肥，1953年毕业于天津大学土木系，并留校任教至今。1983年晋升为教授；1985年担任博士生导师；1995年当选为中国科学院院士。

彭一刚长期从事建筑教育工作，同时致力于建筑理论研究及建筑创作，曾出版专著《建筑空间组合论》、《建筑绘画基本知识》、《中国古典园林分析》、《创意与表现》、《感悟与探寻》等。代表作有：甲午海战馆，天津大学建筑系馆，天津水上公园熊猫馆，山东平度公园，福建漳浦西湖公园规划设计，北洋大学、天津大学百年校庆纪念碑亭，华侨大学校庆40周年纪念工程“承露泉”等。

2003年2月，彭一刚在第二届“梁思成建筑奖”参选陈词中，回顾自己从事建筑理论研究和创作实践历程，认为存在“三个局限性”和坚持“四个追求”：时代的局限性，工作岗位的局限性和个人性格的局限性；不甘平庸、与时俱进的人生追求，时代性与民族性融合的人文精神追求，纪念性建筑设计象征意义和文化内涵的创作追求，立足本土、谋求创新的中国建筑现代化追求。人们在惊叹其坦诚和胆识的同时，更为彭一刚所代表的这一代建筑专家们厚德载物、启迪后鲲的精神品质和职业操守所感动。在相对封闭的环境中，不甘平庸的人生追求；在政治挂帅的年代里，努力探寻建筑美学；在西方文化喧嚣尘上之际，深思熟虑如何融汇古今，学贯中西；在市场经济大潮搅动、学风浮躁之时，恪守教书育人之本，把有限承担的建筑设计工程作为理论实践的样板，实现建筑审美的社会效益最大化——这是彭一刚足以代表这一代建筑学人的精神风骨。

手工绘图是建筑设计水平的重要标志

建筑设计是一门需要兼通文理的综合性学科，自然科学是基础，人文艺术是灵魂。建筑设计的本质，是一种满足功能适用前提下的艺术创造。手工绘图，是捕捉创作灵感，描绘建筑愿景，记述想象踪迹的一种专业技能。彭一刚致力于此，得益于此，倡导于此。

早在中学时代，彭一刚就对绘画很感兴趣，能设计一手好板报，并且对数学、物理也很有兴趣，成绩突出。20世纪50年代初，他考入唐山交通大学（后并入天津大学）建筑系。受系主任徐中先生的赏识和影响，他被图书馆中建筑期刊和建筑图书中精湛的建筑绘画深深吸引。他最喜欢的是美国建筑师莱特的表现图：清新流畅的线条，建筑与背景统一、和谐地相互衬托；重点处浓墨重彩，着力刻画，其余则轻描淡写，放松而简约……这种洒脱的风格深深地吸引了他，也影响了他。在建筑画方面，彭一刚非常欣赏美国著名画家考茨基在铅笔画和水笔画上大刀阔斧，十分讲求笔触的手法。1954年去承德做古建筑测绘实习，他就模仿考茨基的手法，创作了一批古建筑写生画。

另外，还有三本书对彭一刚产生了很大的影响。一本是20世纪30年代美国出版的《钢笔画》（*Drawing With Pen and Ink*）；另一本是《彩色速写与渲染》（*Sketch and Rendering in Color*）；还有一本是《建筑设计基本原理》（*Fundamental Theory of Architectural Design*）。这三本书中都配有大量精美的插图，让他爱不释手。由于当时没有复印机，他只好自己动手临摹。功夫不负有心人，大量临摹的结果是练就了他一手扎实的基本功。对于人们敬称他为“钢笔画家”，彭一刚还不无委屈地表示，他对水墨、水彩渲染、铅笔画以及彩色铅笔画，其实都十分感兴趣……

在政治挂帅年代所谓“拔白旗”的运动中，彭一刚被诬陷为“构图万能论”而受到批判。很多年过后，彭一刚坚持认为，他从来没有讲过“构图万能”，但是，他对构图和表现等基本功确实非常重视。正因如此，他对现在学生过分依赖电脑辅助设计的“无纸化”倾向深表忧虑。在他看来，建筑设计是一个不断发现的过程，构思初始阶段，人的思维几乎是处在一种模糊的朦胧状态，灵感往往闪现在瞬息之间。手绘的基本功在追寻灵感踪迹，为灵感服务期间，就显得尤为重要了。世界上诸多著名的建筑大师，从老一代的莱特、勒·柯布希耶、路易斯·康，到当代的斯特朗、罗杰斯、迈耶，乃至稍后的安藤忠雄，他们在设计时都画得一手很帅的方案构思草图。

2006年中国建筑学会主办“手绘建筑画大赛”，彭一刚应邀担任评委，在接受采访时说：“电脑在方案构思阶段往往表现得无能为力。它虽是为人服务的工具，但有时会因它的特点而桎梏或影响人的灵感发挥。当然，电脑在设计后期出图时其优势是毋庸置疑的，它的精密、细致、准确、快速、高效率等特点确实胜于手绘。”彭一刚不是一味地反对电脑绘图，而是辩证地分析手工绘图与电脑绘图的长短优劣，希望学生们能够知己知彼，取长补短。特别是进入后现代社会，一些业主明确要求必须配备若干张手绘表现图，还有一些著名的建筑设计事务所，也把手工绘制的表现图当作设计水平的标志。因为每一张手工绘图都是独一无二的，凝聚着设计师的人文情怀、创造精神和艺术才华，其精美程度标志着生命所及的深度和宽度。

建川博物馆之正面战场馆

漳浦西湖公园

功能合理性是建筑设计的出发点和归宿点

从建筑美学出发，彭一刚大量接触西方现代、后现代建筑理论，深入探究建筑风格演变与时代社会文化思潮的内在联系。令人敬佩的是，他没有简单移植可能会成为时髦的西方建筑学理论，而是追根溯源，探骊得珠，勘透现代、后现代建筑流派风云变幻背后的本质，特别强调建筑设计的功能合理性，显示出难能可贵的学术独立品格。

改革开放以来，国门大开，各种西方建筑流派纷至沓来，令人眼花缭乱。彭一刚用自己的深厚学养和独立思考，告诫学生，也警醒同道，要真正把握20世纪西方建筑风起云涌的变化格局，“就必须从哲学、美学、心理行为以及科学技术和经济等各个方面对引发这种变化的历史和社会根源进行探索”。1996年，他在参加中国科学院第八次院士大会所作的学术报告中，精到地阐述了自己的观点，认为流行于西方的各种先锋派建筑，泛称“后现代建筑”，旗号各异，腔调不一，但是都有一个共同特点，即一反现代建筑初衷，推崇商业化和俚俗化设计思想，在美学上背离统一和谐的传统法则，转而追求复杂性、矛盾性和含混性，借助当代高科技成就，用极端逻辑性和高度夸张手法，追求建筑形式的新奇感。其哲学思想根源，主要表现为理性的衰落和情感的回归，反映在设计手法上则强调偶然性和随机性，甚至推崇扭曲、残破、断裂、重构、畸变等与传统观念不相容的美学法则。这种建筑审美观念的变异，其积极意义是活跃创作思想，不为传统观念所羁绊，强调环境意识和历史文脉赋予建筑形象以寓意和文化内涵等；其消极性也是非常明显的，那就是无视建筑功能与经济成本，无视建筑师的社会职责，甚至把建筑设计当作游戏或建筑师个人的自我表现和情感宣泄。

与之相映的是中国传统建筑文化，由于社会历史和文化背景不同，没有西方建筑那种明显的阶段性，不同类型的建筑各具特色，城市、宫殿、住宅等的布局和形式大体遵循一定的典章规范，充分体现了基于儒家思想所确立的伦理观念，既具有程式化特点，又因时、因地、因人而千变万化。园林、民居、村庄聚落则更加崇尚自然，尊重环境，表现出极大的灵活性和随机性。特别是古典园林，不仅在布局和手法上不拘一格，而且还刻意于营造环境氛围和追求意境，从而达到诗情画意的境界。如果说西方园林是理性主义美学的产物，那么中国园林则重在抒情。特别是在强调自然美和意境美，追求含混和随机性等方面，与西方当代建筑思潮不谋而合，有殊途同归、异曲同工之妙。在信息化、全球化时代，人们形象地形容世界是平的，东西方社会文化相互碰撞、冲突后，开始走向更高层面上的交流、对话、融合。“也许我们最终能够把西方的传统带着它对实验和定量表述的强调与中国传统带着它那自发的、自组织的世界观结合起来”，以完成近现代社会历史以来中国文化新生的使命，在更高的层次上建立一种新的建筑生态秩序。

站在这个学术高度，彭一刚严厉地批评近二三十年来中国建筑界泛滥一时的所谓“欧陆风情”，认为其病症与曾经出现的“复古主义”是相通的。1999年他撰文《从建筑与社会角度看模仿与创新》指出，我们犯过复古主义的错误，现在又普遍地存在着盲目抄袭西方建筑的倾向，特别是当前又刮起一股追求“欧陆风情”之风，虽表现形式各不相同，但一个共同的特点是与我国当前的现实社会相脱节。“复古主义思潮源于时代的错位，而模仿抄袭西方建筑的倾向则源于地域的错位。只有既不复古，又不模仿抄袭，才能走出一条创新的路来。”建筑不是单纯的数理技术，也不是纯粹的个人艺术，而是有着深刻社会责任的综合性学科领域。他特别强调，建筑师必须对社会有深刻理解，只有从现实社会的需求出发，才能创造出体现时代精神的建筑新风格。

世纪之交，彭一刚应邀参加国家大剧院建筑设计方案的审议。他认为安德鲁的最后中标方案没有体现出中国传统文化是一种缺憾。但是，在时代性与民族传统不能兼得的情况下，应以时代性为主。安德鲁的方案将剧院功能全部覆盖在一个巨大的壳体之中，外部体形特征浑然一体，无论其室内空间感还是艺术表现力都显得气势宏伟，置身其中可以感受到一个泱泱大国所具有的气概。最大限度地实现建筑功能需要，就必然会创造出属于自己的时代特征。

把建筑的根深深地扎在自家的土壤里

在彭一刚的建筑生涯中，他始终辩证地看待时代性和民族性矛盾而又可以共存的特点，努力寻求中国传统建筑文化与当代建筑创新的新路径。

一个多世纪以来，西方建筑文化作为现代化的一个组成部分，伴随着坚船利炮的滚滚浓烟和物质消费主义的时尚潮流，席卷世界几乎每一个角落。工业化、城市化、全球化，作为现代化的具体目标，世界文化发展的趋同性带来的是人们精神空间的狭隘、模仿、浮躁。正如物种健康需要保存生物多样性，人类精神心理健康同样需要保护文化多样性。带着这样的思考，彭一刚将自己关注世界建筑发展方向的眼光，转向日本、印度等同样深受西方建筑文化影响，却坚持自己民族文化特色，谋求时代性与民族性兼备的建筑创新。

彭一刚将日本近现代建筑的发展变化，表述为是几代建筑师对日本独特的文化传统的回应，着重探讨日本建筑一个多世纪以来如何从传统走向现代，并展现出日本现代建筑风格的诱人魅力。在两种建筑文化谋求融合的初始阶段，如果侧重于文化层面，传统形式便得以彰显；如果侧重于功能技术层面，则更接近于西方现代建筑风格。“但是就大的趋势看，传统形式自不免会由彰显而走向含隐。”这主要是因为在吸纳传统时最先总是着眼于其外部形式特征，这既是建筑师心灵的自然驱使，同时也受到社会承受能力的制约。随着时间的推移，建筑师和社会公众都不会停留在表面形式的吸纳上，而要由表及里地探索隐藏在形式背后更为深层的东西。这样，单纯从形式上展现传统的因素便悄悄地隐退、淡化。安藤忠雄的建筑设计堪称这种发展方向的代表。住吉长屋是其成名之作，受环境局促限制，他采用极简主义手法，甚至于日本历史文化符号之类的东西一无所有。安藤的解释是，亲近自然是日本人的天性，通过小院处理可以把自然的光、风、雨、雪、阴、晴乃至一年四季的变化引入到住宅之内，是更高层面上既现代又适合于日本人的住居习惯。这样他就把日本文化表征的外在形式转化成为内在的自省。同样，安藤设计光的教堂、水的教堂等，也是用自己的方式赋予了一些日本传统文化特色。

彭一刚对印度现代建筑发展方式的考察，选择了自然气候因素这个关键词。印度地跨北纬10°～30°，北回归线跨越国土中部，整体属于热带季风气候。这意味着每年夏至，印度中部地区

天津大学建筑系馆

王学仲艺术研究所

王学仲艺术研究所

太阳的入射角与地面呈 90°，阳光与地面保持垂直状态。这时不仅接受阳光的能量最大，而且直立的建筑物墙面几乎没有光影。在绝大多数情况下，阳光与墙面的夹角很小。这给建筑设计带来的最大影响，是墙面上只要稍有一点凸出挑檐，便会产生大面积的阴影。印度建筑师正是充分利用了这种独特的气候条件，选择最有效、最经济的方法，最大限度地减少阳光对墙面的直接照射。这种遮阳和通风的功能性特征需求，形成了印度建筑风格特征，可以起到遮阳作用的巨伞式屋顶、纵横交错的格架式墙面便自然而然地应运而生。

对于一个发展中国家来说，由于经济、技术水平以及文化传统的独特性，不可能也不应该以发达国家的标准来衡量其建筑发展方向。彭一刚坚持认为，无视国情，模仿抄袭西方建筑形式和风格，即使惟妙惟肖，从表面看貌似先进、新颖，但如果不能植根于自己的土壤，最终是经不住历史考验的。一种富有生命力的建筑必须是在学习别人先进思想观念的同时，还要对本土的文化传统作深入发掘研究。只有把引进来的东西与本土实际紧密结合，才有可能创造出一种既具有活力又富有地域特色的新建筑。

彭一刚不仅在建筑理论上独持己见，而且还在建筑实践中身体力行。他主持设计的几个公园项目，特色鲜明，品质卓越。其中山东平度现河公园是在现代园林建筑设计中引入传统的手法；福建漳浦西湖公园在此基础上又赋予了闽南建筑的地域特色；而厦门日东公园通过在全新的形式中赋予建筑以传统韵味，在原本处于断裂与撞击的尖锐矛盾中谋求触合，艺术地表达了建筑创作对自然生态环境和地域文化意境的尊重。

坐落于威海刘公岛的甲午海战纪念馆是彭一刚的建筑设计代表作。他坚持纪念性建筑好比诗歌，要求有很高的艺术性和强烈的感染力。刘公岛是当年北洋水师的指挥机关所在地，中日甲午海战就发生在附近的海域。在这场改变了整个中国近代史的海战中，北洋水师全军覆没，清政府被迫签订丧权辱国的《马关条约》，甲午海战成了中华民族心头抹不去的伤痛。为了切合这一主题，他将纪念馆设计成军舰船体形态，极具雕塑感。但这并不是一个完整船体的造型，而是在形体组合上取各种船体相互撞击、穿插的形状，借以更好地表现当年北洋水师将领邓世昌弹尽后率舰撞击日舰的情景。特别是将入口处悬挑的巨大雨篷有意处理成斜插进室内的船体的样式，而支撑它的粗大的圆柱则处理成折断的桅杆的样子，以突出和丰富建筑的象征意义。在建筑入口处的突出部位，还设计一尊高 15 米的水师爱国将领雕像。昂首挺胸、怒目远视的雕像与残破船体的建筑造型完整统一，恰如其分地表现出纪念馆惨烈、悲壮的氛围。整个纪念馆依山就势，主体建筑按照地形变化相互叠错，底层部分最大限度地伸向海面。建筑的二层设有宽大的观海平台，供人们远眺，凭吊当年的古战场。整个甲午海战纪念馆巧妙地将功能和艺术结合在一起，受到业内人士普遍的赞誉，堪称当代中国建筑经典之作。

刘公岛甲午海战纪念馆

近年来，彭一刚深入研究西方现代和后现代主义的建筑语言和风格，以及日本、印度等东方国家在现代建筑上取得的成果，在业界引起很大反响。他自认为已垂垂老矣，在创作上恐怕再难有创新，因此对青年一代的建筑师寄予厚望。每当有学生超过自己的时候，他都表现出由衷的喜悦。他深信，中国建筑师走出国门，冲向世界为期不会太远，而这项任务就落在莘莘学子身上。（朱鸿召／文）

永不停步的设计大师

中国工程院院士　魏敦山

1933年5月出生，浙江省慈溪县人。1955年上海同济大学本科毕业。现任上海建筑设计（集团）顾问总建筑师。长期从事民用建筑设计工作，获教授级高级建筑师、国家一级注册建筑师职称。1994年荣获“中国工程设计大师”称号。2001年当选为中国工程院院士。

魏敦山曾获得过14项省市级以上优秀设计和科技进步奖。20世纪70年代设计的上海体育馆与20世纪80年代设计的上海游泳馆，先后获市级、国家级优秀设计奖及国家科学技术进步奖三等奖。因设计埃及开罗国际会议中心荣获埃及“一级军事勋章”。

魏敦山被誉为“谱写凝固音乐的大师”。从业以来，他设计了100多项国内外的作品。自20世纪50年代以来，在每个年代他均有深具影响力的作品。尤其在体育建筑设计上，他以众多的优秀作品和凝聚其中的设计理念，成为国内著名的体育建筑设计专家。魏敦山认为建筑创作是集功能内容、物质技术、精神艺术三者为一的结合体，特别注重建筑与周边自然和文化环境的协调融合。反映在大空间观演性建筑设计上，他追求完美的建筑艺术与先进的建筑技术相结合，努力整合建筑设备、声学、光学、机械、电器等各方面因素。上海游泳馆、埃及开罗国际会议中心、上海八万人体育场等建筑在国内外所取得的充分认可，也正是对魏敦山上述设计理念的肯定。

生活中的魏敦山随和、谦逊，喜欢用“轧一脚”的积极生活态度去寻找触类旁通的建筑灵感。对绘画、摄影、京剧、登山、游泳等的爱好，都为他的建筑设计提供创新的源泉。五十多年的建筑生涯诠释着魏敦山最初对建筑的忠诚：“我愿意一辈子做方案、做设计、做工程，在有生之年不断创造新的建筑精品。”

“谱写凝固音乐”的大师

1933年出生的魏敦山，祖籍浙江慈溪。他1951年考入上海圣约翰大学建筑系学习，次年院系调整被并入同济大学建筑系，于1955年7月毕业，同年分配到铁道部建厂工程公司工作。1957年4月他到上海市民用建筑设计院工作至今。在从事建筑设计事业的五十多年中，魏敦山设计了上百个建筑项目，其中获省部级以上的奖项达十余项。

20世纪50年代，魏敦山设计的上海跳水池——在狭小的基地上建成一个可供游泳、跳水、水球三合一的深水游泳池，成为当时我国第一座大型室外跳水池；60年代，他改变了过去中小学校设计行列式的传统布局，主持汇编了《中小学建筑设计手册》，由他改建设计的虹口体育场成为当时上海最大的符合国际比赛的田径场地；70年代，魏敦山主持设计了上海第一座高层病房楼——长征医院病房大楼和第九人民医院整形外科病房大楼，还作为设计负责人之一参加了被称作“万体馆”的上海体育馆的设计；80年代，魏敦山在国内设计了上海游泳馆，在国外设计了开罗国际会议中心；90年代，他设计了上海八万人体育场和上海虹口足球场。他主持设计了可在楼顶停直升机的长征医院急救中心，这也是我国第一座34层的高楼。而八万人体育场，现在已成为上海标志性建筑之一。沈阳奥体中心、常州大剧院更是他迈入新世纪后的佳作。

优秀的建筑是时代的浓缩，在魏敦山的身上，可以看到中国老一代知识分子崇高的敬业精神和所具有的那种敦厚质朴的情怀。而设计了如此之多优秀建筑的魏敦山究竟是怀着什么样的设计理念，描画出一个又一个的创意？

“整合、创新”的设计理念

魏敦山认为，建筑创作是集功能内容、物质技术、精神艺术三者为一的结合体，错综复杂。但这同时也为建筑师提供了充分发挥的余地，避免构思出千篇一律的设计。在建筑艺术的选用中，其手法很多。除应用综合艺术美学的经典法则、传统的形象变化和抽象符号与装饰等，还要辩证处理好“简”与“繁”之间的关系，常以取“减”法为宜。他提倡大气度、大统一、少变化，能“简”则“简”。另外，他还认为，作为一名建筑师，在进行建筑创作的过程中，应追求建筑艺术与环境的融合，增强建筑与环境的整体效果，以便取得一个较完美的建筑艺术形象。环境里客观存在的空间载体或历史痕迹往往先于需建造的建筑物而存在，它包括地理地貌、自然条件、历史传统、人文风俗、场所意境等因素，呈现出气象万千、丰富多彩的面貌。建筑师在建筑创作的过程中，应以环境为创作构思中吸取营养的主要源泉，以此产生联想；将环境特色为我所用，经过反复推敲、巧思探索，使新创作的建筑艺术形象融合在原有环境之中，给人们再创造一个具有美好视觉空间的新环境。埃及开罗国际会议中心这一项目很好地体现了魏敦山这一设计理念。

开罗国际会议中心是20世纪80年代我国规模最大的一个援外工程。整个工程面积52000平方米，要求建成后与邻近的建筑物风格一致，从而构成埃及的重要政治文化中心。这其实是一个建筑造型要求高、政治意义又十分重大的项目，而且给出的设计时间很短，外方又没有提供详细的基础资料，因此项目建设存在的困难还是很大的。魏敦山是这一项目的总建筑师和工程总负责人。

开罗国际会议中心

在开罗国际会议中心的总体构思上，魏敦山在力求保持埃及民族风格的同时，又体现了现代建筑的时代气息。在充分考虑到建筑所处环境特点这一层面上，魏敦山在设计中吸收了埃及的人文传统、当地伊斯兰建筑形式等特点，很好地反映了埃及建筑的艺术风格。在体形组合及空间构思上，魏敦山一方面考虑到埃及是最早发明数学、几何学等科学技术的文明古国，另一方面他还注意到建造基地东面已建的无名英雄纪念碑是由四片巨型的混凝土墙体倾斜组成的一个金字塔形的雕空四角锥体，因而他在新建的各类大小会议厅的平面设计中，采用了多种几何形体，以圆形、方形和八角形等单体为主，有机地排列构成建筑群体，使之与三角形的纪念碑形体相协调。同时魏敦山还应用建筑轴线及对位手法，将圆形国际会议厅的中心轴线、圆形宴会厅的中心轴线均对准纪念碑中心轴线，形成一个完整三角形轴线的对位关系，取得新老建筑的协调，既突出了建筑主体，又强调建筑的整体性，提高了建筑的环境效益。

正是这种既基于特定环境色彩，又融合了共通的建筑美学原则的设计，为魏敦山赢来了国内外充分的肯定。埃及总统签署了嘉奖令，为魏敦山颁发了象征该国最高荣誉的“一级军事勋章”。

在大空间观演性建筑设计上“做”有所长

魏敦山还是一位体育建筑设计专家，他所设计的一系列体育建筑同样体现了他“整合、创新”的理念，同时也为他积累了在大空间观演性建筑设计中的独到经验。

大空间观演性建筑是指大小会堂、体育场等等。魏敦山认为，大空间观演性建筑有其特殊性，设计要充分考虑建筑室内空间需求与合理的结构造型完美的结合，不能有虚假造作之弊，而且对建筑设备、建筑物理、建筑材料等学科及专业知识要求较高，故建筑师要充分注意其他工种的需求，以综合平衡、妥善解决，力求达到完美的建筑艺术与先进的建筑技术相结合，这也是设计观演性建筑的关键所在。另外，这样的建筑一定要满足特定的空间，满足观众有一个良好的视听条件以及舒适的环境，同时对于文艺演出、舞台设施、体育竞赛方面的功能要求也要充分满足，以保证演出活动的顺利进行。所以大空间观演性建筑设计实际上是一个总的建筑工作，包括建筑设备、声学、光学、机械、电器、空调等技术的集成，不是单一的建筑工作所能包揽的。在进行这些思考的同时，魏敦山用他的众多创作实践了他在大空间观演性建筑上的追求。

就如魏敦山所设计的上海八万人体育场，时至今日它已成为上海记忆的一部分。魏敦山在后来的回忆中曾谈到过，这个地方原本就是“黄金地块”，在当初的规划中，只是建造5万人规模的纯体育场，而后要造8万人规模，还要使体育场具有自身的“造血功能”，难度是很大的。他经过深思熟虑、反复论证，大胆提出了上大下小的倒锥体造型，这样“借天不借地”，既符合体育场观众席的布局，又向空中借得了3万平方米的空间。在屋顶的设计上，魏敦山也突破了传统的“沉重大屋顶”模式，决定采用“单臂悬挑桁架”来支撑世界先进的特氟龙薄膜的方案。这种新结构、新技术、新材料的运用国内尚属首例，在当时而言，也是世界上覆盖面积最大、建造难度最大的设计，其中最长一根悬挑梁长达73.5米，可谓是当时的世界之最。

上海虹口体育场

另外，魏敦山考虑到不少重大比赛都安排在黄昏前后，这时“西晒”很强。为了使体育场各看台取得最佳视觉效果，所以他在设计中采用了“外环圆形、内环椭圆、西高东低”的马鞍状结构，突破常规，将看台的圆心西移10米，与场地圆心错开，将视角最佳的西看台定为3层，高高翘起，而东看台为2层。这不仅使整个体育场富有力度、动势和美感，且“西晒”也被挡在了看台外。这正是他“整合、创新”理念的最好诠释。

常州大剧院项目更好地体现了魏敦山在大空间观演性建筑设计中，整合众多建筑相关技术的设计经验。常州大剧院建筑面积4万平方米。魏敦山在设计中将建筑做了曲面的弧形处理，希望建筑造型形成像音乐符号般的元素，而前面的水景形成五线谱元素，从而构成一个具有流动感的椭圆形总平面。在大剧场中，舞台部分非常正规，包括总台、副台、后台；设备也符合高要求，升降推拉转都配备；剧场被包围在里面，观众基本上处在外围空间，背面是400人的小剧场。另外，魏敦山考虑到在这个地方还可以进行一些多功能的礼仪性质的活动，比如开幕式等，所以还设置了观众活动、交流的区域。对此，魏敦山有一个概括性的说法——大空间的建筑应尽量保持外部简洁的体系与内部综合性的功能包容。

生活与建筑设计互为相通

魏敦山常年忙碌，时光和精力几乎全部献给了他所执著追求的建筑事业，很少顾及自己、顾及家庭。他曾把病房当作工作室，住院一周却没耽误一点工作；为了方案构思和科研攻关，为了材料选定和装饰规格，他废寝忘食、夜以继日。更难能可贵的是，年逾古稀的魏敦山从不炫耀自己的“成功”，在谈到建筑专业上所取得的成绩时，他往往轻轻带过。

但是，对于魏敦山来说，在建筑上的投入并非枯燥无味，一来因为他已将建筑当作自己的一种信仰追求，正像他所言“我愿意一辈子做方案、做设计、做工程，在有生之年不断创造新的建筑精品”；另一方面，他兴趣广泛，对生活有着积极、乐观的态度，对此他也有自己的一个说法——“轧一脚”。“轧一脚”是句上海话，有“参与”的意思。魏敦山对绘画、摄影、京剧、登山、游泳等，都会兴致勃勃地去“轧一脚”。早年他就爱听京剧，特别喜欢周信芳的麒派。他认为京剧的脸谱非常有意思，凭借着夸张的色彩、变化无穷的线条，就可以描绘人物的性格，增添强烈的审美效果。脸谱给了他深刻的影响和启发，当他接触建筑设计工作后，发现建筑物与“脸谱”在手法上很相似：同样讲究对称、轴线、图形的变化。五十多年来，他设计了一百多个民用建筑项目，并因此获得了国家优秀设计奖、国家科技进步奖、全国优秀工程设计金奖等奖项，他自称这一个个项目正像一张张各具神韵的“脸谱”。

对于唱戏，魏敦山乐于“轧一脚”，他唱的是麒派。他扮过《玉堂春》里“三堂会审”时的蓝袍官；演过《四进士》中那个伸张正义的宋士杰。尽管是逢场作戏，但他却非常投入。他认为作为表演者也应勇于在继承的基础上大胆改革创新，无论唱、念、做、打与剧目、唱词、服装、扮相等，均要有适合于自己的风格。搞建筑设计，也需要这种精神。对于旅行，魏敦山喜欢跋山涉水，喜欢“会当凌绝顶，一览众山小”的壮阔意境。

魏敦山所说的“轧一脚”，其实是一种积极的生活态度，是拓展思路的有效途径。“轧一脚”不是不务正业，恰恰是为了更好地开展正业。有时，恰恰在不经意的“轧一脚”中，一个苦苦寻觅的“灵感”就会骤然出现。现在他所在的设计院专门成立了“魏敦山建筑创作研究室”，研究室里大多是年轻人。他笑称自己作为主任，当然更多的是在他们中间“轧一脚”。魏敦山虽已年过古稀，但身在研究室中感受到更多的是朝气和活力，他觉得自己依然很年轻。也许心理年轻才是真正的年轻，也是永远的年轻。（秀秀／文）

上海国际赛车场

上海静安游泳馆

宁波北仑体艺中心

上海体育场

上海旗忠网球中心（效果图）

与城市规划事业结缘一生

中国工程院院士　邹德慈

1934年10月出生于上海市。1955年毕业于上海同济大学，1986至1996年任中国城市规划设计研究院院长，现任该院学术顾问。教授级高级城市规划师。

1991年获英国谢菲尔德大学荣誉博士学位，2003年被选为中国工程院院士。近十多年来发表论文80多篇，其中一部分在国外刊物发表。主持的《温州城市生态环境规划研究》课题获浙江省2000年度优秀城市规划一等奖和2003年度优秀华夏建设科技二等奖。主编《城市规划导论》，出版研究成果专著《城市设计概论》。1992年起和1994年起分别担任过英国 *Habitat International* 和 *Planning Studies* 两杂志的国际编委。

邹德慈是一位在城市规划领域奋斗了半个多世纪的老专家。年过古稀的邹德慈从1951年踏进同济大学的校门开始，就注定将与城市规划结缘。他用一生的时间在研究城市规划，研究城市与人的关系，研究如何将城市规划得更好。回顾他的事业发展，尽管中途出现了些许不可避免的曲折，但仍可以看出，他始终在自己的领域里尽职尽责地耕耘着，为这一门科学的枝繁叶茂孜孜不倦地工作着。即便已过古稀之年，他仍认为自己"还有很多新的知识需要学习，许多新的经验需要体验"。对于城市规划，他依然热爱着，坚持着，奉献着。

教育是一种潜移默化

邹德慈祖籍江西余江。他的父亲早年留学美国，主修土木工程，回国后曾任唐山交通大学教授，20世纪30年代在上海工务局任工程师。他的母亲毕业于上海中西女中，是一位小学教师。

1938年，由于日寇入侵，4岁的邹德慈随父母从上海逃至昆明避难。由于要躲避日军的空袭，幼年的邹德慈几乎没接受幼儿教育，从小学四年级开始，他才开始接受正规的教育。抗战胜利后，邹德慈随母亲回到上海，进入市西中学（上海市的重点中学，原为工部局西童公学）读书。由于父亲已在昆明病逝，母亲依靠小学教师的薪水带着邹德慈和妹妹艰难度日，也盼他读好书，将来有出息。初中毕业后，母亲要邹德慈转学至圣约翰中学。这所上海著名的教会学校，使用美国的课本进行教学，不少课程（除中文、历史外）直接用英语讲课，毕业成绩优秀者可以直升美国的大学。邹德慈读高三时新中国成立，但圣约翰中学的学制并没有很快改变，直到1951年他高中毕业。圣约翰中学的教育对邹德慈而言，最为重要的，一方面是帮他打下了良好的英语基础，邹德慈73岁时还说："直到今天，我的英语水平还是吃'圣约翰'的'老本'。"另一方面是使他在潜移默化中受到了西方文化的熏陶，影响到他后来对西方现代城市规划理论的关注及其对我国城市规划与建设的借鉴。

1951年，全国第一次实行大学统一招考。起初，母亲希望邹德慈报考圣约翰大学医学系，但由于邹德慈曾见过圣约翰大学人体解剖室的"可怕景象"，便打消了学医的念头。也许他在冥冥之中受到了已经过世的父亲的影响，并看到了"招生介绍"中同济大学土木系李国豪先生的学识和业绩，想到国家要开始"一五"建设需要大量人才，邹德慈选择了同济大学土木系。

1952年选择专业时，邹德慈被分配到建筑系的都市建筑与经营专业（即现在的城市规划专业）。尽管这是他当时填报的"第二志愿"，但邹德慈仍很高兴，因为他中学时喜欢绘画，而且对人文学科有兴趣，所以他很快就喜欢上了城市规划。四年的大学生活里，邹德慈认真地对待每一门课程，毕业时，他的各门功课（除体育外）都成绩优秀。回顾在同济的大学生活，邹德慈想起曾经指导过他的金经昌、冯纪忠等诸位先生的教诲，再一次深刻地体会到"在一生中，大学本科教育是十分重要的基础，而关键在于教师”，先生们的教导对邹德慈一生的事业和工作都有着潜移默化的影响。

动荡中的厚积薄发

1955年邹德慈大学毕业后，被分配到了北京国家城建总局城市设计院（现在的中国城市规划设计研究院的前身），从此开启了他投身于城市规划实践的新篇章。

刚刚参加工作时，邹德慈和同济1955年、1956年毕业的两个班的同学都分配在经济室，承担经济工种。当时苏联专家组组长是经济专家，邹德慈就在他的直接领导下工作。那段时间，国家城建总局城市设计院的工作还处于照搬苏联的模式的阶段，工作程序往往是：苏联建筑专家准备好草图纸和6B铅笔，等经济专家提供数据，然后他才会在纸上构图。那时邹德慈就曾怀疑，这种不研究城市人口和用地，而是将城市当作机器来设计的作法是不是可取？后来，大家开始冷静地做一些调查研究工作。城市设计院在大量调查研究的基础上，基本摸清了我国城市生活居住用地的现状情况，这个结果比过去参照的苏联用地指标低一倍左右，这些数据也成为以后制定国家城市用地规划标准的重要基础。另外，在城市发展的预测上，也突破了过去机械地根据计划项目做规划的“框框”，采取“经济假定”的方法，分析城市长远的发展可能，在规划上留有余地，这可以被认为是今天空间发展战略规划思想的雏形。

1962年，国家提出“三年不搞规划”，国家城建总局城市设计院也随之被撤销，全国的城市规划工作停滞下来。这段时间，邹德慈参加了我国自己的高校教材《城乡规划》的编写工作。这套教材由吴良镛先生主持，李德华、齐康等先生合作，邹德慈是编写组秘书。教材编写历时两年多，系统地梳理了苏联的城市规划理论，结合建国以来十多年的经验教训，探讨了我国自己规划理论的基本框架。这本书的编写对邹德慈来说是一个很好的学习机会，在与诸位先生的合作中，他坚定地立下了坚持城市规划的科学性的学术理念。

从1963年到1973年，邹德慈陪伴着20世纪六七十年代动荡不安的中国一起度过了动荡与变更迭起的10年。这10年里，他做过机关干部，也去“五七干校”学习改造过。回忆起这段被别人看成是“荒废青春”的岁月时，邹德慈更多的是报以感激之情：机关干部的工作让他的文字能力有了很大的提高，政治运动与劳动锻炼让他在政治上、体力上和思想感情上得到磨练。他说：“今天我逐渐意识到，起码对于规划师而言，这种磨练也是十分重要和可贵的。或许可以说，胜读十年书。”

1973年，从国家建委的“五七干校”出来的邹德慈被分配到交通部天津第一航务工程设计院，从事港口建设工作。尽管专业不对口，但邹德慈却“横下一条决心，一切从头开始”。经过了一些挫折和几年的努力，邹德慈基本掌握了建筑设计的全过程，也当上了建筑专业组的组长。尽管后来又回归到了城市规划的队伍，但邹德慈却十分感激这段做建筑的时光。这段时间让他深刻地体会到，建筑设计不只是建筑大师“挥毫”式的草图构思，而是要把一个好的构思和方案变成一个实实在在的建筑物，“这其中需要有大量认真细致的设计工作，需要多种专业人员默默无闻、协调合作的团队精神”。后来，在邹德慈拟定中国城市规划设计研究院“院风”时，特意提出“严谨的作风”，就是受此影响。另外，中国城市规划设计研究院“统一技术措施”的做法，也是借鉴于天津第一航务工程设计院的经验。

重返中规院，孕育累累硕果

1979年，邹德慈调回到中国城市规划设计研究院（当时的名称是城市规划设计研究所），重新回归到城市规划的队伍中来，并从此在这里扎下根，逐渐孕育出后来他在城市规划领域结出的累累硕果。

1982年，中国城市规划设计研究院重新组建时，邹德慈担任经济所的所长。当时做的第一项大事就是参与三峡水库可行性研究报告中“移民拆迁”部分，对14座（县以上）计划淹没的城镇进行调研、迁建选址、做规划设计、进行投资估算等。这项工作20年后被三峡工程建设的实践所采用，并在实际操作中证明了其科学性。

除了三峡工程移民拆迁部分之外，邹德慈在20世纪80年代还参与了天津震后重建、陕西安康县城灾后重建规划、山东齐鲁石化公司30万乙烯项目职工生活区的选址、深圳国际机场选址等众多项目。在邹德慈看来，这些项目对于开拓思路、科学论证，特别是突破过去某些禁锢思想的“教条”大有好处，也让他实实在在地看到了城市规划的作用，“并不局限于在编制‘法定规划’上，而是在于城市规划的‘活的灵魂’”。此外，这种实践对于邹德慈个人而言，也让他学会了城市规划师必须具备的两种素质：“一是为事业敢于碰硬的勇气；二是足够的学识和经验。”

中规院的工作重新启动以来，邹德慈和他的同事们要面对的不仅仅是实践中诸多要解决的问题，还有理论层面的问题。1984年，邹德慈与金经元先生合译P·霍尔的《区域和城市规划》一书，比较系统地介绍了欧美现代城市规划的起源与发展，对国内规划界了解西方起到了重要的推动作用。同时，他还参与了《中国大百科全书》中城市规划条目的编纂、《全国自然科学名词》的审定、《土木建筑大辞典》的编委等工作。这些工作不仅使邹德慈自己的规划理论水平有所提高，同时也推进了中国城市规划的理论水平。1991年，英国谢菲尔德大学授予邹德慈荣誉博士学位，他认为这个学位不仅是对自己的肯定，更多的是对我国城市规划发展的肯定。

与共和国的城市规划共同成长了半个世纪，邹德慈始终用自己的努力见证着我国城市规划理论和实践的发展，从最初的效仿苏联模式到而今主动式的城市规划，他始终在用前瞻的眼光打量着城市的一切，并带领中国的城市规划理论逐步走向成熟。

邹德慈认为，现代城市规划有三个重要支柱，一是城市研究，二是城市设计，三是城市管理。作为城市规划师，认识城市和研究城市是其重要任务和职责。首先，城市是人类大部分活动的载体，各种活动在此交汇交融，并发挥出综合的作用。同时，城市还可以作为一个根系统，同时拥有多个子系统，如能运转得好就能发挥极大的效益。因此，要在充分调查和研究城市的基础之上，充分发挥城市规划师的聪明才智，为城市居民创造真正宜居的空间与环境。此外，城市管理也是现代城市规划中不可或缺的一部分，把城市的管理包括规划的实施等看作现代城市规划的重要支柱之一，是当前国内外城市规划的一个重要趋势。城市管理就是对城市从宏观运营到各个方面、各个部分的具体管理。在实践中，邹德慈主张三者的交叉融贯是规划的重要方法。

同时，在城市规划理论方面，由于我国开始大规模城市化进程的时间晚于西方，因此，在理论方面也相对欠缺。面对这种情况，邹德慈客观地认识到，要发展中国自己的城市规划理论，必须要先学习西方。他坦言：“我从研究西方近现代城市规划史中找到很多我们今天城市规划问题的渊源和答案。”早在1986年，邹德慈第一次出访美国的时候，就注意到了美国有效的快速路系统。回国以后，他撰写文章《汽车时代的城市空间结构》一文，讨论汽车交通对城市空间的影响，并在国内较早提出大城市快速路网与常规路网结合的概念。

作为有五千年文明史的中国，在城市化过程中不可避免要面对的问题是旧城保护和新城市建设问题。这个问题随着近几年城市化进程的加快变得愈发突出。针对这个问题，邹德慈提出要针对城市的独特性采取不同的保护对策和措施：对于遗址、遗迹，重要的是保护场所的“历史环境”；对于历史性建筑，不能仅保护单个建筑的形式和风格，还要突出空间组合的群体性和完整性。在新城市建设方面，特别是前几年各地风行的开发区建设方面，邹德慈主张一定要做好充分的研究工作，起步谨慎，留有余地和弹性，既坚持城市规划理论，又要采取机动灵活的策略和方法，使城市建设做到“超前、适应和实用”。

从院长到院士，活到老学到老

从事城市规划理论研究与实践的邹德慈，尽管在工作方面取得了相当大的成就，但他并没有把自己封闭在书斋中 。从 1986 年到 1996 年，邹德慈在中国城市规划设计研究院担任了长达 10 年的院长。这 10 年时间、正是中规院在改革开放的新形势下快速成长的 10 年。

刚刚上任时，尽管邹德慈对这个职位没有任何经验，但他决心尽力当好这个院长。他牢记邓小平同志的两句话，科研机构要出人才，出成果。他决定用出成果的方式来培养人才，因此，邹德慈要为中国城市规划设计研究院树立一个良好的院风，建立一套规章制度，也要使全院职工有较好的收入和必要的生活保障。

在邹德慈的倡导下，中规院将“求实的精神、活跃的思想、严谨的作风”作为自己的院风，这个院风切合了城市规划工作的实际特点。“求实的精神”是指要“从实际出发，从实际发展的可能条件出发”，为城市做实实在在的规划；“活跃的思想”要求城市规划师在思想上不断接受新的知识和技术，以顺应未来城市的发展；“严谨的作风”是“要运用科学的方法论证新的思路和方案”，既要适应客观规律，又和求实精神互为补充。

邹德慈任院长期间，还在全院推广三句话的“学风”：读书不唯书，尊上不唯上，学洋不崇洋。他自己以身作则，为青年规划师做出榜样。

2003 年，邹德慈当选为中国工程院院士。面对我国工程领域的最高荣誉，邹德慈表现得相当淡然。他说：“这是我专业生涯的一个里程标志，但不是终结，更不意味着是‘最高’。”69 岁成为院士的邹德慈认为这一荣誉鞭策着他“生命不息，工作不止”。尽管在城市规划领域已经工作了五十多年，但他从不承认自己是权威专家，因为城市规划没有权威，城市规划的综合性和复杂性决定了很难有人具备全面的知识去穷尽它的真谛。他深感“自己又进入了专业历程的一个新的阶段，还有很多新的知识需要学习，许多新的经验需要体验”。

这就是邹德慈，一位始终在学习在进步，一位活到老学到老的城市规划师。（李子涵／文）

《城市规划导论》

《城市和区域规划》，（英）彼得·霍尔，邹德慈，李浩，陈熳莎译

中国传统文化：懂得、热爱、珍惜

同济大学国家历史文化名城研究中心主任　阮仪三

1934年生。现任上海同济大学建筑与城市规划学院教授、博士生导师、国家历史文化名城研究中心主任、全国历史文化名城保护专家委员会委员，法国文化部“法兰西共和国艺术与文学骑士勋章”获得者，曾获联合国教科文组织遗产保护委员会颁发的2003年亚太地区文化遗产保护杰出成就奖，被誉为“都市文脉的守护者”、“历史文化名城的‘卫士’”、“古城的守望者”。他主持的周庄、同里、角直、乌镇、西塘、南浔古镇保护规划，被赞为古城保护的“一座里程碑”，其中的“刀下留城救平遥”更是被传为佳话。

近些年来，全球化浪潮席卷而来，世界扁平了。面对中国物质的和非物质传统文化的迅速遗失，许多有识之士失望了，悲观了。

年逾古稀的阮仪三近30年来带领一帮弟子风风火火奔九州，与时间赛跑，与思想观念斗争，抢救一个又一个古老的乡村城镇，经历过无数次成功，也经历过无数次失败。

阮仪三为何能矢志不移，无怨无悔？他说：“中国的古文化是个整体，你要知道好在哪里，对这些东西有了感情以后，你才爱得更深，然后你才能够去做。要很好地把这个正事（传统文化保护）办了，倒不是要悲观的情绪，要做吧做吧，慢慢会好起来。我从来说我是不悲观的。”

对传统文化的懂得与爱

对于传统文化的当下处境，在多元化的社会思潮中，不乏清醒而“灰暗”的情绪，陈丹青将自己的文化论集题名为《退步集》和《退步集续编》，冯骥才对中国文化传统遗失流露出悲观……数十年来目睹了许多文化古城拆、保、建等过程的阮仪三坚持说，自己并不悲观。“我们这几代人都生活在一种激进的、肤浅的社会精神状态中，包括一些非常伟大的人物都说过不少偏激、愤激的话。”在这些激愤言辞的背后，阮仪三看到的是急迫的现实和残酷的生存环境。比如曾经有人甚至提出摒弃中国传统文化，引进西方文化，渴求中国的现代化进程。这种历史判断包含着价值判断——西方的就是现代的，现代的就是先进的。至今，在建筑设计和城市规划领域，这种价值判断的影子仍未散退。

“我们搞城市规划的人，把很多城市规划得千篇一律，百城一面，就是受这种价值观念的束缚。现在所有的城市都有建筑设计规范。规范对不对？对！先进不先进？先进！科学不科学？科学。但把中国文化的精华丢掉了，都是英国、美国、法国来的东西。不自信啊！中国有自己的建筑理论体系和建筑文化传统，当它遇到西方文化的强势冲击，最需要的是理解、洞察和创新。文明与文明对话，是在倾听与妥协中完成的。不自信，何以谈倾听？”因之，阮仪三说自己佩服贝聿铭，“他主持设计并监督施工的苏州博物馆新馆，一看，是中国的，再一看，是现代的。只有他能做出来”。

在阮仪三看来，价值观决定价值取向，价值取向又制约着情感倾向。“中国传统文化是一个整体，城市、建筑、园林、绘画、书法……都是彼此贯通的。”重要的是，对这些东西有了感情，你才知道好在哪里，你才爱得更深，钻得更透，做得更好。他经常在不同场合，讲述丽江古城先遭遇地震，再成为世界文化遗产的故事：

“1995年我们应邀到那里，详细调研考察后决定申报世界文化遗产项目。报告送出去不久，1996年初那里遭遇大地震。联合国教科文组织说完了，七级毁灭性地震，唐山地震就是七级，全

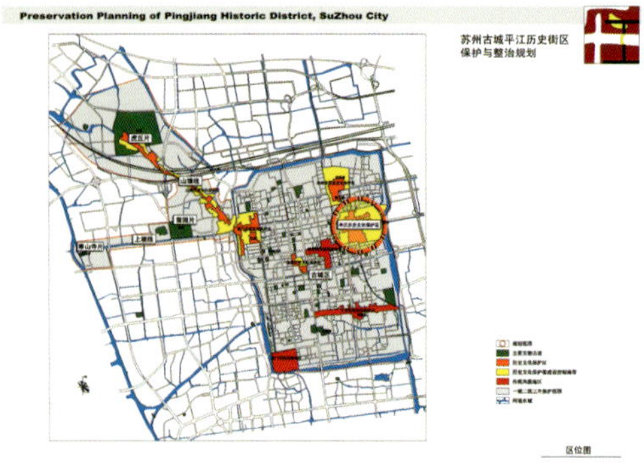

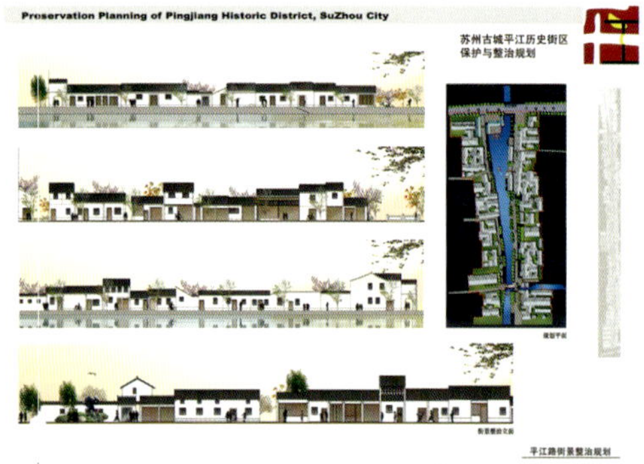

苏州古城平江历史街区保护与整治规划区位图

苏州古城平江历史街区保护与整治规划保护范围划定

苏州古城平江历史街区保护与整治规划平江路街景整治规划街景整治规划图

苏州古城平江历史街区保护与整治规划保护建筑修复后作为文化型民居客栈

震完了。地震之后我赶紧跑过去，一看，新盖的房子全部倒塌了，而几十年前的老房子都没有倒掉。为什么？因为老房子是木结构！中国几千年传统的建筑理论——卯榫结构、角形结构，以柔克刚，力量在传递中有效化解。地震来了之后，你靠在我身上我靠在你身上，以不变应万变。瓦掉了，墙倒了，墙倒屋不倒。这些老房子先后经历过8次大地震，没塌。”在他看来，这就是我们传统建筑文化的精华，“我们倡导保护民族建筑文化传统，不是拿来当风景看的，不是搞旅游赚钱的，也不是什么闲情逸致，而是探究技术精华、建筑智慧，庇护我们几千年的人文概念”。

从学生时代开始，阮仪三就师从我国著名园林研究专家陈从周先生，做古建筑保护工作。回忆恩师，他说：“先生的毛笔字写得极好，画也画得极好。以前考他的研究生，一定要用古文写篇文章，写首诗，他当面就考。”到了阮仪三自己招研究生时，他也像陈先生一样，要考一考学生传统文化的底子——“题目里有一段是考古文，挑一本古代写建筑设计历史的书，选一段，点上标点符号。”他说，“阮门”弟子，至少要懂一点中国的历史、文化和传统，“我们搞建筑的，不仅仅是搞建筑、搞园林，你还要搞文化、搞地理、搞点历史常识，这样的话你才会由衷地产生一种对中国文化的感情”。

即使不是针对古建筑保护，而是做当代的建筑设计，眼前只盯着西方现代建筑大师，也是不够的。“我们应该很好学学自己的传统。没有中国的塔，哪来的金茂大厦？没有古诗‘大珠小珠落玉盘’，哪来的东方明珠？”阮仪三说，现在的问题是，现在建筑系学生在做设计时，更多的是在翻阅国外的杂志，也更多的以“是否能挣钱”来衡量设计工作的价值。“中国传统建筑，比如一个斗拱，我们这代人都能画，也能做，而现在学生上课是为了攒学分，下课就拉倒，授课老师也不投入，认为这个和现实没有很大关系。关键是这个东西挣不到钱。”

科学地保护与发展

老建筑的“保护”与“开发”，常被视为一对矛盾的关系。即使在城市规划和建设的专业领域内，对历史建筑的轻视也并不罕见。“你不能不让他修公路，造铁路呀？我就说你造铁路、修公路的总工程师们，脑子里要有点文化。他说我大学毕业生，怎么没有文化？不是，你有专业知识，但缺少一点文化。”阮仪三说，相对比欧洲城市在建设过程中将重要的历史遗产建筑视为不可撼动的“喜马拉雅山”，我们许多国人乃是将历史文化建筑当作垃圾箱，“摆在这里可以，摆在那里也可以，甚至不要也行”。

阮仪三自己多年来保护下来的许多古城，如平遥、丽江、苏州，走的是“保护古城，建设新城”的道路。比如苏州古城，14.2平方千米的范围内一栋高层也没有，然而苏州的经济在全国中等城市中名列前茅。在他看来，从既有的破坏中吸取教训，也是当前十分重要的事。“包括现在建设新农村，以为拆了旧的建新的就是发展，可那是无知和犯罪呀。”不是要全部保护，而是要重点保护，去保留好的东西。

关于保护与发展，另一个常见的现象是地方政府花费大力气修复一些历史建筑，然后把原来住在里面的居民迁出，做成旅游观光风景区，圈起围墙，白天供人参观，晚间上锁。阮仪三认为，保护与发展不应该是一对矛盾关系，关于这个问题，我们国家在理念和法规上都与欧美国家存在差距。“到国外去看，所有历史保

周庄水乡风光

护建筑都在使用。托尔斯泰故居至今还有人居住其中，莎士比亚故居也是这样。我们中国的历史文化名人故居，都把人赶走了，做成庙，供起来。房屋本身是个使用性的东西，只有在不断使用中才能贯注人气。”比如上海外滩的老建筑，并不是封闭起来才好。“现在要安装空调，可以！注意不要刮坏了墙。原来的地板坏了想要加一层，也可以！因为楼层很高，里面垫高 20 厘米有什么关系？但是有些部位，有些外观坚决不准动。”他认为，建筑失去使用功能后就很难存在下去，没有使用价值，“它就死了”。重要的是要作出规定，老建筑的哪些部分不能动，哪些部分可以正常使用。

在阮仪三保护下来的古镇中，周庄是其中一个著名的例子。老房子里是否能进行改造？开发旅游之后，古镇是不是被破坏了？对此，他的答案是：可以有针对性地改，周庄，也没有被破坏。“你不让他（老房子的使用者）装空调，怎么过？所以规定沿街的不能装，里面的可以装。”关于旅游对周庄的“破坏”，他说：“谁说周庄被破坏了？谁在破坏？不就是多开了几个店，多卖了几家肘子嘛，你关掉几家不就完了。”前来参观的游客人山人海，阮仪三认为，不妨把价格订得高一点：“法国的一些老房子，100 法郎，要进你进，不进拉倒。有人说，哎呀，你这是不走群众路线。我说这谈不上什么群众路线。古董人人都有啊？有必要让人民群众都玩古董吗？人家老祖宗留下来的东西，四五百年了，你不要动，把它留下来，以后更有价值。”即使是在保护的过程中遇到困难，也要力争保留下一些原生态的好东西，给历史留存整体性、原真性、可读性的东西——“我相信这不仅是为我们，也是为下一代，下一代一定会有办法解决。”

关于建筑保护的政府作为与民间基金

除了传统知识分子为文化请命、知其不可为而为之的坚持与斗志之外，阮仪三更有着一种“象牙塔”之外的、与现实周旋的智慧与能力。

从 20 世纪 60 年代后期开始，他就跟随老师参与编写《中国城市建设史》，确定了后来的学术方向。“记得 20 世纪 80 年代初接受山西平遥古城保护规划，陈从周先生说：‘搞平遥，我给你两句话：老的老到底，新的新到家。’”他感慨地说，“我跟许多前辈学了很多东西，至今记忆犹新，也感念不尽。”然而，由于历史文化建筑保护领域跨越在建筑学与历史学、城市规划与传统文化、遗产保护与资源开发等诸多边缘学科之间，按照现有的知识谱系和学科分类，并非“显学”。

“我也遭受了很多挫折，”阮仪三回顾自己 20 年的“斗争”：“比如保护江南古镇，我亲自做规划，第一次做了 12 个，只有 6 个得到保护。现在找不到了，然后造个假的。你说哪个有价值？经历过这些事，我还是觉得我这辈子做得自己很高兴，所以越做越有兴趣。”

从一开始，阮仪三对于建筑保护的工作就有“不等不靠”的认识，但又深知，必须在体制、学界、社会各界等诸层面上，调动一切积极的力量，创造条件，才有可能将工作做好。“中国有 4 个直辖市，283 个地级市，374 个县级市，18800 座城镇，历史古城镇大概有 2000 个，这其中被列

苏州古城平江历史街区保护与整治规划

入国家级历史文化名城的只有104个。”阮仪三说，自己跑遍了几乎所有的中国古城，在104个历史文化名城中，大约有一半是他参与或主持保护的。大工作量的背后，是困难重重的工作环境。“我们去调查，每去一次都是一辆桑塔纳车用掉了，没人给我们出钱。我们自己出钱，找钱，我阮仪三就这点力量。我保平遥，保周庄，开始都是我去找钱来做的，我不买楼，不买车。”

2006年，阮仪三以个人名义成立城市遗产保护基金会（RHF），这是中国第一家从事城市历史文化遗产保护的非公募基金会。对此，他说，这也是被逼迫出来的，只有这样才能更多地去筹集资金，更好地做些实事。“国外有很多类似的基金会，2007年一家最大的基金会在全世界的投入量达到27亿美元。我就想办法去联络募集资金，凭着我的诚恳、努力与名声，去化缘呀。我也批评他们给的是那些国家一级文物的地方，那些地方我们国家肯定会保护。中国还有好多地方房子塌了没钱，燃眉之急呀！他们说你再申请。所以我们要做事情，要扩大影响力。”

目前，基金会总体上运作顺利。阮仪三还在主持着同济大学国家历史文化名城研究中心，主要承担学术研究与交流任务以及硕士、博士研究生教育等工作。“另外还有一个阮仪三设计公司，主要从事文化遗产保护工程、城市村镇规划、建筑设计等，以营利为目的，贴补基金会和学术研究经费之不足。最近，联合国教科文组织授权成立亚太地区历史文化遗产保护培训和研究中心，也设在我的名下。这是东南亚的第一家。此前欧洲有一家，在罗马。”

尽管已过古稀之年，阮仪三每天依然有排得很满的工作。他说，自己在假期里还能带着学生们到处跑跑，实地调研。对他来说，还有一件值得高兴的事，是自己的学生们对于文化遗产保护这根弦都绷得很紧：“他们除了掌握一般的城市规划和建筑设计知识技能外，多了一些可以发现历史人文价值的眼光和情怀，多了一份对于民族文化传统的自信心。”说到这里，阮仪三颇为欣慰。

（赵夏榕／文）

绍兴历史街区保护规划

绍兴历史街区保护规划

侠之大者，胸怀天下

中国工程院院士　程泰宁

1935 年 12 月出生于江苏省南京市。1956 年毕业于东南大学。现任中联·程泰宁建筑设计研究院主持人。1991 年获“有突出贡献中青年专家”称号，2000 年被评为“中国工程设计大师”，2004 年获“梁思成建筑奖”，2005 年当选为中国工程院院士。

程泰宁曾参加北京人大会堂等重大工程的方案设计，主持了杭州铁路新客站、加纳国家剧院等国内外重要工程五十余项，其中获全国优秀设计奖 3 项，获省部级特等奖、一等奖 8 项。在世界建筑师大会“当代中国建筑展”展出我国 50 年来 50 项优秀作品中，他一人有 3 项入选，获建筑创作成就奖。

“立足此时、立足此地、立足自己”是我的创作主张。“立足此时”，就是强调时代特征，既不沉溺于过去，也不把西方当作我们的未来。“立足此地”，就是要立足于中国特定的精神环境和物质环境，包括政治文化背景、经济技术以及自然条件等等。“立足此时、此地”，是对创作时空的限定，但也正是我们创作的基础和契机。然而，其中最重要的是“立足自己”。此时、此地都是客观存在，而创作则要由建筑师来完成。立足自己，就是要求建筑师在自己的创作中，对此时、此地作出自己的诠释……

——程泰宁《中西文化比较与建筑创作》

对建筑只有两个字：喜欢

“很多人问我，如何能够保持这么长久的创作激情，我只有两个字：喜欢。任何人对自己的职业，能不能做好，能不能做长，关键取决于他的态度。”人们可以看到，这种喜欢，体现在程泰宁严谨踏实的工作态度上，体现在他孜孜不倦的理论研究里，体现在他充满生命力的建筑作品上。

但或许很多人想不到，这种喜欢，只是偶然。

程泰宁从小喜欢中国古典文学，无论是诗、词、小说，他都有着浓厚的兴趣，自己也常写些通讯、评论，老师和同学都觉得他该“走文学道路”。读大学时，他理所当然想要选择文学类专业，但基于当时的社会条件及政治因素，家里人更希望他报考工科。于是，在一个亲戚的推荐下，他选择了既隶属工科，又与文学艺术密切相关的建筑专业，“浑浑噩噩地闯进了建筑的艺术殿堂”。当时，16 岁的程泰宁对建筑一无所知，在杨廷宝等名师的悉心教导下，在南京工学院这座建筑名校的学术氛围的熏陶下，他对建筑产生了愈来愈深的喜好。

“建筑对于一个时代文化特征的表达太有代表性了！从本质上讲，搞建筑创作有点像写武侠小说，都是在追求一个理想的世界。”也许，这个中学时代曾经热衷于创作武侠小说的少年自己也没料到，有一天，他会成为中国建筑创作领域中的大侠。

游走在中西建筑文化之间

程泰宁一直很强调东西方建筑思想和文化的比较。他认为，这种比较和思考可以帮助建筑师形成一个相对成熟全面的视角。幼时的程泰宁受到中国古典文化的熏陶；读大学时社会上提倡民族化、排斥西方文化的思潮盛行，程泰宁却躲在学校里接触到了很多西方古典的建筑文化；大学毕业后，他被分配到中国建筑科学研究院工作，当时图书馆里有很多外面看不到的西方建筑杂志，让程泰宁较早地了解到西方建筑。他说：“我很幸运，在当时那个动荡的年代里并没有成为一个思想封闭的人，反而有机会将中国古典文化和西方文化放在一起反复比较、反复思考，思考文化、艺术的关系，从中发现了很多规律性的东西。建筑有个大文化背景，建筑师需要有大局观、大视角才能看得全面，看得透彻，才能在创作中游刃有余。”

经历过东西建筑文化熏陶的程泰宁逐渐形成了自己的建筑观和美学理想，因此在不同时期，他对不同的流行倾向都有自己的见解。20世纪50年代至80年代初期，特别是“文化大革命”期间，中国对西方事物盲目排斥和全盘批判，而程泰宁则从他心仪的西方建筑师柯布西耶、赖特、阿尔托等人的身上，找到了很多可供中国建筑师学习和思考的闪光点，“西方同样有很多好东西”。为了呼吁更多的建筑师摒弃那种片面的封闭的思想观念，他在20世纪80年代发表文章，提出了“立足此时、立足此地、立足自己”的建筑创作主张，并坚定地将这一主张贯穿到他的各个建筑作品中。其中，加纳国家剧院所反映出的对非洲文化的高度尊重就是这一理念的集中体现。

加纳国家大剧院

这座建筑位于加纳首都阿克拉市中心两条干道的交会处，包括1500座观众厅、展览厅、排演厅和一个露天剧场。

程泰宁介绍说：“环境和建筑物的性质，无疑是我们在设计中考虑的重要因素，赋予建筑物标志性和纪念性也是我们所企求的。但是，在整个创作过程中，蕴含在加纳舞蹈、雕塑、壁画中的原始而炽热的情感，以及它们那夸张而富于神秘感的艺术形式，一直在震撼和激发着我们。要表达黑非洲艺术的神采，突出加纳国家剧院的个性，成了我们的主要追求。”设计采用了旋转、弯曲、切割等处理手法，将三个立方体重新塑造成为艺术感十足的建筑形，即“一个奔放而有力度、精致而又不失浪漫、内外部空间比较统一的建筑形象”。加纳国家剧院建成后，受到了加纳人民的认同和喜爱。美国库特曼教授称赞这一作品“以中国建筑师的语言丰富了非洲当代建筑”。

改革开放以后，中国建筑界的思想意识发生了很大的转变，“20世纪90年代至今，我觉得中国建筑师处在西方建筑师的阴影之下，很多中国建筑师推崇西方建筑中个性张扬的东西，这从一个侧面反映了东西方建筑文化的碰撞和融合，有可取之处。但我认为，这毕竟和有中国特色的建筑还是有距离的。所以不论从文化精神上、审美特征上，还是从中国建筑师创造自己的作品来为整个世界建筑文化作出贡献的角度来说，都应该探索自己的出路，而不是像现在这样一个让西方建筑师占领中国市场，中国建筑师只能在西方建筑师身后亦步亦趋的状态。”程泰宁用自己的建筑作品证明了这样一条出路。他的作品往往通过非常现代的手法，表达出中国的传统韵味和意境。“我认为，好的作品并不是搏人眼球，而是能让人沉下心来，欣赏并思考建筑中所表达的文化内涵。我一直都追求很现代也很中国的设计。作为一名中国建筑师，我对中国当然比国外的设计师有更深入的了解，所以也更注重建筑中的中国文化精神。我认为，这才是一条创新之路。”

把传统空间理念移植到现代化的生活方式中

在现代社会里，想要把中国古典建筑中传统的建筑形式完全套用到现代建筑上是完全不可能的，应该传承下来的，是中国气质和文化精神，而中国传统空间理念的延续和创新，则是一个重要的方面。绍兴鲁迅纪念馆就是程泰宁对这一文化传承的成功诠释。

绍兴鲁迅纪念馆位于鲁迅故里的中心位置，与鲁迅祖居、三味书屋为邻。“根据规划要求，新建纪念馆的建筑形式应与鲁迅故里的传统建筑一致，这是我们所认同的。但是面对现代化展馆的功能要求，以及作为一位反封建斗士的鲁迅先生的纪念馆，使我们不愿把它做成一组仿古建筑。我对自己的创作定位是——老台门，新空间；老房子，新感觉。”

台门，是绍兴传统民宅的一种典型布局。“在设计中，我们保持了台门前后院、多层次的布局精神，但将前后两组展厅错位布置，展厅的一层界面也稍做旋转，使得纪念馆的室内布局活跃起来。设计中沿用了传统的水院、窄巷，但处理手法十分自由，特别是一层部分采用黑色的金属构件廊架、玻璃与大面积‘粉墙黛瓦’的对比，使纪念馆的内部空间极具现代感，又颇有中国味。”

在谈到中国建筑文化的精髓时，程泰宁说：“中国人的审美标准和西方人是不同的，中国人讲究含蓄内敛，不像西方人那么张扬，将这种含蓄内敛反映在建筑上，也许反而会更加个性化。目前建筑界有个很大的误区是审美标准同质化，其实我们还是要有自己的审美观。看到东西方的差异，我们应该思考怎么去做与人家不一样的作品，不仅在形式上，更要在文化底蕴上体现中国气质。西方讲究的是绿化庭院包围建筑，建筑是个独立的个体，在环境中是突出的。而中国传统建筑则提倡室内室外空间应当融为一体，这就是我们中国传统建筑文化中个性的东西，也是应当保留的精华。”他认为，在当前这样一个东西方文化重新建构的时期，传承中国文化并非意味着把老祖宗留下的东西全盘照搬，而是要吸收中国和西方建筑文化中有价值的部分，创造具有中国特点的现代化建筑。

绍兴鲁迅纪念馆

做公共空间，最重要的是文化内涵

程泰宁说，公共空间的创造需要考虑多方面的因素。在他看来，第一是文化，第二是环境，第三是特征。“无论室内还是室外空间的营造，首先表达的是一种文化精神。建筑实际上是带给人们一种氛围，是让人们去体会一个特定的环境，获得一种精神享受，而不单纯是形式上的视觉冲击力。”这样一来，建筑便由一个静态的构筑物升华成为一个有生命力的宣扬者，而尺度、界面和细节等等则承载了作者所要表达的思想境界和文化深意。

程泰宁特别提到了中央支持博物馆、艺术馆免费开放这一新的举措。“这将会为我们建筑师带来一个新的课题。”他饶有兴致地说，“以后的博物馆、美术馆对于观众来说将不只是一个单纯的展示建筑，而应该像国外大多数的展示建筑一样，包含研究、阅读、文化沙龙这样的交流休闲的空间，形成一种丰富的积极的互动气氛，这是当前文化发展的一个大趋势。”

建川博物馆(俘虏馆)

位于四川大邑县安仁镇的建川博物馆就是这一文化大趋势下的一个新生事物——民间博物馆群落，程泰宁承担了其中“俘虏馆”的设计建造。他说：“战争中的俘虏是一个极为特殊的群体。他们曾经为国家民族而战，舍生忘死，但在不幸被俘后，却饱受人格的侮辱和身体的摧残，而他们心灵所受的伤害更是无法弥补。”在充分揣摩俘虏的心理，了解他们的精神感受之后，程泰宁侧重通过建筑自身形体和空间序列的安排，营造一种沉重、压抑的氛围，以调动参观者的情绪变化，产生共鸣。他借鉴自然山石经过扭曲、褶皱、断裂而生成的形态，运用简洁的构成手法，达到功能要求和意境塑造的有机统一。在整个空间序列中，长长的入口窄巷，曲折而不规则的展室空间，在高处微弱的自然光线投射下显现的黑色囚笼、刻字墙，以及被高墙封闭的放风院等等，营造了一种压抑、沉重的氛围。空间造型、室内、布展方面以及光空间的组织作整体考虑，不作刻意的修饰。而最后走出展室，呈现于人们眼前的则是水平如镜的庭院——静思院。在经历过一番跌宕起伏心潮澎湃之后，这样的空间和场所，让人们重新审视俘虏的人生命运和生命的价值。

建川博物馆(俘虏馆)序厅

建川博物馆(俘虏馆)展厅

“展馆本身就是一件展品，它表达了我们对俘虏这一特殊人群的关注，

杭州黄龙饭店庭院景观

也体现了中国文化重视内心体验，追求‘情境交融’的审美情怀。”

程泰宁认为，环境也是公共空间创作中仅次于文化之后的又一个重要因素，杭州黄龙饭店则是他在处理环境与建筑关系上一个非常成功的案例。他介绍说：“这个方案摆脱了一般大中型宾馆的设计模式，借鉴中国绘画的‘留白’，采用构成的方法，将580间客房分解成3组6个单元，并在统一的柱网网格上加以组合，形成一个既便于施工，又符合现代化酒店规范管理要求的平面框架。同时，通过单元间的‘留白’，避免了采用其他方案可能出现的‘大墙’，从而使自然环境和城市空间得到完全的渗透和融合。”粉墙黛瓦、四坡屋面、曲折的回廊、别致的花格窗，将“宾馆”这个现代生活下的产物演绎出了古香古色的韵味，而“依建筑而生”蜿蜒的水岸、如茵的绿树以及远处若隐若现的宝石山色，则更成为这幅水墨山水画中一抹诗意的色彩。

走出一条自己的路

2005年，程泰宁当选为中国工程院院士时曾说：“我希望能走一条自己的路，一个中国建筑师的路。这不仅是出于我对中国文化的了解和钟爱，以及认识到在跨文化发展的过程中，趋同性和多元化永远是一枚硬币的两面，更重要的是，通过自己的创作实践，我相信这条路是可以走出来的。”这个信念支持他一路前行，风雨无阻，百折不回。

“我人生最好的年华赶上了‘文化大革命’，被下放到山西十年。在那段最困难的日子里，我始终抱定一个信念：无论我等不等得到这一天，中国终归是需要文化的，中国终归是需要建筑的。‘文革’结束，当时我可以到北京、上海去发展，但我还是选择回杭州，因为我觉得这个地方安静。刚回杭州时有关方面想让我当行政官员，但我心里清楚自己的长处和不足。我就是喜欢建筑，不适合当官，我还是要做我喜欢做的事情，甚至没到退休年龄我就把杭州市建筑设计院院长的职务辞掉了，就是为了好好搞我的建筑。除了喜欢，还有一个特别激发我创作热情的情况就是：我不服气，中国建筑怎么就这么差劲！作为一个中国建筑师，我有责任，我要做拿得出去的建筑。所以到现在，我也还想做建筑，想自己动手做，并且希望更多的人一起做！”

程泰宁淡然而略带诙谐说：“我现在就把事交给年轻人去管，我跟他们说我希望你们‘架空’我。我的目标很明确，年纪已经这么大了，还能做多少年呢？能多做一个是一个。”

为了走出这条路，专心投入他所钟爱的设计事业，程泰宁成立了中联·程泰宁建筑设计研究院，其初衷也是为了创造一个更好的设计环境、一个更加自主的创作平台。为了走好这条路，七十多岁的他依然终日在工作室里忙碌，避开一切繁杂琐事，将全部精力倾注在建筑创作上；为了走好这条路，他养成了时时关注社会动态、了解大众文化的习惯。无论社会如何飞速发展，他始终走在建筑大潮的最前端。（朱妍丽／文）

杭州铁路新客站外景

李叔同（弘一大师）纪念馆

联合国国际小水电中心

马里共和国会议大厦

浙江美术馆

做一个有中国灵魂的设计师

上海现代建筑设计（集团）有限公司资深总建筑师　蔡镇钰

1936年6月出生，江苏常熟人。1956年毕业于南京工学院（今东南大学）建筑系。1959年赴莫斯科建筑学院民用建筑系求学，1963年获建筑学博士学位。1994年被评为"全国勘察设计建筑设计大师"，现任上海现代建筑设计(集团)有限公司资深总建筑师。

蔡镇钰设计的上海曲阳新村居住区被评为上海市十佳建筑之一，上海地铁一号线室内外环境设计获20世纪90年代上海十大建筑新景观奖，白俄罗斯电视塔方案设计在国际竞赛中获第一名，绍兴大剧院工程获2005年上海市一等奖及2006年建设部优秀设计二等奖。2006年获中国建筑学会中国建筑教育特别奖。

蔡镇钰出生于江苏常熟，自幼受到浓郁的中国文化的熏陶，尤其爱好文学和书画。高中毕业后他考入南京工学院建筑系，受到杨廷宝、童寯、刘敦桢等老师的启蒙和培养。大学毕业后他考入北京留苏预备部，后来去莫斯科建筑学院攻读博士研究生。

在几十年的建筑和教学实践中，蔡镇钰主张发扬我国传统哲学思想、朴素生态观和传统建筑文化，放眼世界，回归中国，探索并争取成为一名有中国特色的生态建筑观的建筑师。他的建筑规划作品反映了他将现代化与传统文化相融合的理念。

中学为本，放眼世界

蔡镇钰在有"中国江南最美的小城"之称的常熟度过了自己的童年时期。这里山水清丽，风景秀雅，虞山蜿蜒清俊，被诗人赞为"十里青山半入城"；城郊有七弦河，城中有南宋古方塔。他的父亲是中学教师，在国画上颇有修为，传承虞山画派，与丰子恺先生时有往来。受家庭影响，他从小就喜爱绘画，这也为他后来进入建筑领域打下了基础。

1952年，蔡镇钰考上南京工学院。在拥有杨廷宝、刘敦桢、童寯等著名建筑学者、建筑师的校园里，他开始了自己的建筑道路。回忆大学时光，蔡镇钰说，是杨廷宝先生一手将他带进了建筑学的殿堂："我是幸运的，在4年学习期间，整整3年，都由担任系主任的杨先生亲自给我们讲授建筑概论。我比别人更多一份幸运的是，杨先生还指导我3个课程设计，亲手为我改图。那番亲切的教诲，至今记忆犹新。"

让他记忆深刻的事情之一，是杨先生通过修改他所设计的小住宅的图纸，讲述了平面功能和立面的比例关系，并画了不少透视图来作示范。蔡镇钰说，自己后来在做住宅设计时，曾有作品"华夏系列小别墅"，贯彻了中国传统建筑之哲学理念、生态观，其设计思想的源头，就在于杨廷宝先生当年指导的小住宅设计。不但如此，在图书馆等公共建筑的设计指导中，杨廷宝也将中国传统建筑的理念与设计手法渗透于其中，很注意讲授中国古建筑比例的精粹："学习中国建筑要注意从平面、剖面到立面来处理屋顶的比例、大屋顶立面的高度与透视的关系，屋顶必须加高，透视才能恰到好处……"20世纪70年代，在设计位于上海人民广场的电信大楼时，蔡镇钰试图做出一个"有中国韵味的高楼"，他到南京向老师请教，杨先生也欣然向他提出改进意见并加以优化。

大学毕业后，蔡镇钰先是在北京市设计院进修实习两年，继而于1959年10月远赴苏联莫斯科建筑学院攻读建筑学博士学位。在莫斯科，他的导师是曾获得"苏维埃功勋艺术家"称号的巴尔亨。巴尔亨不仅精通古典建筑，而且还是苏联20世纪二三十年代现代建筑先锋派的先驱者，最擅长公共建筑的设计，位于莫斯科普希金广场内的消息报大厦就是其代表作。如果说在此之前的学习奠定了蔡镇钰对于传统建筑文化的深入理解，并形成了自己建筑观的基调，那么在莫斯科，他更多地体悟到西方古典建筑的美学与建筑理论，并对俄罗斯丰富灿烂、蕴含着浓郁民族意味乃至宗教意味的各类建筑有了更多的亲身感受。俄罗斯文化激发了热爱绘画、热爱诗歌的蔡镇钰很高的创作热情。他广泛地涉猎普希金、托尔斯泰、屠格涅夫、契诃夫、高尔基等俄罗斯文化巨人的著作，多次瞻仰普希金的故居。这一段异乡求学的过程，也让他在两种强大而优秀的文化体系中深深地感受到：建筑和其他艺术一样，只有扎根于本国本民族的文化，才能获得恒久的生命力。

现代住宅设计：取法传统民居

在长达50多年的建筑实践里，蔡镇钰在公共建筑和居住建筑（住宅）等方面都收获颇丰。早在20世纪80年代，他设计的上海曲阳新村居住区就被评为上海市十佳建筑之一。进入新世纪以来，他设计的上海云间绿大地别墅区又获得了2001年建设部人居经典综合大奖。他本人也于2005年荣获与住宅相关的奖项——全国工商联住宅产业商会颁发的精瑞住宅科学技术创新优秀人物奖。他与上海建科院合作的生态住宅试点获得了国际亚洲生态住宅奖。

云间绿大地别墅小区

伦敦迷雾（效果图）

华夏之春（效果图）

蔡镇钰在现代住宅设计方面的主张，与“自然”、“生态”密切相关。前者是一种建筑师追求的状态，后者则紧扣当代建筑结构、材料等技术层面的问题，两者同时凝结着历史、当下与未来。这个主张的基础之一，是他对于传统民居的理解。

“在中国的传统民居设计中，始终贯穿着天人合一的哲理。无论从聚落选址，还是从总体布局，抑或室内外环境设计布置，直至取材及营造技术等各方面，都包含了生态精神。21世纪，人们对家居的普遍诉求，就是文脉与生态的回归。”蔡镇钰说，传统民居中天人合一、与自然和谐共生、能源再生等理念，本身就非常先进。他将传统民居的精髓简要总结为如下三点：

其一，中国民居历来以负阴抱阳、背山面水为最佳选择，这是人所共知的原则和格局。中国民居正是以阴阳合成的观念，塑造了以院落为中心和单元的基本平面格局。那就是屋宇为阳（实），院落为阴（虚）。特别是院落，承接阳光雨露、日月精华，纳气通风，具有“通天接地”的功能。而院落和室内的过厅、穿堂连在一起，就形成了一个完整的气流网络。院落空间是气流集散的交汇处，是沟通天地阴阳之气的气场中心。这种阴阳相成、虚实相间的院落序列空间在密集的居住状态下，成功地协调了人与自然的关系，合理地解决了日照、通风、保温、隔热、反光和防噪等问题。

其二，中国民居就地取材，合理应用自然材料。天然材料不仅对人体无害，还能在很大程度上满足人们返璞归真、回归自然、融合自然的心理需求。西藏的石屋、东北的井式木房、云南的竹楼、西北的窑洞、内蒙古的帐篷都是就地取材、适应当地气候并与大自然融为一体的传统民居。

其三，中国民居还塑造了极为丰富多彩的艺术造型及审美情趣：依山傍水，错落有致；小桥流水，粉墙黛瓦；狭巷夹天，庭园深深……无论是北方的深沉厚重，还是南方的洒脱秀丽，都富含诗的韵律和画的意境，都藏风聚气地把峻岭、秀山、奇石、丛林、洞桥、道路与建筑和谐融合，使民居与大自然融会成一个整体。所以，风格虽然各异，却都体现了崇尚自然、天人合一但又以人为中心的理念与思想。

因此，从传统民居中汲取的精华，对今天人们追求的“生态建筑”大有裨益。蔡镇钰以现代别墅设计为例，介绍了传统建筑文化持久的生命力与人们的居住心理。“中国园林设计最关键的一条就是小中见大，就是说在小尺度的空间里面，让你进去的时候在一种相对关系里面感觉到它的大。”蔡镇钰说，现在有些开发商把别墅楼盘的大门设计得很大、很高，有的还配以金柱子，很多楼盘里都有大的广场，大的喷水池。“其实这些都是城市规划的尺度。所以这是我们建筑师要掌握的一个原则。我第一次设计的别墅，大门的高度只有6米。这可不就是回家吗？回家，应该是一种亲切的感觉。”

“有一次，我去德国魏玛参观歌德的故居，因为时间晚了，没能进去，只在门口停留了一会儿。歌德的故居，从外面看，就是一片竹篱，一扇门，一个信箱，一片绿色。就在那一刹那，我被这种质朴深深地感动了。如果信箱贴了金子，大门上装了镜子，那我的感觉会完全不一样。”蔡镇钰说，这一幕总是让他联想到中国的园林，想到园中的假山和下面的花木之间的对话，想到园里那些树的形态、颜色，想到屋顶屋角的沟通。在匠心、景致、人文情怀的水乳交融之中，人居的氛围才能够呼之欲出，打动人心。在蔡镇钰看来，今天我们做住宅设计，仍然应该有着古人造园一般的匠心。

现代建筑的传统韵味与地域特色

对于传统建筑及文化在现代建筑中的“化用”、“活用”，是蔡镇钰数十年来始终坚持的探索。这种探索表现在布局、空间、色彩、文化符号等等，并根据项目本身的要求及所处环境的特点，呈现出不同的韵味。

坐落于上海人民广场的上海电信大楼是蔡镇钰的代表作之一。他将大厦设计为点状穴、筒中筒结构，以满足出线短、外墙面积少、符合通信工艺和节能的要求。在建筑造型上，蔡镇钰从中国廊园式建筑的特点得到启发，让主楼由围绕着的辅房烘托而出，密柱外突，垂直线条挺拔有力，主楼塔檐口作微后倾的厚檐处理，在具有力量感的同时又具有传统意味。经过这样的处理，上海电信大楼将现代感和传统美有机地融合在一起。

上海志丹苑元代水闸博物馆是蔡镇钰的另一个杰作。为了更好地保存元代水闸的原貌，这个设计被定位为遗址博物馆。在这片遗址上，“闸门是整座水闸的中心，以两根近似于方体的青石门柱和木门板等组成。古河道平面大致呈对称八字形，底部为长方形青石板铺砌而成的平整过水石面。石板之间为企口，并以铁锭榫嵌合。铁锭榫铸造规整精良。有意思的是它束腰呈弧线形，形状恰好与河道的八字形走势相似，就像是一个缩小了很多倍的河道平面。”蔡镇钰从这个也许是古人特意为之的匠心得到了建筑创作最重要的灵感——博物馆的平面呈银锭形，两旁宽，中间束腰，这也与古河道的平面相似。自中间门架柱向两侧的玻璃顶飞泻而下，以隐喻闸门激流之主题。这一设计成功地融合了现代与历史，并切合博物馆的主题，得到了多方的认可。

由于对项目本身的历史意蕴、人文环境有高度的重视，蔡镇钰所创作的建筑作品，均有依据、有创意。比如他在浙江绍兴设计的绍兴大剧院，便是从绍兴的象征——乌篷船中获得灵感，对乌篷船的构造，即空灵飘逸的篷和坚实沉稳的舷进行提炼和加工。他利用剧院前厅、观众厅、舞台等建筑空间的特质，设计成四块富有韵律、层层跌落、互相穿插的折菱形屋顶，覆以银灰色的铝板，尖峭高耸，富有张力；用入口平台和内倾侧平台形成稳重的基座，以坚实的青灰色叠状花岗岩挂板包覆。整栋建筑在四周水池的倒映下，仿佛一艘即将起航的乌篷船静静地停泊在水面。造型简洁有力，既体现了绍兴的地方特色，又富有时代气息。

1998年，蔡镇钰参加白俄罗斯国家电视台设计方案的投标。他从俄罗斯民族诗人普希金的诗句“同志们，相信吧，那迷人幸福的星辰就要从俄罗斯冉冉升起，射出光芒……”获得灵感，设计出了圆台形的塔基、高耸入云的三角形塔身、令人目不暇接的钻石般的塔楼。这一设计以其鲜明的地域性和丰富的文化内涵异军突起，在与俄罗斯、白俄罗斯、乌克兰、意大利、德国和捷克建筑师的同台竞技中，摘得头名。

在为非洲国家毛里塔尼亚设计的一个体育场项目中，蔡镇钰根据非洲的气候特征，采用外封闭内开敞的形式，运用贝壳混凝土结合地方材料建造，同时又将贝壳作为装饰材料，取得了很好的效果。

在生产第一线反思建筑专业教育

尽管自研究生毕业后，蔡镇钰就一直在设计院工作，活跃在建筑设计的第一线上，但他多年来在培养学生和学术研究领域内，同样耕耘不已。从20世纪90年代以来，蔡镇钰开始参加中国建筑学会和建设部教育司组织的一系列教学活动，参加评估、专业指导委员会及国务院学委的评议工作，也指导研究生。长期以来的建筑实践，让蔡镇钰在研究我国建筑专业教育方面具有更务实、更全面的视角。

蔡镇钰认为，建筑学专业的规模不宜太大，不应有太多专门化的本科专业。他说：“我曾观察过风景园林或是室内装饰专业的毕业生，他们往往在思想上忽视空间的整体性。”在他看来，目前国内培养的建筑师知识面还不够广，对建筑师人文素养的培育还不够重视，尤其是在我们国家自己传统建筑的教育方面做得很不够，以致很多学生对本国建筑传统毫不关心，思想性不足，只留意于国外后现代等建筑思潮。

对于设计、科研和教学三结合的体制，蔡镇钰也有着自己的看法：“大部分建筑院系的设计、科研均有较强的独立性，与教学结合不够。”因此，他认为，有必要把设计院办成教学设计院，提高其层次，设计出起示范作用的作品。而科研所也要进行科技攻关，真正能做到设计样板工程，更好地为教学服务。（单明川／文）

一位建筑师和一个城市的传奇

中国工程院院士　张锦秋

1936年10月出生于四川成都。1960年清华大学建筑系毕业，后考上清华大学建筑系建筑历史和理论研究生，师从梁思成、莫宗江教授。1966年至今在中国建筑西北设计研究院从事建筑设计，教授级高级建筑师。1994年当选为中国工程院首批院士。1999年和2004年当选为中国城市规划学会常务理事，曾获首届“梁思成建筑奖”。

张锦秋的作品西安大雁塔景区的三唐工程、陕西历史博物馆和西安群贤庄小区先后被评为国家优秀工程设计奖，西安钟鼓楼广场曾获建设部优秀规划奖，陕西省图书馆和美术馆群体建筑曾获陕西省、建设部及国家优秀设计奖。

1966年，张锦秋大学毕业后被分配到西安，在此生活工作40余年。作为一位建筑设计师，她的青春、理想、坚持、忍耐、梦幻、辉煌……都付与了这座城市，而城市在一次次的考验中为她提供了人生的舞台。在漫长的厮守、合作、交流中，西安成就了张锦秋，张锦秋融入了西安的历史文化。今天，当人们谈起张锦秋的名字，就会想起西安的新建筑。她的生命已经融入古都的每一条街道、每一栋建筑，甚至北城墙上那一抹晚霞，都氤氲着她的传奇故事……

水木清华，师恩深重

张锦秋从事建筑行业可以说是有着深厚的家学渊源。父亲于20世纪30年代毕业于唐山交通大学土木工程学系，毕生从事公路、桥梁的建筑工作。母亲曾是南京中央大学建筑系的高材生，连张锦秋的姑姑、舅舅也都从事建筑行业。在这样的家庭环境下，1954年高中毕业后，张锦秋选择清华大学建筑专业也就是水到渠成了。家学的熏陶，为她今后的事业奠定了令人羡慕的基础优势；而十二载的清华生涯，秉承建筑大师梁思成和莫宗江的谆谆教诲，更是她的建筑生涯中无可估量的一笔财富。

作为集思想、文化、知识于一身的建筑学泰斗，梁思成对张锦秋的影响是深远的。1963年，梁思成先生去广西考察，造访了真武阁，回来后准备写一篇关于这座古建筑的文章，而笔录的工作就是张锦秋完成的。那个梁先生口授，张锦秋记录的上午，永远印在她的脑海中。她充满深情地说：“就是在那天上午，我才知道什么叫大学问家，我才对‘仰之弥高’这句成语有了更深的理解。梁思成先生给我树立起了一个人生奋斗的标杆，引导我一生为之努力……”而梁思成为弟子们提出的一名优秀建筑师的标准：要知识广博——要有哲学家的头脑、社会学家的眼光、工程师的精确与实践、心理学家的敏感、文学家的洞察力，即建筑师应当是一个具有文化修养的综合艺术家,张锦秋更是铭记在心，每每提及，眼中便闪现着泪光。在张锦秋获得的一座座奖杯中，她最珍爱的就是自己获得的首届“梁思成建筑奖”，因为这座奖杯上面有自己恩师的头像。如今面对铺天盖地的赞扬和荣誉，她总是淡淡地说，我是站在巨人的肩膀上……

另一位对张锦秋影响至深的老师，就是我国的建筑学大师莫宗江。莫先生长期做梁思成的助手，在古典建筑上有极深的造诣。在研究生选题时，因为自己喜欢古典园林，张锦秋没有如梁先生所望，与他一起研究《营造法式》，而是转入莫先生门下，做古典园林的研究。她两次随莫先生外出对古典园林进行实地考察，从中受益颇多。而她的研究生毕业论文《颐和园后山西区若干风景点的园林原状、造景经验与修复改造》更是在莫先生手把手的指导下完成的。张锦秋非常重视自己与莫宗江先生的师生情谊，“作为莫先生的弟子是我一生的幸运和光荣”。

新发于硎，光彩夺目

阿倍仲麻吕纪念碑

谈到张锦秋的建筑设计，不得不提被誉为“新唐风”的建筑。这种古典与现代交融的风格，极其适合西安这座千年古都的城市形象，因此，她的作品在成功完成项目意图的同时，与整个西安市和谐地融为一体，更成功地提升了西安的城市形象，得到了业内同行和市民群众的普遍称赞。

张锦秋之所以会走上“新唐风”的道路，和她的创作经历是分不开的。早在她刚刚到西北设计院工作时，接到的第一个任务就是为华清池设计一个大门。华清池这处唐代皇家的御汤，因白乐天《长恨歌》中的一句“春寒赐浴华清池，温泉水滑洗凝脂”而名扬千古。为这样一个历史遗迹设计大门，张锦秋力求作品与遗址的历史感相符合。于是她遍查史料，在研究描摹了许多唐代建筑的样式后，设计出了一个唐代风格的大门。这件作品一问世，立刻受到了各界的好评，而张锦秋的分量，在设计院领导的眼中也开始重起来。

真正让张锦秋开始接近“新唐风”设计的，是1978年完成的阿倍仲麻吕纪念碑。这座为中日签订友好条约而建的纪念碑，可以说是张锦秋多年积聚的才华、知识和创作激情的一次喷发，是一个年轻建筑师的倾心之作。纪念碑高5.3米，碑顶、碑身、碑座三段划分的纪念柱式的石造建筑。整个建筑的造型脱胎于中国建筑史上有名的南北朝义慈惠柱和唐代石灯幢。碑身两侧以草书镂刻碑主的《望乡》诗和李白为其作的悼亡诗《哭晁卿》；碑顶和碑栏饰以日本的樱花和中国的梅花，以及日本遣唐使船的浮雕。整座纪念碑气质古朴，含有深厚的中日文化内涵。纪念碑在兴庆宫落成后，游人争相拍照留影，以表达自己对这座纪念碑的喜爱，而张锦秋也凭借这个作品在国内建筑界崭露头角。

厚积薄发，大器有型

在成功设计了阿倍仲麻吕纪念碑后，张锦秋又承担了一系列大型重点项目——陕西省历史博物馆、大雁塔景区的“三唐”工程和“群贤庄”住宅小区，取得了巨大的成功。至此，“新唐风”的建筑风格正式确立，世界瞩目，国内震惊。

陕西历史博物馆

20世纪70年代，周恩来总理亲自批示，陕西省作为文物大省，可以在大雁塔附近建一座现代化的博物馆。当时这个任务交给了西北设计院，张锦秋被委任为项目负责人，这是她负责的第一个大型重点任务。为了圆满完成建设任务，西北设计院绞尽脑汁。对于博物馆的造型，当时任务书上只有一句说明：博物馆建筑本身，应该成为陕西悠久历史和灿烂文化的象征。

整个设计院一致认为，在功能上完成博物馆的设计意图不难，难的是如何在造型上突破，体现出陕西悠久的历史与文化。为此，设计院被发动起来参与建筑设计，一共拿出了12套方案，有四合院式的仿古建筑，有下沉式的现代建筑，还有窑洞式的地方建筑等等。张锦秋设计的是一组唐代风格的宫殿，最终她的方案得到了认可。

对于自己的方案，张锦秋回忆说：“我在体现象征方面是这样想的，陕西的历史悠久，周秦汉唐那就很久远了，悠久历史灿烂文化那丰富的不得了。怎么来象征？一个时代的统治意识就是这个时代统治阶级的意识，这个时代最高的建筑艺术也是这个时代为统治阶级服务的建筑艺术。譬如说我们方案里头用窑洞用民居这些方法，都不能反映那个辉煌的时代，唐代是陕西悠久历史里边最辉煌的时期。宫殿建筑是集中了国家那个时代的能工巧匠的最高水平来建造的，所以宫殿建筑的格局和特色又是那个时代的顶峰。我设计的方案并不是模拟一个具体的宫殿，比如大明宫、北京的故宫。我就把传统宫殿的要素和基本特征概括为：中轴对称，主从有序，中央殿堂，四隅崇楼。这是中国古代宫殿的基本格局，因为它体现了古代人民的宇宙观，所以它是一个宇宙模型的体现。”

今天的陕西历史博物馆是一个高度概括的唐代宫殿，整个庭院采用中轴对称的布局，院落四周的崇楼簇拥着中央殿堂，整个建筑体现了唐代建筑的简洁和大气。而建筑本身也与现代博物馆的功能紧密结合在一起，崇楼内就是一个报告厅，曲径通幽的回廊增加建筑的亲切感。陕西历史博物馆在设计上最大特色还在于，它打破了皇家建筑惯用的红墙黄瓦，而是以黑、白、灰为主色调。在讲到这种色调的创作来源时，张锦秋说：“其一是受国外许多名建筑的影响。欧美博物馆大量采用石料所形成的永恒感使我赞赏不已。那种灰白色调子平稳安详又充满活力。其二是国画‘水墨为上’的观念。王维《山水诀》说‘夫画道之中，水墨为上’。自唐以后水墨画成了各代画家追求的绘画形式，在世界画坛独树一帜。这种高雅的格调对中国园林建筑影响极深。我们决定在陕博这座‘宫殿式’建筑上作一尝试……”而且张锦秋认为，皇家建筑用红墙黄瓦的色调，是明清以来的风格，与唐代的皇家建筑色调并不相符，唐代宫殿上原本就是用灰瓦的。

陕西历史博物馆的创作取得了巨大的成功，获得中国建筑学会建筑创作奖，联合国教科文组织确定其为世界一流博物馆，并载入世界著名的《弗莱邱建筑史》。新加坡总统黄金辉在参观陕西历史博物馆后，提出新加坡国立博物馆正准备扩建，希望在建筑方面得到张锦秋的帮助。美国一个建筑代表团认为：“张锦秋的建筑美丽、优雅，它是中国文化的集中体现。”

西安市大雁塔景区附近的三唐建筑是张锦秋先生的又一代表作。这是由日本三井不动产与西安市文物园林局合作建造的唐歌舞餐厅、唐代艺术博物馆和唐华宾馆三座建筑，简称“三唐”。当初设计是由日本建筑师完成的，张锦秋看到后，立刻提出质疑，因为三唐建筑所在之处是历史上有名的曲江风景区，如此大的建设项目足以影响整个古城的风貌，因此建筑造型一定要和周围的大雁塔等唐代建筑相协调；而日方的设计是明显的和风建筑，如果落实，将会对大雁塔风景区的景观造成破坏，也会在古都的建设上留下遗憾。

陕西省领导接受了张锦秋的建议，并委托她重新为三唐建筑设计造型。张锦秋根据“理解环境、保护环境、创造环境”的理念进行设计，将我国传统的空间理论与现代的旅游服务功能相结合，设计出以雁塔高耸、三唐奔趋，雁塔刚健、唐华幽深为特色的刚柔相济、虚实相生的园林化格局。又借景古塔，以景寓情，将塔影组织在各组建筑的主景之中，形成意境，从而将这组相差千年之久的建筑群和谐地统一在一起。这一设计方案得到了中日双方的认可，建成后，为古都又增添一抹亮色。

对于现代住宅建筑现代化、洋化的趋势，张锦秋一直不甚赞同。她认为，在我国沿海一些接触西方文明较早的城市，建设一些欧式建筑尚无可厚非；但是在内陆城市刮起“欧陆风”则是非常错误的，这将会严重破坏当地的原始城市风貌。为此，张锦秋与西安地产商曹振慨携手开发了“群贤庄”现代居住小区。

整个“群贤庄”住宅区在设计上坚持传统与现代的融合，但不是传统样式的简单模仿，而是取传统建筑的精神，注入到现代建筑的体内。通过与功能空间相结合的体型变化、坡屋面的处理、天然石材的饰面和铺砌，以及阳台栏杆式样的选择，创造出简洁、质朴、自然的建筑艺术形象。“群贤庄”成功地完成了古典和现代的结合，建筑造型没有用一个唐代的建筑符号，也没有其他的附加装饰，却获得了“新唐风”的美誉。小区建成后，获2002年建设部住宅产业化促进中心AAA认证，这是当时北方地区第一个获得AAA认证的住宅小区。

“我对唐风的建筑确实有偏爱，我觉得唐代建筑的理念，和现代的理念是融合在一起的。我认为唐代的建筑体现了那个时代的博大辉煌，不是人为地、做作地刻划一个，是坦然的。那个时候没有装饰，都是结构的有机组成部分。”张锦秋这样讲道。“新唐风”的确立，不仅使张锦秋的事业达到新高，而且也为西安市的新建设定下了基调。

西安钟鼓楼广场

西安博物院

陕西省图书馆

建筑设计，城市地标

近年来，张锦秋开始将自己建筑创作的领域扩展到城市设计，西安市钟鼓楼广场、陕西省图书馆和美术馆群体建筑、黄帝陵祭祀大殿，以及大唐芙蓉园等项目的性质和环境均不相同，显示出张锦秋的创作探索多元发展的趋势。

西安市钟鼓楼广场是张锦秋在城市规划方面的一次成功尝试。西安市城中心的钟楼，是我国保存最完整的钟楼，与它对望的则是明代建成的鼓楼，晨钟暮鼓遥相呼应，已经成了西安市民的骄傲。1991年，西安市政府下决心要将钟楼附近大量的危房拆除，改造成一条商业街，张锦秋受命负责规划。为了不使商业街落成后破坏钟楼附近的古典风貌，张锦秋创造性地设计出下沉的地下商业街。地上的广场保持了晨钟暮鼓的风格，而广场地下则是高档的商业区。这一工程落成后，西安市民亲切地称新建的钟鼓楼广场为“城市客厅”。

陕西省图书馆和美术馆群体建筑坐落在西安南郊文化区，城市南北主干道长安路与二环路交叉口的西北部，是陕西省文化、体育、科技中心建筑群的重要组成部分。建筑基地为高出城市道路四五米的台地，是现存不多的唐长安城六道高坡之一。为了尊重历史地貌，创造有特色的建筑环境，张锦秋将图书馆置于台地上，美术馆半嵌于坡脚下，形成错落有致的建筑布局。在造型上，张锦秋运用古代“天圆地方”的概念，将图书馆的主体建筑设计为方形，而美术馆为圆形。同时在建筑的局部和西部努力追求现代与传统的融合，使之既具有现代建筑的生气和活力，又具中国传统文化的韵味。这一设计得到了广大西安市民的认可，成为西安市的“新八景”之一。

大唐芙蓉园是张锦秋负责的又一个大型重点项目，是西安市重点建设的曲江旅游风景区。由于不是在原唐芙蓉园遗址上重建，而是另辟新地，因此在设计上张锦秋不需要再考虑文物保护等因素，于是她重笔浓彩，设计了一系列美轮美奂的仿唐建筑。规划上也采取传统的定位布局方法，运用轴线的构成和网络体系来控制全局，每座建筑都各在其位，相互成景，充分显示了皇家园林的气派。整个园林的设计一方面通过巧于布局来分散体量，化整为零，另一方面在彰显各个建筑的特性时，着意解决好尺寸与尺度的关系，以在全局范围内凸显建筑的主次，达到和谐统一。

40余年的成就与辉煌，来自张锦秋的坚持与厮守。坚持，则有所为，更有所不为。在市场经济环境下，张锦秋表现出一代建筑设计大师的胆识和风范。（阿岚 单明川／文）

大唐芙蓉园

从建筑设计到城市设计

同济大学建筑与城市规划学院教授　　卢济威

1936年11月出生于浙江临海。1960年毕业于南京工学院（今东南大学）后，一直在同济大学任教，教授、博士生导师，城市设计研究中心主任，同济大学建筑设计研究院都市分院总建筑师。从20世纪60年代开始建筑设计创作，作品无锡新疆石油职工太湖疗养院入选世界权威建筑史书 *A History Of Architecture*（1996年版）；上海静安寺广场规划设计获2001年度上海市优秀工程设计二等奖；杭州滨江区江滨地区城市设计获2003年教育部优秀规划设计一等奖；上海市轨道交通10号线四川北路站地区城市设计获2007年度上海市优秀规划设计一等奖；出版专著有《大门建筑设计》、《山地建筑设计》等。

卢济威将自己近五十年来的实践、教学和研究历程分为三个阶段：从设计竞赛到建筑设计，再到城市设计。这个线性的过程在经过概括和提炼后，显得那样清晰、明快。而当深入到卢济威的每个阶段、每个课题中，我们就会发现，他所做的实践与研究、教学活动，完整地体现了一个“建筑人”的发展道路是何等悠长（甚至于漫长）。在这个发展道路中，不能或缺的，是一份激越的热情——在工程机会不多的情况下积极主动参加竞赛；一个执著——坚信必须通过建筑实践来实现建筑师的自我定位；一种开阔的思维——观察环境、尊重环境，创造环境；一项延伸——对城市承担更多、奉献更多……

从建筑设计到城市设计，这一道路折射出过去30年间我国建筑业界的变化，反映出建筑创作环境从单一到丰富的过程。而卢济威个人所创作的一系列设计作品，则为山地建筑、当代城市设计等课题做出了基于实践的有益探索。

成熟道路上的记忆

1960年从我国知名的建筑系之一——南京工学院建筑系毕业后，卢济威来到同济大学，自此就一直扎根同济、扎根上海。作为一位既是建筑师、又是建筑系教师的“建筑人”，卢济威在通向成熟的路上，有着不少鲜活的记忆：

在还是同济大学建筑系一名“新兵”期间，当时的系主任冯纪忠老先生开展建筑设计教学改革，卢济威作为助教参与二年级的建筑设计教学。他一边学习如何“教改”，一边从先生的建筑观点里汲取养分。尤其是冯先生提出的“空间原理”强调了设计过程，这与之前许多教师在建筑设计上讲“灵感”很不同。从设计过程的方法引导学生进行设计，从小处着手，大处着眼，辩证对待从内到外和从外到内的关系，十分有利于将学生引入建筑学的大门。这让卢济威意识到，“空间原理”打破了过去学习建筑“从类型接受知识”的方式，自己的视野也一下子开阔许多。

“从空间理解建筑是我建筑思维的一大跃进，不但使我树立建筑教学的正确思路，也引导我对建筑概念深入而本质的理解。从设计房屋到设计空间，将内外空间一体化统一考虑等也使我今后注重环境，注重城市，直至以后转向城市设计领域起到很大的作用。”

然而，尽管他从20世纪60年代开始就在为提升自己的设计思维作准备，但真正从事建筑设计创作实践，还是开始于改革开放以后，并且是从参加设计竞赛开始。改革开放之初，国内的建设项目并不多，而建筑师长期累积的创作欲望却十分强烈。“参与各项建筑设计竞赛当然是很好的机会，我与几位要好的同事，无论是国内还是国外的，有赛必做。”卢济威先后在1979年日本举办的“未来文化乡土博物馆”国际设计竞赛中获佳作奖，1982年在日本举办的“长寿之家”国际设计竞赛中获三等奖。而在我国改革开放后第一次全国设计竞赛——中小型剧场竞赛中，他更是在中型和小型剧场方面都获得了最高奖。尽管参加竞赛或许只是“纸上谈兵”，但毕竟也“练了兵，满足了建筑师的欲望，也索回了自尊”。

在他看来，建筑师承担着为城市、为人们创造美好环境的社会责任，建成的作品更是检验一个建筑师的不二依据。“同时，作为建筑设计教师，我要有坚实的实践基础，才能务实地指导学生的建筑创作和教授理论。”为此，从1983年开始，他不再满足于参加竞赛，而是积极寻求并从事真实的建筑工程。

做研究型建筑设计

卢济威接触的第一个项目是新疆石油职工太湖疗养院。疗养院面临太湖中心小岛拖山，有着秀美的自然风光。但从平地到坡地，从单体到群体规划的“山地建筑群”设计这个并不轻松的任务让当时工程实务还不足的他深感茫然。于是，他经常到工地现场与施工者商量技术问题，以实现“就地取材”的构思。在这一构思的背后，是他“因地、因景、因树、因景制宜”的设计思路。

无锡新疆石油职工太湖疗养院

由于基地上绿树成荫，黄石露头，建筑布置乃依山就势，高低错落，自由布局，疏密有致。卢济威和其他建筑师根据山地坡度，运用掉层、错落、台阶、吊脚、架空、悬挑等手法，尽量少改地貌，以保持天然状态。为使建筑物与环境协调，设计采用体量小巧的低层民居风格，使建筑与清秀平缓的山景轮廓交相辉映。建筑为一至三层，白墙灰瓦，色彩素雅，一幢幢独立分散地错落布置，具有江南民居特色。

这一项目1986年建成，赢得了多方好评。它也唤起了卢济威对于山地建筑的浓厚兴趣与感情，他决心将这个课题深入下去，随后又完成了福州常青乐园和交通银行无锡培训中心等项目，累积了更多的山地建筑设计与建设经验。到了2001年，他出版《山地建筑设计》，系统而全面地将自己的研究与实践成果呈现出来——山地建筑从环境观和生态观出发的观念理念，微观的设计方法在书中紧密地结合。尤其是他所探讨的山地建筑形态、景观、交通、工程技术和防灾等课题，不定基面、形体表现和空间形态类型等方面的问题，都具有针对性和实践指导意义。

在建筑设计方面，卢济威十分关注从建筑所在的场所中寻找依据，乃至于将实际设计项目中种种矛盾与困难看成是“设计者创作立意的大好机会”，善于创造建筑与外部环境、建筑（群）内部的宜人环境：交通银行无锡培训中心依山就势，山屋共构；上海教育会堂体现出了积极的城市意识，着力解决建筑和基地环境之间的矛盾……

卢济威将自己对于建筑创作的研究与实践写成了《建筑创作中的立意与构思》一书。他在书中强调：“立意是创作意图的表现，是创作的灵魂。”因此，创作应有主题——这一理论点明了“立意”在创作活动中的中介作用，使创作在“观念”和“技巧”层面上贯通。

转向“城市设计”

20世纪80年代中期，卢济威参加了胜利油田孤岛新镇的规划与建筑设计，开始接触城市。随着改革开放持续走向深化，我国的城市建设步伐加快，各地涌现出了更多的工程机会，标志性的新建筑层出不穷。卢济威观察到，尽管在城市中，建筑、市政设施和景观设计都很好，但它们集聚在一起，往往不能形成优质的环境。于是，他更多地去思考建筑与城市环境的关系。到了20世纪90年代初期，伴随着上海浦东开发而出现的陆家嘴规划与城市设计的讨论，让卢济威深感“拓宽了自己的视野与思路”，他开始尝试城市设计实践。此后近20年里，城市设计的实践与研究就成为了他孜孜不倦为之付出的最重要的课题。

从宁波江厦商业中心开始，到上海静安寺地区、杭州湖滨地区、上海轨交10号线四川路站地区城市设计等，卢济威所完成的近40个项目，涉及市中心、CBD、滨水区、历史保护区、历史枢纽区、地下街区、步行街区、城市轴线区和城市广场区等领域，范围广，着力深。

与他对建筑设计的态度相似，卢济威注重从“研究”的立场与态度去进行城市设计，在设计实践和理论建构两条轨道上推进，因此，他在城市设计理论研究这一领域内贡献出了一批重要的研究成果。“经过长期的城市设计实践，发觉很多设计缺乏可实施性，究其原因是设计的城市形态仅片面遵循美学原则，没有全面考虑城市发展中的社会、经济、行为、生态和技术等因素对形态的影响。”因此，研究城市设计理论，就是提高设计质量的关键。

城市设计整合机制：理论与实践

在卢济威城市设计理论的构建中，2005年出版的《城市设计机制与创作实践》尤为重要。书中提出城市设计整合机制理论，阐明城市设计机制——城市要素三维形态整合、整合机制的层次和运作以及整合机制下的城市设计内容，为城市设计学科理论的建立打下了基础。此外，“城市地下公共空间”的概念和相关设计理论，也具有很强的现实意义。

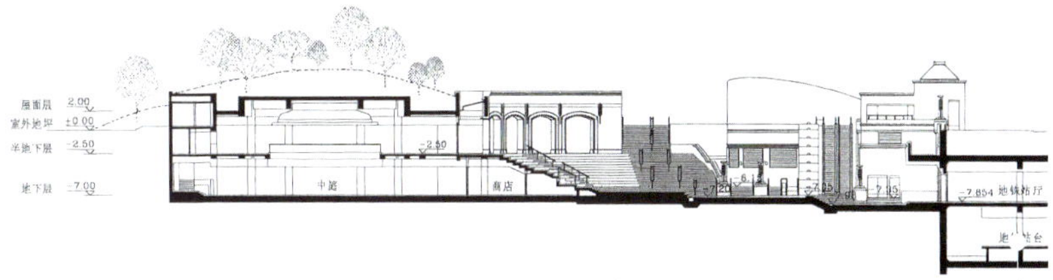

上海静安寺广场综合体设计

卢济威以三个城市广场与城市环境的整合为例，阐释“整合”的机制。

其一，上海市静安寺广场综合体，是为“地下与地上整合”。作为地铁站出入口，综合体的地下有地铁站厅、地下过街通道、地下商场等，同时很多设施都要露出地面，例如风井、热泵、伤残人电梯出口等。设计者采取地下地上统一设计，将广场、露天剧场和一半露出地面的商场结合，将风井与喷泉水池结合，将残疾人电梯亭与小卖部和热泵布置结合，使工程技术设施与景观有机组合在一起，改变了通常采用先地下后地上、景观设计给工程技术设施涂脂抹粉的简单做法。

其二，临海市崇和门广场城市设计，是为“新城区与旧城区整合”。临海市位于浙江东部，是国家级历史文化名城。老城区保护得很好，十字街历史街区几乎原貌保存，城墙修整补缺后成为江南的八达岭，城中心的巾山双塔是城市的地标。为了适应市民活动的需要，1998年市政府决定在新旧城区之间建一个广场，促进新旧城区的整合。为了达到整合城市的作用，城市设计在广场上建立三条轴线：东西向的新旧城区整合轴、南北向的开放空间整合轴、倾斜的视廊整合轴，使广场有机地镶嵌在城市结构中。

其三，南京鼓楼广场地区城市设计，是为“多种交通整合”。鼓楼广场是南京的几何中心，以历史建筑鼓楼而得名。广场城市设计要进行地铁和车行道等交通的整合，他设计了在地下1218米标高建立两地铁线路的换乘、过街通道和通勤购物一体化的站厅层，保留原来1713米标高地面的转盘车行道，在车行道上架空建立步行广场。由于起伏地形具有不定基面的特点，步行广场西侧与地面平齐，东侧虽然高起地面而架空，但通过设计活泼的大台阶与原有市民广场连通，消解了高架的浮筑感，成为地景的有机组成。

创造优美的活力城市

卢济威说，现代城市设计是根据城市诸方面的发展，构建城市形态，创造宜人、有特色、有活力和公正的城市环境的学科。其中“宜人”尤为重要，宜人环境的内容十分丰富，包含环境优美、活动有序、宜居、安全、卫生等。

他认为，作为寻求目标的途径，城市设计方法体系应建立在寻求城市设计目标的过程中：

首先，塑造一个富有美感的空间形态是每个城市设计最基本的目标。城市美建立在建筑、自然环境和硬质景观等城市要素之间，在尺度、走向、色彩、肌理、虚实等关系上获得和谐的效果。好的效果是人们乐于使用并良好使用该空间的一个起点。要达成美观的环境，就要求城市设计者进行空间形态美学研究和空间要素整合配置的探讨，为此运用空间组织和要素整合等城市设计方法是不可缺少的。

2002 年 6 月完成的杭州滨江区江滨地区城市设计中，卢济威充分利用滨水的资源，将形态设计紧密地与城市发展、提升城市活力结合。设计者使全区与江滨紧密联系，使江滨成为滨江区的意象。设计范围内有五条垂直江滨、通向城市腹地的干道，也是城市引向江滨的主要路径。城市设计对原道路断面进行调整，加宽步行空间，形成植树六排的林荫大道；在道路的端部布置通向坝顶绿地的大踏步和小广场，广场上设置雕塑灯塔，与千年镇潮塔——六和塔隔江对峙，晚上熠熠放光，沿江展现新区的欣欣景象；五个广场各有特色，通过踏步、水阶、拱桥和喷泉等精细布置，增强地域的识别性；广场周边还布置休憩活动的支持设施，包括餐饮部、小卖部、露天茶座和停车坪等，环境宜人。

上海轨道交通 10 号线四川北路站规划设计（效果图）

其次，城市景观与城市活力是优质城市环境需求的双胞胎、环境活力使环境具有旺盛的生命力，并提高环境生存发展的能力。

在深圳地铁天虹站的规划设计中，他以地铁建设为契机，建立有序的步行系统和整合的绿化系统，并强化地区商业中心的功能。由于气候条件的影响，深圳市民热衷于户外生活，因此开放空间对于深圳格外重要，它们为城市带来了活力。地铁发展带来的是更多的人流，促进所在地区的公共活动。通过深南中路、华强路交叉口的四个相互沟通的下沉广场及其四周的开放空间和绿地的设计，对佳和百货前、北方大厦两侧城市开放空间和绿化景观的重新设计，形成连续、整体又有变化的城市开放空间体系和绿化结构。四个下沉广场的设置，既有交通的功能，又可以作为小型表演的舞台，提供了丰富城市文化生活的场所。对此，卢济威认为，城市设计要创造活力环境，就必须深入研究场所中各种人的行为与场所环境相互促进的需求与途径。

对于自己 20 年来在城市设计与研究领域内的探索，卢济威的态度是积极、谨慎而又谦逊的："城市规划师应具规划师的宏观知识和理论，建筑师与景观设计师的技能和理论。作为建筑师出身的我还得不断学习，不断实践，不断进取。"

（李子涵　王丛秀／文）

杭州滨江区城市设计

知行合一，行为众范

中国工程院院士　何镜堂

1938年4月生，广东东莞人。1965年华南工学院（今华南理工大学）民用建筑专业研究生毕业。1999年当选为中国工程院院士。现任华南理工大学建筑学院院长、华南理工大学建筑设计院院长、总建筑师。2000年获“梁思成建筑奖”。

1991年，“西汉南越王博物馆”（与莫伯治院士共同主持）项目获国家优秀设计金奖；1993年，“岭南画派纪念馆”工程（与莫伯治院士共同主持）获国家教委优秀设计一等奖。此外，还有“浙江大学新校区”工程、鸦片战争海战馆、华南理工大学逸夫科学馆、深圳科学馆等一批获奖作品。

和很多同时代的建筑师一样，何镜堂于20世纪50年代中期满怀建设祖国的理想开始学习建筑，事业刚刚起步风华正茂之际，即遭遇十年浩劫，无法施展才华。直到45岁，他才真正开始从事热爱的建筑设计工作。1983年，改革开放之初，何镜堂在准备离开北京回到母校时，这样想过：建筑行业能出成果的路子很多。比如，早一辈的大建筑学家梁思成，不搞具体设计，专做研究型教授，创立学科。还有一条，是长期从事建筑实践的，作品多，大师多，不少人可能写书不多，但也很出名。“这两条路都要慢慢积累。但我当时40多岁了，没时间从头开始了，我能不能把两者结合起来呢？”今天，回顾何镜堂的事业历程，从20世纪80年代起步、90年代蓬勃发展、21世纪再创新辉煌，坚持研究与实践并重，身体力行“两观三性”的建筑理论，人们不能不说，他做到了。

走好人生关键的每一步

1938年，何镜堂出生于广东省东莞市这座珠江三角洲著名的渔米之乡。小时候，他最喜欢的事莫过于背上干粮和画板跟着哥哥去野外写生，家乡美丽的岭南风光让他体会到无穷的快乐。而理科成绩很好的他又渴望当工程师，听老师说建筑师是半个艺术家、半个科学家，这职业正合他意，后来他便报考了华南工学院建筑系。后来，何镜堂成为华南理工大学第一批正式报考的研究生，师从岭南建筑大师夏昌世教授，并深受其思想影响。

毕业后，何镜堂留在母校任教，不久遭遇“文革”，被迫离开了校园，到湖北建筑设计院工作。很快，斗批改开始，单位也被撤消了，他被下放到湖北郧县的山里，过起日出而作、日落而息的农民生活，直到1973年才调到北京轻工业部设计院从事完全谈不上设计的工业建筑。

虽然“十年动乱”耽搁了何镜堂十年光阴，但同时也磨砺了他坚强隐忍的性格，“文革”改变了很多人的人生航向，但他却把握住了自己。“‘文革’十年，感到庆幸的是我学习了辩证法，久而久之，慢慢学会在纷繁复杂的事物面前抓住主要矛盾的思维方法和因时间、地点、条件不同去分析问题的方法。这些学习成了我后来从事建筑创作的一些哲学思想基础。”

1983年，是何镜堂人生中极为重要的一年，他开始了自己飞速前进的步伐。在改革开放大好形势的鼓舞下，何镜堂举家南迁，回到了得风气之先的广州，回到了母校华南工学院建筑设计研究院。那一年，他已45岁。回广州后，何镜堂马上投入深圳科学馆的设计竞赛，在短短三周内和夫人李绮霞共同完成出色的设计方案，一举中标，从而打响了建筑事业的头炮。

“我这个人，人生关键的每一步，都有计划，有定位。”从这个项目开始，何镜堂给自己定了一个目标：任何一个作品，都要作专题设计，都要出精品，都要写学术论文，在中国最好的建筑杂志上发表。不久，深圳科学馆的项目论文被《建筑学报》发表，这是何镜堂的第一篇科学论文，从此一发不可收。从深圳科学馆到西汉南越王墓博物馆，从华南理工大学人文馆到浙江大学，从市长大厦到会展中心，从广州西塔到奥运会羽毛球馆、摔跤馆，从南京大屠杀纪念馆到世博会中国馆、汶川地震纪念园，何镜堂凭借着自己的坚韧、勤奋和卓识，走出了一条将设计、研究、建筑三者相结合的道路。

三位一体，两观三性

设计、研究、建筑，三位一体，整体观、可持续发展观及地域性、文化性、时代性并重，这是何镜堂多年来坚持的建筑创作思想。

1989年，何镜堂被学校任命为建筑设计研究院副院长兼总建筑师，1992年任院长，1994年被建设部授予“中国工程设计大师”的荣誉称号。1996年，华南理工大学设立了建筑设计专业博士点，何镜堂成为建筑设计理论专业的首批博士生导师。1999年，何镜堂成为中国工程院院士，迎来了人生的第三次转折。那个时候，他已经年届花甲，但他的身影依然活跃在全国各大设计招标现场，仍然活跃在建筑施工现场。

他带领一批年轻人继续创造着建筑设计领域一个又一个优秀作品，在一次次的设计、研究、建筑过程中，何镜堂总结出具有极强指导意义的“两观三性”，即整体观、建筑的可持续发展观和地域性、文化性、时代性。“这种观念是通过多年的团队创作总结出来的，现在我们也用这样的理念指导学生”，通过实际的案例来磨砺学生，让年轻人收获书本中学不到的实践经验。地域性是建筑赖以生存的根基，文化性决定建筑的内涵和品位，时代性体现建筑的精神和发展。三者相辅相成，不可分割。何镜堂的这一理论成功指导了华南理工大学设计团队在国内不同地区的建筑创作和规划设计实践，屡获佳绩，在建筑界得到广泛认可。以该理论为基础，何镜堂发表学术论文55篇，出版专著5部。

广州西汉南越王博物馆

西汉南越王博物馆是何镜堂广为人熟悉的一个作品。这座建筑既是历史纪念馆，具有相当高的文化品位，同时也是一座现代建筑，具有很强的时代感和岭南特色。博物馆吸收了院落布置的理念，但是没有大屋顶，不搞繁琐装修，采用大比例对比和虚实对比，风格简洁明快，有人把它理解为是一个新的地域主义的建筑。在建筑材料的选择上，何镜堂选择了完全地方性的材料——东莞的红砂岩，可以说充满了浓郁的地域特色。这个项目最终赢得了国家优秀设计金奖、建设部优秀设计一等奖等六项大奖。

广州市的市长大厦也是何镜堂的得意之作。这座建筑位于寸土寸金的天河北路，高48层，总面积达9万平方米。何镜堂引进了“城市广场”的设计理念，把办公、酒店、购物、娱乐等诸功能融合在一起，而同时也是市民活动的广场；金色的玻璃幕墙，个性张扬，而线条又十分简洁。这个设计赢得了国家优秀设计铜奖等三个奖项。

何镜堂的杰作中，以具有历史文化内涵的博物馆居多。例如鸦片战争海战博物馆，位于何镜堂的家乡东莞。这座建筑物的设计，凝聚了何镜堂的历史责任感和艺术灵感。他把抽象与具象结合起来，整个建筑浑然一体，矗立在海水之中，背靠青山，既像炮台群，又像是军舰，既体现了当年中国军民团结在虎门抵抗英军的海战历史，又巧妙地与岭南的地形地貌结合在一起。

北京奥运会摔跤馆及羽毛球、艺术体操馆，这两个奥运馆创造性地解决了校园空间与城市景观的需要，结构技术国际领先，空调、灯光等多项技术协同良好，充分满足了国际性体育比赛复杂苛刻的功能要求。奥运摔跤馆外形采用了工厂厂房常见的“门式框架结构”，一层层的框架组合，最后在体育馆的屋顶组成了一个“Z”字形的屋脊，给人以强烈的层次感，内敛而不失大体。这条“Z”字形屋脊除了看上去就好像两个摔跤的人正在角力，让体育馆更有力感外，更重要的是，错位处可采用透明材质，赛后作为大学体育馆，可使用自然光，节能环保。该工程每平方米造价不足1万元，是北京奥运新建场馆中最经济的。奥运羽毛球馆则被国际羽毛球联合会主席誉为“世界上最好的羽毛球馆”，得到了中国羽毛球队众多世界冠军的肯定。

现在，何镜堂和他的青年团队已经形成了独具特色的五大品牌。第一个品牌是大学校园设计。迄今为止，华南理工设计院已经完成了近200个大学校园的规划，其中比较有名的是浙江大学、江南大学、广东药学院大学城校区、华南理工大学城校区、重庆大学等等。第二个品牌是纪念馆、博物馆，代表作品是西汉南越王博物馆、侵华日军南京大屠杀纪念馆扩建工程和2010年上海世博会中国馆、汶川地震遗址公园。第三个品牌是体育场馆，例如2008年北京奥运会的羽毛球馆、摔跤馆，以及广州亚运会的部分场馆。第四个品牌是会展建筑，代表作品是广州国际会展中心。第五个品牌是超高层建筑，代表作品是广州西塔。这五个品牌各具特色又互相补充，充分印证了何镜堂的“设计、研究、建筑，三位一体”的理论。

鸦片战争海战纪念馆

“不代表它是最好的，但它是最切题的”

“像我这样年纪的人很少参加设计比赛和竞标竞赛，只做裁判员和教练员，但我身兼三职，还是运动员。”开朗热情的何镜堂坦言，自己很享受做“运动员”的感觉，因为很多有名望的设计师不能看淡输赢胜败，功名成就后鲜有参加竞赛，而自己并无此顾虑。

“2010年上海世博会中国馆”的设计就是这样一个机遇，何镜堂在竞标阶段已年近七旬。像他这样在建筑界享誉盛名的设计师，往往会坐到评委席上。参赛意味着挑战的不确定性，而参与这种标志建筑的设计竞赛，甚至有一世英名毁于一旦的风险。但何镜堂坚持要参赛。他内心深处有一个遗憾。改革开放30年以来，我国许多重要场馆，特别是像奥运会国家体育馆这样的大型建筑，都是由外国人设计的。他不愿放弃世博会展示中国建筑师才华和智慧的机遇。当他和自己的设计团队最终在344个设计方案中胜出时，欣慰的笑容才展露在何镜堂的脸上。现在，何镜堂依然没有放弃这种“运动员”之乐。

2010年世博会中国馆（施工中）

历届世博会大多都留下了令人难忘的建筑，例如1889年巴黎的埃菲尔铁塔和1958年布鲁塞尔的原子球。被誉为“东方之冠”的2010年上海世博会中国馆是否能成为下一个经典还是一个谜，但作为东道主的主展馆，它注定要成为上海世博会最受瞩目的建筑。“东方之冠”胜出之后，何镜堂的合作伙伴、华南理工大学建筑设计院副总设计师倪阳分析说，这个方案的成功并不代表它是最好的，但它是最切题的。他们选对了出发点：建筑要表达中国文化，包含中国元素，但要“用不具象的形式诠释中国建筑与文化的联系”。中国馆全部由巨型钢构架构成，但斗拱形顶部连同4根混凝土柱子，又酷似一只巨大的四脚鼎，大面积的红更凸显了中国特色。何镜堂把中国馆的寓意归结为八个字：“天下粮仓，富庶百姓。”国家馆居中升起，层叠出挑，形成“东方之冠”的主体造型；地区馆水平展开，形成华冠庇护之下层次丰富的立体公共活动空间，并以基座平台的舒展形态映衬国家馆。国家馆整体以大气的建筑造型整合丰富多元的中国元素，传承经纬网格的传统建造文化；地区馆建筑外壁镌刻叠篆文字，传达中华人文历史地理信息。此外，中国馆采用了现代的建构方法和较新材料、技术，比如钢结构的悬挑，最短处也有45米；四根混凝土方形立柱，每根是18.6米×18.6米。设计强调开放性和公共性，国家馆的屋顶为138米×138米，将来可用作观景台，3米高的地方馆屋顶有3万多平方米，布置了许多景观式植物，将来可用作城市花园。当很多观众陶醉于世博会等建筑物极具创意的外观时，何镜堂却说“建筑的功能永远是第一位的”，最后也是要由人来检验它的实用性，并以此决定它是不是好的作品。现在很多人都把建筑设计当成了一种形式的创作，何

浙江大学紫金港校区平面图

浙江大学紫金港校区

镜堂这样阐述自己的观点："我们经常碰到一些领导和业主要求造一个50年不落后的标志建筑。但是何谓标志建筑？如果只是要求它简单的与众不同，结果根本就不符合国情，不考虑经济条件，脱离了建筑的本质，也就是实用性。"他告诫说，得实实在在地了解建筑的本质，通过对中国文化、对生活的理解来进行创作。

为师之乐，行为众范

何镜堂至今最难忘的一个生日是在他的花甲之龄。那一天，他的很多学生聚在一起，送了一个生日蛋糕为他祝寿。令他感动的是，这个生日蛋糕的形状是他来到广州的第一个作品——深圳科学馆。

对于何镜堂来说，他最看重的也是这份师生情。"因为做设计不是一个人，而是一个团队。"作为团队领军人物的他深深认识到，一个人是做不出来今天的成绩的，一个项目没有人扶持是完不成的。何镜堂多次在各种场合强调，自己从学生身上学到了很多。华南理工大学建筑设计研究院从一个默默无闻的小单位跻身为全国一流的设计团队，这一切都与这个年轻团队的努力密不可分。

何镜堂的学生则说，他们从老师身上学到他对建筑事业的热爱，学到怎样与人为善，怎样做一个诚实、诚信的人。在他们看来，何镜堂的思想是兼收并蓄、开阔包容的，他毫不保守，善于听取不同的意见。他的设计已经超越了建筑狭小的范围。他对建筑设计、学术研究、培育后辈是如此的投入，在讨论中，在旅途上，在会议的休息中间，他总是不断地勾画草图，完善设计构思；他随身的包中，总是带着草图纸笔，也常常会有一本需要修改的研究生论文。

学为人师，行为众范，年逾古稀的老人用自己的大半生诠释了这句话。2008年4月，何镜堂七十大寿，学生们从世界各地赶来，聚首华南理工大学，自发编印了《何镜堂1999—2008建筑作品选》、《性情·人生：献给恩师何镜堂七十岁生日》两本精美的小册子，与何镜堂六十大寿时所编的形成一个系列，以表达对恩师的感激与祝福："祝愿在缤纷不尽的建筑舞台上，繁花似锦……"

（阿岚 刘波／文）

华南理工大学院系楼群

广州大学城组团二总平面图

华南理工大学人文馆

绮丽的西部建筑之梦

中国工程院院士　王小东

1938年10月生于甘肃兰州市，原籍山东平度市。1963年毕业于西安冶金建筑学院（今西安建筑科技大学建筑系），进入新疆建筑设计研究院工作。2007年当选为中国工程院院士。曾获“2005国际建协罗伯特·马修奖”。现为新疆建筑设计研究院名誉院长。

1980年，乌鲁木齐烈士陵园设计获新疆自治区奖励；1981年，吐鲁番招待所新客房获新疆自治区优秀设计奖；1985年，新疆友谊宾馆三号楼获新疆优秀设计奖；1986年，新疆昆仑宾馆新楼获新疆优秀设计一等奖；1995年，库车龟兹宾馆获新疆优秀设计一等奖。主要论著有《文化对建筑困境的拯救》、《新疆伊斯兰建筑的定位》等。

“我们这些学建筑学的人，可能都有一些文化艺术细胞。我从小学起就喜欢绘画，所以总觉得新疆这个地方很神秘、很辽阔。我到哈密后看见雪山好像挂在天空中，夕阳下红色的峭壁映红了天际。当时我就有了想法，让天山作证，我这一辈子就要在新疆扎根！”

即将步入古稀之年的王小东曾作过一幅题为《一个建筑师的梦》的画，这幅以天山博格达峰为背景的城市水彩画，为40多年前他刚刚分配到新疆时所作。当浪漫的梦想如同茁壮的大树从所扎根的土地上汲取着源源不断的营养，便有了枝繁叶茂的生机勃勃，有了小鸟在月下欢唱的婉转动听。王小东在新疆这片壮丽土地上设计的国际大巴扎、红山体育馆、新疆博物馆等深受当地各民族使用者的喜爱。他的建筑之梦，在这里也化作了一个个杰出的建筑作品。

西部建筑之旅，始于梦想

对于相伴相随40多年的建筑设计工作，对于新疆这片久居的热土，王小东有着朴素而由衷的情感。中学毕业后，王小东以第一志愿报考建筑专业，进入西安冶金建筑学院。1963年大学毕业时，分配的单位除了新疆是建筑设计院以外，其他各地都是工业设计院。于是，他又以第一志愿分配到新疆建筑设计院工作。两次主动的“第一志愿”，是青春无悔的坚定，更是一片对人生和职业的赤子之心：“我出生于一教育世家，从小被灌输的是读书。要在学业上、学术上有成就，仕途和经商都非我所本愿，自己最敬重的是学者——儒雅而博学的学者。”

来到新疆后，王小东很快融入了这里的自然天地、大街小巷和风土人情。“到新疆第一年的劳动实习中，业余时间我基本上是背着画夹在乌鲁木齐写生。”在其后的几十年中，他的足迹走遍了广袤的新疆，以画笔和相机记录下各地的民居、建筑遗迹和当地人民生活的身影，这片土地上的自然和人文环境都影响着他的建筑观，也是他建筑创作的依据与灵感素材。回顾自己的创作历程时，王小东就曾说，这是一种“入乡随俗”的自然选择：“因为我在新疆从事建筑师的职业，所以有义不容辞的责任去创作具有西部特色的新疆建筑。如果当年不到新疆工作，我也一样会在另一个地方从事建筑师的职业，创造那个地区的地域建筑。”他认为，在这片自己已经生活了40多年的土地上，“我只能这样去做”。

然而，这条探索的道路并不平坦。到新疆设计院接受专业基础训练仅仅一年多，才做过几个小工程，“文革”就开始了，王小东也暂时被迫离开了自己的绘图桌。直到1973年，乌鲁木齐烈士陵园重修，他才得以重回设计工作的第一线，与女建筑师黄汇合作，承担了陵墓、广场和大门以及陈潭秋烈士纪念馆、骨灰存放厅的设计工作。乌鲁木齐烈士陵园的重修，让当时的王小东从方案设计、定案、加工、安装的全过程中累积了初步经验，也成为了他在新疆的第一个建筑创作

——这时候，他对于建筑的风格和地域性问题的探讨，才刚刚开始。

探索与开拓：叩问新疆建筑创作之路

进入20世纪80年代，随着社会思潮的活跃，建筑界也踊跃地展开对“当代建筑”道路的探讨。与当时对来自国外现代主义建筑流派热烈的关注不同，王小东在阅览国外学术期刊报道的同时，更多的是思考如何走出一条属于新疆自己的创作道路。

1979年到1980年，王小东为吐鲁番招待所设计新客房及外贸楼。基于当地的气候，他在这两处建筑中向民居学习其合理的空间，成功地实现了一次当地化的创作。

招待所客房屋顶采用拱结构，屋面上覆以黄土，大大增强隔热功能。这种在一千多年前已经广泛应用在新疆的结构体系，得到了因地制宜的使用。“外宾招待所的外形在参考当地建筑多种拱券曲线的基础上，采用了连续的悬连线落地拱券，具有较强的感染力。檐墙上部一排当地传统图案的花格，四面墙上锦砖嵌贴的丝绸图案，室内白色的拱顶和墙壁下绚丽多彩的新疆地毯，使得这座建筑物形成了一种比较统一而又有特征的气质。”

设计外贸楼时，考虑到吐鲁番属于干热性气候地带，通风和隐蔽成为最重要的因素，因此，王小东以外贸楼和其他建筑一起，形成了一个适宜的内庭院。

1980年，王小东将这一实践的经验写成《在多元化的变革中走自己的路》，首次探讨新疆地域的建筑问题。次年，阿・卡汗国际建筑会议在新疆召开，阿・卡汗本人及几十个国家的著名学者和建筑师参加，如印度的柯里亚，国内的杨廷宝、王华彬、陈占祥、刘开济、金瓯卜、常任侠等著名建筑师。参加会议的建筑师们参观吐鲁番时，就住在王小东设计的窑洞招待所里，并对这一设计加以鼓励。因此，“我决心在自己今后的建筑创作中，把现代建筑和地域文化、民族文化结合起来不断进行新的探索”。

在城市里，在现代化的建筑中，如何使建筑既适应其使用需要，又有传统的神韵？王小东在1982年到1985年设计的新疆昆仑宾馆新楼对这个问题作出了自己的解答。昆仑宾馆新楼高12层，在当时是新疆最高的建筑了。王小东力图避免直接搬用和再现传统形式，并尽量将民族地方特色与现代化相结合。

为了与老楼檐头上的半圆拱券装饰协调，王小东在新楼檐头和入口多处重复了半圆券这一主题，并以此暗示伊斯兰建筑传统。檐头拱券的组合中还借鉴了南疆民居中庭院柱廊双连拱的手法，带出一种维吾尔式的神韵。至于入口处的拱券，则充分利用现代结构技术，把300人会议室悬挑出近4米之多。沿街10多米高的弧形山墙，吸取了伊斯兰建筑“叫拜塔”的形象特色，经过改造和简化，把传统中的实体塔变为新建筑中平面型的虚拟塔。

在建筑实践的同时，王老在20世纪80年代撰写了多篇文章，探讨民族、地方与现代建筑文化等问题，如《继承与创新》、《新疆建筑创作之路》、《文化对建筑困境的拯救》、《当代中国建筑创作良机》等。他反对建筑符号的滥用，认为那会把建筑创作带入死胡同。在他看来，建筑师和整个社会的文化素养十分重要，主张做有文化的建筑，主张建筑创作要与传统相结合，进而走向世界。

新疆国际大巴扎内的步行街

深化与创造：民族、文化、宗教与社会经济限定中的求解

新疆，拥有富饶丰美的山川大地，也有着多个民族悠久的文化传统。多个民族千百年来创造了各具特色的建筑形式，加上新疆社会经济的现状，使得在这里从事建筑设计，必定是在民族、文化、宗教和社会经济的特定条件下进行。王小东主动向自己提问，也积极地在具体的个案中进行“解题”：

1989年开始设计的库车龟兹宾馆，并不像昆仑宾馆新楼那样位于新疆新建筑技术与投入的前沿，而是位于库车县的一个低标准的“土”建筑。当时，龟兹宾馆每平方米的造价仅800元左右，只能使用一般的砖混结构；它的基本设施都应是现代化的，并具有民族、地方和乡土的特征，在建筑空间上形成自己的个性与韵味。在文化背景上，龟兹古国的佛教文化如何和当今的库车县维吾尔伊斯兰文化相结合，俨然是一道难题。但在研究了大量有关西域、丝绸之路、石窟艺术的历史和艺术的资料之后，王小东形成了明晰的思路——民族的、文化的脉络可以在一定程度上超越宗教，从而主要从民族、文化的探源上找出两种宗教背景中共同具有的某种线索，把它们统一起来。

在空间和平面的总体布局上，龟兹宾馆借鉴院落式及中亚一带生土建筑“细胞繁殖式”的基本格局，使建筑空间处于各种大小的庭院之中，并提供了一定的葡萄架下的歌舞场所，满足了干热气候地带的通风与降温的特殊要求；在建筑的形体、细部、色彩等方面，力图把石窟特色与当地维吾尔式建筑自然融合，如借鉴库木土拉石窟的一个洞口和连窟的形象，把它作为门窗洞口的构图主题。

为了使“龟兹”和“维吾尔”特色更加突出，王小东特意采用了富有伊斯兰建筑特点的手法，如默拉纳·额什丁麻扎中大片的朴实的方格形木花格；两个楼梯间，其中一个着重用现代建筑的手法强调了维吾尔建筑特色，而另一个则隐喻登上石窟的木梯。在室外墙面上，石窟母题的大限定中出现一组白色玻璃钢浮雕，主题和形象正是龟兹舞乐图。

始于1996年的北京中华民族园新疆景区的设计，是王小东对自己关于新疆地域建筑理解所进行的一次“综合测试”。景区占地约5000平方米，要求有15000平方米的沿街公共建筑，地下1层，地上2到3层，在沿街公建的屋顶上修建六座新疆少数民族的典型传统民居以及清真寺、额敏塔和巴扎一条街。此外，还有相关的园林和景观设计。王老为项目整体定下基调：基本是现代的，但又要有强烈的维吾尔、伊斯兰个性。

“我经常想，能否把细部捉摸透，让每一块砖、每一个石头诉说出一个漫长的故事。”王小东这样描述自己当时的创作心态。他认为，“现代”的建筑，并不仅属于金属、玻璃、花岗岩组成的空间，而是可以更纯净一些。新疆景区的沿街公建基本是现代的建筑，没有太多的装修、色彩和符号，仅仅使用了尖拱这一独特的语言和民族图案的窗花格。“其余的表现力在于它的体量、光影、雕塑感、色彩细部和工艺砌砖的魅力，”王老认为，这一切都是构成优秀建筑的基本语言，而并非受限于某种民族形式的语汇。而对于“砖”的使用，他注重的是其中透露出的绵长的历史意味。“吐鲁番的额敏塔图案有14种，公元9世纪建于中亚布哈拉伊斯迈尔陵墓的工艺砌砖的方法有二十多种。”王老说，建筑的工艺性是人们对建筑感情倾注的见证，因为通过它可以看到人，看到情感。

另一次让王老本人印象深刻的创作，是位于乌鲁木齐“民族一条街”的重要建筑——新疆国际大巴扎。大巴扎的建筑面积达到9万平方米之多，集商贸、文艺演出、餐饮娱乐等功能于一身，要求成为乌鲁木齐标志性的建筑群。可以说，这是一个在特定环境中进行的创作，也将淋漓尽致地体现建筑师对伊斯兰和新疆维吾尔建筑、风俗、人文等的理解。

王小东首先抓住了伊斯兰和新疆维吾尔建筑空间多变的特征，“喀什的高台民居就是典型，形成建筑空间的手法非常现代”。他在建筑群中刻意遵循这些原则，使建筑形体错落有致，光影效果明显，具有很强的雕塑感。他巧妙利用伊斯兰空间构成手法，如拱、圆顶、廊、简洁的墙面几何体的转换来形成特点；在建筑外墙的色彩和材质上，他采用了土红色的耐火砖这一既经济又能取得特殊效果的材料。大巴扎建筑群作为现代建筑，在设计和材料上都做到了合理和巧妙，如看似

新疆国际大巴扎

传统的穹顶，实际上是由轻钢和玻璃制成，担负起通风和采光的重任。

1999年，王小东从新疆建筑设计研究院院长的职务上退了下来，得以更加专心致志地从事自己喜爱的建筑创作。在这个收获的时期里，他主持了十几项建筑项目，继续对新疆地域的建筑创作进行探索。

“在乌鲁木齐红山体育馆的创作中，我着重于功能和空间，充分利用现有土地及其和红山公园大环境相协调的关系，意在创造出一个与公园山色和谐的体育场所，屋顶形状隐喻雪莲花瓣。在新疆地质矿产博物馆的创作中我刻意体现地质矿产的特征，以原创为出发点，仅在入口的龛式空间做了一些象征伊斯兰建筑中穆克纳斯的细部。在新疆博物馆的创作中以泛西域、新疆悠久的文化背景构建空间……”

热切的关注：对于民居、城市与地区

2005年，国际建筑师协会评委会授予王小东“2005年国际建协罗伯特·马修奖”，以表彰其将毕生精力投入中国西部的建设事业，以及为改善当地人类居住质量所作出的杰出贡献。实际上，王小东对于西部民居、城市和地区建筑的关心，已有几十年之久。早在20世纪80年代、甚至更早，王小东就是个“有心人”，常记录下不同年代民居的特征与演变。

对于喀什民居与当下的发展，王老认为，要真正地把喀什民居保存下来，从而保留当地的生活、氛围与回忆，并通过建筑更新，让它们有上下水、有暖气，抗强震，获得新的生命。在喀什吐曼河旅游度假中心项目中，他的想法是，“利用喀什传统民居的建筑空间构成的语言和现代化的技术相结合，做出一个新一代的喀什新街区，有50～60栋建筑组织起来的旅游度假中心，里面也有演出剧场，同时还要结合吐曼河的治理做一些工作。”

在喀纳斯的旅游景区规划中，他力图通过研究图瓦人的建筑风格和当地民俗，改变以往照搬瑞士、西藏建筑的格局，真正赋予喀纳斯新疆本原的特色；在乌鲁木齐，王小东也着手进行名为“乌鲁木齐城市建筑风格的研究”的课题。“另外我还有其他的一些课题。我选择的课题都是和老百姓直接有关的。”他说，“虽然信息、媒体等把地球缩小了，工业化也带来了对传统的冲击，但是我们要思考怎样充分认识自己的身份，民族、地域就是确认我们身份的源泉。”（赵夏榕／文）

乌鲁木齐红山体育馆

新疆博物馆

双轨并进，持续自省

高级建筑师　布正伟

1939年出生。1962年毕业于天津大学建筑系，同年考入该系研究生。研究生毕业后一直从事民用与公共建筑设计、室内外环境艺术设计及其理论研究，曾在纺织工业部设计院、中南建筑设计院、中国民航机场设计院、中房集团建筑设计事务所供职。

1994年获教授级高级建筑师职称。1996年获国家一级注册建筑师证书，并当选为中国建筑学会第九届理事会理事。三十余年来，他所参加和主持的工程设计共计七十余项，多项在国内获奖，其中重庆江北机场航站楼荣获全国第五届优秀工程设计金质奖。

在建筑界，布正伟被许多同行认为是一个“双轨”建筑师。他一方面长期活跃在设计前线，设计了“独一居”、烟台莱山机场、烟台美食城、重庆江北机场航站楼等项目；另一方面，他对于建筑理论的研究由来已久，早在攻读研究生期间，就表现出以理论研究积极介入当下建筑现象的趋势，40多年来，他先后写成《现代建筑的结构构思与设计技巧》、《自在生成论——走出风格与流派的困惑》，及《创作视界论——现代建筑创作平台建构的理论与实践》等论著，在建筑理论方面建树颇丰。尤其是这些结合了自身实践所得的理论探索，已成为布正伟自省的重要途径。他本人的研究与实践经验，本身就讲述了“建筑理论的真实意义”。

关注建筑的物质属性与文化属性

谈到对理论与实践的双向探索，布正伟说，他清楚记得自己的老师徐中教授的话：“没有理论指导，建筑师就会变成画图匠；脱离实践去研究理论，也只能是空头理论家。”正是这番话，影响了他一生所选择的、在理论与实践“双轨”上行驶的建筑师成长之路。

在布正伟看来，建筑属于艺术文化层面，而非单纯的物质文化层面或精神文化层面，它表明了建筑本身的物质属性以及与“精神”层面的联系。在这个基础上，他捕捉建筑生成的不同视角：

其一，本体论视角。建筑是人类用物质去构筑，并以精神去铸造的、不断变换着的生活容器，而至关重要的是，建筑的生命源于人类精神构成中的理性与（非理性中的）情感的亲合，尽管“情”、“理”的内涵及其各自所占的地位或比重并非是一成不变的。

其二，艺术论视角。建筑艺术所展示的是空间与环境紧密交融的整体景象，是外界、中界与内界相互贯通的“全境界”的系统创造，是通过秩序（包括复杂秩序和隐性秩序）的建构而实现的空间与环境的高度整合。

其三，文化论视角。建筑的艺术气氛、文化气质与时代气息，是建筑中物质文化、艺术文化与精神文化（即人类整合文化）内涵的外显系统，其中，由建筑师根据建筑性质及其所处自然环境与人文环境而有意识导致的建筑文化气质，乃是建筑表现（也即建筑表情）之魂，失去它，建筑的艺术气氛与时代气息的创造，也就流于一般而失去光彩。

其四，方法论视角。在常规变化与异常变化（包括非线性变化）之间，通过随机性的把握与随意性的发挥，去寻求“走钢丝”的平衡点。

布正伟说，他自己对创作的追求，正是建立这样的认识基础上，而他所推崇的创作格言，则是“自在生成是建筑生成的最高境界”、“品格高于风格”、“精神超越流派”。在《自在生成论》中，他提出，建筑个性的艺术表现有三个要素：“与使用性质相适应的艺术气氛，与地方自然环境、人文环境相谐和的文化气质，与生活前进步伐相一致的时代气息。”

民用建筑与公共建筑：从整体上创造特色

在布正伟的研究工作中，民用建筑与公共建筑是其中一个重要的课题。具有丰富实践经验的他，在看待这两种建筑类型与城市之间的关系时，首先理清了两者性质的不同：

“大量的民用建筑，在城市里和公共建筑在美学上起的作用是不同的。大量的民用建筑在一个城市里是作为背景，更多强调的是某种趋同性，但是通过趋同性，从整体上创造它的特色。公共建筑、特别是高端的公共建筑，往往跟象征性，地标性联系在一起。但是如果是大量的民用建筑，去孤立地强调建筑艺术的表现，甚至像过去某些地方提出来要一个房子一个样，这样往往会使一个城市的面貌杂乱。”他说，如果没有作为建筑背景的艺术表现的特征，没有一个整体美的建筑艺术表现特征，到处都是零零散散的，都是各自强调个性，那么所有的公共建筑你也看不出什么个性。

因此，对于大量的民用建筑来说，它们并非一定要像公共建筑那样刻意地强调单体的建筑特色，而是可以通过一片整体的风貌来获得自己的形象。“民用建筑应该很好地起到绿叶衬托红花的作用。不是对民用建筑艺术水准降低了，反而是要更高、更复杂，那种抽象概括的能力应该是不亚于公共建筑。”布正伟认为，既能与城市整体风格相融合，又兼具实用性和美学欣赏，这正是未来民用建筑的发展趋势。

对于当下民用建筑在设计上的现状，布正伟认为，应将文化气质与时代气息结合起来。他说，目前我们在走两个极端，一个是注意文化气质，但是设计语言老气横秋，看上去好像上个世纪七八十年代的建筑，完全跟不上时代。另一个就是为了体现时尚，把所有的建筑语言都罗列出来，结果抹杀了建筑的独特性，变成了大杂烩。

布正伟倡议，不妨将更多的创作激情转移到欠发达地区——“欠发达地区往往是自然环境和人文环境非常有特点的。它缺的就是人才、经济和技术。如果我们的设计师，我们的国家把财力物力更多地往那个方向转移，那个文化底蕴可以创作出很好的大量有气质的民用建筑。我要特别建议欠发达的地区，要充分爱惜当地的自然资源和人文环境资源——这些设计的素材。同时，还要通过一般设计的造价，一般的建筑条件，常规的建筑水准，甚至于低造价、低技术、低材料、通过这些东西造出一些有文化品位的民用建筑。”他介绍说，这方面已经出现很多好的苗头，特别是除了住宅以外，还有学校，比如西藏的阿里小学、四川德阳市中江县希望小学、湖南南阳市毛萍浙商希望小学。“这些材料都是很低廉的，但是非常简捷，让人看了以后，爽目心舒。”

体验城市，创作建筑

东营市政广场

在《建筑创作与体验城市》的题解中，布正伟说：“建筑师对作品所处城市的体验和认识，乃是把握建筑创作总体思路的前提条件。城市的规模、性质、历史文脉、地理条件、自然资源、人文环境、建筑传统、技术与经济发展水平、城市总体发展战略等等信息，都将无声无息地溶汇于建筑创作的源泉之中。”在他看来，人一生中最难忘记的有两张“面孔”，一张是城市面孔，一张是母亲面孔。“我想抓住了城市就抓住了建筑和空间的融入，它对人的一生的影响是很大的；第二我认为关注城市、寻找城市是建筑师成长，走向成熟的转折点。”

布正伟对于城市的关注，从20世纪80年代已经开始，而最能完整地代表他在这方面的实践的，是他在山东所做的一系列项目，比如东营市的众多城市建筑，比如在临沂的大量工作。

山东东营市位于山东半岛莱州湾西面，是为适应胜利油田发展和黄河三角洲全面开发，于1983年由国务院批准建立的年轻城市。黄河三角洲原是一片荒滩碱地，没有可以参照的传统地方建筑。布先生由此确定了建筑文化气质的根基——平实、朴拙、粗犷，他从这座充满力量感、工业感的城市性格中取材，从黄河流域窑洞建筑造型特征中汲取灵感，用大尺度的圆圈和半圆圈创作了一系列的建筑。同时为了照顾到这座新兴“石油城”的特殊性，布正伟在城市中轴线上的市政广场运用“对称中有不对称的应变格局”，并从抽油机械出发，设计了一座标志塔。

在东营，布正伟设计的主要建筑有市政府办公楼、市检察院、法院、审判厅、新世纪门，各建筑在形制、用材、建筑语言上取得某种生动的谐和，而又使每栋建筑具备自己的个体特征。比如，东营市河口区行政服务中心，在主入口两侧进行局部围合，设计了“拱圈流水”，以此建立与“黄河入海流”的文化关联，使之形成自身所在的场所特质。

东营市政府办公楼

东营市检察院办公楼

找回城市的记忆

如果说布正伟在东营市的创作，代表了我国近20年来新兴城市快速发展的态势，是一个具有典型性的现象，那么，“簇新”与“高速”，还远远不能构成城市发展所需的动力。城市建设是一个长期、系统和艰巨的过程，它在不同历史时期留存下来的建筑，因为曾经参与许多人、数代人的生活，而变成了共有的珍贵记忆。如何处理旧的城市面貌与城市发展的矛盾？这已经成为城市建设中非常重要的问题。

如何找回城市的记忆？布正伟认为我们首先应该明确什么是城市的记忆，城市的记忆来源于哪里。所谓的城市的记忆，“就是人们对城市环境及其形态要素所具有的美学特征认同后，你没有认同不行的，而且是美学特征的认同以后所产生的集体的利益，不是说一个人两个人，它是一大群人，其中包括宏观微观，同时就是在人的心灵上打下的物质文化和精神文化的烙印”。

而这个烙印，布正伟认为它来自于城市环境及其形态的方方面面，具体列举有十五个。第一个是城市的地理环境；第二是城市的矿产资源；第三是城市的风景资源；第四是人文环境；第五是城市的公共场所；第六是建筑的文物、建筑的遗迹；第七是城市的轴线、城市发展和市中心发展的特征；第八反映在城市的文化线，不仅是远眺，更重要的是从制高点来看；第九是城市干道交汇点；第十是城市的总体风貌；第十一来自城市的典型性质，即具有城市意义的那些建筑，一般是公共建筑；第十二来自城市的公共场所，比如说街道；第十三来自城市的购置物，如桥梁、仓库、堡垒等；第十四来自城市纪念碑；第十五是环境雕塑。这十五个方面所具有的构成文化因素的品位和特征，正是创造城市特征的要义所在。而城市的记忆之所以会消失，也是这十五个方面在城市大发展中都出现了问题，汇集在一起就产生了后遗症，导致这些记忆的消失。

布正伟认为，要想挽救我们的城市记忆，就必须从四个方面来进行控制。一要控制城市的自然环境和自然资源，特别是风景资源的利用。城市的自然环境和自然资源是城市最本质的特色所在，用不着加工，任何城市的地理环境不一样，这是城市记忆永恒的部分。二要控制好旧城区和文物城区的范围，并且有一个过渡衔接的部分，这是城市记忆核心部分。三要控制好城市改建和整建的中间区带，有新有旧，要强调拆和建的互补关系，要强调该城市中间区整体的和谐和整体的美，这是城市记忆延续中更新的部分，也是城市记忆要更新的部分。四要控制好城市保护区和改建区之外的完全新盖的开发区，对它和整个城市的整体风貌应该有统筹的考虑。

他同时指出，城市的建设要受到三种力量的制约，一是政府的意志力；二是开发商、投资者的驱动力；三是规划设计队伍整体素质和技术水平所展示的创造力。这三种力量如果可以非常好的协调起来，就可以战无不胜。但是如果三股力量协调不好，那就会是非常低层次的城市建设，就不会形成城市特色。“所以为了科学创造城市，创造城市环境，创造城市形态和特色，为了寻找消失的城市记忆，我觉得应该逐条抓城市的元素，必须监控好城市建设的四大块，四大控制区域，最终还必须调整好直接影响城市建设三种主要力量。”布正伟如是说。

正如布正伟不间断的建筑设计，他对于理论的探索始终不曾停止。对此，杨永生曾这样回忆：“30 多年前，‘文革’刚刚结束，国家建委阎子祥局长受命恢复中国建筑学会的活动，在北京车公庄大街建筑科学研究院食堂二楼小礼堂召开会议，除了劫后余生的一些学会理事之外，还邀请了少数青年建筑师参加。其中就有一位不见经传的青年同志——布正伟。会上，他直言不讳，侃侃而谈，声音洪亮，好似没有经过‘文革’洗礼一般。”当时，布正伟还在天津大学读研究生，但随后，他很快引起了建筑学界的注意，并从 1982 年 10 月 出版的第 12 期《建筑师》杂志到第 21 期共五期（中间隔了 12 期），陆续发表了论文《结构构思与视觉空间的创造》。

在《创作视界论——现代建筑创作平台建构的理论与实践》一书出版时，他在导言中却表达出对于新书的“担心”：“这本书的出版使我感到不安，因为随着信息时代的到来，建筑正随人们生活方式的改变而改变。建筑已不是我们长期以来所学的、所想的和所作的那么单纯，那么清晰，那么一目了然了。由信息革命带来的这些深刻 变化将会对我们创作视界的拓展和深化产生难以估算的影响。”

与建筑设计一样，建筑理论的建构是动态的、不断发展的。只有如此，它才不是无本之木，无缘之水，才能够建立与不同历史阶段之间的现实联系。“知深浅方为入门，持后劲才得真谛”，这是布正伟在 50 岁时为自己写下的座右铭。而人们有理由相信，这“后劲”的来源，正在于他在实践与理论建设两条轨道上并行不悖、相互促进的稳健步伐。（单明川／文）

北戴河林海度假村

实现建筑的音乐、诗歌与雕塑之美

上海现代建筑设计（集团）有限公司资深总建筑师　邢同和

1939年出生于上海。1962年毕业于同济大学建筑系城市规划专业。现任上海现代建筑设计（集团）有限公司资深总建筑师、教授级高级建筑师。兼任世博会建筑设计研究中心主任、总建筑师。40年来主持负责设计项目80多项，其中25项被评为国家、部、市级优秀设计。

邢同和的代表作有上海外国语大学出版社大楼、上海鲁迅纪念馆、上海美术馆改扩建设计、陈云故居暨青浦革命历史纪念馆、邓小平故居陈列馆、上海期货大厦等。

“建筑实际上是一个活的时空、活的舞台和活的历史。”邢同和说。他在设计中，往往努力将音乐、诗歌与雕塑的美学结构与特质融入建筑之中。上海的金茂大厦，这座有着“塔”之像，音律之韵的高层商业建筑，就是在他与国外设计师的合作下完成。在邢同和设计的一系列文化、纪念性建筑中，这种努力表现为更为丰富灵动的态势——上海博物馆、邓小平故居陈列馆、上海龙华烈士陵园、上海鲁迅纪念馆、陈云故居暨青浦革命历史纪念馆等，都是这样的作品。

在上海，邢同和还主持或参与了许多对上海城市风貌而言具有重要意义的设计（改造）项目，如上海外滩风景带。他还是2010年上海世博会建筑设计研究中心主任、总建筑师。他面对“城市，让生活更美好”的主题，以一个建筑师、建筑学人的视域与实践，探索着更多关于建筑、生活、城市和未来的问题。

“建筑是一棵有根、有生命的树”

在谈及自己的建筑观时，邢同和常说：“建筑是一棵有根、有生命的树。中国建筑的根是中华民族的传统文化；而建筑的生命则是它的科技含量和时代精神。二者相结合，就是我创作的源泉。”从他丰富的建筑设计实践生涯中，人们却发现，在传统文化与科技含量、时代精神的结合之外，他对于建筑的“大地”背景，即城市和区域颇为关注。因之，建筑这棵树是与大地、与环境相关联和对话的，并不孑然独立。

祖籍上海浦东三林镇人的邢同和，有着对于乡村生活的生动记忆。他曾这样描述自己对浦东的童年印象：由家人带着从外滩坐机帆船或小汽艇，穿过黄浦江，再过小河浜，这才能到三林塘去扫墓。

然而，上海又是一座向外敞开、充满求新意念的活力之城。从20世纪初开始，这里就一直不乏对建筑新技术、新形态的实践。改革开放后邢同和本人也多次与国外设计公司合作，其中，他在金茂大厦项目上与美国SOM公司进行的咨询合作，就是一例。他一方面向合作方明白地阐释了创作的背景，“如果你们在美国盖金茂大厦，是按照当今世界最高水平来盖的话，那么在上海也一样。我们能够、也完全可以接受这样一幢世界级水平的建筑。”另一方面，他在文化层面上，提供了自己的意见。建成后，金茂大厦“塔”的形态与富有现代感的金属、玻璃的应用相得益彰，有别于西方超高层建筑“层高相等”的惯例，创造出一种轻盈的体态与美态，带出了东方神韵。邢同和认为，这是一次成功的尝试。

对于自己生活、工作的城市——上海，邢同和揣摩良多。他认为，上海这座城市的特点是“古今中外，兼而有之”。尽管上海将城市建设的目标定为建成国际大都市，但上海近千年的历史、具

扬州双博馆

有上海城市特征的文化遗产，也应加倍保护，建立历史的连贯性。比如反映上海民居特征的石库门建筑如何成片保护？黄浦江与苏州河周边的环境如何治理？都是他所关心的。

在他看来，建筑师最好是用现代科技手段，把文化与环境结合起来考虑问题。比如，在黄浦江边拟建的一栋超高建筑顶上，他计划高悬一个直径120米的“生态球”，球体下半部蓄水，可缓解高楼的摆动，也具有良好的抗震性，同时还将太阳能考虑进去。

而他在四川、江苏、山东等地所作的许多项目，也往往将当地的文化传承巧妙地加以结合——包头博物馆造型如草原上的巨石，外立面深深浅浅的饰石似是流沙印迹；威海刘公岛上的甲午海战博物馆，几个山石造型建筑虚实结合，实的是石，虚的是镶嵌其上的大幕墙玻璃；在扬州设计的“双博馆”，则务求如该城一般，以秀美俊逸取胜。

文化建筑：最难的是实现“三美”

上海博物馆

闻一多曾经说建筑要具有“三美”，即音乐美、诗歌美和雕塑美。邢同和完全赞成这种观点，他一直在自己的设计中致力做到这“三美”。“特别在创作一座文化建筑时，我努力想把音乐、诗歌和雕塑的美都融化进去，建筑创作的最高难度也体现在这里面。”邢同和如是说。

上海市博物馆位于上海市中心的黄金地段——人民广场，用地2.2公顷，建筑面积3.8万平方米，地下两层，地上五层，内部集陈列展览、文物库藏、文物研究、学术报告、行政管理和对外服务六个功能区，全部采用现代先进设备。对于博物馆的设计，邢同和抛开仿古式或国际式，着重用新时代理念、观点去追求在特定地点、特定时空、特定人文背景下的亚洲和中国建筑。在他的构思中，新的上海博物馆要展示天地均衡之美、上下五千年时空循环和升华之力、东西方文化与技术的进步之点，体现一种博大的意境和凝聚着历史感与时代感的生命活力。

为了达到自己的构想，邢先生为博物馆设计了方形的基座和圆形放射的体型，以包蕴“天圆地方”的古代观念。同时采用“上浮下坚”的构图手法继承传统的基座收放，发展以新的结构出挑技术，将形象与技术、功能与形式完美地统一起来。整座建筑的文化氛围和艺术表现不求具象写实，而是从传统文化中抽象精练，在似与不似之间选择。外墙的文饰雕刻和地面的花饰设计，都力求表达中华文化的艺术语言。建成后的博物馆，其方圆组合带来的独特空间轮廓，与周围的绿化和谐的融合在一起，取得了巨大的成功。

纪念性建筑：抓住伟人平凡朴实的一面

在邢同和的作品中，纪念馆类的创作是引人注目的焦点。除上海市龙华烈士纪念馆之外，邢同和还设计了上海鲁迅纪念馆、陈云故居暨青浦革命历史纪念馆和邓小平故居陈列馆等优秀建筑。

在设计伟人的纪念馆时，邢先生坚持伟人亦是普通人，抓住伟人们平凡朴实的一面，在设计上并不追求宏大叙事，而是根据伟人由平凡而伟大的这条升华的线索，同时考虑当地的自然环境和周围建筑风格，设计出庄重朴实的纪念建筑。

鲁迅先生不仅是上海的文化名人，而且是中国的骄傲，是“中华民族的脊梁”。在为鲁迅先生设计新的纪念馆时，邢同和力图用物质形态的建筑来展示鲁迅先生的人格精神和“民族魂”的文化内涵。为了完成这一有挑战性的任务，邢同和拜访鲁迅先生的家乡，寻找他在上海的足迹，阅读他的著作。最终，他采用了江南水乡建筑风格的三组庭院式建筑来构成纪念馆的外形。第一组是入口庭院，是进入馆内大厅的过渡，这样做既为前面的保留建筑让出空间，又通过涂满桐油的传统木扇门和祥林嫂、孔乙己等鲁迅先生笔下的小人物的雕塑来培养、激发参观者的感情。第二组庭院是“百草园”，这是为创造鲁迅先生的家乡绍兴的氛围而做的铺垫，也是新建筑与保留建筑之间的空间对话和自然分割。第三组庭院是在二层建筑“口”字形围合中的一方天地。它使陈列馆空间从室内延伸到室外，从而让展示与休息相互流动。这三组庭院使建筑由大变小，达到了小环境与大环境的水乳交融。另外，设计中还有一个室内中庭内院，它与室外庭院一起组合建筑的空间流动，创造了较长的连贯的陈列展线和合理尺度的陈展面积，还巧妙地留出了休息、茶水、书店、纪念品等公共空间。

整座建筑在造型上除了采用朴素大方的黛瓦白墙坡屋面外，还注重反映新时代的精神。不仅从传统繁琐的形式里提炼出简洁抽象的符号，而且通过在坡屋面屋脊线上镶嵌透光玻璃，以满足顶部采光需要。建成后的纪念馆位于虹口公园东北处，与老纪念馆的保留建筑成功协调为一体，并且在整体设计上交融于公园景观和鲁迅墓地的整体之内，是一座雅韵其中，格高一筹的名人纪念性建筑。

陈云故居暨青浦革命历史纪念馆坐落在陈云同志的出生地——上海青浦练塘镇。邢同和不求规模的巨大，而是注重总体构思创意的环境与艺术感染力。由于建筑基地周围江南民居风貌犹存，河道、街坊、朴素的民居错落成片。规划的起点也就落在了江南水乡民居的建筑文脉继承上，而规划的重点则在于纪念建筑的时代精神与古老民居在建筑风格上的亲和，以及纪念建筑的性质、特征与民居在高度、体量、跨度、尺度、空间比例、轮廓变化等方面的差异与融合上。

设计以陈云故居为起点，保存故居原貌，通过故居前的一池湖水分割主体纪念馆和辅助建筑区。又通过曲桥方亭的转折互为因借，使纪念馆与故居联系在一起。方亭作为馆中轴线的尽端对景，让主馆与故居空间上相连相围合，主体建筑位于正中，严谨而不失肃穆，庄重而不失自然。围绕主体纪念馆东西各成两大园区，东部为山水景区，借以阻隔公路的嘈杂干扰；西部为花卉林木区，遍植陈云同志生前喜爱的花木。

主体纪念馆的设计，尽量做到远观不觉高大，近观却显雄伟的建筑形象。虽然采用的是集中式建筑，但设计师用心于屋面分解，体量分块，落点在内容与形式相一致。内部平面设计选用不同层高组成不同层数，让主体建筑有主有次，有高有低。江南民居多为双坡与山墙，黑瓦白墙，邢同和在设计主体建筑时力求做到融通而不是模仿，让纪念馆的造型为四个面主体构成，中间突出，四边铺开，四个面都有坡屋面，也都有山墙。同时，建筑出入口南北贯通，大厅居中，由中庭贯穿上下、里外，引进阳光。整座纪念馆地面两层，地下一层，围绕纪念馆组群的配套辅助建筑均采用小体量设计，不显不露地置于基地北面。

最满意的作品：邓小平故居陈列馆

在成功完成陈云故居暨青浦革命纪念馆之后，邢同和受四川省广安市市委的委托，领衔设计邓小平故居陈列馆。为了恰当地表达建筑所携带的历史信息与人物信息，邢同和五易其稿，每次都涉及创作理念的改变。从开始的“回家”与“丰碑”的意象，到后来的“春天的故事”的主题，再变为高举邓小平伟大理论旗帜的主题，又变为江南园林的模式，最后回归“回家”的意象，并将“春天的故事”的主题融入其中。

邓小平同志曾经说过的一句话：“我是中国人民的儿子，我深情地爱着我的祖国和人民。”也被化用于邢同和的思路之中。他从四个层面展开设计。

邓小平故居陈列馆

第一个层面，创作上追求一座“天然的纪念馆”、“本土纪念馆”，以塑造“回家”的感觉。规划设计的建筑掩映在一片天然绿色之中，背景是郁郁葱葱的竹林，前景是水塘、农田，相连着小平同志的故居和儿时游泳的水塘。整座建筑朴素、端庄、和谐地坐落在伟人故乡的土地上，不求惊天动地的雄伟，但要有内在的慑人心魄的力量。

第二个层面则是要展示小平同志由平凡到崇高，又由崇高到平凡的伟大人生。邢同和从建筑的空间序列构成、建筑体量、尺度演变上来创造建筑远观平易简朴，由低到高，逐步升华，越近越崇高的空间震撼力和感染力。并通过大厅的渐步升高，室内空间由小到大的收放，来表现由平凡到崇高，展示小平同志这位改革开放总设计师的襟怀魄力。特别是在序厅中安放的一座寓意小平同志丰功伟绩的丰碑，从大地直冲云霄，作为永恒的纪念、永远不朽的里程碑。

第三个层面是展示小平同志的人格魅力。邢同和匠心独运地在建筑形象和建筑线型上采用从四川传统建筑中精炼出来的直线与弧线交替重叠、“三起三落”、“四面八方”的方式组合，以挺拔示刚，以弧线显柔的建筑语言，并运用硬质的石材与软质的木材相结合的手段，来寓意小平同志刚柔并济的人格魅力，塑造建筑的个性特征。

第四个层面则是追求时代精神与地域建筑文化的结合。通过对川东建筑的仔细研究和提炼，邢同和在设计上采用民居全方位的分解组合，结构与形象重组。把双坡的传统屋面结构为单坡，从而形成四个方向组合内外空间，既高低错落，又连成整体的独特形象。这样建筑似乎有乡土气息、川东韵味，却又因为跨度、高度不同于民居的增大和功能上的演变，成为了新技术、新观念之作。

根繁则叶茂，土沃而苗肥。邢同和认为，中国建筑师在建筑文化基础上是好的，在对中国文化的理解上有着得天独厚的优势，如在技术上尽快与国际接轨，中国建筑师是可以登上世界舞台的，也将出现更多更好的设计。（单明川／文）

龙华烈士陵园

龙华烈士陵园

对传统与现代的双向探索

贵州省建筑设计研究院总建筑师　罗德启

1941年出生，1965年毕业于东南大学。现任中国建筑学会副理事长、贵州省建筑设计研究院总建筑师、国家特许一级注册建筑师、教授级高级建筑师。被授予"国家有突出贡献的中青年专家"，享受"国务院特殊津贴"，荣膺"全国建设创新先进个人"、"全国优秀设计院长"等荣誉。

主持"花溪迎宾馆"、"贵阳机场航站楼"等设计、科研70余项，有21项获国家优秀工程设计铜奖，贵州省一、二、三等奖及科技进步等奖项。出版(含合著)著作有：《老房子——贵州民居》、《石头与人——贵州岩石建筑》、《贵州侗族干阑建筑》、《新型住宅设计》等。

与北京、上海、广州等中心城市相比，我国西部地区的建筑环境有着自己的特点。由于经济、社会发展的综合原因，这里建设项目的规模、数量与投资往往都逊于中心城市与沿海地区。西部大开发以来，随着地区经济发展区域均衡，这一局面也渐渐发生着变化。

生于江南、长于江南的建筑师罗德启，从1965年被分配到贵州省建筑设计院起，已经在贵州这片美丽的土地上耕耘了40多年。回顾自己走过的历程，罗德启说自己是幸运的—立足于当地的建筑创作条件和机遇，他不仅完成了龙洞堡机场航站楼、北京人民大会堂贵州厅、花溪迎宾馆等具有贵州地域文化气息的设计，也深入到贵州丰富的民居资源中，对山地建筑、对贵州民居保护、对当代住宅设计等课题展开了扎实的研究。他说，自己对建筑地域性是这样理解的："它尊重环境、尊重文化，是现代化进程中对延续地域文化的追求过程，是对传统与现代双向探索和不断融合的过程。"

从江南来，到西部去

"我们这一代人，在生活的历程中，曾经经历过各种酸、甜、苦、辣，承受过不少困难和艰辛，也分享过不少欢乐和喜悦。但是，最能深切体会到的是，生活不一定都是挣扎，只要找出自己的兴趣和擅长所在，全身心投入其中，这就是幸福和快乐之路。"在一篇对自己建筑创作道路的自述中，罗德启这样总结自己的感悟。

少年时期的罗德启是多才多艺的，除了成绩不错外，他对美术、音乐等方面也有着由衷的爱好。他还擅长体育，曾是故乡常州市一中当时最优秀的短跑跨栏、100米和200米选手，并在高中毕业前得到报送南京体育学院的机会。然而，基于家庭的影响和个人的思考，他认为，"保送"尽管顺利，却并没有自己所渴望的参与、竞争、拼搏和创造的过程，他要参加高考，去向自己的命运挑战。于是，在1960年，他考入南京工学院，成为一名建筑系学生。五年的大学生活紧张而充实，本来就具有一定美术底子的罗德启，在建筑专业的学习里找到了兴趣，也找到了自己的志向。

1965年，23岁的罗德启带着简单的行囊，来到贵州省建筑设计院，从技术员的工作起步，真正走上了建筑创作的道路。在这里，他钟情于对山地民居的考察和研究，多次跋山涉水，到少数民族村寨调查考察，进而总结出山地建筑的特质与哲学观念；他主动学习和研究贵州众多少数民族的宗教、文化、艺术传统，在特定的创作主题中加以应用；他主张将对建筑地域性的探讨与地区的未来相连，摒弃狭隘的民族主义……在他看来，地域文化之所以重要，是因为它包含了许多不同体系、不同特色的文化遗存，它们是创造不同城市美的基础。优秀的地域文化可以为城市意象的建构提供良好的基础，依靠它所进行的城市形象塑造，能够激发起人们对真、善、美的审美快感。同时，建筑作为地区的产物，其形式的意义来源于地方文脉，但这并不意味着建筑仅仅是地区历史文化的产物。罗德启认为，本土化不是狭隘的民族主义，而是营造具有自身社会价值和艺术价值的建筑与场所，因此，他强调对历史语境和外来语境的超越，以创造性的设计联系历史与未来。

风景区建筑设计：融和地形与文化之美

在罗德启历年来的创作中，不乏在特定语境下的作品。面对这样的建筑和规划项目，罗德启注重抓住“环境”和“文化”两个要素，“一个好的建筑设计，往往是立意于环境，因为环境具有强烈的暗示力量和起着潜移默化作用”。因此，他主张工程设计要尊重周围的环境。“尊重环境，就是要注意按场区地形特征、气候条件、文化背景、技术状况和材料特性等不同情况，采取相应对策。”此外，他也主张从音乐、绘画、雕塑等其他艺术门类中吸取营养，以期在创作中更好地发挥。

1988年，罗德启承担了为贵州织金洞国家级风景名胜区作总体规划的任务。3年后，他又与赵晦鸣建筑师一起设计了“织金洞接待厅”。在风景秀丽的景区环境中，罗德启力求体现建筑与自然和谐，实现让建筑与自然共生的设计思想。设计依山就势，屋顶覆土植草，柱子的粗料石贴面除必要的对比材料外，完全就地取材于自然山石，从而将建筑融于自然环境之中，隐去一切人工痕迹。接待厅室内空间保留了几组奇石异石，景区现场的自然景物题材点缀于建筑之中，为室内环境增添了“幽”、“美”、“净”的空间意境，同时又达到自然简朴、粗犷别致的空间效果。大厅中的图腾柱雕刻了彝族先民的十月历法，还用彝族文字刻下了天上七十二星宿的名称，立柱正中就是彝族的守护神资格阿洛。虽然着墨不多，却渲染出了贵州地域文化的特征。

贵州花溪迎宾馆鸟瞰

贵州花溪迎宾馆中庭

他于2005年设计的花溪迎宾馆，是又一个与贵州风景名胜紧密结合的设计，项目位于贵阳西南的花溪风景名胜区。在工程总体设计中，罗德启强调功能分区明确，平面布局合理，体现尊重环境的设计理念和因山就势的山地特色。建筑根据不同高程，采取吊层、错层、局部架空、地上地下结合等手法，达到降低高度、减少体量、丰富空间层次、节省土石方量目的，并使环境植被最大限度得到保留。在环境设计中突出“水花之美”，营造“花”与“溪”的景观意境，借景于自然，融入于环境，突出了地域文化和时代精神融合的建筑空间，构成了建筑文化的地域特色。设计中也同样遵循了可持续发展的设计原则，突出对绿色建筑技术产品的应用，体现节能、环保、智能化的建筑特色。在室内设计中，他则注重民族民间传统文化的体现，映衬地方文脉和民族特色。建筑造型表现出地方民居的神韵，体现地域文化内涵与时代精神，并用现代语汇予以表达：以构架和新型瓦材再现坡顶；浅米色涂料引喻粉墙；局部石材体现纹理质感；悬挑形式类似于民居的干拦吊脚；全玻璃门窗、局部阳台以及山墙构架形成虚实对比的效果。建筑立面以不同的构思外形，显现标志性、识别性，体现新地域主义建筑风格。

点染当代建筑的贵州神韵

在现代化的建筑中，如何巧妙地在空间、造型和装饰上渗透贵州特有的神韵？罗德启在贵阳龙洞堡机场航站楼项目中作出了尝试。这个现代化、快速、短捷通畅的空港，机场候机大厅室内装修朴素大方：餐厅、咖啡厅等空间简洁明快；浅灰色花岗石柱，红、黑相间的花岗石地面，以及简洁的构造方式和玻璃、铝合金、不锈钢等材料的运用，大跨度网架结构的雨棚挑檐等，都突出现代航空港快速、安全、方便的建筑性格；以遵义会议会址和黄果树瀑布为特色题材的大幅壁画，诱发人们内心情感；以传统民风、民俗及地域景观为题材的彩绘玻璃装饰，体现地方文脉和民族特色。

贵州龙洞堡机场

候机大厅半圆拱形采光带

而在2006年设计的黄果树演艺中心，罗德启考虑得更多的，则是现代结构技术理念、材质运用、传统文化的发掘以及功能和建筑效果体现等诸方面的问题。与他一贯对建筑与地形的主张一致，他选择将演艺中心的建筑与山体进行融合，建筑外立面以褐色木质感观材料作支撑和柱头，以石质感观材料作圆形古堡造型作为建筑的外墙。与此同时，玻璃材质的运用所带来的现代感与建筑功能形成呼应。他还力图在建筑中实现对屯堡文化的现代诠释，最终达到“建筑与周围山体自然融合，建筑空感和建筑与环境互动，仿佛一颗露珠镶嵌的青山翠绿之中，与自然山体形成动静相宜、刚柔互补、水乳交融的和谐格局”。

罗德启认为，建筑文化的地域性具有“多元化”与“多方位”的特征，因此，地域性建筑的设计、创新也必然是沿着“因地制宜、因题而异”的两方面探索。“因地制宜”是指考虑项目的外在条件和各种背景情况，就是对建筑所在的自然环境、社会文化、经济及技术条件诸要素进行研究和分析。“因题而异”是从项目内涵上作深层次的研究和发掘，吃透项目的功能要求，准确地把握项目的性质定位，再将其融入艺术创作的氛围之中，使得建筑设计得以升华。“这种创作既体现出地区文化的历史连续性，又阐发出地区文化的新特征，每一项创作都追求对地区文化的发展作出贡献。”

研究山地建筑，保护民族村镇

贵州是一个名副其实的“山之国”，山地占全省总面积的61.7%之多。贵州又是一个多民族的省份，各民族在开发贵州的历史进程中，留下了丰富的文化遗产。独特的地理生态环境和历史因素造就了贵州民族文化的独特、古朴、多样化、边缘性和多元一体的明显特征。罗德启1997年设计的北京人民大会堂贵州厅，室内设计的构思基础就是“迷人的山国”。他采用“基本单元＋特色题材”的建筑语言作为布局的主导旋律。“基本单元”由上、中、下三部分组成。下部以山作文章，上部采用一组吊脚楼变形符号，由楼层与吊脚两部分组成。吊脚又是“基本单元”的边框，它与山字墙裙相连，寓意为山坡上住民的含意。细长的吊脚也较好地解决了室内净空较高的构图比例。两侧墙面有“民族团结”和“苗族少女”为主题的玉石浮雕。细部设计局部点缀民族工艺饰品，以烘托环境氛围。

在建筑创作之外，罗德启走访了贵州许多小城镇、山村。他发现贵州各地的民居在以往长期的发展中，形成了自己处理建筑与山地地形问题的智慧。空间形态各异的民居，实则是一个个精彩的山地建筑案例，其间的财富值得深挖。“建筑也是生活，至少是一种有形的生活。”罗德启说，民居是一个地区民间朴素的、又乡又土的建筑文化形态，但它又是与人民生活最密切和最富有地域特色的文化类型，民居的个性在于对自然环境和地域文化特殊性的重视。“建筑创作中，我们可以吸收其利用环境、处理环境的丰富手法和构思技巧，提炼出它的建筑文化的标志性和识别性所在，从中引发出灵感的火花，作为贵州建筑师在建筑创作中多元文化的补充与借鉴。”比如说，山地建筑的重要特征之一是与环境的结合，只要始终注意在起伏不平的地貌环境上做文章，就能收到自然朴质美的效果。

对于贵州的山地城镇，罗德启作了专题研究。他对多个具有典型性、有着历史文化价值的城镇，如地理位置险要的镇远古城、石板之乡花溪镇山村、堪称“堡垒式石头山寨”的云山屯、花溪青岩古镇等城镇的格局、历史沿革、民居样式、历史文化建筑及民俗生态都一一考察，撰文记录。多年来，他所著或合著的《老房子——贵州民居》、《石头与人——贵州岩石建筑》、《贵州侗族干阑建筑》等书籍，均大量介绍了贵州丰富而灿烂的民间住宅。

在山地城镇及民居的保护与利用问题上，他主张应以平等的文化观看待每种文化存在的合理性，以关爱的态度去努力发现其真实价值。“价值是通过人们的主观介入，将其潜在的、静态的意义加以开发，或赋予其新的意义，使之表象鲜活，含义久远。对于民族村镇文化资源的认知、保护、利用也同样是如此。”在他看来，“对于民族村镇，只有树立保护就是增值的观念，在利用中合理消费，把耗损降到最低限度，历史的脉络才能世代延续”。就保护与利用的操作方法，他提出，第一是要通过规划，解决好保护民族村镇传统风貌以及历史形成的肌理、格局问题，解决好保护区内的人口控制问题；第二要注重整体风貌保护，加强基础设施；第三，把保护文化与旅游发展良好地结合起来。他认为，特别是对于久居大山、积贫积弱的少数民族村寨来说，通过适当发展家庭旅游接待、家庭手工艺品制作、挖掘整理民族民间歌舞文化等方式，不但可以提高山民的生活品质，也可以更好地解决“保护”的问题。

在西部大开发的热潮已然遍布各处之时，罗德启则将自己对于地区建设与发展的思考，更多地与当地的文化结合起来。面对西部城市建设的进程，他坦言，“文化”，才是西部城市与建筑发展的灵魂，应从哲学层面上去思考一个地区的“环境”，而并非局限于自然与社会的层面。“城市发展的实践告诉我们，经济越发达、城市越是现代化，对文化的依赖就越强烈。”他认为，西部地区城市规划和建筑较其他领域又更加依赖于文化。因此，西部地区搞规划和建筑设计要深入研究、尊重、把握、体现地域的历史、文化，对城市的文物、民居、传统街区风貌、传统文化、自然和人文整体景观加以保护和发展，形成西部城市自己的特色和文化魅力。

对于而今仍然奔忙在设计一线的罗德启来说，贵州的山、水、城、楼，始终是值得探索下去的领域。（王丛秀／文）

黄果树演艺中心鸟瞰（效果图）

黄果树演艺中心立面（效果图）

黄果树演艺中心立面（效果图）

实践“大建筑观”

中国工程院院士　马国馨

1942年2月出生于山东省济南市，原籍上海。1965年毕业于清华大学建筑系，后进入北京市建筑设计研究院工作至今。1997年当选为中国工程院院士。2002年获“梁思成建筑奖”。

马国馨曾主持和负责多项国家和北京市的重点工程项目，如毛主席纪念堂、国家奥林匹克体育中心、首都机场新航站楼、停车楼等。在建筑历史、建筑理论、建筑规划、景观设计、建筑评论等领域进行了富有开拓性的工作，发表学术论文百余篇，专著《丹下健三》获建设部优秀图书奖，负责编制的《体育建筑设计规范》获北京市科协进步三等奖。

他是一位建筑大师，也是出色的规划学专家。在近五十年的建筑人生里，他由一个年轻的清华建筑系学生成长为北京建筑设计研究院总建筑师，曾负责北京国际俱乐部、国家奥林匹克中心、首都国际机场新航站楼工程、毛主席纪念堂等国家重点项目的设计。

他，就是马国馨。在设计中，他主张“大建筑观”，建立建筑之间有机的联系。在思想方法上，他则长于融会贯通。除了建筑与城市研究之外，他对音乐、摄影等方面都有所关注并颇有心得。建筑领域内各关键要素之间，建筑与相关领域的关联，都成为他精心钻研的园地。

求学路上，不可割舍的“中国情怀”

1942年，马国馨出生于山东省济南市的一户医生之家。15岁时他只身进京，就读于北京65中，后考入清华大学建筑系。那是一段丰富多彩的记忆，其中，临毕业那年去四川参加三线建设的经历更是让他终身难忘。

1981年，马国馨东渡扶桑，开始了他在日本东京丹下健三都市建筑研究所为期两年的研修生活。丹下健三是世界知名的日本建筑师，在他多年的建筑创作生活中，他城市规划、建筑设计方面的作品和方案中不乏传世之作。在日本，马国馨对精巧细致的建筑格局和优美的城市环境产生了深刻的印象。于是，他扎进书堆，将日本现代著名建筑师如丹下健三、黑川纪章等的作品和理论拿来剖析、研读，领会其中的精髓和含意，并将其与中国传统建筑形式和理论进行横向比较，力图探索适合中国的富有时代精神的最新的设计观念、理论和方法。

看到日本不少建筑的设计风格与中国古代宫殿建筑极为相似，马国馨想到了自己的祖国，想到了北京。北京城的建设可说是中国传统建筑思想的集中体现，其设计思想明确、整体性强烈、城市风格统一，个体细部精巧，空间尺度宜人，环境优美，堪称世界城市设计的典范。马国馨主张将北京老城保护起来，加强绿化。比如说故宫，他坚决认为应该用一条绿化带将其围起来。他希望有一天，人们会在北京城里看到那令人心醉的美好环境，看到更多的大树和绿草。在他看来，北京城那些被拆弃的古城墙，一座座被推平的四合院，取而代之的则是一些不中不西的“水泥盒子”，是十分让人着急的事，因为被拆掉、被推平的不只是建筑，那是历史，是文化，是祖先传下来的宝贵财富。

实践“大建筑观”

从日本游学归来，马国馨开始将那些集聚的“能量”付诸实践。建筑作为一门综合性的学问，是技术、艺术、文化、经济的糅合体，而其中设计师的个人修养起着关键性的作用。对于自己的设计，他要求首先是要有“大建筑观”，要求建筑设计更多地关注建筑与城市、建筑与环保、城市与环保的关系。

早在20世纪80年代做国家奥林匹克体育中心总体规划时，马国馨就率先在国内引入了城市设计的理念。他从设计哲学的角度出发，提出建筑师应以宏观的设计思想看待并指导自己所从事的建筑创作，从而体现出自己对城市设计的理想与追求。国家奥林匹克体育中心位于北京市南北中轴线向北延伸的轴线东侧，在创作方案时，他大胆汲取了国外同时代体育建筑的精华，并结合中国传统建筑的理念，创作出一种新型的体育建筑风格。设计中，他不过分强调各栋建筑物自身的独立和完整，不单纯地研究各栋建筑物孤立的形态美，而更多地关注建筑群整体的组合关系，并希望通过各栋建筑彼此之间的联系，形成一个有机的群体，用各自并不十分完整的个体，组成比较完整的一个大的群体。

国家奥林匹克体育中心（经改造后）

“大建筑观”所包含的一部分即是“大环境观”，建筑师要跳出在传统的建筑与城市中摆位设计的小环境观的局限，而代之以可持续发展的观念，从绿色生态、建筑本质、环保、建筑关系、功能分区、交通流线、社区等方面去构筑意义完整的大环境。马国馨认为，任何缺乏或忽略对环境设计的建筑都是不成功的。在设计首都国际机场新航站楼项目时，马国馨注重对建筑最本质的东西——实用性的表现，并用可持续发展的观点来指导项目设计。除了采用合理能源提高设备节能效率以外，他对工程建设还注意减少不必要的能源消耗。这里面包括建筑体形上的高度限制，控制室内厅堂尤其是一些超大型厅堂的体积，使能源的利用更趋合理；在外立面处理上，除采用银灰色铝合金蜂窝板的曲线形外墙板以及注重保温隔热技术外，结合北京地区冬夏温差大的特点，有意识地控制外墙玻璃面积，减少能耗。

“大协调观”则是“大建筑观”的另一方面，建筑师要处理好环境与人、空间与人等多学科与多部门的交叉协调关系。作为“半个社会活动家”，建筑师不仅仅在于其作品要求实、求新，更在于其是否对社会经济环境发展有较大的贡献，在于社会公众的接受度。在首都国际机场新航站楼的设计中，关键是要处理好人流、物流和信息流，而其中最核心的问题是为人服务、为旅客服务，全方位、多层次地满足各种旅客的不同需求，形成一个高效、准确、安全、方便的进出港流程和休息环境，使旅客有宾至如归的感受。在具体处理上，马国馨结合航站楼建筑的特点，通过室内空间高低不同的变化，暴露的结构构件，简洁朴素的墙面、地面处理，通透精致的细部处理，形成亲切、宜人的尺度，减少旅客在超长、超大空间中的压迫感。在三层国际国内进港的自动扶梯处和国际旅客边检大厅前，重点布置了富有中国特色的美术作品作为点睛之笔。

首都机场2号航站楼

一位规划学者的历史观

在总结自己的创作体会时，马国馨认为，哲学、经验、历史是他从事建筑创作的三要素。他分析道：建筑师的哲学思想，就是要求建筑师要明确在设计中哪些地方要有所突破、有所提高、有所发展，要明确用什么指导思想来做好设计工作，是注重形式还是以功能为主，是强调外观还是突出实用，建筑师通过工程设计如何看待社会、如何看待世界等。这实际上是哲学观的问题。丰富的经验也是建筑师取得优异成绩的基本保证，这其中包括最基础的设计经验、社会经验、处世经验、综合处理问题经验等。

此外，建筑师还必须要了解历史，用历史的眼光去审视建筑。建筑本身是一部历史教科书，它不仅镌刻着时代的印记，还沉淀着无数的历史。马国馨认为，建筑同时具有科学技术和社会人文在空间环境中相结合的双重属性。他所倡导的历史观，一是希望人们在观察中国文化建筑中能正确地理解文化建筑之理论；二是希望今日建筑师要用现代观念，创作出适应于时代、符合科学与艺术规律之“形”和“神”的作品。如，北京的中轴线是北京城市规划整体布局的点睛之作，将北京的中轴线向北延伸，实际上是赋予古老的都城以新时代的理念和气息，它是对传统文化和悠久的文明历史新的开拓。建筑师在此用新的现代表现手法，将传统的建筑语汇进行重新组合、改造，以使传统文明得以延续和发扬。北京城内有着棋盘式的街区，奥体中心内交通流线的设计就是要将中心内主次轴线与环形道路结合，形成中心内主要交通道路骨架，这样便与城市的总体格局相协调。在建筑物的细部处理上，马国馨和设计师们则更多地将传统构件通过变形、隐喻加以使用，使人联想到中国建筑的常见特征。如建筑檐口下露明的网架节点上杆件形成的三角形外轮廓，让人联想起斗拱；高耸的塔筒外侧向内收分以及它与斜拉索、屋脊形成的起伏轮廓，酷似中国木结构建筑的侧角与屋脊的起翘；檐口和屋脊的大红色金属构件让人联想到传统建筑的特有色彩；建筑的平台和多层台基，使人想到传统建筑的常用做法等。

在每个阶段都心怀感恩心情

在马国馨的建筑之路上，他始终抱着一颗谦虚、感恩之心，为所获得的团队支持以及机遇而感到幸运，而这背后的辛勤付出却不是所有人所能感受到的。自1965年分配至北京建筑设计研究院至今已有四十多个年头，这是一个有着多年历史的老单位，而他从“什么都不懂”的新人到现在的总建筑师，负责北京国际俱乐部、国家奥林匹克中心、首都国际机场新航站楼工程、毛主席纪念堂等国家重点项目的建筑设计，于他而言，北京建筑设计研究院是他扎根生长、开花结果的土壤。院里有着非常雄厚的实力和技术力量，有一大批全国知名的老专家、老建筑师、老工程师，马国馨就是在这样的环境里，在他们的关照和指点下一步步走过来的。在20世纪70年代做建外国际俱乐部时，他还不到30岁，那是他当建筑负责人的第一个大型的公共建筑。虽然初出茅庐的他还有许多不懂之处，但工程主持建筑人吴观张十分支持和放手，使他在工程的全过程里学了好多东西。然而在这些支持与理解的背后，马国馨付出的是加倍的耕耘，他觉得“那时真觉得有学不完的东西”。比如他为了了解木地板烫蜡的做法，曾光着膀子和工人师傅一起扛过大火盆。

而1981年的日本研修之旅，是恰因改革开放之风刚刚兴起，对于马国馨来说算是赶上了改革开放的头班车，但这也是他们这个岁数的人的末班车了。他说：“那时我已经39岁，39岁是大龄学生了。这样一个机会，我觉得对我来说是很重要的。”他总说“时代给我们带来了机遇，建筑师的成长首先要有机遇，其次是集体的支持，最后才是个人的努力”。

毛主席纪念堂

马国馨刚从日本学习归来后不久，就参加了亚运会的可行性研究，后来又主持国家奥林匹克体育中心的设计工作。面对自己从未尝试过的建筑类型，他觉得很有挑战性，也是院里给他的一次机会，并且给予了最大的支持与帮助。刘开济、张德沛、吴观张等老专家出任顾问，周治良在工程指挥部任副总指挥，他们都为此付出了大量的心血。有老同志常常在他举棋不定的时刻点拨，有领导把打交道的事情都给办了，还有一批责任心强、敬业、经验丰富的同事一起合作。可以说，正是这个院里的一大批大匠名师的成就和智慧的共同映照和滋养、支持，促进了他在建筑之路上

中国电影博物馆（效果图）

“少走了弯路”，玉成了他。

而今，年近古稀的马国馨，在他为中国体育建筑事业的发展尽心尽力的同时，也像他的前辈们那样，认真、耐心地辅导青年建筑师，将自己的经验、体会无私地传授给他们。在 1999—2001 年北京申办奥运的过程中，北京市建筑设计研究院承担了申奥场馆方案的全部设计任务。身为北京申奥场馆方案设计技术顾问的马国馨，在设计过程中对青年建筑师悉心指导，热情帮助。奥运申办成功后，他又将青年建筑师推上第一线，让他们向社会各界介绍奥运场馆的设计及心得，树立青年建筑师的形象，提高他们在行业及社会上的认知度。学高为师，身正为范。作为一名优秀的建筑师，马国馨对青年建筑师的影响还不仅仅在技术和工作上，更重要的是在品德和修养上。在设计首都机场新航站楼工程时，虽然已是一个在学术界、社会上取得了相当多荣誉的建筑师，但他还是经常亲自画施工图，设计中几乎所有的设计说明都是他写的。他在学问上付出很多，但得到的却很少；许多方案是由他来做指导，但在之后获得报酬时他总是推辞不拿，或是拿得很少。

建筑人生，写意生活

古罗马建筑师维特鲁威在《建筑十书》中提出期望：“建筑师应该擅长文笔，熟习制图，精通几何，深悉各种历史，勤听哲学，理解音乐，对医学并非茫然无知，通晓法律家的著述，具备天文学或天体理论的知识。”马国馨的诗作、书法，摄影作品、篆刻和所参加合唱团的 CD 唱片，足以让人感到：这是一个具有丰富内心、敏锐感受力的人。

马国馨往往跳出就建筑论建筑的小圈子，从文化视角来启动美术、摄影、文学、音乐等形式，为繁荣普及建筑文化服务。有此基础，他的作品无论是建筑还是城市设计都体现出深厚的文化内涵。在国家奥林匹克体育中心环境设计当中，马国馨与多位雕塑家、园林环境专家共同商讨奥林匹克体育中心大的环境设计，并将一些具有超前表现形式的大型雕塑安置于奥体中心内，这样不仅增加了奥体中心内的文化美学氛围，同时也使这些雕塑的表现力在大建筑的文化氛围中表现得愈加强烈。

他不仅拥有一个理性的世界、建筑的世界，而且还拥有一个感性的世界、艺术的世界。他酷爱摄影，一架佳能照相机跟着他走了许多地方，2001 年 12 月他还主持了中国首届建筑摄影大奖赛的评选及建筑摄影论坛等活动，以其深厚的艺术修养受到人们的赞誉。另外，他作为“清华艺友合唱团”团员，曾经随团参加过正式的音乐会演出和比赛。学生时代的马国馨曾在清华校内军乐团中吹萨克斯管，那苍凉婉转的乐声，常令他自己有“身陷其中”之感。他还曾被中央人民广播电台请去，做了两回音乐节目的嘉宾主持，而讨论的主题就是“音乐与建筑”。

或许，这样的写意生活，正是使他在近五十年建筑生涯中历久弥新的创作源泉。（王丛秀／文）

与福建土楼相伴相随的“建筑人生”

福建省建筑设计研究院首席总建筑师　黄汉民

1943年11月出生，福建省福州人。1967年清华大学建筑学专业毕业，工学硕士，国家特许一级注册建筑师、教授级高级建筑师。现任福建省建筑设计研究院首席总建筑师，福建省建筑师分会会长，福州大学、华侨大学教授。

主要设计作品有福州西湖“古堞斜阳”、福建画院、福建省图书馆、福建会堂、中国闽台缘博物馆、福建省物资贸易中心、福建省保险公司大厦、榕城商贸中心、华福大酒店等。出版专著有《福建土楼》、《福建传统民居》、《客家土楼民居》、《老房子——福建民居》、《福建土楼——中国传统民居的瑰宝》。

2008年7月，“福建土楼”申报世界文化遗产成功，土楼这种世界上独一无二的大型生土夯筑的民居备受关注，社会上一时兴起“土楼热”。对此，国内最早研究土楼的专家之一——福建建筑师黄汉民说，土楼研究“才刚刚开始”。黄汉民调查、研究土楼已达28年之久，早期他通过实地调研，最早发现并介绍了“闽南土楼”，使“福建土楼”的类型更加多样，内涵更加丰富。而今，他极力呼吁有关方面从长远出发，注重独具特色的典型土楼（包括未列入“世界文化遗产”的土楼）及其周边环境的保护，改善土楼居民的生活环境，处理好世界遗产保护与旅游的关系。他同时热切希望现代的建筑设计能够从传统民居中吸取有益的启示，用建筑师的方式去处理环境、能源与生态的问题。

“回顾四十多年的建筑生涯，自认为十分幸运，又十分知足。”

1960年，当黄汉民参加高考时，他对于自己将来的学习方向并没有太多想法，而是偶然地进入了清华大学学习建筑。青年时期，黄汉民的道路和许多同龄人一样，并不顺利。到了毕业分配的时候，因为“文革”的影响，他先是到崇明岛部队农场干农活，接着到武汉的一个工厂下车间，随后又去了广西兴安三线工厂去做基建。“很想干自己的专业本行，有兴趣，但没机会。”走过了这段被耽误的时光后，黄汉民在不惑之年，考回清华念研究生，直到改革开放以后的20世纪80年代初分配到福建省建筑设计院，才真正开始做建筑设计。此后，他以福建为主要“阵地”，在建筑设计与土楼研究领域内辛勤耕耘。

在建筑学界，黄汉民因对福建土楼的研究而广为人知。虽然在福建土楼及传统民居方面有深厚的研究实绩，但这些工作只是黄汉民的“业余工作”。他的本职工作是福建省建筑设计研究院首席总建筑师，从事当代建筑设计。谈到这项研究的缘由，黄汉民说，这要追溯到在清华大学师从王玮钰先生读研的时期，当时他研究的课题就是福建传统民居。出于对土楼及传统民居历史价值、艺术价值和科学价值的深刻认识，以及它们对当下建筑创作的借鉴意义，也出于一个建筑人的责任感，他利用一切可能的机会去开展研究工作。黄汉民在20世纪80年代发表了关于福建传统民居的硕士论文后，海内外许多学者到福建看土楼都“少不了叫我带路”，“我也因此得以免费考察，‘顺手牵羊’测绘调研，从而延续了福建土楼的研究。就在一无科研课题立项，二无研究经费的条件下，利用建筑设计工作之余的时间，单枪匹马，艰难跋涉”。

如今，66岁的黄汉民依然保持着对建筑设计与传统民居研究的深切热爱。他一方面抓设计工作，对建筑设计方案进行指导、审核、把关；另一方面，他对传统建筑研究更感兴趣。“其中一项工作是编写《中国传统建筑细部装饰》系列图书，我负责其中一本关于传统门窗装饰的撰写。中国各地的门窗装饰太精彩，太丰富了。我老交不了卷，因为调查和研究做得越深入，就越觉得不足。”他说，文章很难做，但很有意义。

“土楼存在几百上千年，没有对生态环境造成任何破坏，因为它所使用的材料是生土、石头、木头，它们都来自土地，房屋倒塌了又可以回到土地中去。”

与土楼结缘28年，黄汉民最早的一个开拓性工作，就是发现并研究福建在“客家土楼”之外的另一支——非客家的闽南人居住的土楼。早在1956年，南京工学院的学报就发表了一篇文章，叫《福建永定的客家住宅》，将永定县的客家土楼介绍给学界。但在20世纪90年代前，人们仍然只知道有永定土楼和客家土楼。1981年黄汉民在福建漳州南靖县（与永定县交界）发现的南靖怀远楼、和贵楼（已被列入世界文化遗产），也属于客家人居住的土楼。直到1987年，上海科教电影制片厂拍摄土楼专题片，黄汉民为摄制人员带路，才发现闽南漳州市所属各县都有土楼，“它们在外观上跟永定的客家土楼差不多，但建筑平面布局完全不同，是单元式的，没有客家土楼的内通廊”。这些实例立刻引起了黄汉民的注意。1988年，他在短短16天里跑了70多个土楼，进行测绘和调查。到了第二年，黄汉民撰写了一篇打破土楼研究格局的文章《走进圆楼世界》。“圆楼的根在漳州”的观点一经提出，便引发了争议与讨论——在客家人的意识里，圆楼是客家人的专利，黄汉民却以实物例证和可靠的文献记载，论述了圆楼在漳州的出现比永定客家人更早，是漳州地区独特的历史和地理环境的产物。

永定县初溪村

永定县洪坑村福裕楼

黄汉民说，至今人们对福建土楼还是误解多多，一说土楼，就认为是客家土楼。然而，尽管客家土楼很精彩，但它只是“福建土楼”的一半，还有一半是“闽南人的土楼”，它也很精彩。

从发现、研究、保护、改造，乃至开发，黄汉民对土楼的研究逐步深入。今天，黄汉民更看重的，是它对于现代建筑所带来的有益的启示，尤其是在生态意义上——“现在我们提倡建筑的全寿命过程中都要尽可能节约资源，节约能源，包括房子拆了之后建筑垃圾的回收利用。我们提倡使用可循环的建筑材料，生土就可以循环。在这方面我们研究得不多，也不够重视。”在美国和日本，不少建筑学者都动手建造实验性的新的“生土建筑”。而我们的土楼，本身就是这样一个生态建筑的典范。“福建土楼存在数百上千年，它并没有对生态环境造成丝毫破坏，因为它所使用的材料生土、石头、木材都来自于土地，土楼倒塌后又可以回到土地中去。福建土楼的建造用的是可循环的建筑材料，因此，福建土楼是原始生态型的建筑。”实际上，在寻访和研究土楼时，黄汉民就亲眼看见不少土楼居民受地方风气的影响，建造了钢筋混凝土结构的新房子。到了冬天，薄薄的砖墙无法抵御山区的寒冷，山民又搬回土楼里去。在炎热的夏天，他们同样也要回到土楼，享受那里适宜的温度。

“土楼的热舒适性非常好，人住在里头，冬暖夏凉。”黄汉民带领他的研究生，用先进的仪表去测试室内的热舒适度，证实了这一结论。因此，他认为，要去引导农民不再盲目地去盖“平顶贴白瓷砖的小楼”，不妨就地取材，探索新型的夯土建筑。“还用生土，但是用机器来夯。或者用土坯去盖一些新的土楼，好好设计，配套现代的卫生设施，让人们生活得更舒适。”这样，土楼村落的整体环境将得以保持。又或者，通过改造旧土楼，保持聚居的传统，延续传统土楼内部邻里的交往空间，节省山区本就紧张的土地资源。

数十年来的研究，让黄汉民对福建土楼有着深厚的感情与了解。他在20世纪90年代出版了专著《福建土楼》。后来，他又在此书的基础上补充、改写，写成《福建土楼——中国传统民居的瑰宝》一书。对于目前国内研究的现状，黄汉民认为，尽管关心的人越来越多，除建筑界之外，历史地理、民俗和人类学等相关学科也加入到研究队伍，但我们对此的投入仍然太少，研究还处在初步的阶段，还有待深入。比如，在福建省内，就存在各县市重视程度不均、概念不清的情况。“有些人把那些小型的夯土建筑都叫土楼。这个县说，我们有一万多座土楼，那个县说有两万多座土楼，好像就比谁的数量多，这很不确切。我粗略统计，整个福建省的土楼不过3000多座。”更不消说，部分县由于经济情况，博物馆和文物部门并没有能力去做普查工作。

而随着土楼申请世界文化遗产成功，土楼的保护与使用，也亟须得到关注。首先是保护问题——如何形成理性的保护观念？“一些人热心申报世界遗产不是首先从保护文化遗产、保存历史记忆出发，而是指望名气大了开发旅游多赚钱”；另一方面，由于土楼至今还为人所居住，是“活的”历史文化遗产，还必须去关心居住者享受现代生活的权利，考虑怎么去帮他们改造，又不造成破坏，把人留住。

针对这些问题，黄汉民认为，有三件事，非做不可：

首先要做好宣传，向公众讲述土楼的历史价值和科学价值，使上上下下都认识到保护它的意义。福建土楼的形态独一无二，聚居方式绝无仅有，不光是建筑形态以及土楼的空间布局、防卫技术、建造技术，尤其是土楼如何与周边环境建立起自然和谐的关系，可以给后人很多有益的启示。

二是从现在开始着手保护。申报世遗时，人们选取了一些环境整治花费较少、距离相对近的典型的土楼，许多有特色的土楼并未列入。对于那些土楼，现在就应该开始着手保护。

同时，还应该关心如何改善旧土楼及周边环境的问题。黄汉民说，福建土楼有几千座，现在还有数以万计的人住在里面。这些土楼还不会垮，再用100年应该是没有问题的，它的土墙还不会倒。但在农村人口增加的形势下，不少人在土楼外胡乱搭盖，让土楼空置，破坏了环境。“如果是回到十几二十年前，我刚刚去的时候的样子，可以说几乎不用花一分钱就能申报世界文化遗产了。”如今，我们不仅要吸取这样的教训，还要去关心那些已经列入世界文化遗产的土楼村落的保护规划是否得到真正的落实——尽管申报世界文化遗产已成功，如果“环境破坏了，照样要被摘帽。但愿不要出现这种难堪的局面”。

“建筑要有地域特色，设计一幢建筑要让你觉得它只能生长在这个地方，搬到别的地方就不合适了。这就是我的原则。”

独特的地理、气候条件，使福建产生了丰富的民居形态。福建人多是从中原迁来的，由于省内交通不便，相互隔绝，竟有30种方言，之间无法相互交流。在过去，民间盖房子时，总是请语言上能沟通的师傅，而师傅的技术又是一代传一代，所以福建各个县建筑形式都不一样。“以前，我到一个地方，看看那里的传统民居，就能知道我到了哪个县。”过去30年间社会经济和建筑材料、技术的发展，带来了建筑特色的危机。丰富的传统民居与到处可见的白瓷砖和玻璃幕墙两者的对比，促使黄汉民开始自觉地探索新建筑的地域特色。

黄汉民从福建传统民居中吸取的第一份影响，是建筑对于气候的适应。相对于社会经济文化层面的改变，特定地区的气候变化则显得比较恒定，更是该地域特质的重要部分。“传统民居是千百年中自然生长出来的，它就是适应当时当地的现实需要，就地取材，不断改进，不断优化，并适应自然环境、气候环境的产物。”在福建的闽南地区，气候十分炎热，当地常见的“手巾寮”民居、“竹竿厝”式民居，面宽小，进深大，院落、天井层层深入，并以窄巷串通。大小天井日照时数差异所产生的温差，形成空气的对流，窄长巷道的“拨弄风”，加强了穿堂风，有效地调节了室内温度。

富有地方特色的符号和建筑语言，也是黄汉民关注的要点之一。他尤其强调尊重本地的文化特征，像福建省图书馆，色彩就十分明亮悦目。“也许北方人看这个建筑，觉得怎么这么花哨？但在福建闽南、莆田一带，就喜欢花哨浓艳的色彩，可能受东南亚文化的一些影响。所以不能用个人的喜好来评价，要看当地老百姓喜欢不喜欢，因为毕竟是他们在使用。设计一幢建筑，要让你觉得它只能生长在这个地方，搬到别的地方就不合适了。这就是我的原则。”

中国闽台缘博物馆

利用好当地的建设资源，创造性地使用地方材料，将地方性的材料与新材料、新技术相结合，往往是产生新时代新的地域建筑的有效方式。20世纪80年代初，黄汉民接受福州西湖公园“古堞斜阳”景点设计工作。基地位于福州西湖边，曾经是一个猪圈，基础还立在水中。在不能把水排干来施工且必须利用原有基础的情况下，黄汉民否定了已经备好料的黄琉璃瓦屋顶的方案，采用仿福州最有特色的曲线型风火山墙的形式，设计了一个新景点。一次，他回到清华参加活动，放映这个景点的幻灯片时，引起了学生们的兴趣，认为很“后现代”。对此，黄汉民说，这是因为大家都没有见过福州民居的风火山墙是何模样。近年来，黄汉民所主持的“中国闽台缘博物馆”设计项目，在考虑闽台的传统习俗、审美心理与特殊喜好的基础上，利用闽南特有的红砖、白石、瓷片等地方材料，沿用地方独特的传统工艺，如红砖拼贴、瓷片剪粘、“出砖入石”等传统做法，以现代的手法加以表现。如今，泉州人都将这一建筑视为泉州标志性的建筑。

诚然，探索的过程充满了甜酸苦辣，但黄汉民仍坚持，即使难，建筑师也要善于抓住机遇，尽可能地实现建筑探索。在品尝建筑设计带来的困难与欣慰时，他更希望建筑创作的生态环境能够不断改善，建筑精品能够不断涌现。（赵夏榕／文）

福建公安专科学校图书馆

福建会堂

因时、因地的建筑

上海项秉仁建筑设计公司主持人　项秉仁

1944年1月出生。1966年获东南大学建筑系学士学位，1981年获东南大学建筑系硕士学位，1985年获东南大学建筑系博士学位。曾任美国Arizona State University访问教授、美国旧金山Brown Baldwin Associates，LTD.项目建筑师等职。1999年8月至今，任同济大学建筑城规学院教授、博士生导师，上海秉仁建筑师事务所设计总监。代表作有：富春山居、江苏电信综合楼（获南京市优秀建筑二等奖）、深圳天利中央商务大厦、江苏移动通讯枢纽工程、合肥文化艺术中心建筑设计等。出版《国外著名建筑师丛书——赖特》、《城市的印象》（译作）、《项秉仁建筑与室内设计作品集》等著作。

项秉仁是中国第一个建筑学博士，曾获得贝聿铭旅美中国学者奖学金。自称对于建筑的选择，是源于对“有一点文艺”的生活的想法。学习、实践、再学习、再实践，他在现代主义的原则下发挥出最大的自由，因时因地，将建筑的基桩打入环境、文化、历史的深厚土壤中。在路上，他渐渐明白获取信息有个抽象的过程，抽象帮助我们拂去现象的尘土，显露深藏的基石。在逻辑思维下，观察思考让他不停行走，亦走得更久更远。

国内第一个建筑学博士：“有一点文艺”

1944年出生的项秉仁说自己从最初选择建筑学至今，都是源于那“有一点文艺”的生活。自小他就比较喜欢艺术，喜欢画画，那个时候选专业，他希望能够选一个不仅仅只是工程或科学类的学科，最好是可以和艺术相结合的，顺着这样的思路他就去读了建筑学。

在那个建筑学还是比较高尚的学科的年代，大学的学习氛围，追求的更多的是艺术的美感，在绘画方面训练很多，也会有很多艺术方面的教育。除了这些学习建筑学中所接触的“文艺”，他一进大学就参加了文工团，在学校里的管弦乐队演奏长笛。谈起大学校园的岁月，他觉得虽然几乎所有时间都花在了学习上，对他来说艺术还是快乐的，比如星期天拿着画板去外面画水彩画、写生，是学习，也是一种休息和放松；去乐队演奏，是对自己艺术修养的一种提高，也是自己的兴趣所在。这样丰富的“学习”，项秉仁持续至今，因为对于一个建筑师来说，本身的工作涉及多方面的东西。他也一直认为，做任何工作，只要将来还可以回归建筑师这个职业，实际上以前所花的时间和精力都是对自己的专业有好处的。

“建筑师并不是单纯的只做设计而已，他需要有足够的社会经验，要了解一个城市或一个建筑背后所涉及的多种因素。建筑师的工作是要分析其中多方面的矛盾，然后综合考虑，找到一个最优的解决方案。而且有的时候自己的想法不一定都被接受，还需有协调甚至舍弃，以配合整体项目的完成。”

1981年，中国改革开放不久，全国攻读博士学位的少之又少，项秉仁却成了建筑学专业中第一个吃螃蟹的人。他作为“文革”后第一批的硕士研究生，怀着对博士学位的好奇和对建筑学的热爱，读了博士。期间国内外交流的机会很少，他不是很清楚国外的博士是怎么样的，所以有关的一些东西都是按照我们自己的思路去进行的。写论文的时候，他也不知道一篇优秀的博士论文应该是什么样子的。同时建筑专业有它自己的特点，不能是纯理论，还要注重实践。他还记得最后答辩的隆重场面，从北京、上海、南京来了总共13位专家、院士和领导，从下午两点钟开始一直到晚上八点多才结束。因为当时大家都很看重中国第一篇建筑学的博士论文，每个人都有自己的看法，有的认为好，有的认为不好。他说，对于他的城市建设基础理论，当时也有很多的争论。

1989年，项秉仁获得贝聿铭旅美中国学者奖学金。旅美的日子里，他自己驱车去考察了美国的很多建筑。项秉仁说："当时我在美国，条件不像现在的留学生那么好，那时候国家就给几百块钱一个月。实际上贝聿铭给的奖学金也不多，但是它代表的是一份荣誉。贝聿铭先生希望祖国同胞可以有机会去了解美国的建筑，希望我们多看看，然后在结束以后写报告向他汇报。"在与贝聿铭先生的会面中，贝先生鼓励项秉仁回到中国去，他觉得中国将来有很好的前途，而他提供奖学金的目的也是希望他们可以在美国学习以后回国来做贡献。

行走，并成熟着

1993年，项秉仁取道回国。他先在香港待了一段时间，因为他很想了解这个东西方文化交融的城市。他对香港感觉很好，但最终还是选择回来。"当时待不下去，最大的原因是因为香港是一个非常商业化的城市，大部分建筑师在那边一直处在激烈的商业竞争当中，反倒是内地的环境会相对好一点，生活压力不会那么大，建筑师还能有自己的一些创作空间。但在香港没这种机会，很多时候还是客户至上。"

在这一路学习、实践、再学习、再实践的过程中，项秉仁对于建筑学的理解从最初的追求艺术美渐渐深化：建筑学，归根结底是一门研究空间和形体的学科。随着时代的发展，人们对于空间和形体的认识也在不断地深化，从封闭空间到开放空间再到复杂的多维空间。城市设计和室内设计本质上只是不同尺度的建筑设计。虽然建筑学是一门非常具有社会性和实践性的专业，建筑专业人士，无论是设计者、管理者或决策者都必需了解社会，包括政治、经济、文化等等方面，但他们终究不是政治家、经济学家和纯艺术家，社会期望他们将这种对社会问题的关注和了解最终落实到具体物质环境的营造，而非其他。

他认为，尽管外界有时将建筑的重要性抬到了较高的位置，但作为建筑师，还是需要清醒地认识到建筑不变的本质要素仍然是空间和形体，要加强对建筑本体的研究，深入领会和挖掘建筑特有的审美本质，包括空间、形体、材料、结构、节点、施工方式等等方面。只有在有了大量的能够设计出富有内涵的高品味建筑的成熟建筑师，才可以期望有高品质的人居环境。

对于中国的现代建筑与现代主义建筑的关系，项秉仁觉得中国建筑的现状是中国特殊的建筑教育发展的结果。20世纪50年代的建筑系学生没有条件系统地理解现代主义思想；60年代的学生全面接受了现代主义思想，但却很少有实践的机会；70年代末及以后的学生接受的是后现代多元化的思想。可以说，现代主义建筑理论其实并没有在中国被系统地实践过，这是中国当代建筑面貌产生的根本原因之一。

"中国设计界的混乱状况正是这种不稳定的思想输入的结果，脱离对西方现代主义及以后的历史过程的理解，简单狭义地吸收了后现代思想，对中国建筑其实是非常有害的。"

现代主义与地域环境的结合

项秉仁一直坚信，现代主义建筑思想留给我们的绝不是某种特定的形式，而是建筑所特有的形式美如何由逻辑推理来生成。他以北京首都博物馆方案作为例子，在描述它的形式时，项秉仁几乎无法将其形式与形式的目的剥离。建筑实体前的超尺度柱廊是它最强的特征，它就像一个屋顶早已坍塌的"遗迹"，期待着各种可能的功能，呼应着博物馆的主题。"遗迹"下抬高的平台就像中国式的舞台，造成了建筑与前面长安街的对话关系。平台将人流从北面引到东南面，把光线带到了建筑的入口前。形式与形式的目的之间不断的相互推理构成了现代的设计逻辑。

同时，在项秉仁的众多实践作品中，人们还可以看到他在这种逻辑之下对现代主义"因时、因地”的诠释。

2003年开始设计的合肥文化艺术中心，是项秉仁“新现代”的一项作品，使用混凝土、钛金属板、玻璃幕墙造就的艺术中心实则是刚中带柔的纽带。艺术中心选址在新区科技轴两侧，北临东流路，南临天鹅湖，从城市空间形态分析，项秉仁试图营造一个优美、高雅、反映时代特征的造型，来衬托位于中心轴线远处的市政府大楼，同时使其成为符合天鹅湖自然形态的背景建筑。他选择了两个成角度的椭圆作为建筑的主题轮廓线，使其在轴线的交汇点落在城市主轴上，同时将主轴的端部作为建筑对外的主要入口空间。这样既解决了两个建筑在城市主轴上遥相呼应的对位关系，同时其曲线的形态也与天鹅湖形成一个有机的整体。

合肥文化艺术中心

在“富春山居”，他借鉴了附近的浙江民居。浙江民居是浙江建筑历史遗产中的瑰宝，它与环境共生、适应生态、就地取材、丰富的内部空间与使用功能合理地配合。所以在“富春山居”的设计中：室内空间力求紧凑和灵活以充分提高套内的使用效率；使用天然和常用的建材，既降低成本又符合生态和健康；玄关的上空、挑空的起居室和落地的大玻璃窗使得上下内外的空间融为一体。紧密结合环境地形是富春山居别墅设计的另一个重要的考虑，依山傍水，保留原有林木，“把家轻轻的放进大自然中去”是项秉仁遵循的原则。而“富春山居”建筑的外观设计更是细致到一砖一瓦。恰是借鉴江南民居的思考，用现代的构造方式加以表现，创造出了没有理由拒绝让人陶醉的美。

而江苏移动通信枢纽工程的建筑及环境设计，则是项秉仁将新老建筑互相映衬的又一力作。该项目的基地毗邻举世闻名的南京古城墙，具有鲜明的历史性和地域性；而新建筑是现代高科技产业建筑，要求高度满足现代人的物质和心理需求。设计将50米高的调度指挥中心布置于基地东南侧，三层机房布置于西北侧，七层部分布置于两者之间，既满足了规划高度、日照间距等要求，又获得了起伏有致的沿街城市界面。建筑整体以一条规整的主轴贯通，配之以局部的偏转和移位，产生尺度宜人和生动有趣的视觉效果，使整个建筑群体以一种恰当的姿态融入这一特定的地域环境中。整合主体建筑物与现存地域环境条件的空间关系也是建筑师重点考虑的问题之一，这也是在现代建筑的外部环境设计中达到地域性和现代性相统一的重要环节。

这些建筑与环境、地域的思考与实践，其实体现着项秉仁始终坚持的“城市设计”思想。“建筑不是孤立的个体，有了好的建筑不等于就有了好的城市。如果街道上都是形状各异的建筑，即使每栋建筑单独来看都非常出色，这个城市也未必就是一个美好的城市。比如浦东陆家嘴，有些外国人说它是‘建筑动物园’，就是说每栋建筑都是一个动物，都不一样而且互相独立。所以我们必须注重城市建筑的整体性。”同时，好的建筑或者好的城市，不单单只是靠物质环境的优劣来评判。城市除了漂亮的高楼大厦以外，还要符合人的行为和心理方式，要体现这个城市的历史文化。

江苏移动通信枢纽工程

“传统”与“现代”环境是相平等的元素

虽然项秉仁的作品中大部分都是使用现代的手法，但其中却不断流露出与传统的关联。而对待传统，项秉仁有着自己的见解：“传统不应该被简单地理解为‘原料库’，而应被看成与现代环境相平等的元素。其意义需要发掘、解释和不断的重新理解。”

复兴公园大门的设计是项秉仁近期的设计的一个建筑小品，其中将非现代与现代感相糅合的效果让人惊叹。复兴公园是一个浪漫而充满记忆的地方，它最初是法国人的囤兵场，后来被开辟为租界里的公园。它的老大门很有特点，项秉仁说那是他童年记忆的一部分，他相信它也应该是

宁波行政中心主楼（效果图）

这座城市记忆的一部分。抱着一线希望，他到上海城市档案馆查询历史记录，竟然找到了老的复兴公园大门的建造图。于是他突发奇想，原封不动地将它搬回来，并想用全新的现代体块将它夹起来，不过最终两旁的体块选择了折衷形式。它像是树的自然生命衰而是竭了之后，靠种子又生长出同样的形态，演绎了生命的轮回。它既不仿古，又不是真的古董，介于两者之间的模糊地带。

在着眼传统的时候，也是应当联系未来的。对于数字化时代的到来，项秉仁也有着敏锐的触觉与思考。数字化对建筑学的影响不只限于用电脑辅助设计，或做出令人匪夷所思的“激变的超前建筑形态”，或是利用“虚拟现实技术”使设计成果更具有可视性和可评价性等等，而是牵涉到传统意义上的建筑学的各个物质层面和精神层面。所以，研究数字化时代的建筑学也不应只限于懂电脑的人，而是所有与建筑有关并对此有兴趣的人都能够参与。

“正如在数字化时代中现实环境和虚拟环境将会共存一样，传统的建筑学不但将继续存在，而且会有更深入的发展。数字化时代的人将会对建筑设计有更高的要求，在功能上更细致，更能适应变化和不同的需求，在技术上更先进，在审美方面更丰富和复杂。”

在一定的社会形态、生产力水平和地理环境下，所产生的建筑形态正是一定时期的建筑文化的自然体现。项秉仁认为，以往的建筑师对于这一认识几乎从来没有怀疑和动摇过，之前影响中国建筑界甚大的后现代主义之风，而后建筑的内涵和外延被过分地强调，建筑的文化和象征作用被夸大。相反，建筑的本体价值被忽略。其结果是在我国大大小小的城市中矗立起来了许许多多造型夸张而设计粗糙的房屋。在面对数字化时代正在发生和将要发生的变化，怎样重新使我们的建筑学教学聚焦到建筑的本身，进一步加深在建筑整体环境功能、建筑空间和形态、建筑美学等基本方面的研究和训练，培养能创造与未来虚拟世界等量齐观的现实建筑和城市的人才，是需要认真思考的问题。

在这一路的学习、实践和思考中，项秉仁渐渐开始理解：建筑师有许多机会观察这个世界的不同侧面，但不能只贪经历不图理解。对于获取的信息应该有个抽象的过程，抽象帮助我们拂去现象的尘土，显露深藏的基石。这个过程就是观察与思考。（李子涵　王丛秀／文）

江苏电信业务综合楼

宁波文化广场（效果图）

深圳天利中央商务大厦

走在建筑环境声学研究的前沿

中国科学院院士　吴硕贤

1947 年 5 月出生，建筑技术科学专家，华南理工大学教授。1970 年清华大学土木建筑系建筑学专业毕业，1981 年、1984 年先后获清华大学硕士、博士学位。现任华南理工大学建筑技术科学研究所所长。主要从事建筑环境声学的教学与研究，系统提出城市交通噪声预报、仿真及防噪音规划的理论与方法，在这一领域做了开拓性工作；首次阐明声学虚边界原理，推导出混响场车流噪声简洁公式；建立居住区环境质量评价科学架构；提出扩散声场仿真新方法和评价厅堂音质的新方法、新指标及计算公式，承担了包括人民大会堂音质改建工程声场方案等 50 多项工程声学设计。

建筑，仅有视觉是不够的。

这是我国建筑声学专家吴硕贤的看法。吴硕贤是我国建筑界与声学界培养的第一位博士，数十年来，他将自己的精力倾注于建筑声学的研究、实践与教育工作中，致力于给予国人"听觉的关怀"。

诗书世家走出的科技尖子

1947 年 5 月，吴硕贤出生在福建省泉州市。他的父亲是复旦大学中文系古典文学方向教授、现代作家、书法家吴秋山，他的母亲是一名语文教师。吴硕贤从小由父母启蒙授业，学习诗词歌赋与书法，长期的耳濡目染，使他琴棋书画样样皆能。他学过钢琴、手风琴，书法、做诗无一不能。他说："小时候我的志向其实是当诗人、作家，直到初三那年，中苏关系破裂，苏联科技专家撤走，陈毅号召全国青年向科学进军，我才转而专攻数学、物理，向理科方向发展。"

1965 年，吴硕贤以数学、物理满分、福建省高考理科状元、全国理工科总分第一的骄人成绩考入清华大学建筑系。全国理科状元的身份使吴硕贤进入大学后曾受到时任高教部部长的蒋南翔校长的亲切接见，他也被列为全校因材施教的重点培养对象，数学、外语另开小灶，在提高班学习。然而好景不长，当他在清华大学读了 8 个月的时候，"文革"开始，学业被迫中断。但吴硕贤并没有因此而放弃对于科学的追求，坚持自学。1970 年，吴硕贤被分配到西安铁路局工地劳动，后任施工技术科科员。在这段时间里，他一边实践一边自学，几乎自学了全部建筑结构课程。

1978 年，全国恢复研究生招生考试，基础扎实的吴硕贤考上了清华大学建筑技术科学专业的研究生，师从张昌龄教授。张昌龄教授十分重视建筑科学技术研究，他带领吴硕贤开展城市交通噪声问题的研究。1981 年，清华大学在 19 个硕士毕业生中选取 3 个博士生，吴硕贤是其中之一。攻读博士期间，他跟随吴良镛、马大猷院士建筑声学的研究。1984 年，吴硕贤获得了博士学位，成为我国建筑学界和声学界自己培养的第一位博士。

博士毕业后，吴硕贤放弃了留清华大学工作的机会，选择了离家乡较近的浙江大学。1998 年，吴硕贤被调到华南理工大学建筑学院。2005 年，吴硕贤当选为中国科学院院士，成为我国建筑技术科学领域首位中国科学院院士。从清华大学到华南理工大学，吴硕贤始终战斗在声学与建筑学的科研第一线。

"我们要做的事情就是关怀 13 亿人的听觉器官"

自古以来，建筑与声音之间就存在着不可分割的联系。《论语·述而》说："子在齐闻韶乐，三月而不知肉味。”说的就是声音所带来的精神愉悦。而《列子·汤问》“既去而余音绕梁，三日不绝”，讲的就是建筑与声音的关系。从历史典籍回归文字本源，繁体字的“廳”是将一个听字放在其中，表明厅的原本作用就是用来听音的。这更加说明了建筑本身是讲求声音效果的。

“我的工作其实就是让人们的生活环境变得更加美好”，吴硕贤这样言简意赅的描述自己的研究，他说，“建筑环境不仅要美观、还要品质好。建筑设计也要以人为本，人有五个器官：眼、耳、鼻、舌、身，我们要做的事情就是关怀13亿人的听觉器官，例如把噪声减少到最少，又如剧院设计如何能达到最佳的音响效果”。

目前，在我国从事与人“听觉关怀”有关研究的专家及其匮乏，特别是建筑环境声学的研究队伍过于薄弱，从某种角度讲，这直接导致了我国“13亿双耳朵中的大多数仍在遭受过多的噪声折磨”。长期以来，我国城乡声景观缺乏规划和营造，在城市中未注意区分热闹区、缓冲区和安静区，几乎到处一样嘈杂。此外，在许多讲堂、教室、会议室、报告厅等场所，语言清晰度不佳，讲者讲得口干舌燥，听者却不知所云。造成这样的原因很多，最重要的是在城市规划和建筑工程设计、评审和施工中，过分重视视觉效果和外在形象，而忽视良好环境、热舒适环境和其他物理环境的营造，致使很多居住区与工作场所隔音很差。

针对这种现状，吴硕贤从多个角度说明了建筑声学的重要性和应用：首先，对于像剧院、音乐厅、会议厅、教室、电影院、演播厅等以听音为主的建筑，其听音质量是第一位的。我国不少花巨资兴建的剧院、多功能厅、电影院等建筑，从建筑质量看，与国际先进水平有不小差距。其次，对于装备有精密仪器和设备的实验室和制造车间，在隔振方面有高标准的要求。此外，对于住宅、播音室、录音室、会议室、办公室等，在隔音方面也有讲究，目前我国的住宅隔声标准与英国等国相比，仍有不小差距，而且在实际中很少严格执行。最后，安静的人居环境对于促进人们的身心健康，有利于人们作深入的思考和发挥创造性是必要的条件。我国古人就十分重视声景观的营造，而现代的城市规划和建筑设计中，就不大注意声环境和声景观的营造，使得人居声环境质量堪忧。

全方位的建筑声学研究

在明确了我国目前建筑声学应用现状的基础上，吴硕贤和他的团队在建筑声学领域展开了全方位的研究工作。

在减少城市噪音方面，吴硕贤系统地提出了城市交通噪声预报、仿真及防噪规划的理论与方法，在我国这一研究领域做了开拓性工作。为了研究车流的声音强度以及车流对建筑及街道的影响，吴硕贤找了不同类型的车，让车在机场跑道上按照不同的速度奔跑，测量不同的车辆在不同速度中产生的声音强度是多少，并用声级计记录，反过来推算声音的功率，积累了大量的第一手数据。他还认真测量了北京十几个典型居住区的噪声分布，并且在测量过程中酝酿了用计算机模拟车流噪声和用计算公式预报噪声的思路，提出了预报噪声对沿街建筑影响的定量方法和城市建筑防噪规划与布局的科学方法。这一成果被北京市规划局等城建和环保部门所应用。

20世纪90年代初，吴硕贤首次阐明声学虚边界原理（虚墙法）。虚声源原理是声学的一个基本原理，他阐明的虚边界原理是虚声源原理的对偶原理。据这一原理，他又推导出混响场车流噪声简洁公式，较好地解决了20多年来许多专家想解决而未能解决的问题。这项成果被应用到上海延安路越江隧道和德国—奥地利A13干道的噪声预测，近年又被应用于香港两条新隧道以及南京玄武湖隧道工程噪声预测。

在民族乐器声功率测定方面，吴硕贤和他的团队也做了相当多的工作。吴硕贤主持了国家自然科学基金项目，首次对民族乐器声功率进行系统科学的测定。在星海音乐学院配合下，对24种重要民族乐器采用混响室法和多通道数字信号处理技术进行了系统科学的测定，并解决了如何测试的若干技术难题。在研究过程中，吴硕贤逐渐发现，以往的音乐厅建筑，都是仿造西方的建筑样式，是依据西洋乐器的声功率及声学特性来设计的，并不一定适合中国民族乐器的特点。因此，他提出“演奏民族乐器，应有专门设计的‘民乐厅’，才能更好展示出民乐的效果”！下一步，吴硕贤将不遗余力地进行“民乐音乐厅”的研究，让中国听众享受到更美好的“民乐盛宴”。

同时，通过对声学的研究，吴硕贤提出了厅堂响度评价新指标和计算公式，提出用模糊集理论进行厅堂音质评价的新方法。指导并与合作者共同提出对室内扩散声场仿真的新计算模型和界面声能扩散系数的改进测量方法与计算公式，完成了首例将计算机辅助建筑设计软件 CAD 与声学分析程序链接，以分析室内音质的工作。

吴硕贤的建筑声学研究不仅仅局限在理论，也成功地应用到了一些建筑的实际建造中去。他将先进的“可听化”技术应用于研究音乐厅堂的音质，初步实现在厅堂设计阶段，通过计算机仿真或缩尺模型实验，即可逼真聆听厅堂建成后的音质效果。广东省标志性重点工程广东科学中心，也是吴硕贤牵头进行声学设计；此外还有广州市第二少年宫、广州歌剧院等知名建筑，都由他负责声学设计或进行缩尺模型试验工作。在此前人民大会堂改造工程中，他以及课题组也承担了声场三维仿真工作。吴硕贤将他的研究成果落实到工程项目，指导国家重点工程，为大型的公共场所提供高水准的音质效果，如北京人民大会堂、广东歌剧院、长沙音乐厅、南海蝴蝶谷音乐厅等。他的实验室也被列入建筑科学国家重点实验室。

除却将建筑声学的研究成果用于实践以外，吴硕贤还侧重于对人居环境的考察，并将研究成果用于人居环境评价的科学架构。吴硕贤主持对居住区环境质量与居民使用后评价进行深入调研，运用现代数理统计理论进行定量分析，揭示了决定居住区环境评价的若干独立因子，建立了人居环境评价的科学架构。目前，这已成为国内建筑学研究生教育的一个重要研究方向。

建筑声学：培养交叉学科人才

关于我国建筑教育，吴硕贤说，“过去我国的建筑教育，在指导思想上也有所偏差，表现在过于注重建筑艺术，而相对忽略了建筑科学和技术的发展。此外，我国交叉学科的合作研究偏弱”，“据我所知，国外这方面的交叉研究就开展得很活跃。以建筑声学为例，美国哈佛大学、耶鲁大学、麻省理工学院等就很重视。德国哥廷根大学第三物理系，其主攻研究方向就是音乐厅声学”。

回顾吴硕贤的建筑成就，很容易就可以发现：他对于建筑的关注，绝不仅仅是房子本身外形的好看与否，而是建筑内在功用的合理性与人性化，他站在学科交叉的立场上，对建筑中最现实的问题进行探讨，并依托高校平台为国家培养了大量复合型建筑人才。

由于建筑声学是一门交叉学科，来报考吴硕贤的研究生背景各不相同。为了让学生们充分发挥其特长和优势，他总是以开放式的思维和把握科技发展的前瞻性洞察力为学生选择合适的课题，与学生商量确定为社会所需要的具有应用价值的研究方向，并指导他们把研究成果应用于实践，在实践中修正和验证成果，做到科研和工程实践相互促进。“无数事实表明，研究解决现实中提出的科学技术问题，往往难度最大、意义最重要，而且往往成为原始创新的源头活水”。迄今为止，他已培养出 13 名博士、17 名硕士和 1 名博士后。

值得一提的是，在建筑声学这门交叉的、复合型的学科中取得突破性进展的吴硕贤本人，本身就集文理学科之长。在建筑科学之外，他对于诗词创作、音乐乃至其他艺术门类，均有着浓厚的兴趣，并多有涉猎。每有好友离别，或逢人生重大变故，又或游玩山水有感，他总会写上几句诗词留念。

他曾 1969 年写的《梦归芗城》一诗中写道：“薰风伴我越千冈，倏忽飘飞返故乡。半壁登临云洞石，中流击棹九龙江。圆山一带荔枝熟，芗水之滨稻谷香。花气如醇人欲醉，醒来唯见月轮光。”“文革”后，当吴硕贤第二次考入清华大学学习时，他赋诗一首：“清华二进值重阳，梦想成真喜欲狂。弟子研修思发愤，先生指导费周章。十年浩劫时辰误，一代蹉跎学业荒。决策英明崇知识，中兴教育补亡羊。”1995 年，吴硕贤将他与父亲吴秋山的诗歌作品结集出版，命名为《松风集·偶吟集》。这本书由我国著名的文学家茅盾题写书名，叶圣陶作序。叶圣陶在序言中说到：“足下十岁即作诗，早于我二三年，至今二十余年，攻读专业之暇，仍不废吟咏，至深钦慕。”

而在自己所专注的建筑声学研究领域内，他更是时常引用中国传统诗词中的句子，来阐释、说明一些专业现象。在讲述城市声环境和声景观的重要性时，他就曾这样写道：

“老子就说过‘清静为天下正’，并强调‘守静笃’的重要性。事实表明，安静的人居环境对于促进人们的身心健康，有利于人们作深入的思考和发挥创造性是必要的条件。古人还十分重视声景观的营造。在西湖十景中，就有‘柳浪闻莺’、‘南屏晚钟’等声音景点。著名的苏州园林，也有‘听松风处’、‘留听阁’、‘听雨轩’等声景观。”

建筑所面对的，是人类的整个生活。作为一位有着深厚人文修养与情怀的科学家（建筑学家），吴硕贤以他全面的修为，为使建筑、环境和城市更美好献出了自己的力量。（李子涵／文）

著作《建筑声学设计原理》

循序渐进的建筑生涯

华东建筑设计研究院总建筑师　汪孝安

1953年出生，毕业于上海市业余土木建筑学院。1969至1978年，在黑龙江省瑷珲县插队。1979年4月，进入华东建筑设计研究院工作。1999年至今，任华东建筑设计研究院总建筑师。

汪孝安设计的上海广播电视国际新闻中心获国家优秀设计银奖、上海市优秀设计一等奖；上海电视台制作综合楼获国家优秀设计银奖、上海市优秀设计一等奖。其他代表作有：沪西清真寺、上海房地产交易信息中心、蒙特利广场、康吉综合楼、工新大楼、中组部办公楼、武汉广播电视中心、江苏广播电视城等。

言辞恳切、语气柔缓的汪孝安，对待很多问题心态开放，不黏滞，不偏颇，但又有着自己一些不能放弃的坚持。在他的平静叙说中，人们感到，改革开放后中国建筑师面对涌入国门的各种境外建筑理念和技术，经过了喧嚣中一段时间的迷失后，今天已渐渐寻找到自己的建筑语言，可以在全球化背景下占有自己的位置。从以汪孝安为代表的华东建筑设计研究院的公共建筑设计实践中，人们也看到公共空间的概念逐渐深入人心，一些地方政府和建筑师越来越考虑公众的需求，“我们的城市”的前景已值得期待。

设计人生：循序渐进的过程

汪孝安说，无论在生活上还是工作上，突然的蜕变都是不存在的，累累硕果需要经历长久的酝酿，每一个季节的守望，都是为了最终的收获。小时候，他喜欢航模，也喜欢鼓捣半导体，照他的话说，如果没有“文革”，他可能就学机械或电子去了。“文革”中，他远赴中俄边境的黑龙江插队，从16岁一直到25岁，一去就是9年。在当时艰苦的环境里，他想的是如何以一技之长改变自己的人生轨迹，为此他去学绘画、乐器，期望有朝一日能进入文化馆工作。虽然后来的工作与当时的想象大相径庭，但由此受到的艺术熏陶成为他多年后步上建筑之路的坚实铺垫。

“文革”后，汪孝安回到上海，因为父亲曾是华东建筑设计研究院的结构工程师，他按照政策顶替父亲进入了研究院。刚进去时，他从普通的测量工人做起，兢兢业业的工作态度，深得大家赞赏。日复一日的耳濡目染，让他对建筑设计渐渐产生了兴趣。一年后，他通过设计院的内部考试，正式接触建筑设计工作。

为了对建筑有一个系统的了解，汪孝安报考了上海市业余土木建筑学院（现更名为上海城市管理职业技术学院），利用晚上在理论基础方面充电。而设计院的工作，又在实践上为他提供了一个广阔的平台。他从设计院的前辈身上学习到怎样了解项目条件的需求，怎样用自己的设计来满足这些需求，怎样解决在设计过程中面临的种种问题。而20世纪80年代初，国家百废待兴，人才青黄不接，用人单位不拘一格起用人才、培养人才。这种形势也为汪孝安的发展带来了许多机会，加之他自身的刻苦努力，在经过七八年大量项目的设计实践之后，开始独立承担一些项目，包括丁香花园改建、沪西清真寺、上海广电大厦等等。从测量工人到总建筑师，他以平和的心态对待这一路的升迁，但也有几分感慨，对当今社会在选拔人才方面过分重视学历的现象有些忧虑，认为社会的人才评价体系应该是开放的、全面的，除去理论基础，个人的努力、领悟力和实践的磨炼也很重要。他认为建筑师都是很有个性的，建筑设计上也没有绝对的对与错，需要结合地域、文化等多方面的因素去判断。他的成长深得华东院的滋润，如今他又把自己的所学所长无私地与年轻人共享。“青年建筑师在华东院感觉不到任何技术上的壁垒，只要他们愿意沉下心来认真工作，

上海沪西清真寺

江苏广播电视大厦

武汉广播电视大厦

可以接触从方案到施工配套的完整项目环节，这与境外事务所很细的分工完全不同。对青年建筑师的培养，华东院都提供了一个非常宽松的环境。”

汪孝安说，他在建筑设计上的探索与实践是一个循序渐进的过程，没有明晰的阶段划分，没有突然间的飞跃。不同的项目会带来不同的收获和教训，正是这些经验的积累，造就了今天这个能在工作中做到游刃有余的建筑师。

没有刻意专做文化建筑

华东院建筑专业现在分为三个所，每个所里有若干各有所长的设计团队，逐步形成主攻一些特定建筑类型的专业化发展方向。对于“博”与“专”的问题，汪孝安认为，长期做某种类型的项目对于积累更多的相关经验，形成一定的设计特色肯定有好处，但也要避免形成思维定势而降低创新能力。他相信“专业化可以造就一个好的建筑师，非专业化、个性化也可能造就一个好的建筑师”。而汪孝安的作品中文化建筑占了很大比重，但这并非他刻意追求的结果。

上海沪西清真寺算是他的第一个文化类建筑作品。该寺于 1990 年 7 月动工，两年后正式投入使用，建筑面积较以前扩大了 4 倍，曲折的回廊处设有喷泉，沐浴室、讲经堂、外宾接待室、教长室等场所功能划分明确。因为基地的限制，沪西清真寺并未完全按照传统清真寺的建筑形制，但该寺内部空间和外部形态的设计都很好地考虑到了信众的宗教习惯，在当时条件下尽可能做到了最优方案。

而从上海广播电视国际新闻中心开始，他承接了很多广电类项目，如上海电视台电视制作综合楼、武汉广播电视中心、江苏广播电视城等。广电类项目中最大的要算和库哈斯的 OMA 建筑事务所合作的中央电视台新台址建筑工程。汪孝安为此项目中方设计总负责人，华东建筑设计研究院设计团队先后赴荷兰与北京，与 OMA 设计团队密切合作。为这个项目，设计团队已付出了 7 年的艰辛。

由汪孝安担任总建筑师的世博演艺中心是2010年上海世博会核心建筑之一。世博演艺中心被定位为文化娱乐集聚区，不再是一个单一的剧场，而是一个融合了文化表演、电影、音乐俱乐部、商店、餐饮、溜冰场的综合场馆，使用对象主要为年轻的大众群体。汪孝安和他的团队的设计有着两大特色。一是众多的科技亮点。首先，场馆设计灵活可变。观众席可以根据演出需要和观众容量进行选择变换。其次，是 3R 原则（Reduce，Reuse，Recycle）。采用江水源冷却系统、气动垃圾回收系统等，体现其设计上的绿色建筑理念。另一大特色是汪孝安通过巧妙的设计，使它极大地调动了观众及场馆包括商业空间的互动性，颠覆了人们通常对文化演艺场馆的印象，拉近了演艺场所与观众的亲近感。场馆的观众休息空间均有快餐供应，观众席的座位都设计了杯架，观众可以边喝饮料边看演出。他坦言，所有设计都是希望能让观众“放松压力、激发热情”，世博演艺中心似乎还原出了中国旧时戏园子的那种热闹和随意性。

世博演艺中心或许与汪孝安从前做过的文化建筑不一样，与一般的文化类建筑也不一样。但他好比一个戏路很广的演员，虽然碰到很多新的、难度大的剧本，但最终都以精彩谢幕。

在多面的环境里成长

对目前中国建筑业招投标中出现的一些问题，汪孝安以一则生动的比喻表达了自己的看法：“这就像裁缝一样，裁缝手艺好，大家就去找他做衣服。这本是很自然的事情，但目前的建筑招投标却与这种方式不同，要求裁缝给顾客展示的不是他以往的成品，而只是衣服的效果图，这往往让业主很难判定和放心。毕竟方案与效果图很难较全面体现建筑师实际的设计能力与项目的控制能力，招标表面看似公平，背后的潜规则有时也难以说清。”一些国家级的项目进行公开招标，他

演艺中心滨江（效果图）

觉得这很容易理解，但不应是所有项目都必须要通过招标，业主应当可以直接选择并委托自己所信任的建筑师去完成。“考察与选择的依据当然主要是建筑师以往的业绩。西方有与我国不一样的做法，业主有时找建筑事务所来谈，请建筑师谈谈对项目的看法，比如说这个项目你打算如何去做，你派哪个团队去做，因为这对项目的成败非常重要。这道理与一位病人去医院动手术一样，总是希望知道给他动手术的是哪位专家。”业主唯有根据建筑师以往的业绩来选择设计者，才能促使建筑师认真做好每一个项目。

当前，很多建筑师喜欢把建筑冠上“标志性”的头衔，汪孝安认为，一些特殊的区位或特殊的建筑其本身就常常具有标志性的特质，这无可非议，但不考虑周边环境滥用所谓的“标志性”，以致形成建筑群体的不和谐，也就无标志性可言。但他也无奈地表示，有时做不做所谓的“标志性”的建筑，不是由建筑师决定的。在这种情形下，建筑师应尽可能地引导业主。“我觉得建筑师和业主应该一条心，建筑创作常常是一个相互启发的过程。”

所以汪孝安和他的团队对沟通协调非常重视，在与业主、项目主管部门、施工单位及与他们合作的设计公司、管理公司等的沟通方面都有很多的工作要做，同时，需注意协调团队内部成员之间的工作。“建筑设计是一项团队协作性很强的工作，沟通是建筑师非常重要的工作组成部分。”他说，“建筑设计不仅仅是画几张漂亮的效果图，建筑最终需要呈现在人们面前，业主实地考察时很容易发现它们存在的问题，所以每一部分工作都不能马虎。”但他也坦承中国建筑师对项目实施控制的力度受到一些体制方面的约束，选材料、选队伍的发言权较小，这一点较国外建筑师要弱一些。

汪孝安以他一贯的踏实作风，以持久的热情、真诚的态度，在充满种种局限的环境里最大化地实现建筑设计的理想，每一步，都踏踏实实，坚定不移。

创新动力来自公众期待

谈到做公共建筑设计，汪孝安认为首先需要考虑的就是使用者的感受。专家和领导的认可，往往是第一关。有时，一些领导对建筑形式的期望值往往比较高，但他相信，随着社会的进步，片面追求地标性建筑的现象会慢慢改变。“当然，更重要的还是来自社会其他层面如媒体、公众的评价。人们对大型公共建筑的期望值较高，设计师必须考虑方方面面，外形是不是美观，内部设计是不是合理，商业价值是不是能顺利实现，这些压力都是设计师要承受的。”

其次，公共建筑也需要经营，要考虑回收成本和盈利。例如世博演艺中心，这是完全面向公众的建筑，因此在运营中能否产生经济效益、社会效益就成为政府、业主和公众都普遍关心的事情，建筑师承担着更大的社会责任。所以，建筑师提出的诸如在演艺中心设置观光层等举措，都是为了增进演艺中心在未来的效益。世博演艺中心项目的设计得到业主的信任和支持。业主东方明珠集团引进了境外场馆管理公司AEG，在设计过程中，设计团队与管理公司不断沟通，倾听他们的意见，优化设计方案。以业主与管理公司的倾情投入，有理由相信，演艺中心场馆的经营模式可以带动周边的区域开发，提供更多就业机会。

第三，应尽量在设计中贯彻绿色建筑的理念。作为建筑师，汪孝安总是努力将绿色建筑的理念融入建筑设计中。公共建筑的节能问题尤其重要，因为它与住宅节能不同，比如老百姓可以冬天不开空调，衣服穿厚一些就行，但公共建筑不可能如此。虽然一己之力有限，但他和他的同仁们依然执著于此。这是一个建筑师的责任心。

第四，创新应来自项目本身的需要。他这样评价自己：“我不太自我，不是个性很张扬的人，在设计风格上也不刻意追求标新立异。”但他的作品却绝不平庸，这一点，汪孝安将其归因于环境的压力，“环境逼你创新，公众期待创新”。正是这样的踏实、包容，执著又不偏颇，才让他能够博采众长而自成一家，在设计上离自己的理想越来越近。

让作品说话

汪孝安说，他并没有特别去崇拜某一位建筑师，但会有一些特别喜欢的建筑作品。“我很期盼一种理想化的评价体系，一种相对脱离建筑师背景的建筑评价，让我们去比较客观地看建筑，你喜欢上它，那就是真的喜欢。”中国城市化进程中许多老建筑被拆掉，保留下来的精华部分已经没有多少人能说出它们的设计者是谁了。这就是汪孝安追求的建筑评价状态。建筑在岁月的风雨中留存下来，不是因为其他背景，而是因为建筑本身的魅力。“让作品说话”，这就是他一贯秉持的设计主张。

对于当今中国的建筑设计界，汪孝安认为改革开放之初，由于长期的闭关锁国，中国的建筑设计水平确实与发达国家存有差距，但随着对外学习交往的增多和与境外设计师多年的合作，目前中国建筑师的设计水平已有了明显的提高，只是专业化分工不如他们那样细致。“一个建筑要做好，需要很多技术支撑，个人的技术能力不可能全部涵盖。这就需要专业咨询公司的支持，但我国目前建筑专业技术咨询业还不发达。同时，我国的总体经济水平与发达国家相比仍较低，建筑造价对新技术和新材料的推广和运用也造成了一定的限制。建筑设计水平不仅与建筑理念和建筑技术有关，还和整个国家的经济发展水平有关。”

汪孝安爱好旅行，但繁重的工作已让他的这个爱好变成一种奢侈。尽管如此，他对环境的敏锐感觉，总能帮他找到创新的灵感，这是一个好的建筑师在现代快节奏的生活状态下应具的基本能力。他说：“建筑师必须学会在短时间内抓住创新的依托点，敏锐感受环境、功能的要素，甚至是不利的环境带来的动因，想办法通过设计避免不利因素，这其实上也是一个创新的过程。”建筑设计如是，汪孝安的人生亦如是……（申礼 朱妍丽／文）

上海广播电视国际新闻中心

在复杂边界条件下寻找内在的逻辑

华南理工大学建筑设计院副院长　陶郅

1985年获华南理工大学建筑学系建筑学专业硕士学位。1998年首批入选中法政府学术交流计划“50位中国建筑师在法国”项目，赴法国巴黎机场公司工程部进修。现为华南理工大学建筑设计院副院长。主要作品有：珠海机场旅客航站楼和航管楼、广州国际会议展览中心、郑州大学新校区总体规划、乐山大佛博物馆等。

1998年，惠州行政中心办公楼获教育部优秀工程设计二等奖；2000年，珠海机场旅客航站楼、航管楼获全国第九届优秀工程设计金奖；2004年，广州国际会议展览中心获全国优秀工程银奖；2006年，郑州大学新校区图书馆获建设部优质工程银质奖。

陶郅是一个颇为多产的建筑师。从业20多年来，他在公共建筑领域内时有创新之作，尤其是近年来多个文化建筑（如乐山大佛博物馆）和校园建筑、规划作品，都有上乘的表现。说到自己的创作观念，他认为，“此时、此地”就是自己的建筑理想。这意味着每一个项目，都是对建筑师当下能力与创造力的最大挑战，而且，设计本身也应当是属于它所在的环境，与之谐和、交相辉映。

建筑理想缘起艺术梦想

以笔、尺为工具，在画簿上勾勒最美丽的建筑蓝图，这项工作既需要一项项数据为支撑，又需要建筑师具备良好的艺术素养。少年时的陶郅就是一个颇具艺术天赋的少年，爱画笔，爱画簿。在一次次的写生中，他发现，相较于人物素描，更吸引他的是一个个更具存在感的巨大建筑。于是，陶郅毫不犹豫地选择了建筑专业，并投入了巨大的精力。

1978年，陶郅考入华南理工大学建筑系，他在那里度过了7年积极的求学时光。当时，华南理工大学集中了不少优秀的老师，其中不乏我国老一代知名的建筑学人。在回忆文章《纪念一代建筑宗师龙庆忠诞辰100周年》中，陶郅与校友们深深缅怀龙庆忠先生。他们对龙先生严谨的治学态度、对中国古建筑深厚的情感有着深刻的记忆。值得一提的是，当龙先生带着学生们跋山涉水考察中国古建时，不时提醒身边的年轻人，除了古建筑，不妨多看看山川河流、青山绿水，感受不同地域的风貌。这种超出科学范畴的自然体验，对陶郅而言，无疑也是一种熏陶。

这种对于自然、环境与景观的体悟，在陶郅的毕业论文《园林意境论》中亦有体现——论文从中国哲学思想及自然艺术出发，提出艺术家要美化自然，应该在艺术中善化人自己，善化人的自然环境，指出“园林艺术是随时代而发展的，创新是根本，意境是人赋予的，追求完美的构思、巧妙的境界是造园家应该珍视的。园林意境贵在雅而不清高，俗而不甜媚，含蓄而不涩，新奇而不造作，巧妙而不刁钻”。这一理论自此一直贯穿于陶郅的建筑设计。

以珠海机场旅客航站楼、航管楼为例，整体建筑风格清逸而风流脱俗。在室内设计中，他更是处处苦心经营，通透的阳光、明媚的棕榈，令人耳目一新，生机盎然的建筑细节让旅客身心舒畅。该项目一举拿下建设部优秀设计奖一等奖，不能不说其中蕴含着的“意境”的功劳。福州大学图书馆是陶郅另一经典作品，该方案从校园空间的特色出发，借鉴福建围楼以及中国传统建筑以“庭院”虚空间为中心的布局模式，力求创造出立体开放、多重构成的创新型图书馆核心空间形态，构筑出不凡的建筑意境。

“此时、此地”是陶郅的建筑理想。陶郅自己这样解释：“所谓‘此时’，有两个意义，一个是自己水平的最高点，我希望我的创作是用尽了我的思想去完成的；另一个意义是指体现历史大背景方面的。‘此地’，指的是建筑与周围地理环境、人文环境等形成的整体和谐。”

在陶郅看来，建筑是营造者或建筑师为人类行为度身定做的空间场所，它必然要反映人类行为的基本特征：既有独处的经验空间，又有群体性的感性空间。人类行为的发生离不开行为特定的自然地理背景和社会人文背景，自然在历史长河中的变化甚微，社会人文环境却与时俱进。建筑师几乎都在同样的时空领域中工作，然而其工作的结果却千差万别，这种差异给人类的物质世界留下了多姿多彩的印痕。这也就是建筑师工作独具挑战性又引人入胜的原因。建筑师总是在虚幻与现实的情境中工作，最艰难的时刻是在两者之间作出选择和判断，恰到好处地找到它们之间的平衡点。因此建筑师必须要学会在永无休止的坚持与妥协中生存。这也正是陶郅“此时、此地”建筑思想的由来。

寻找建筑的内在逻辑

陶郅曾表示，自己对于公共建筑、尤其是高技术的公共建筑很感兴趣。一方面，他十分注重从地形中寻找建筑的内部逻辑；另一方面，他十分善于使用材料，让建筑以最贴合环境的姿态融入大环境之中。

在设计乐山大佛博物馆这个总面积近 1 万平方米的大项目时，陶郅首先深入到现场了解第一手的情况，试图在一个狭窄的山坡地上找寻建筑与山体依存的逻辑关系。在考察后，陶郅得出结论，建筑的形态可以直接由崖墓(乐山地区主要文物为崖墓)经过正负形体转换演化而来，一组高低错落的箱体建筑从山崖中生长出来，箱体内部即为博物馆展厅。主入口处采用崖墓入口的处理手法,较为收敛而退隐，门头由三尊佛像造型装饰。这样就巧妙地将建筑与自然景观结合起来。为突出博物馆的主体形象，设计单位要求的小剧场则退到基地后部，小剧场前小广场一侧竖起了一个由钢、玻璃、膜结合的光塔，光塔的造型为中国传统密檐塔的现代版本，凸现了博物馆的佛教主题。博物馆内庭由一组三角形折板玻璃光棚覆盖，光棚下一组张拉膜使阳光透过光棚照到室内，随时间变化形成一系列有趣的光影。内庭一侧自然的山体露出红砂岩本身的质感，岩体上生长着青苔；与博物馆人工建筑形成对比。整座建筑外墙采用当地出产的红砂岩，表面做出凸点机理，在阳光下泛起特殊的光彩。以当地山体为博物馆设计的依托要素，从整体景观到建筑场所空间都融合了自然条件，而且从细节处暗合佛教主题，乐山大佛博物馆一落成，即受到各方肯定。

四川乐山大佛博物馆

作为广州国际会议展览中心的建筑专业总负责人，陶郅面对这个超乎寻常的庞然大物并没有感到丝毫的压迫感，反而选择了“珠江来风”这样飘逸的主题。可以说“飘”这样一个抽象的概念具有典型的地域文化特征。从最终落成的会展中心来看，70 万平米的庞然大物没有丝毫的笨重感，其轻灵的动感使静态的建筑具有了飘忽不定的形式美感，从而成为珠江南岸一道动人的风景。其实，正是陶郅与合作伙伴以珠江为内在逻辑和设计灵感，会展中心的巨大建筑在珠江边平波起伏，缓缓展开，墙面与屋面在一片片银色的波涛中消弭，支撑与被支撑的关系变得模糊而互为表里，从而也使得建筑具有了非建筑的多重含义。建筑也就在这波浪中化解了它的体量，轻盈、飘逸这种抽象的理念转化为一种视觉的实在。在整体景观基础上，陶郅与伙伴还努力营造自然的和

广州国际会议展览中心局部实景与主体外观（效果图）

谐，将珠江引入用地内的自然景观，在岸边设计了亲水公园，以人为本构建出多个怡人的休憩场所。

关注校园，建筑设计以人为本

近年来，陶郅与同事合作完成了多个校园项目，从单体建筑、建筑群，再把视野拓宽到新世纪校园的规划设计。在陶郅看来，新世纪的校园已经不再是灌输知识的工具，而是肩负起健全人格的文化发展职能，相应的，大学校园规划也理应做出调整，要以人为本，通过规划体现出功能的穿插，让学生在线路运动中进行思想交流，让学生充分感受到体验的过程。

福州大学图书馆就是陶郅校园设计的代表作之一。在设计过程中，陶郅和伙伴把图书馆作为新校区的中心，与周围的广场、水面等共同构成学校的文化精神场所，也是各个景观轴线的交会处，起到统领全局的作用。方案从校园空间的特色出发，因地制宜，巧妙合理地布局各功能区，利用平台组织人流集散，生成核心空间，同时借鉴福建围楼以及中国传统建筑以"庭院"虚空间为中心的布局模式，从而创造出立体开放、多重构成的创新型图书馆核心空间形态。落成后的福州大学图书馆，外轮廓为正方形，通过对角线的切割产生线性、方形的内部空间，并以围合、半围合等手段来强调中心空间的灵活开放，达到建筑物外实内虚的外部完整性和内部聚合性。内部设计满足了图书服务、学术交流、沙龙活动等功用，不仅是校园的交通核心与功能核心，更是全天候的校园生活中心场所。

福州大学图书馆

作为陶郅校园建筑设计的另一得意之作，郑州大学理科系群更具有代表意义。理科系群是郑州大学新校区的首期主要建筑，是新校园建设的肇始，包括生物、数学力学、物理、材料、化工、环保等6个理工科系馆。陶郅和同事在规划伊始就明确了"以分型为联系模式组织的系馆综合体的概念"，考虑到理科系群用地呈南北纵长状，在环绕中心布置了生物系、数力系、物理系、材料系、化工系、环保系等6个各自包含有教学、研究、行政功能的系馆综合体，通过分型学的模式来组织成一个整体。由教室、研究室以及办公室联系成每个系馆中的教学区、研究区与行政办公区；这些区域再通过一个多层通高的公共空间和室外庭院来组织成一个较高级的功能单位——系馆；各个系馆再通过一个更高一级的共享大厅以及连廊、庭院，来组织成为一个最高级的整体功能单位——理科系群。这一设计使得同一等级的功能单位都能相对独立以减少干扰，同时相互之间的联系也十分便捷，有利于形成紧凑而独立的平面。位于系馆中央的共享大厅以及平台广场是理科系群中多样性空间的集中体现，也是对传统系馆建筑单一功能的突破。共享大厅内设有供学生活动的网吧、展厅、书店、茶室等，为各个系的师生提供一个具有实质功能内涵的交流区域。在建筑意境上，陶郅和同事也没有降低要求，通过整体协调，营造出亲切的学院式街廊氛围，让学生在街廊中重新找回步行的乐趣与偶遇交谈的可能。

校园规划，为创造人文价值提供环境

近年来，陶郅越来越关注校园规划，但是在建筑的人文气息方面，陶郅表现得相当谦逊。他说："大学的人文气质不是建设出来的，是一种历史的积淀，甚至可以说与建筑无关。大家都说北大校园里的老房子很出名，很有感觉，但并不是建筑的原因，而是因为鲁迅、陈独秀等许多大师都在里面讲过课。"建筑设计师的职责更偏重于为创造人文价值提供环境，打开空间与空间之间的隔阂，提供更多交流的环境。

以生态型为特色的合肥工业大学新校区，是陶郅和同事关于校园规划的一大成功尝试——综合考虑学校用地生态系统的各项因素，通过诸多细节设计，使得优美的自然环境与现代化的大学校区水乳交融。

合肥工业大学新校区"两高地一谷地"的自然环境优美，起伏自然，坡度平缓，北高南低，东西为丘陵地，中部形成一低洼谷地，有小块水面，用地内最大高差约为 10 米。秀美的地理环境为大学的建设提供了一个良好的自然条件。陶郅和同事在校园规划伊始即注重生态学的运用，力图在尽可能不干扰环境的情况下解决功能、美学的问题，并进一步通过规划设计改善环境，达到生态系统的平衡。"自然而然"是陶郅和同事们规划的一大原则。在将等高线简化提炼之后，他们充分尊重原有的丘陵地形，进行规划。为突出生态概念，陶郅和同事将原用地的洼地构建为一个富有自然情趣的生态谷，不仅保留了一个比较完整的区域生态系统，也保持了其自然的形态与自由发展的能力。生态谷不仅成为校园中人与自然互动的一道风景，也使得"生态型"规划理念得以具体化。在建筑布局上，生态谷将校园自然划分为东西两部分，各类建筑环绕生态谷作"有机生长"，成为生态谷景观的延伸。面向生态谷的教学楼建筑都沿两侧坡地缓缓提升，仿佛是从坡地上自然生长出来的。北面的学生宿舍区采用单元式的设计，充分利用良好的朝向，自然地融入到生态谷的环境中。合肥工大生态型规划的另一特色是公共建筑既有个性却又不张扬。图书馆、会堂、学生活动中心、行政办公楼等掩映于绿树红花中，体量控制在适当的水平，风格强调和谐与宁静，注重校园建筑的文化特性。可以说，以生态谷为轴线的规划，不仅使校园空间更为有序，也更为理性，同时也使校园各个功能组块的联系更为紧密。

在南京河海大学江宁校区的规划设计上，陶郅和同事以人文素质的回归为总方向，营造出明快、活泼、健康的人文氛围。突出南京地域文化是河海大学江宁校区规划的一大特色，在建筑色彩上选用灰色和白色突出南京六朝古都的文化底蕴，大量选用梅花、雪松、水杉等植物突出南京的环境特色，令教学空间丰富而活泼。在核心教学空间的规划上，陶郅和同事还是坚持"此时、此地"的理念，人车分流最大程度地保证了校区的学生交通安全；广场、教学楼、图书馆、宿舍群互为背景又各具私密性及人情味，充分尊重使用者的人文气质，可以说正契合了培养综合素质型人才的高校对校园规划的一应需求。（刘波／文）

侦平凡生活，探非常建筑

非常建筑工作室主持建筑师　张永和

1956年出生于北京。美国伯克利加利福尼亚大学建筑系硕士，1993年成立非常建筑工作室，任主持建筑师。曾任北京大学建筑学研究中心负责人、教授。2005年9月就任美国麻省理工学院(MIT)建筑系主任。

作品有洛阳老城幼儿园、清溪山地住宅、北京中关村中国科学院晨兴数学楼工程、北京现代城样板间室内设计工程、北京怀柔山语间住宅工程、稻宅、北京大学（青岛）国际会议中心、东莞松山湖科技城生产力大厦、康明斯亚洲总部（北京）、北京玻璃洋葱西餐厅、深圳润唐山庄集合住宅等。

张永和热爱文学，喜欢看电影，尤其喜欢侦探小说。即使每天工作繁忙，没时间看电影和读书，他也会在“临睡前的被窝里、清晨的马桶上”翻几页侦探小说。他常常半开玩笑半认真地说，自己要写一部侦探小说。同为建筑师的其妻鲁力佳则觉得，张永和整个生活状态就像是一部侦探小说，张永和本人就是侦探，最擅长在平庸的背后发现别人看不到的蛛丝马迹。鲁力佳说：“他侦探城市、人、微小的事物及其各种变化。对张永和来说，他的侦探小说从没停过……”

首位执掌美国建筑重镇的中国人

张永和出身建筑世家。其父是被称作“设计了半个北京城”的中国著名建筑师张开济——中国革命历史博物馆、钓鱼台国宾馆、天安门观礼台、北京天文馆等首都地标式建筑都出自其手。张开济始终遗憾自己没有出国留过学，所以一心把儿子送出国。张永和于1981年赴美国留学，毕业后在多所美国大学任教。2000年，他亲手组建了北京大学建筑系。2005年春天，张永和受邀就任麻省理工学院(MIT)建筑系主任，成为首位执掌美国建筑研究重镇的中国人。这个任命标志着国际建筑界对中国建筑师的认可。

MIT建筑系成立于1895年，是美国最古老、最优秀的建筑系之一，但前些年却一直在走下坡路，陷入了“只空谈社会政治问题，却忽略设计的基本问题”的教育怪圈。校方寻求改革，从国际上多位重要建筑师和专家学者中严格筛选，最终选择了张永和。宣布这一任命时，麻省理工学院建筑和规划学院院长安得勒·桑托斯(Adele Santos)称赞张永和是“富有实践经验和探索精神的新一代建筑师，对于建筑学充满热情”，希望他能带领建筑系“开创新天地”。

张永和在美留学以及多年执教的经验使得他对整个美国的建筑教育现状十分了解，加上他深厚的实践经验，为他执掌MIT建筑系奠定了基础。张永和到任后，立刻着手进行教育改革。他修改教程，增加学生实践的内容，聘请新一代的年轻教师。在他的努力下，原本暮气沉沉的MIT建筑系变得充满活力。

张永和常谦虚地说自己做得好是因为运气不错。其实，“美国比大多数国家都要保守，民主制度伴随的是效率奇低，所以张永和能在这么短时间内，让这个效率很低的地方获得遍地开花一样的成果，是很不容易的。”鲁力佳说。

架一座展现中国建筑的桥梁

2008年9月，张永和作为唯一的华人策展参加“威尼斯双年展”，威尼斯国际建筑双年展是世界建筑界的最高盛会。该届双年展的主题是“那儿：超越房屋的建筑”，中国馆的主题为“普通建筑”，由“应对”和“日常生长”两部分组成。张永和负责“应对”。张永和曾担任2005年深圳建筑双年展的策展人。之后，他公开说自己将不再策展，这次他“食言”了。之所以如此，是张永和感到“有话要说”：通过这样一个展览，向外界展示出中国当代建筑比较准确的面貌，让外界知道中国不仅有那些奇特的大楼和展馆，“中国还有这样的建筑，中国还有这样的建筑师”。张永和发现，国际建筑界对中国建筑有很大的误解——人们普遍把中国建筑描述成两种样子：一种是少数国际建筑名角做得特别精彩的建筑，这些虽然是重要的项目，但这些特殊的例子无法代表中国建筑；另一种是以设计院为代表的大生产建筑。“实际上，在中国有很多建筑师——这里面既有中国人也有外国人，是处在这两个极端之间的，但却没有人知道。威尼斯双年展给了我这个机会，让我说说这个事，所以我又做了策展人。”张永和说。

第11届威尼斯国际建筑双年展中国馆

2005年威尼斯双年展参展作品

明星设计师总能拿到一些很特殊的项目，而且一旦他们拿到这样的项目，常常会被给予很大的空间；而设计院的大生产建筑师往往就没有机会接手大项目，只能做一般的工作。但在这两个极端之间，还有一批建筑师，他们即使拿到的是最一般的项目，在最一般的工作条件下，也要做不一般的工作。正是为了将“这样的建筑师”展现出来，张永和选择了这样五部作品作为“应对”系列参展：一栋用纸盒、纸筒、透明胶带搭起的建筑——这是鸟巢中方设计师李兴钢做的“纸砖宅”；一间屋顶向中间凹陷，能将雨水收集重新利用的房子——刘克成的“集水墙”；一面墙，由中空的灰色砖砌成，一旁展示的制作过程告诉观众，这些砖是以残瓦碎砖为原料制成的——刘家琨为汶川地震而设计的“再生砖”；给脚手架钉上木板，让造房子的工具变成可以供人住的房子——童明的“支架栖所”；几面会反光的铝板制成的“墙”，各自构架在钢支架上，每个支架下还有一辆自行车，可以载着“墙”移动——完全概念化的建筑模型，这是葛明的作品“默默”。张永和选择的这五位建筑师在中国有名气，但国际建筑界对他们却不熟悉。张永和要打破“中国出色的建筑师都是‘海归’”的偏见，选择参展建筑师时，没有以是否留过学作为标准，最后选出来的建筑师竟然没有一个有海外留学的背景。五个人来自不同的工作单位和城市，有的来自大学，有的来自设计院，甚至还有像葛明这样根本不做商业实践，只在学校里“盖些奇奇怪怪的东西”的建筑师。张永和说：“共同的特点之下反映出的是共同的态度，这说明这一类的建筑师逐渐多了起来，虽然绝对数字还是很少。”“应对”的主题也是张永和一直以来在国内坚持的实践工作和理论。“应对”针对的是一些最普通的情况，满足的是建筑的一些最基本的要求，也就是人们居住的最基本的需求，“包括房子是不是合理、是不是好用、是不是经济等等”。汶川地震之前，国内许多建筑师的设计都偏向形式、艺术和文化。地震一来，建筑师都决定把工作的重心放在“解决问题”之上。当全世界都在追求标志性的“纪念碑式”的建筑时，张永和为国际建筑界、尤其为国内建筑师提出了掺不得半点水分的“应对”思考，也将国内一些优秀建筑师对这一问题的回答展现给了世界。

平凡生活，“非常建筑”

刚做建筑师时，张永和就认为，建筑设计者应该像小说家那样深入细致地观察生活，像人类学家那样研究人们活动的每个细节及其意义，以此仔细体察人们的活动与人造环境的相互关系。

1993年，张永和与鲁力佳从美国归来，成立了“非常建筑”工作室，开始了他们在国内的实践。“非常建筑”意味着“非常规的建筑、特殊的建筑、紧急的建筑”，也意味着张永和想要在符合建筑规律的基础上“非常规地建造”。张永和从美国归来时带回的建筑理念让父亲张开济无法理解，甚至大为反感。张永和在北京成立了“非常建筑”工作室，苦心经营几年却没有做过什么真正的项目。直到他设计的席殊书屋、山语间、晨兴数学中心等几个建筑出炉，事务所的情况才逐渐好转。2000年，张永和作为威尼斯建筑双年展历史上第一个参展的中国建筑师而大受关注，“非常建筑”的名字开始为世人所知，工作室的建筑实践也慢慢开始对国内建筑界产生影响。对张永和而言，建筑有极复杂的涵义，是“又软又粗的科学”，是跨越最多门类的学科，是参与社会经济最多的学科。张永和的“非常建筑”工作室从不是以建筑的数量和规模取胜的。张永和以类似侦探的敏锐和直觉去关注和发掘建筑与城市的关系，以及建筑在城市化进程中所应起到的作用，并越来越多地介入到城市规划的实践中去。张永和说：“15年来，每个项目对我们来说都是研究项目。在每个项目里面我们都希望有所发现，而不是创作和表现。‘非常建筑’不是一个形式的非常或本身一种趣味的引导，它的重点在于批判地参与现实的态度以及一整套非常的工作方式。这就是‘非常建筑’所非常的地方。”

“山语间”别墅

1993年回国成立建筑事务所之前，张永和在美国教了10年书。多年留学的背景以及丰富的教学经验并未使得工作室的初创阶段少一分艰辛。那个时候，根本没有建筑师回国来做建筑实践，而张永和俨然成为了“风向标”。在他回国之后，越来越多曾留学美国、日本、德国的建筑师，纷纷回国成立事务所，从此卷入了中国的建筑设计大潮。在20世纪90年代那种风起云涌的掘金浪潮裹挟下，打出不以商业盈利为目的旗号的建筑事务所，中国独此一家。相比起当时普通的建筑师，“非常建筑”的工作程序完全不同。在这里，建筑师是创作型的，他们的工作是通过建筑来表现他们的建筑才华。创业的初期无比艰辛，张永和不得不放弃在美国的工作，一心投入到国内的业务中来，他为了理想可以不计一切，可以不折不扣。1998年，工作室终于盖成了北京中关村中国科学院晨兴数学楼，这栋房子有着与众不同的形式:由实体的金属板和透明的玻璃组成的单元构成了“幕墙”，窗的功能被活生生地分离为采光和通风,并完美的对应了形式。首先窗是与外墙平的，有一块面积较大的固定玻璃扇，可开启的部分和窗框是同一材料的铝合金板。这是一个双层的可开启结构，向外开是实心铝板窗，向内是铝框纱窗，而固定的铝合金百页后面则是放空调机的地方。这样在外部就形成了一个非常光洁完整的一扇组合大窗。使用玻璃是因为向外看以及采光的需要，而通风则与玻璃无关，不同的需要对应不同的材料。这显然是很正统的现代建筑观念，这个设计也带来一个好处，就是通过可开启的通风扇模糊了窗框的概念，从而形成了窗扇与窗框的对等局面。这正是张永和想要的平面感觉，这里任何一种构件的功能都是单一的，都从传统窗户的复合形态中独立了出来。门、窗和墙都是建造活动最基本的构件元素，也是张永和作品中乐此不疲表现的思辩主题。

15年里，“非常建筑”始终以其非常态的工作见证这个非常时代的历程，在不断革新国人传统建筑观念的同时，也成为国际建筑界了解中国当代建筑的窗口。

“实验”与“主流”之间

晨兴数学楼于1999年落成，开幕庆祝仪式在人民大会堂举行。张永和在这里遇到了北京大学校长，也就是那一次见面让这位在国内建筑界始终处于“主流边缘”的执著者成为了日后北大建筑系研究中心负责人。

张永和将北大建筑研究中心的教学方向定为两个：建筑构造和城市研究。他认为“自始至终，中国建筑缺乏这两个方向的研究。建筑最基本的是材料和结构……建筑是个实用的东西，做建筑是个很社会的事。社会性不抽象，具体体现就是城市。建筑师不仅仅考虑建筑的外在表现是个什么样子，而且要考虑城市中多栋建筑怎么把人的生活组织起来。今天，地球出现了能源问题、污染问题……建筑和城市的关系更加紧密，因而要把建筑放到城市中看。建造是建筑的根本，是城市构成建筑的框架。现在的建筑教学中，这两个方面都是不容忽视的。”

如此本真求源、关注现状的一位建筑师进行“实验”的目的是为了传递出一种信息。他认为：“建筑师被分为主流建筑师和实验建筑师，其实没有什么意义。对于建筑设计行业，有人把它作为职业来对待，并不太关心领域的命运究竟如何，这样的人也有可能做得还不错，但有人关心领域的现状和发展，甚至将此作为自己的事业目标。这是建筑师之间真实存在的差距。”张永和正是属于后者，他不会因为在这一行业中受到挫折或者委屈而离开，也不会因为别的哪个地方有更高的经济回报而转行。建筑师在一个系统里操作，有些建筑师会质疑那个系统，当他们不愿意再在那个系统里厮守下去的时候，“实验”是一个要“造反”的由头。张永和是这一意义上的“实验建筑师”。“20世纪80年代中期，那个系统是唯一的系统。当时它是主流、铁板一块。如果把这个主流放在现在，绝对称不上主流，现代的主流就是丰富多彩，就是五花八门。”

黄永玉博物馆

河北教育出版社

以张永和为代表的今天，很多中国建筑师和理论家渴望将建筑学通过缩减和还原的工作，清除意识形态的重负和审美意识的不确定性，从而获得一种本质性的内核，以获得这个学科初步的自足性。回国后的十余年里，张永和的一些作品也确实对此进行了初步的实践。张永和自己也渐渐认识到了自足的本体建构的操作艰难，甚至只能作为一种意识现象而非具有现实性来对待。或许这也正是他游走在“实验”与“主流”之间完成着他的使命。

张永和回顾了以往的创作姿态，他说：“当我在伯克利念书时，总是感觉设计与社会责任感是相对立的，我现在则希望透过设计过程，建筑必须适度承担社会责任。”（贾君卿/文）

二分宅

我与建筑与文学与现实之间

家琨建筑设计事务所负责人　刘家琨

1956年生于成都。1982年毕业于重庆建筑工程学院建筑系，后分配到成都市建筑设计研究院工作。1984至1985年，赴西藏从事设计。1987至1989年，于四川省文学院从事文学创作。1999年成立家琨建筑设计事务所。

刘家琨主持设计过鹿野苑石刻艺术博物馆、安仁建川博物馆聚落、川美雕塑系、金华建筑艺术公园“茶室”、青城山中国当代美术馆群之张晓刚美术馆、青城山中国当代美术馆群之中心馆、上海嘉定菊园新区木佛博物馆、胡惠珊纪念馆等作品。他主持设计的作品被选送参加俄中文化年、德中文化年、法中文化年及荷兰NAI中国当代建筑展等多个国际展览。

建筑师刘家琨似乎特别容易被归类，“文人建筑师、实验建筑师、学院派建筑师、本土建筑师、西部建筑师、自由的民间建筑师……”他本人则称没有在意过这些，认为自己就是比较实在地做一些事情，碰到什么问题，就解决什么问题，也没有任何策划，总之处在一个很实在的状态。

刘家琨念建筑学专业，毕业后被分配至成都市建筑设计研究院工作，其后有段时间专门从事文学创作，之后又“改行”做回建筑。“改行”之初，他设计了艺术家工作室系列作品。正是这些在川西平原农村的建筑实践，使他在工作中寻找到了“低技策略”。后来他陆续完成的鹿野苑石刻艺术博物馆、四川美术学院雕塑系教学楼、上海青浦新城建设中心等项目，使得这一方法发展为一种立足于“此时此地”的方法论，即“立足当下，直面现实，利用条件，解决问题”。2008年5·12汶川地震改变了他的很多思考。他出资为一个在地震中丧生的平凡女孩修建纪念馆，认为对普通生命的珍视才是民族复兴的基础。如今这座建成的世界上最小的纪念馆引起了颇多争议与反响，一如曾经的刘家琨现象成就的那些研究性的、猎奇性的，学术的、非学术的文字讨论。

“我写作的那段时间，我是觉得自己好像和现实的关系有些儿不对了。”
“前两年有一段时间我就觉得做建筑这件事已经调适了我跟现实的关系。”

刘家琨在谈及自己少年时代的理想时，只是简单地说“记不得了”，当时“忙着玩，没工夫想那些。记得佩服过理发师、司机，后来是医生，想当一个立竿见影对人有用的人。”1977年考大学的时候还是一个知识青年，因为父母都是医生的关系，他前面几个志愿填的都是学医。其实他想考美院，但当时美院很难考，整个四川美院也才招10个人，他的老师在考，他所崇拜的那些画得好的天才诸如何多苓也都在考，只能作罢。最后倒是因为中学时的一个老师告诉他，喜欢画画的话可以学建筑，即便在此之前从来没听说过这个专业，他在志愿中还是填了一个建筑。1978年，刘家琨考入重庆建筑工程学院建筑系。真正接触到建筑以后，他感觉到的是失望，甚至觉得有些上当，因为建筑离画画很远。但毕竟从一个知识青年成为了一名大学生，跳出了农村，对专业虽称不上有太大的热情，不过他觉得“还行”。

1982年大学毕业后，刘家琨被分配到成都市建筑设计研究院工作。但在之后的1983到1984年间，他创作出的作品是小说而非建筑。其实，早在大学期间，他就曾发表过两个短篇小说。在1987至1989年间，他还被借调至四川省文学院专职从事文学创作。对于他创作的文学作品，翟永明曾说他的细节观察力比较好，他自己则感觉写出来的东西可能更多地带有一些象征意味。例如发表在《今天》上的《明月构想》，原故事就是一群人去建造一个共青城，好像和建筑也有关系。其实在这个表面故事之下，还有关于反乌托邦、关于美的残酷性的内在表达。当时的刘家琨喜欢

上海青浦区新城建设展示中心鸟瞰

上海青浦区新城建设展示中心正立面

诸如麦卡勒斯这样的美国南方的一些女作家、尤斯娜尔等一些法国女作家，至今仍觉得她们写得真好，还有博尔赫斯、纳博科夫等等。

在《我在西部做建筑》一文里，刘家琨这样写到："毕业十多年间，主要的精力和兴趣都没放在建筑上，由我主持设计的两个建筑远在边疆没有见过。我想，从未经历过图纸变为物质的那种撼动，也许是我总是对建筑提不起兴趣的重要原因。1993年，我已经考虑改行，这时恰逢同学汤桦在上海办个展，我作为朋友而不是建筑师出席。"

在"改行"做建筑之前的那段写作时间里，刘家琨曾一度进入文学院，在从一个票友往专业方向走的时候，觉得计划经济下的那种文学圈（拿工资的作家）特别无聊，当然还有20世纪80年代末期在复杂的社会现实面前文学的局限和无力。"我是觉得自己好像和现实的关系有些儿不对了，越来越脱离，越来越沉浸在自己的内心里面。当然我还是很能静得下来的，但是仍然觉得自己和时代的关系有点不对。"在决定"该行"，半路"回家"的时候，其实他当时也没多想什么，"你只会两样，要不然就是写写，要不然就是画画，其他都不会。当时觉得做这件事（写作）没有什么意义了，回去做那个（建筑），没有太多思考"。

而建筑与文学不一样，建筑需要人投身于现实当中，虽然会特别累，但建筑师的接触面也特别广。就像有些人在写东西的时候可能会很幼稚，但建筑做久了人就会变得练达一些，对现实的感受会好一些。"前两年有段时间我就觉得做建筑这件事已经调适了我跟现实的关系。"

处理"此时此地"的现实

上海青浦区新城建设展示中心立面局部

在1994年到1999年期间，刘家琨先后完成了艺术家工作室系列作品。这些作品地处乡村，运用了当地的乡土性材料和工艺，如罗中立工作室把瓦板岩用于起居室的单坡屋顶上，并把从河边捞起的卵石直接嵌于外墙和入口内墙上；何多苓工作室和丹鸿工作室墙面表层采用水泥粗抹工艺。同期，刘家琨还设计了地处成都市西北郊犀浦镇的犀苑休闲营地。在这个项目中，他同样大量采用了当地材料及相关的粗作工法如卵石砌墙、石料毛打、木材做旧，以体现建筑的乡土表情和当地施工工艺中大量存在的手工劳作的印迹。这些处理方法后来在评论界被称为"低技策略"，刘家琨则认为这只不过是在"处理现实"，因为乡村原本就是一个弱势环境，做项目的条件受限，只有想尽办法利用当代、当地的技术、工艺和材料资源。

在设计艺术家工作室等地处乡村的小型建筑的同时，刘家琨还设计了一些大型公共性建筑如成都市艺术中心、成都国际会展中心新馆等。做这些项目被他称为"半路回家，重新起步，需要学习"，在这个过程中，他开始懂得建造活动是一件社会性、系统性的事情，学会了如何画施工图，也体会到了建筑行业的现实感。

1999年，刘家琨成立了自己的建筑事务所。他曾以此为界将自己的建筑生涯划分为前后两段，具体到作品，以鹿野苑石刻艺术博物馆这一项目为转机，他的作品逐渐多起来，且开始向省外发展。鹿野苑博物馆毗邻河滩，野树杂生，这部分环境被完整地保存了下来。在选材上，运用了卵石、青石等当地随处可见的材料。在这个建筑里，他希望在石刻的主题下用清水混凝土表现建筑中"人造石"的主题，但由于当地的施工队经验不足，不知道如何现浇清水混凝土，于是刘家琨想到先在里面砌砖墙，再在外面搭模浇注混凝土的办法，如此做不仅省钱，效果也不错。这也是他对立足当下，"处理现实"，尊重当地材料、技术这一理念的继续实现。另外，该馆馆长钟鸣是刘家琨的朋友，他对实现一个高品质的建筑有相当的抱负，而建筑的成败正取决于社会的合力，有了甲方的支持，所处基地又是在建筑师所熟知的平原环境中，项目比较成熟。

在鹿野苑石刻博物馆之后，刘家琨接手的项目越来越多，类型也丰富多样：重庆四川美术学院雕塑系教学楼和设计艺术系、南京国际建筑实践展接待中心、上海青浦新城建设中心、广州时代玫瑰园公共空间系统及景观设计等。在这其中，每个项目均有其特别之处，如四川美院项目对天光、材料、人力资源的刻意运用；在上海青浦新城建设中心这一项目中，建筑师感受到了专业政府和成熟工艺带来的好处，并探究了功能不确定性和建筑通用性的关系等等。如果说在川西平原的实践使得刘家琨的工作寻找到了"低技策略"这一方法，在其后的项目中，这个方法已经发展为一种立足于"此时此地"的方法论。

何多苓的用词不当："我肯定算是一个比较好的哥们吧！"

央视"人物"栏目对刘家琨有过一个采访，其中他的好友何多苓对他有个评价，说他是一个比较尖刻的人。刘家琨则言，"那是因为作为朋友我有时候也会说他。我虽然没画画，但是我喜欢；我也没有真正去写作，但我也喜欢这个。所以他们经常会征询我的意见，而我也不会有门户之见。又因为是多年的老朋友，我有什么说什么。而且从另外一个角度说出来的话，可能会对他们有用一些。他说我尖刻不是在骂我。他后来自己也说是用词不当。"由此可以看出他对待朋友的态度。而假若一个人用这种态度来对待现实，难免会给人恃才傲物的感觉，不过"和朋友当然可以有什么说什么，而且说了也不会真正得罪，可能当时有点不高兴，过后则很喜欢。我和朋友之间就是这样，他们有时也会说我嘴比较狠，但并不影响我们之间的关系。除了表扬的话，其他的他们也愿意听"。

对于和朋友们之间的关系，刘家琨认为自己与这些文化艺术圈的朋友们互为营养："我肯定算是一个比较好的哥们吧！"过去的一些朋友现在有了钱了，有的开工作室了，有的开博物馆了，还会请他去做建筑，就像他于20世纪90年代做的艺术家工作室系列作品。最初他做这些项目承担的公共性功能比较少，只需满足一个人即可，后来做的项目多了，会有很多诸如商业和政府的项目，那就是步步都需要博弈了。

四川美术学院设计艺术系群体

四川美术学院设计艺术系C栋透视

四川美术学院设计艺术系C栋顶层室内

灾区重建："就民间对民间吧。"
"平常的同情心，我觉得我懂，我觉得挺实在的。"

2008年5·12汶川地震和灾后重建将公众和媒体的注意力吸引到建筑上来，刘家琨在第一时间建立了一个建筑师和灾区之间交流的网络平台，得到了很多建筑师的响应。这与他之前性格中或多或少带有的刻意规避崇高的倾向有了很大不同，他的一些建筑师朋友也评价他在这次事件后变得更加真实了，少了一些他自认为的"散漫"味道。刘家琨认为这本来就是正常人应该有的一个状态。"自己的家乡遭了灾，若连这点想法都没有，那不是有点不像话了吗？"而亲历了这样的灾难，他认为建筑的形式玩弄和视觉表演更显虚无可疑，解决问题的一面更显真实可信。在平常的状态下建筑师关注风格表现，可以为人们的生活锦上添花；而面对灾区时关注个人表演则有点矫情，甚至可鄙。

对于刘家琨搭建的网上交流平台到底起到了怎样的作用，客观而言，它确实提供了一个传递信息、沟通交流的场域，至少在震后的相当一段时间内，这个平台可以将他在灾区现场看到的信息传递出去。相对于政府做出的政策反应所具有的宏观性、复杂性而言，刘家琨认为自己原本就是体制外的"社会人"，那就"民间对民间"，"能干些什么就干些什么吧"。

至于如何实现民间"对"民间，刘家琨认为有些来源于企业的出资就挺实在、挺直接的。碰到出资方的钱"花不出去"，而有些受灾地区需要钱，他会把两方拉到一起来；还有一种情况，那就是企业想要捐一个学校，然后找他设计。这也是一个直接有效的方式——钱有了，再有了地，就能马上投入建设。

不仅如此，刘家琨还通过他搭建的网络平台让其他的建筑师参与进来。灾后不久，绵竹一个村子的重建项目就是由很多建筑师一起分担完成的。而且对于那些捐建的企业希望捐献的结果能被别人看到、有一点广告效应，"我觉得挺好理解，他也没说他有多高尚，我觉得就是平常人的那种平常态度。平常的同情心，我觉得我懂，我觉得挺实在的。"不过，这些企业的钱也是挣来的，刘家琨认为找到他就是希望又要把学校做好，又要省钱，他觉得这就是他可以发挥一些作用的时候了。

还有一个不得不提的话题，那就是刘家琨在灾后重建的实践中发明的再生砖。再生砖就是把那些废旧的不用的材料，选择一些可再利用的混合在一起生产而成，就地取材，废物利用。这也是因为刘家琨在震后来到灾区，看到一大堆废墟，包括炭渣、秸秆等等，堆得像小山一样，烧起来会造成很大的污染，他就从建筑角度考虑如何将这些利用起来，由此产生了再生砖这个概念。他到灾区的村里面将砖的情况说给村民听，进行推广。村民的反应挺好，而且一听就懂。在 2009 年 9 月 14 日举办的第 11 届威尼斯国际建筑双年展上，再生砖参展，刘家琨表示，这件特别的作品一方面体现的是建筑与环保，另一方面也希望引发人们思考人与自然和谐共生的关系——"废墟"通过再生与轮回，就是一种构建人与自然和谐共处的尝试。此后一段时间里，再生砖成为灾区重建中很受欢迎的建筑材料。

在灾区，刘家琨为在地震中丧生的一个普通女孩——胡慧姗筹建了一座纪念馆，这座为一个普通女孩的生命而建的纪念馆，其中一个意义在于反宏大叙事和英雄崇拜。在《对普通生命的珍视是民族复兴的基础》一文中，刘家琨有如下一些文字："胡慧姗纪念馆以灾区最为常见的坡顶救灾帐篷作为原型，采用框架结构及再生砖建造，表面施以乡村最常见的抹灰，像灾区常见的一样，室内外均采用红砖铺地，单纯，朴素，普通，是一个田边林间的小小的纯粹空间。虽然小，但足以勾起人们对地震的集体记忆；虽然小，但却是我设计生涯中最有意义的事情。""这小小的空间可以供几个人坐下观看，因此它实际上有点像一个家庭放映厅。这里的内容没有悲壮热烈和宏大喧嚣，只是关于一个花季少女的追忆，以及一个悲伤绝望的家庭如何奋力继续生活。"

"胡慧珊纪念馆"如今已经建成，就像刘家琨在当初这篇博文中设计的一样，它从外面看就是在中国乡村田边林间寻常可见的一个小屋，而室内呈现出温馨的红色空间，就像一个普通的花季女孩在现实中怀抱对生活的憧憬与期待那般。"我不知道我想出资修建的这个小小纪念馆是不是世界上最小的纪念馆。这个纪念馆，是为他们的女儿，也是为所有的普通生命……对普通生命的珍视是民族复兴的基础。"（阿岚　司阿玫／文）

四川美术学院雕塑系教学楼模型

四川美术学院雕塑系教学楼鸟瞰

四川美术学院雕塑系教学楼外景透视

四川美术学院雕塑系教学楼立面局部

引领实践的居住建筑学术研究

清华大学建筑学院教授　周燕珉

1957年5月出生。1978年考入清华大学建筑系，1988年获清华大学建筑系硕士学位。1988至1995年在日本学习、工作。现为清华大学建筑学院教授，社区及住宅研究所副所长。

周燕珉曾主持开展多项住宅评估研究项目，开展多项住宅标准化设计研究，担任多项住宅户型优化及精装修设计咨询等工作，主持了西藏拉萨城关区社会福利院方案设计及施工图设计、万科住宅研究中心老年居住体验中心的策划及方案设计等项目。出版《住宅精细化设计》、《中小户型住宅设计》等著作。2002年获全国经济适用房设计竞赛一等奖；2006年获全国节能省地型住宅设计竞赛二等奖（一等奖空缺）。

居住建筑是最为重要的建筑类型，它与每个人的日常生活息息相关。周燕珉自20世纪80年代末就开始了对居住建筑的研究。通过对我国居住建筑广泛而深入的观察，以及对国际上相关学科学术前沿的了解，她深深感到我国在住宅设计专业研究与实践方面的不足。为此，她在清华大学开设相关专业课，设立研究室，通过实际调查、统计、科学分析等研究方法，与居住建筑业界进行积极的合作，在住宅精细化设计、中小户型住宅设计、老年人居住建筑等方面着力尤多，取得了丰硕的成果。

“作为建筑师，我个人更看重工作的意义，希望能更好地服务于民众，更好的推动社会的进步。”周燕珉说。她和她的工作室在研究方向的设定上致力于与百姓所关注的社会热点问题相结合，近年来先后开展了面向低收入群体的住房设计研究、中小户型住宅设计研究和老年人居住设施研究等研究项目。

研究课题源自生活

中学时，周燕珉就已经很喜欢画画，即使在清苦的插队时光里，她还是经常画些速写。恢复高考制度后，她在1978年考上了清华大学建筑系。之所以选择建筑系，也恰恰是因为看到招生介绍里说，建筑学专业需要一定的绘画基础。随着工作经历的积累，周燕珉越来越对自己当初的专业选择感到庆幸，因为这既是自己所喜欢的，也很适合于自己。在“文革”结束后的几年里，许多领域均百废待兴，经历了断层的建筑专业教育，许多方面需要修复和完善,学校里专门的研究方向建设更是有待发展。“我们当时属于‘新生代’。”周燕珉说，当时对于将来的研究方向还没有产生特别的想法，因为毕业后就留校参与教学，更多地关注的是怎么把课上好。到1988年，周燕珉随丈夫一起去日本学习工作，渐渐地开始有倾向地关注居住建筑。

相比起当时中国的社会经济发展水平，日本要发达许多，周燕珉参观了许多日本当代的建筑。在每天的生活中，她时时留意日本住宅中先进、细致和人性化的设计。“日本的住宅不大，但技术及工业化生产水平很高，在人性化的细部设计上，考虑得特别周到，这就让住宅实际使用起来很方便。”中途回国的时候，出版社邀请她写住宅方面的书，她因而更加去注意读相关的资料，参观相关建筑，带着问题去收集更多的素材。周燕珉在日期间，曾先后在东京曾根幸一环境设计事务所、黑川纪章设计事务所、日建设计（名古屋）公司这几个知名的事务所工作过，与日本同事一起参与具体的住宅设计。她还经常去住宅展示厅、厨卫展示厅体验、参观，学到许多先进知识。

周燕珉坦言，作为女性，自己对“住宅”这一与人息息相关的、能使社会、家庭更完善的课题，本身就喜欢，也更敏感一些。“这也是我在这个研究领域中能够深入而持续地做下去的一个重要原因吧。我把生活、工作和研究结合在了一起，生活中充满需要去探究的问题，问题的解决让我获得乐趣，同时又成为我科研和教学的素材。”回国后除了教学及工作外，周燕珉将自己买房子、装修房子，为父母设计装修住房等，都当作设计实践的机会，借此将自己观察和研究的住宅理念落实下去，进行检验。“要把生活和工作联系起来，这样是最节约时间的。你会沉浸在里面，觉得很愉快很有收获。”在自己一本专著的前言中，周燕珉对自己的生活和工作状态作了这样的归纳：“在生活中捕捉工作的灵感，在工作中体验生活的乐趣。”

周燕珉的住宅设计研究是从厨卫开始起步的。因为厨卫作为住宅的“心脏”部分，当时在中国没有受到应有的重视，设计和施工水平都很差，存在很多矛盾。但厨卫空间的设计与施工，恰恰体现多工种之间的共同配合，需要做到建筑和相关设施、设备的有机结合，有大量需要细致研究的内容。周燕珉从此处入手，慢慢扩展到对整个住宅的研究——从细部开始，到住宅整体的规划和设计。这些年来，她也参与了不少居住建筑的规划和设计，从中取得了很多实践经验。

居住建筑研究：从人出发，从生活出发

生活和工作水乳交融的关系，不但对周燕珉早期的研究有着重要的意义，某种程度上，也影响了她的研究方式，在她不同的生活阶段都有反映。留日期间，她通过带着自己的孩子去不同的地方玩，观察其活动、各种能力的形成，对环境的认识，同时也观察不同环境对于儿童而言有哪些优劣之处。回国后，针对老年人居住建筑研究，周燕珉转而开始关注家里老人的生活和居住问题。所以，她说：“我觉得我自己的研究是从人的角度出发，从人的生活需求出发的，这一点是我的研究核心。”

她首先是从居住者的需求出发，采用入户调研的方法，掌握大量一手材料，去研究住宅空间、研究人体工学。在此基础上，去分析居住建筑该怎么做，住宅规划该怎么做。她以不同的人群来细分研究对象，比如标准家庭、特定家庭、老年人、残障人士、低收入者等，去分析他们需要的是什么样的住宅。她认为，哪怕是在“技术”层面上，也不能脱离人的需求，“技术是用来为人服务的，而不应当是为了炫耀而应用技术”。有时候，她在调研中就会发现，某些技术做得过分了，并不适合人的需要。

在清华大学从2005年起开设的住宅及老年居住建筑设计的课程上，除了集中讲授住宅及老年建筑的设计方法外，她还要求学生采取调研和设计相互结合的形式完成相关课程作业，使学生们学到了一些非常实际的本领。在长期的研究过程中，她也将自己的工作方式进行总结与介绍，写成了《住宅设计研究中入户调研的意义及方法》、《中小套型住宅入户调研总结》、《中青年客户群居住需求研究综述》、《住宅各空间需求研究》等几十篇文章。

周燕珉呼吁今后居住建筑要向“室内精装修”和“住宅工业化”的方向去发展。她说，目前由于中国的住宅大部分都是毛坯房，很多东西都比较粗糙，存在很多问题。“多数老百姓不懂建筑，不了解装修，但每个人都是花了一生中最大的一笔钱来买房子、装修。”这一方面由于不懂专业知识很容易导致错误和浪费，另一方面，用户自家装修和改造也存在一定的危险，而且装修公司良莠不齐，用户可能会存在上当受骗、花冤枉钱等很多的问题。

坚持研究、实践与教学“三结合”

周燕珉主持的居住建筑设计研究室在致力于住宅和老人建筑的设计研究的同时，也做一部分设计咨询和实际工程等。近一段时间做了较多的老年建筑的设计和咨询工作，这是因为市场需求已经凸显，许多地方需要盖老年建筑，但不知道怎么做，要“赶紧把研究做出来，让大家都了解要领，避免建筑盖出来后出现错误”。

而且，研究室并不是关起门来做研究，一直跟外界有着良好的联系，比如与开发商进行合作。

中小户型室内精细化设计：卫生间、厨房、餐厅对景墙、客厅与卧室的回游空间、门厅

“开发商直接面对市场，面对客户群，他们处在一线，非常了解人们的需要。”周燕珉介绍说，像他们与万科合作进行“住宅后评估”等工作，站在第三方的立场，组织专业的教师和学生，对已入住一年以上的住宅进行入户调研。通过具体和细致的调研，掌握住宅设计及建造在实际使用中的不足。调研者深入生活的细节，通过观察，往往能够发现一些住户也许没说、或没有意识到的问题，并从中总结户型设计、设备设施等问题。“比如说居住者在地上堆了很多杂物、行李箱等，可能他只是觉得没有时间整理好，自己也没意识到什么问题，而我们就会发现他实际上是缺少放大型行李箱的地方，只能把它放在地上。最后总结出这类住宅需要设计出放这类物品的储物空间。”又比如，通过看住户装修时改动过哪些地方，可以了解到他的需求。类似这样的问题在调研后写成报告，并归纳出改进的意见和建议，对开发商来说有很大的意义，他们可以将这些建议应用到下一个楼盘的开发设计中去。“积累很多这类经验后，我们还可以写书，把这些知识告知更多的人。”这不仅适用于全装修房，对楼盘户型设计、设施设备选择安装等，也有很大的指导意义。

“我们写的书还是比较通俗易懂的，有很多图示，学生、设计院的设计师、开发商能明白，大众也能看懂，可以作为一种专业普及教育。另外，在一些针对开发商或设计人员的培训班上授课也是普及工作的一部分。同时我在学校的教学上也应用了这些研究结果，希望为提高业内的整体水平尽一分力量。”

周燕珉常受开发商邀请来做“户型优化”的工作。对此，她很重视：“别小看这个。因为有些开发项目特别大，有几十万平方米之多，但在很多地方都考虑得不周到，不符合居住、活动和使用操作的要求。你给它优化后，它更适合人的生活，人们住进去以后会发现特别方便，并且节省。”可以说，这是一种社会效益极大的工作。一方面，住户能够拥有更具舒适、实用的户型，另一方面也为社会节约了大量资源。在优化的过程中，周燕珉更注重细部设计，“也许仅仅是针对一堵墙改动了 10 厘米，让门打开的位置更合理，就会使居住者生活更舒适，操作更方便。对于那些设计者、开发商注意不到和容易忽略的地方，我们都会去优化、调整，并说明原因”。

此外，研究室还进行住宅标准化、精细化等方面的研究。“比如我国的中小套型住宅、经济适用房、廉租房，很多都可以通过标准化来进行设计，可以加快设计和建造的速度，保证质量，更适合居住者需求。”

研究、实践与教学，在周燕珉看来，都具有重要的意义。她倾向于认为，大学教育要更多的与社会及实践相结合，既需要前沿，也需要实用。这样培养出来的学生毕业以后马上就能融入社会、展开工作，对于设计公司、房地产行业而言都是直接可用之才。

居住建筑研究是多学科交融的领域

从学术意义、社会意义来看，居住建筑的研究都有其重要地位。“居住建筑是为绝大多数人服务的，人人都需要，如果做好了，就会使人们居住舒适，就能在节能、减排等方面为社会、为国家作出巨大的贡献——因为社会上最大量的建筑是居住建筑。”而且对于一个研究者来说，它也是一个非常有吸引力的课题。"我感觉居住建筑是一个很深的领域，是很多领域的交汇处，像社会学、经济学、心理学、美学和民俗传统等，在住宅中都有所反映。" 因此，周燕珉认为，住宅是建筑中最值得研究的类型之一。

以周燕珉近年来投入大量精力的"老年建筑"为例，她从20世纪90年代中期就开始着手研究这个课题。近几年，随着我国人口老龄化趋势增强，从国家到城市，从学界到开发商，对这个问题更加重视，周燕珉和她的研究室将更多的时间放到如何制定相关政策、如何进行整体规划、如何进行建筑设计等各层面的问题上，切切实实地提出问题、分析问题，给出专业建议。在参考国外相关政策与实施情况的基础上，结合我国国情与我国在养老问题上的传统，周燕珉提出，我国住宅社区可尝试分三个层面来覆盖老年人居家及社区养老的需求，即在一般住宅中配置面向老年人的户型、社区中配建老年公寓以及在社区内设立小规模多功能的老人服务中心。其中，"在同一社区中，设计几栋供老年人居住的住宅，即在社区中配备老年公寓的方式，更具有现实的可操作性。"与之相适应的是，应在此类社区中全面、细致、专业地推广无障碍设计。

周燕珉说"我国目前在老年建筑方面还处在起步阶段，而这类建筑的社会需求是很大的。"她相信，今后国家以及地方政府将会出台一些相应的政策和措施，以适应老龄化趋势。"我们正在加紧研究，也从事了一些实际的项目，比如西藏拉萨城关区社会福利院、北京市西城区残联中心、北京市西城区月坛汽南小区老人院等。现在我们研究的成果也比较多了，最近正在写一本'十一五规划'大学重点教材，专门写老年住宅建筑如何设计的问题。" （赵夏榕／文）

上左，西藏拉萨城关区社会福利院透视（林卡方向效果图）

上右，西藏拉萨城关区社会福利院鸟瞰透视（效果图）

下图，西藏拉萨城关区社会福利院透视（主立面效果图）

看清与看轻

南京大学建筑学院院长　丁沃沃

1957年6月出生。1982年毕业于南京工学院（今东南大学）建筑系，1984年于南京工学院建筑系获硕士学位，后留校任教。1988至1989年赴瑞士联邦苏黎世高等工业大学(ETH—Zurich)建筑系留学。1994至1996年应邀赴瑞士联邦苏黎世高等工业大学建筑系任客座助理教授，之后攻读瑞士联邦苏黎世高等工业大学建筑系博士，2001年获博士学位。现任南京大学建筑学院院长，教授，博士生导师。

曾获国家教委颁发的教学改革二等奖；南京市优秀设计个人奖；江苏省城乡规划优秀设计一、二、三等奖；教育部优秀建筑设计二、三等奖；建设部优秀设计三等奖。

听丁沃沃讲话，让人有种酣畅淋漓、想要击节称快的冲动。她的坦诚、率真与犀利，在今时今日流行的一片官腔、洋腔、学究腔、文艺腔中愈显可贵。她对于事物的本真似乎有种与生俱来的执著追求，从而总是能够穿越重重表象，直接叩问其源头与根本。一旦得到答案，为诸多女建筑师所共有的那种务实天性便在她身上充分体现，她会自然而直截了当地把该看重的看重，该看轻的看轻。对于丁沃沃而言，能和南京大学建筑学院的教职员工们一起，尝试着在中国办一个有自身特色的新型建筑学院，“我认为是有意义、有意思，而且也能做成的”。

“我其实挺后悔进了这个专业”

丁沃沃的父亲是一位爱画画、喜欢设计制作、能修钟表、能做家具、能给女儿做衣服的结构工程师。可能受父亲的影响，丁沃沃从小就喜欢画画，制作、设计服装什么的。另外，她对无线电特别着迷，少年时代还自己动手组装过收音机。

“我其实挺后悔进了这个专业。”

“我这个人做事情不太会通融，喜欢非黑即白。但是建筑学这个专业不是一个非黑即白的专业，很多事我搞不清楚，从本性来说这让我很郁闷。”

大学的第一节数学课，丁沃沃很认真地去听。不料老师说数学对建筑不是很重要，随便学学就可以。非常喜欢数学的丁沃沃对此大为不满。再接下来结构也是随便学学，力学也是随便学学；画画倒是很开心，设计课老师讲得挺好，但是设计的时候她就觉得似乎跟老师讲的一样，但又好像不是这样。当时丁沃沃对专业课完全摸不着头脑，只觉得这个专业没有标准，因此也没有办法去努力，就感到这个专业自己不喜欢。那时的课程设定对一些特定基础学科不重视，用的教材也都比较差，暑假丁沃沃就自己跑到新华书店买书来学，因为她觉得那是真本事，应该学好。但到开学又没有时间了，自己也没有劲了。高年级的时候好像才慢慢觉得有点道理了，但还是糊涂。“别人有很多追求，我也想追求，但是没方向啊！我都不知道什么叫好，什么叫不好。”

面临毕业时丁沃沃觉得应该去读研究生，也不是因为“追求”，而是因为“一片茫然，还没有心理准备到岗位上去”。她的研究生导师是钟训正院士。钟老的教学方式挺明确，一是要做设计，二是要好好看书。丁沃沃就到图书馆自己去找书，当时那些现代主义、后现代主义的著作刚开始传到中国来，都还是原版书，没来得及翻译。现在在美国的刘光华先生说要看就看原版书，他教学生们看原版书，指导他们翻译并且还帮他们校对。从这些西方建筑学的原版书中，她感到原来建筑学是有道理的，只是老师讲得太少了，从那时起她开始慢慢喜欢上了建筑学。

泰州市市级机关办公楼主楼

教学、研究、实践三位一体

硕士毕业以后，丁沃沃留校当了教师。其实当时丁沃沃不太愿意当老师，她最想去高校设计院，因为那时高校设计院还有假期，又能做设计，又有寒暑假，归根结底还是为了玩。可后来学校还是让她留校任教，她的“如意算盘”也落了空。第一年上课，丁沃沃不知道怎么教，只好人家怎么教自己就怎么教，给学生改改图，反正改什么学生也都听了。浑浑噩噩教了一年，硕士论文研究教学法的顾大庆也毕业留校了，提出建筑不应该这么教，有理有据地讲了一番。几个青年教师都觉得他讲得对，忽然一下就认真起来，开始跟他搞教改。自从搞了教改，丁沃沃开始认识到，实际上是建筑学内涵决定了教学法的改革，首先要清楚建筑学本身应该诠释什么，建筑设计本身是怎么运作、怎么生成的，然后才能去教学生。建筑学的研究和建筑教育其实密不可分，相辅相成，教学、研究、实践三位一体。当时几个年轻教师经常在一起讨论，气氛热烈，讨论特别愉快。通过教改，丁沃沃觉得无论教学还是设计，自己的确有所提高，以前觉得没意思的教学工作也变得比较愉快了。同时，丁沃沃又到瑞士联邦苏黎世高等工业大学(ETH-Zurich)留学了一段时间。ETH 的导师很热情，教学上毫无保留。这次欧洲之行更进一步促进了丁沃沃对建筑发展史、建筑学内涵的深层思考。

2000 年，丁沃沃和其他几位教师应南京大学之邀，来到南京大学创立了建筑学研究所。“做这个决定实际上就花了 20 分钟，电话里就定了。我们也知道创业不容易，这个学科在南京大学是新引进的学科，完全要从零开始。迎难而上的原因其实很简单，就是这一帮背景以及对建筑学观念比较接近的教师，想按自己理想的方式做建筑教育。我们这些人原来课余时经常聚在一起，大谈建筑设计应该这么教那么教，其实都是空谈。现在机会来了，所以一群人也没多想今后创业的困难，看到的是南京大学的整体实力和人文背景。南京大学的领导当时说，你们认为建筑学院应该是什么标准，就按你们的标准去做。这对我们来说很有吸引力。另外，当时教本科教得也厌倦了，觉得研究生的教学还有很大发展的空间，南京大学的领导同意我们建筑学从研究生教育做起的方案，这样就可以专心从事硕士和博士教学，不用去烦本科的事。最后一点是，建筑是需要社会基础和人文底蕴的，有很多观念问题值得思考，这并不等同于给建筑形式一个说法，在南京大学这个思考的氛围尤其浓厚。”

建筑教育的困惑

谈及南京大学建筑学院在建筑教育方面的一些新尝试，丁沃沃不认为他们做了多少真正意义上的革新。“我觉得真正的教学改革不仅仅是几门课的改革和教学体系的改革。我在国外就注意他们的一些经验，2003 年在美国专门研究了高等建筑教育，去几个好的大学看了看，尽可能去了解。那么，收集了这么多的信息，看到人家的长处我们也想去做。而在中国做这些事，体制不一样，经济来源不一样，人也不一样，国家的需要也不完全一样，你不能不做一些变通。对我们而言，别人所谓的革新，无非就是我们一帮教授心目中想要做的事情，为了在中国的现实条件下得以实现，找到了一个路径把它做成，就目前来说充其量也就是个变通。”

丁沃沃认为，作为一个教育者，如果教育目标很明确，或者说核心知识很明确，对社会的需要很明确，学科将来的发展也很明确，那是最好的。建筑学如果要在大学里生存，就要有自己的核心课程。核心课程的内容讲什么，教育者自己要很清楚。“我们最大的困惑是，在中国目前还没有找准自己建筑学内涵的情况下，只能先借鉴西方建筑学体系。然而即便这个核心知识参照西方建筑学有了个模糊的概念，其后续在中国怎么发展却是更模糊的。理论上讲核心知识是该学科的理论基础，那么建筑学的核心知识是什么？理论基础又是什么？学生学了这些一旦出去面对社会现实、面对甲方情况又是怎样？这些我都经历过，作为教师我理解学生们刚毕业时的茫然和面对现实的痛苦。现在教的建筑学的基本体系都是西方化的，我们教的是这个，出去要他们应付的是那个，这里面有很大的脱节。而恰恰所有这些如何应付的方法是没有办法转化成核心知识去教的。这个问题应该是我们去解决的，但是我觉得很难。只有中国社会需要什么样的建筑学清楚了，才能够正确地转化成学科的核心知识。"

"建筑教育和其他教育不太一样的是，建筑学这门学科一直在转换内涵，它在研究和发展过程中一直在对自己的内涵进行诠释，做了一个阶段之后再重新诠释它的内涵。我们看建筑学教育发展的轨迹就很有意思：在西方，建筑学最初是在艺术学院里；工业革命后，建筑技术的属性越来越重要，建筑学转到了工科院校；现在很多综合性大学里都设了建筑学，强调了建筑的社会文化属性。建筑技术的发展所带来的讨论不仅仅是技术如何能更进步，同时也带来了为什么要这样做的观念的讨论。现在建筑学的内涵已经脱离了形式，因为形式是有穷尽的。建筑学的核心内容如果是形式的话，那么这个学科就是死路一条。现在把建筑学院放在综合性大学里面，就是在有了一个既定的文化和社会背景的外延的前提下，研究为什么要做，以及具体怎么去做。国外技术拿过来的话肯定要有一次国产化的转换，这也是建筑学要研究的。此外关于形式生成路径，也是需要研究的。如果把握这两条，一路走下去，中国的建筑学慢慢本土化以后，才能找回自己迷失的方向。"

2008年南京大学建筑学院开始招本科生，采用4年制，其中前两年是通识教育，学习艺术、人文、理工各科系的知识；另外两年是建筑设计专业教育。"掌握了这些知识以后，学生如果希望在建筑学学科内继续发展，那么他们可以继续读我们学院的研究生学位课程；如果学生中一些人更感兴趣做建筑业的开发，那么他可以去管理学院，将来做一个有建筑背景同时也有管理专业学位的开发行业人才，或去政府部门做管理工作。有扎实的理科基础也可以进入建筑技术领域，我们国家很缺这样的人才。在别人看来这是一种改革，实际上国外尤其是美国早已如此。我们认为本科是一个很好的类专业教育、准专业教育；真正的专业，通过硕士阶段的学习来确定，这样对学生、对各个行业可能会更好。另一方面，说实话，在我们自己也没有想得太清楚之前，总觉得这样至少可以保证对学生负责任，给他们比较大的发展空间。"

南京大学的研究生一年级不选导师，要学习比较多的理论课，这是借鉴了欧美建筑教育高年级研究生教学的经验。"理论课不能缺失，而且每年在更新。老师要看书，因为要把课教好总得讲出点道理来。这对我们教师也是一种动力，促使我们赶上世界建筑学理论前沿。"

虽然采取了一些措施来应对中国建筑学内涵模糊的困境，丁沃沃觉得还是不能从根本上解决问题，因为更为尴尬的是，"我们从来没有认真谈论过，在中国建筑学的内涵究竟是什么"。

南京军区军事医学研究所科技综合保障楼

中国需要什么样的建筑学

总结自己在东西方的建筑学学习经历以及工作中的研究、实践和教学经验，丁沃沃对西方建筑学与中国建筑学作为一门学问发展的历程做了如下比较：建筑学在西方从罗马时代就有，那时候有专门的书讨论该怎么做建筑的问题。从文艺复兴时代起，人们真正把建筑学作为一个形而上的范畴去讨论，有一种什么样的样式就叫建筑，否则就叫房子。房子不是建筑学要讨论的范围，称为建筑的就会涉及一些法则，包括美学、意识形态等。中国建筑已经有了几千年，但是建筑学的发展却不足100年。建筑在中国天生就是形而下的，虽然一些有代表性的元素也会带有形而上的成分，但这种形而上的成分，无法追溯到美学，只能追溯到社会对这个符号的运用，是一种"标志性"，本质上代表的是这个符号当时的某一种意义。但在西方建筑学里，形式和观念是分不开的，观念和意识形态也无法割裂。他们的建筑师在运用这些形式的时候，是背负着历史、哲学、文化责任的。建筑学引入之后，国人觉得建筑学差不多就是盖房子，外国的那些建筑我们也能盖，外国人做的我们也能做，使得我们不觉得比人家差什么。我们是把形式当作一个物件引入的，形式在中国就像超市里货架上的物品，随时可拿，付钱即可。正因如此，国外建筑界热衷于建筑形式理论上的讨论，而国内建筑界则觉得这个根本无需讨论。

丁沃沃对国内最近的一些大型建筑的建成抱支持的态度。“我觉得不要讲它有多浪费，如果从浪费的角度讲就完全不能再讨论了。反对的人很多不是从这个事情本身，而是附带了很多东西去反对。其实没有什么绝对的坏事，参与那些建筑施工图设计的一些中国建筑师、工程师们，有了这么一次机会去做那样一个复杂的结构，他就积累了很多经验，这个未必不好。有过这么一次尝试后，后续有很多东西是值得反思的。一个国家打开国门以后，从不接受到接受，到怎么把它国产化，最后到怎么去维持……这里肯定有成功的经验，有失败的教训，但是这回合走完以后，中国人会对建筑学有深刻的反省。中国需要什么样的建筑文化来引领中国一路走下去？我认为是值得反思的，这个阶段迟早要到来。现在这种反思还不明显，因为现在还觉得国外的东西都是先进的，所有人都在学。但哲学、社会学研究已经开始反思，开始本土化了。建筑还没来得及。为什么呢？太忙了。那么多项目，那么多的事情要去做；那么多的有趣的想法可能可以实现，干吗不去先做！有机会我也是先做了再说。但无论如何，反思肯定要来的，只是在什么时候的问题。反思完了以后，我依然不觉得一定要像西方建筑学那样做就是好的。很多学者和我看到的是一样的，他们的企盼的是情况会越来越好。那么这个好的标准是什么呢？是达到了跟国外一样的认识程度？还是和国外一样的建筑形式？我认为，情况是会越来越好，好的标准是更加清楚地认识到中国要什么样的建筑学作为自己的内涵。最后产生的形式像外国的也好，不像外国的也好，总之什么样的杯子都能喝水，无所谓。形式不那么重要，把事情想清楚了，不那么诚惶诚恐就可以了。”

珍视已有，不贪所无

现在丁沃沃的日常工作基本上是教学、办学、建筑设计各占三分之一。作为一院之长，丁沃沃说“当得挺惭愧”，“没有一个事情是院长可以自己单干的，没有大家的支持什么事也干不成。大家信任你，你就要坐得正。”

对于荣誉、地位，丁沃沃自有一套看法。“这些东西本是身外之物，看那么重，失掉一点儿都会痛苦。而且这个痛苦不是与生俱来的，是自找的。制定这么多所谓你应该得到的东西的目标，其实都不一定是你的，一旦没有得到，你痛苦半天。你要想本来不是你的，你意外有了，那不是高兴半天么！我就特愉快。这个院长是什么定位呢，要当得比较合适，而且让我自己比较舒服，就是服务。让每个教师愉快地干他自己的事情，多出成就，为这个集体增添光彩。而且既然是服务，我很愿意为好教师服务。因此，引进一个人我就要想到我是要为他服务的。当然要选人品好、能力强、专业水平高的人，我愿意为他们服务。所以我觉得在我们学院没有什么领导，只有一帮各司其职的人。我们学院的人说话都是很直接的，只要是负责任把事情做好就可以。我们这里大小事宜都是要尽量公开，这样很多事情就变得很简单。我觉得把这个事情从根本上想清楚，我一下就很轻松了。我们学院风气很好，向来就是一个团队，同事们都是很坦诚也很直率的那种。”

如果有一天不用做管理工作了，丁沃沃觉得自己能做的还是一个教师的本职工作，教书、做研究、做设计、带研究生等等。没有了管理工作，日子会轻松些，不用那么紧张了。（小冬　李威／文）

城市设计的研究与实践者

东南大学建筑学院院长　王建国

1957年7月出生于江苏省常州市。1982年毕业于南京工学院（今东南大学）建筑系，1989年获东南大学工学博士学位。现任东南大学建筑系主任、城市规划设计研究院院长。2001年被批准为教育部“长江学者奖励计划”特聘教授，国家杰出青年科学基金获得者。

王建国主要研究方向为：现代城市设计理论和方法、城市形态和建筑设计理论等。近十年来主持完成国家自然科学基金项目2项，参加完成国家自然科学基金项目2项，在研2项。先后获教育部科技进步二等奖2项、三等奖1项。专著《城市设计》获江苏省第八届优秀图书二等奖。

王建国踏入大学建筑系门槛的那年，正好是1978年。在三十多年学习建筑、实践建筑的过程中，他经历了建筑界大环境的变化，一步步走向成熟。他认为，在建筑和城市面貌日新月异的背后，是30年来经济高速发展、国门不断开放和人文精神的不断积淀。社会发展了，建筑师方才获得更多将设计变成实实在在之建筑的机会。而国门的开放，则让王建国像许多同仁一样，亲身体验国际建筑发展的浪潮，得以更加客观地参考国外建筑与城市发展的成就与教训。

与建筑设计相比，王建国将更多的精力用于研究城市设计以及从城市的视野去研究建筑设计，并在多个具体的规划设计项目中验证、提升自己的研究成果。他同时也十分关注城市更新过程中的文化保护工作，“过去我们认为旧的建筑是累赘，现在大拆大建减少了，变成了在保护基础上的开发。这样不仅促进了城市面貌的变化，更留下了城市文化的精髓”。他说，这个过程是“建筑”内涵的改变。

建筑设计与城市设计：两者兼顾，更重“规划”

王建国的本科、硕士和博士阶段，都在东南大学度过。在那里，他师从齐康院士，深受齐先生建筑设计与城市设计并重这一思路的影响。在学生时代，他曾跟随齐先生参与了福建冰心博物馆和江苏国家税务局大厦的设计，这两个项目后来都获了奖。在他自己所主持的设计项目中，也不乏精品。

比如位于南京的江宁博物馆——基于场地特征以及中国传统的“天圆地方”的宇宙观，布局随圆，倚坡就势，呼应基地地形的变化趋势。博物馆主体采用螺旋式上升的圆形体量，其形体、屋顶造型、建筑空间关系等都经过精心处理，藉以整合周边场地与建筑的关系。建筑形体饱满浑厚，虚实对比强烈，具有较强的视觉和文化冲击力。其设计意图主要是从凸显地方文化与中华建筑传统文化相融合的角度出发，力求营造台地聚落之现代意象，体现“天圆地方”的中华建筑布局理念。

又如为东南大学九龙湖校区所设计的公共教学楼，吸取了世界优秀大学和东南大学原四牌楼校园的建筑传统，突出了校园教学楼应有的端庄大方和良好的比例尺度感，在建筑形体上关注局部异质要素的介入，追求统一中适度变化。如在整体单层坡顶基础上，利用阶梯教室空间独立单元增加了局部重檐屋面，丰富了从校园中心广场方向的观瞻效果；在八幢教学楼和办公楼之间连廊的景观墙上局部开有不同大小、层与层之间错位的窗洞，建立了层次化的建筑要素，调节了建筑群体空间形态的虚实过渡。在组成各阶梯教室交通的剪刀梯侧面设计了一片盲窗阵立排布的实墙，与内院中的教学楼外廊形成虚实对比；五个院落的盲窗使用了红、黄、蓝、绿和橙色作为标志，以帮助学生更方便地认识教学楼建筑群的空间结构和方位。

不过，王建国着力更深的，乃是对于城市设计的研究与实践。获得博士学位后，他于1991年赴美国科罗拉多大学，在著名学者Hamid Shirvani教授指导下开展博士后研究，并讲授城市设计课程，继续深化自己对城市设计的理解。在国内，他率先系统开展了现代城市设计理论和方法的研究并推进其在中国的发展，首次构建了一个比较完整的现代城市设计理论和方法的框架体系，提出经由“型、类、期”切入的城市形态评析途径。此外，他还首次提出并在实践中运用了“相关线一域面”的空间研究和分析方法；探索了适应国情的公开化跨学科和行业的设计过程组织模式，构建了一个由“设计探寻过程”和“参与性决策过程”构成的现代城市设计复合整体。

从20世纪90年代末开始，王建国主持了一系列城市规划的项目。从体量来看，既有像徐州彭城南路步行商业街规划设计这样较小的案子，也有海南省海口市总体城市设计、广州市传统中轴线城市设计这样的大型设计，其中也不乏金坛市旧城改造暨市民广场规划设计这样以城市更新为主题的项目。

绿色城市设计：设计原则与设计实践

自1987年布伦特兰报告《我们共同的未来》发表以来，“可持续发展”的理念逐渐为各国所接受。而自20世纪90年代以来，我国城市化、城镇化的发展态势，也使得城市发展中的生态问题、可持续发展问题更加重要。王建国就是在这样的形势下，在学术界首次提出“绿色城市设计”概念和设计原则，并先后得到国家杰出青年科学基金和国家自然科学基金等资助。

王建国从设计的哲学基础与出发点切入，将城市设计的发展分为三个阶段：

20世纪20年代以前的第一代城市设计贯彻的是“物质形态决定论”的思想，其对城市空间施加产生的影响主要是视觉有序，对较大版图范围内的建筑进行三度形体控制，所遵循的价值取向和方法论系统基本上是建筑学和古典美学的准则，直觉感性多于科学理性。

第二代城市设计师在城市建设中遵循了经济和技术的理性准则，但仍信奉“物质形态决定论”和20世纪20年代包豪斯的设计理念，把城市看作一个巨大的、高速运转的机器，注重的是功能和效率，注重在建设中体现最新科学技术的进步和技术美学观念。20世纪50年代后期又提出要把设计对象扩展到包括人和社会关系在内的城市空间环境，以满足人的适居性要求，并且考虑特定城市的历史文脉和场所类型，初步涉及自然景观要素和生态问题。

20世纪70年代以来的第三代绿色城市设计，通过把握和运用以往城市建设所忽视的自然生态的特点和规律，贯彻整体优先和生态优先的准则，力图创造一个人工环境和自然环境和谐共存的面向可持续发展的未来理想城镇建筑环境。绿色城市设计与早期的“花园城市”、“广亩城市”思想有一定的关系，但是更加注重城市建设的内在质量而非外显数量，追求的是一种由生态美学观驾驭的新型生态城市。

力求在城市建设中做到人与环境的和谐共存，是“可持续发展”理念在城市设计领域的反映。王建国在江苏泰州市新区商贸区、泰州高港行政金融区的规划工作可视为“绿色城市设计”思路在实际中的应用。

泰州市新区商贸区是泰州市新区中心的重要组成部分，是承担泰州未来区域辐射功能的重要载体。作为商贸区，虽然有着高效益、大容量、功能复合紧凑等特征，但同时应满足对良好环境品质的要求，满足21世纪以“知识经济”为主导的信息社会和“舒适与效率并重”的城镇发展新模式的要求，因此在规划上除注重通常的功能组织、规划布局、空间艺术、视觉景观及道路交通等问题的综合解决外，对规划区域内资源利用以及需要保护和恢复的自然地形学和生态学条件给予了特别的关注。规划设计利用绿色原则，保留和利用了基地内原有的自然河道茎状脉络。同时，通过生态要素增强原理，规划拓展了滨水绿地和步行区范围，规划形成外环围合、内部纵横交错的开放空间和绿地系统。中心部位则设置了大片绿化广场，较好地平衡和协调了商贸区大容量高密度的建筑对户外自然和空间的需求。

而高港行政金融区的规划则因地制宜，充分考虑当地的自然、地理、历史、文化和资源条件，体现“港城相依，以港兴市”的历史文脉和生态地域性特点。规划保留且合理利用了基地内的自然河流和水面开放空间，并将其与区内交通骨架有机组合成一个整体。设计采用点、线、面结合的方法，打造绵延贯穿整个规划用地的绿化体系，并在市民广场东南方向建设一条生态步行廊道，使中心区夏季有来自东南主导风向的自然气流，避免“城市热岛”的形成。另外，规划设计运用城市设计原理，分析了现代建筑忽略外部空间处理、缺乏人情味的不足，汲取中国传统建筑空间布局的精华，采用以院落为构成细胞的、尺度谦和得体的建筑组群布局，具有良好的“图——底”关系、围合性和外部空间界面的连续性，使各单位均获得了相对独立的使用功能、良好的自然采光和通风条件，并使市民广场和周边布置的行政中心、会议中心获得较为完整的外部空间，形成层次丰富的空间结构。

产业建筑的保护、更新与利用

随着城市结构的调整，传统制造业在城市中所占的比重日趋下降，新兴产业逐渐取代传统的产业门类，而由于城市规模的扩展，原先位于城市边缘的产业区逐渐被包围到城市中。这些产业区对城市环境造成巨大的污染，必须迁出城区。

在这样的情况下，如何处置废弃的产业类建筑就成了城市建设不得不考虑的问题。目前，大多数的国内城市都是采用拆除的办法来解决废旧厂房。对于这种做法，王建国并不赞同。他认为，产业类建筑代表着人类正在远去的工业化时代，见证了人类社会工业文明发展的历史进程，是过去城市发展模式的物质载体，具有很高的历史价值和文物价值。单单只是将其拆除实在是暴殄天物，合理的保护和再开发利用才是正道。

提起产业建筑的保护，王建国总爱讲德国鲁尔区的改造—— 10年的努力，一系列的工作，彻底改变了鲁尔地区的形象。如今在鲁尔区莱茵河两岸，艺术景观和自然景观都非常丰富。

而上海世博会场馆规划的竞标，给王建国提供了一个实现自己理念的舞台。浦西的世博会用地毗邻的是上海的老城，上海的一条南北向干道——西藏南路的终点就在江南造船厂，历史上江南造船厂这个地域就是和上海市民日常的城市生活紧紧联系在一起的。这个地段本身的历史意义使它拥有了无形的区位价值和资产。因此，王建国准备通过对产业建筑的再利用，结合浦西成熟的城市社区，创造出类似美国巴尔的摩内港和悉尼达令港那样的城市滨水区。

在这个想法的指导下，王建国等人利用江南造船厂的2号船坞遗迹和保留的厂房，在浦西场址中部规划出一片具有综合功能的内港滨水活动区。保留的厂房建筑在会展期间作为企业展馆之用，会后改造为上海第一座近现代工业博物馆，部分保留的企业馆将把内部功能置换为商业、文化艺术服务功能。另外，妥善保护场址西部的飞机库等文物建筑，将一组旧工业厂房改造成三个企业馆建筑，会后用作艺术家活动和交流的公共空间场所，室外公众活动和景观设计也以此为主题加以组织。对场址东部的求新造船厂内优秀历史建筑进行保护，形成一组旅游设施；结合场内保留船坞，开辟一处船厂遗址纪念公园，并形成江边的视景焦点。整个规划设计得到好评，在竞标中取得了第四名。

在科研与工程实践之外，王建国在建筑教育领域也执著钻研。他认为，现代教育是一项极其复杂而又充满魅力的事业。教育因其依附的社会、民族和文化的复合多元性，会随一个国家的现代化进程与时俱进。教育并非仅仅是以一般形式上的自上而下的知识传授和以此为特征的“通识教育”，而更应教学相长、教学互动、善诱启智、情理交融、张弛有度，是一种具有包容多元特点的的“博雅教育”。2002年，他所主持的《建筑学硕士研究生创新能力培养模式的研究与实践》课题被评为江苏省研究生培养创新工程二类立项课题。（单明川／文）

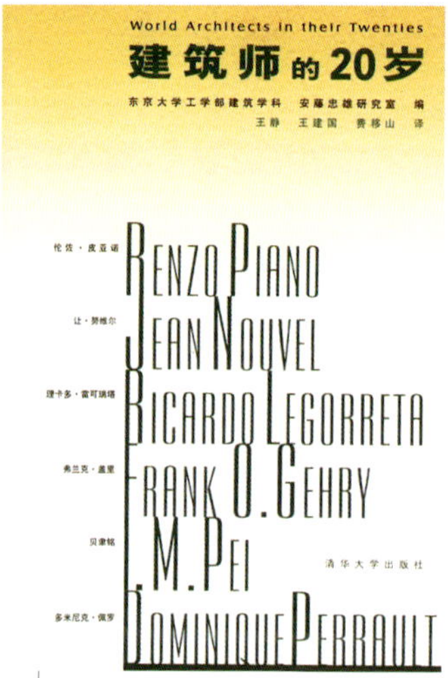

江苏盐城中学南校区体育馆

江苏盐城中学南校区图书馆主楼

《建筑师的20岁》，王建国是翻译者之一

城市与建筑

中国建筑设计研究院副院长、总建筑师　崔恺

1957年8月出生于北京。1984年毕业于天津大学建筑系，获硕士学位。现为中国建筑设计研究院副院长、总建筑师，崔恺建筑设计工作室主持人。

崔恺的代表作有北京外语教学与研究出版社、北京外国语大学逸夫教学楼、拉萨火车站、西昌文化中心、北京德胜尚城办公小区、水关长城3号别墅等，曾多次获奖。1997年获“全国优秀科技工作者”称号，1998年被评为“国务院特殊津贴专家”，1999年被评为“国家人事部有突出贡献的中青年专家”，2003年获“法国文学与艺术骑士勋章”。2007年获“梁思成建筑奖”。2007年获“亚建协金奖”。

从踏入设计院到现在的20多年里，崔恺从未离开过设计一线，他的建筑设计道路走得踏实，走得专注而真切。一路上，他突破了对建筑形式的早期认识，开始有更多的空间语言，继而又在对建筑与城市的问题上形成自己的看法，让设计来源于特定的场地之中，比较自然地表达出空间应有的状态……一路探索，结下累累硕果。如今，崔恺认为，所谓设计就是“自问自答的游戏”，他已然掌握了“自个儿找问题”的方式方法，并坚持“找不准问题不下笔”。而他的设计作品，也就成了一个又一个“自问自答”的典型范例：20世纪90年代，教学与外语研究出版社办公楼让他深入地思考起建筑如何成为环境的一种延续，如何回归建筑本体？下沉式的河南安阳殷墟遗址博物馆，回答的是如何“把现代化建筑与历史遗址衔接起来”。在设计首都博物馆时，他更是在诸多条件的限制下，坚持着自己对博物馆对城市与市民之意义的看法，并尽可能在设计中体现出来……

建筑和盖房子不一样

1977年，崔恺考上了天津大学建筑系。那时候，当邻居家孩子知道他的专业后，说：哦，就是盖房子呗。他纠正说，不对，和盖房子不一样，建筑，需要艺术感。由于父亲是设计院里的采暖通风工程师，崔恺小时候没少见父亲和同事们画图，他自己绘画也不错。考大学时，他的父亲特意从国外写信回来，建议他报考建筑系。然而，崔恺的第一志愿却是清华大学物理学专业，第二志愿才填上了建筑学专业。

当时的天津大学在设计教育上遵循的还是古典主义建筑的均衡、严谨的原则，崔恺在那里打下了扎实的基础。1984年，研究生毕业后，他并没有留校或到清华大学去教书，而是选择到建设部设计院去。回顾在教书、做设计、出国等事情上的选择，崔恺说，1977年入学，乃至20世纪80年代毕业的学生，很多人都出国了，留在国内设计院里坚持创作设计的人相对较少。在那个年代，崔恺并非没有机会出国，而在1987年，当他得到了自己建筑设计生涯中第一个重要的机会——设计西安的阿房宫凯悦酒店时，他一做就是4年。酒店建成后，更多的机会就接踵而来了。他说：“因为我坚持下来了，所以做出了一些作品，虽然不是很好，但在当时也是一种新生力量。”后来，崔恺又先后被派驻深圳、香港工作，较早地通过这两个“窗口”了解到国际建筑的发展情况。

崔恺在众多建筑实践项目中锻炼、成长并成熟，他曾这样描述自己走过的路：

“学建筑的时候，不善于提问题，总想着，答案已经在书本里，在老师的脑子里了：办公楼是这样的，酒店是那样的。干建筑的时候，常碰到问题，总被业主、领导、专家提问：这是为什么？那儿是不是考虑到了？答案在摸索和调整中逐渐清晰。现而今的路子是自个儿找问题：这是哪儿？

谁来用？怎么用？找不准问题不下笔。在我看来，所谓设计从某种意义上来说就是自问自答的游戏。”

西昌文化艺术中心

西昌文化艺术中心

建筑是城市的背景

作为建筑师的崔恺，很强调“城市”的概念，甚至将自己定位为“城市建筑师”。他说，在学建筑时，自己对老师讲到的建筑、建筑师、设计思潮总是潜心领会。而最近十几年，随着出国开会、旅行的次数越来越多，他得以去观察各地的建筑，甚至特意去重新印证、阅读曾经崇拜过的建筑师的作品。在亲身的感受中，崔恺发现：“你看到杂志上的某个建筑可能很漂亮，但是真正去实地寻找的时候往往非常费劲。因为这个建筑淹没在很多平庸的建筑当中，即使你就在它周围打听，也未必有人知道。所以你会觉得一个建筑对于一个城市来讲显得那么渺小，好像不那么重要。”

他渐渐意识到，城市是由大量的背景建筑构成的，所以城市的质量并不由其拥有的著名建筑决定，而是取决于和城市关系很好的大量普通建筑、甚至非建筑师的作品。“一些传统的小城市、民居，甚至非洲、南美洲的很多地方，他们的一些由棚户区衍生出来的建筑，给我的感觉是，真正让人喜爱的、让人很着迷的事物恰恰是在建筑师的视野之外。”

由此，崔恺不由自问：建筑师的立场，到底是个人的立场，还是社会的立场？他也因此转变了自己的思考方式。

如今，对于单体建筑与城市之间的关系，他有着更为开阔的视野和宽容的心态。比如，对于北京奥运前后出现的奥运场馆、中央电视台新楼、国家大剧院等许多引起争议的公共建筑，他的看法是：“北京是一个历史古城，人们以往对北京的认知是建立在故宫、中轴线等传统的城市格局上的。在过去的10年里，北京忽然产生了世界上最有名的建筑师的建筑，而且是很有争议的建筑。从国际视野来看，这些争议、反差比建筑本身的艺术价值还要高。”另一方面，崔恺觉得它们是一些通过特殊的建筑形态、特殊的建筑营造方式所形成的“超级建筑”，确实让一个古老的城市焕发出一种惊喜、一种建筑奇观。而从文化的属性到城市设计层面上的适应性，以及国家经济的发展角度来看是否适合建造这些昂贵的建筑物，这些都是可以讨论和批评的。

在崔恺看来，这些建筑在中国的土地上由中国工人建成，尽管它们的创意来自于世界，但它们是属于中国、代表中国的。

“将来代表北京的可能就是‘鸟巢’或者是中央电视台大楼，或者国家大剧院——当然同时人们也会想到故宫、长城。但是这中间还有很多过往的50多年来我们自己建成的建筑，像天安门广场建筑群、民族宫，我们也曾经很喜欢。但我觉得它们在中国建筑文化发展过程中的折中性和艺术立场的融合感，造成它们缺乏一点时代的张力，没有面向未来的东西。”崔恺说，可能城市需要反差非常大的建筑，但中国建筑师在中国建筑教育背景下不太敢走出这一步。

因此，他觉得这些建筑将来无论是好还是不好，一定会记录一个历史，记录中国建筑发展的一个转折点，至少是某一个阶段的里程碑。“我们总是希望这个里程碑是中国人自己创造的，但是在今天全球化的背景下，是谁设计的实际上也不是那么重要。”在当前，世界是一个开放的环境，崔恺说，北京正在发展成国际大都会，而不仅仅是一座历史名城，因此，交流是不可避免的——“我曾经参加过一些讨论会，有时面对的是一些政府的高级官员。从他们的语气当中我能感觉到，他们对我们今天学术界一些比较保守的观点，是很不以为然的。”

我的设计来自于场地当中

回顾自己在不同阶段的创作，崔恺首先提起的，是1993年开始设计的北京外语教学与研究出版社项目。在此之前，他已经设计过北京的丰泽园、西安的阿房宫凯悦酒店。他说，在凯悦酒店的项目中尽管也有过城市、空间方面的考虑，但总的来说还是比较注重造型的。直到北京外研社项目，才让他开始觉得建筑重要的不再是“形”的问题，而是空间语言的问题，“项目完成之后，我感到建筑本身作为一个人工环境的整体质量，其实不在乎造型。我开始注意到建筑与城市之间的关系，这是在我们以往的传统建筑教育中并不突出的。对城市的重新认知，对一个特定城市地段重新深入的思考，实际上也是让建筑做得与众不同、不再重复自己、不断地发现新的解决方案的一个基本的原点和思路”。

外研社项目由两栋南北朝向、进深不大的建筑构成，中间有公共空间。崔恺把两栋楼中间的院子划出一半，做了一个大厅，还有一些用来做图书馆和职工健身娱乐的用房。这两栋楼朝向城市的角度，是一个开敞的立面，他将它做成一个总体的立面，中间用一个廊桥把两个建筑连起来。“更有意思的是，为什么会出现三角形？仔细看会发现，从城市道路的路口走到学校方向，两个入口之间是 45° 的一条线，这就把矩形的平面变成了动感的三角形。”

崔恺说，一些公共建筑，尤其是办公建筑，不像住宅那样需要私密的隔离的空间，它应该是周边环境的重要组成部分。“我本来不希望外研社前面的小广场停这么多车，我想它应该是安静的院子，有很多树，不设栏杆，与城市的街道能很方便地沟通。”

在外研社项目之后，崔恺自己也觉得不错的是前几年落成的北京德盛尚城文化区。建筑区域内由七座独立的写字楼构成，整体上采用传统的围合庭院式格局。“它是作为一个城市空间的设计，而不是一个建筑设计。”他说，这个设计跟特定的环境有关系。

北京外语教学与研究出版社办公楼

首都博物馆是又一个备受关注的项目。他介绍说，这个项目初期的构思是与法国建筑师一起做的，很多重要的想法和环节是来自法国建筑师同行，并在他的主持下完成，后期有很多他们自己做的调整。

总的来说，崔恺认为这是一个城市大型公共建筑。博物馆应该是城市的一个客厅，要考虑到城市的尺度，所以厅堂做得很大。“有人说一个博物馆需要这么大一个大堂吗？你看上海博物馆，它的收藏比‘首博’不差，但是门厅很小啊。”他将此归结为为观念的不同——上海博物馆前面有一个人民广场，首都博物馆没有广场，场地条件远不如上海博物馆，因此，设计者的策略就是，既然我们外面没有这样一个文化的氛围，那我们是不是可以在里面营造，把里面的空间放大？

首都博物馆

当崔恺在巴黎研究方案时提出这一看法，合作的法国建筑师很支持，因为在巴黎，卢浮宫、奥塞美术馆包括蓬皮杜艺术中心都是市民的客厅。“现在博物馆设计一个很大的转变，就是从私人化的收藏，或者是一个地区政府的收藏、展示，或者我们国内还有的文化宣传的功能，转向为一个文化活动的场所、一个城市的礼仪场所，当然也是市民日常休闲、交流的场所。”因此，设计者在最初的设计当中是把付费区放在展厅，其他的地方尽可能多地开放，无需付费。比如说，人们可以不需要买票，去到地下一层和地面大厅找人聊天。

如今，首都博物馆和我国其他城市的博物馆都已对市民免费。崔恺说，这样更好，只要不影响管理的质量。

说到个人在建筑创作和设计上的特点，崔恺坦言：“我不太像有些建筑师，包括国际上有些建筑师，有个人的符号，到哪儿都盖一个章，这个章就是我的建筑，一看就知道是谁做的。我没有这样的立场，当然我也没有这样的能力和这样的天才。我的设计来自于场地当中，通过我对场地的理解，比较自然地表达出空间应有的状态。"

不着急，不悲观，也不要骄傲

作为一个在大型设计院里工作多年的建筑师，崔恺亲历了设计院不同阶段的变化。"我们参加工作的时候，应该说是在20世纪90年代中期之前，我们院里的传统是强调树立集体价值观。当时我们叫建设部设计院，项目署名都是部设计院。"他参加院里的领导工作后，坚持把个人的价值与集体的价值同时呈现给社会，在后来的作品集和很多宣传中都注明了是谁做的。崔恺说，这个很小的动作只是内部一个小的宣传策略的改变，实际上是反映了如何将大设计院、国有设计机构的建筑师应有的价值呈现出来。在他看来，即便是国有的机构，里面的设计机制上也需要调整到更符合市场的需求，以个性化的服务和主要设计师的社会信誉、社会责任感来开展这样一个行业的服务。

在中国建筑设计研究院，崔恺成立了自己的工作室。近年来，工作室的许多项目都与文化、艺术、城市公益有关系。"我不仅仅是自己做，而且还想带着年轻人，培养我的助手，让他们一起来做。"他说，自己的工作也不完全是出于个人兴趣，而是出于责任感。他主要是搞建筑创作，大量的时间还是用于讨论项目，与业主沟通，指导年轻人工作，协调专业和学术的交流。

对于当下的中国建筑，崔恺认为，可能有很多不理想的地方，但总体上还是向前发展的，是有希望的。这种希望第一是来自国家经济的发展、政治的稳定和国际地位的提高；第二，有越来越多的人认识到城市的问题，关注人居的环境质量，了解最急切需要解决的问题。

因此，崔恺对悲观的态度很不以为然："如果说这件事情是否可以在我们这一代人身上有个质的改变，我也不那么乐观。中国文化传统上对城市、对建筑的认识，还需要很多年才能提高。在这种情况下，建筑师包括专业团队的自我觉醒还需要一定的时间。"他认为，建筑师们现在太急于把中国所有的事在他们这一代做成。"那我们给我们的子孙留些什么东西？我们后面还有建筑师呢。"崔恺说，建筑这件事不是我们自己能彻底完成的，我们努力能达到一定的状态，但在一定程度上还要依赖于社会。我们不要急也不要悲观，同时也不要那么骄傲。（赵夏榕／文）

拉萨火车站

拉萨火车站

尊重多元，回归实践

深圳市建筑设计研究总院院长、总建筑师　孟建民

1958年2月出生，山东章丘人。1985年在南京工学院（今东南大学）毕业，获硕士学位。1990年获东南大学博士学位。现任深圳市建筑设计研究总院有限公司董事长、总建筑师。

孟建民所参与合作的南京雨花台纪念馆、纪念碑获1992年国家优秀建筑设计铜质奖；淮安周恩来纪念馆1992年获国家教委优秀建筑设计一等奖；1992年，中国近代史研究中心获全国建筑设计竞赛首奖；2002年，深圳基督教堂获深圳市优秀设计一等奖、广东省优秀设计一等奖、建设部优秀设计三等奖；1997年，获“深圳市青年科技带头人”称号；2007年，获建设部颁发“全国工程勘察设计大师”称号。

从东南大学建筑设计研究院到深圳市建筑设计研究总院并担任院长和总建筑师，孟建民建筑生涯的经历是从内地到沿海，由学术到实践，这也是中国改革开放后建筑业蓬勃发展中很多建筑师的选择。在任何时刻都能清醒地保持敏锐的学术思考，在纷繁的建筑生产中为建筑研究独辟空间，是孟建民的坚持。在作品集《失重》中，孟建民展示了他未实施的“纸上建筑”，这是凝结了他的建筑理念和建筑理想，超越于主流意识之外的研究性作品。孟建民坦言，自己对建筑实践的兴趣远大于对建筑实业的兴趣，未来的发展方向也是回归建筑实践，并以自己的学术素养为基础，力所能及地为中国的建筑理论作一点贡献。

与建筑为邻，初筑建筑梦想

孟建民从小喜欢画画，儿时的梦想是成为一名画家。虽成长于“文革”年代，但在那时画招贴画、办板报和写大字的工作中，他的绘画特长得到了进一步的发挥。高中时，孟建民就住在徐州建筑设计院宿舍里，受周边环境的影响，他对建筑也产生了浓厚的兴趣。特别是当时看到了南京工学院的照片后，很快就被吸引了。当时，建筑师们常常会谈起杨廷宝等一些中国有名的建筑师，从那时起，他对建筑的好感逐渐加深。

考大学时，考虑到自己爱好美术也喜欢数学，孟建民那时认为建筑学等于逻辑思维加上形象思维，所以就选择了南京工学院建筑系。大学期间，孟建民的专业课成绩在班级中处于领先位置。1981年，《建筑师》杂志举办第一届全国大学生设计竞赛，他组织几个同学参赛，获得了一等奖中的第一名。当时报纸对这个消息进行了专门的报道，获奖作品也在上海几大高校巡回展出，产生了很大的影响。

大学毕业后，孟建民报考了杨廷宝和齐康先生的硕士研究生。尽管在本科时就聆听过杨先生的讲座，但真正开始接触杨老还是他上研究生以后。尽管杨老当时因身体情况需要疗养，孟建民真正追随杨老的时间并不算长，但在学习精神、学习方法等方面所受到的影响，却是“润物细无声”的。杨老过世后，孟建民在齐康先生的指导下完成了学业。齐先生是国内为数不多的研究城市设计的专家。孟建民说：“他的宏观思想对我产生了很大影响：不仅仅局限在建筑的单体设计的角度，而是站在城市的宏观的角度来考虑建筑问题。”硕士毕业后，孟建民留在东南大学建筑设计研究所，当齐康老师的助理。从1986年起，他一边工作，一边跟随齐老师读在职博士。

1990年，孟建民博士毕业，从建筑研究所调到建筑系，从事了一段时间的教学工作。带毕业生去深圳实习的时候，他看到了深圳的发展潜力，也受到了校友的影响，他向学校提出办东南大学建筑设计研究院深圳分院的申请，并最终得到了学校的批准。

“我对建筑实践的兴趣胜过建筑实业，对建筑创作的兴趣胜过管理建筑设计院。”

1992年至1996年，孟建民在东南大学建筑设计研究院深圳分院任院长。他认为这4年时间是他的过渡期：“这4年的过渡期里，我的设计作品不多，最大的收获则是综合能力的锻炼和提高，与学术机构、学术团体保持联系，为以后的学术发展做了充分的准备。就在这段时间，我担任了《建筑师》杂志编委，开始与一些建筑师打交道。”

1996年，孟建民通过公开竞聘的方式成为深圳市建筑设计总院的副院长，同时放弃了回东南大学设计院做院长的机会。因为在他心中，“做不做院长并不重要，重要的是能够留在深圳继续发展。而我对建筑实践的兴趣胜过建筑实业，对建筑创作的兴趣胜过管理建筑设计院”。

孟建民在深圳设计总院的这段时间大致分为三个阶段：担任副院长阶段；担任副院长、总建筑师、创立个人工作室阶段；工作室停了以后，他从2006年至今，一直担任院长。

回顾自己在建筑设计方面的学术探讨和实践，孟建民认为自己最活跃的阶段，就是在成立个人工作室那段期间。他的工作室侧重于研究，出于运作上的需要，也兼顾一些生产型的项目。那段时期，他还参与一些超高层、特大公共建筑项目，在技术管理和技术的总体把握上也积累了一些经验。直至今天，他仍参与一些大学的联合教学活动，希望自己时刻保持一种学术思考和一种实践的心态。2008年，工作室的作品集《失重》出版，全部是未实施的作品和一些研究性的、探讨性的纸上建筑。

从2006年开始，孟建民成为深圳设计总院的院长，原有的工作室被改成了设计总院的创作中心。创作中心在经济上与孟建民没有关系，但仍是他的一个重要创作平台。担任院长的孟建民依然强调研究工作。一些需要拉项目追求产值平衡的任务，都由基层单位逐层分解掉了。在他看来，和国内大的设计院相比，深圳设计院一个比较突出的特点是，市场意识比较强，灵活性也比较强。

谈及深圳建筑业的“深圳速度”，孟建民认为：“深圳快速的发展是当时条件下的一个必然过程，不能单纯用好和坏来评价它，它是一个客观的必然的过程。不光是在深圳，现在全国几乎都存在快速建设、拿来主义、仿学抄袭的情况……深圳速度是客观的、必然的过程，这个过程是历史阶段中一定要走的一步。经过这个过程，速度缓下来，积累到一定程度，不论哪个方面，都需要认真思考，反思一下，调整自己——如何由解决有无到解决好坏，进而提高质量，追求原创。”

更满意未建成的作品

从1978年进入大学学习建筑，到2007年获得国务院颁发的政府特殊津贴和建设部“全国工程勘查设计大师”称号，单从履历看，从事建筑工作三十多年的孟建民走得一帆风顺。然而，谈及自己的建筑实践，孟建民坦承：“我自己比较满意的几件作品都没建成，只是停留在纸面上的一些东西。”在内心里，他对这些作品的价值有着自己的认识——尽管没有建成，但这些作品未必就是不好的作品。其中中国科技馆、视觉艺术中心、深圳当代艺术馆和南京大屠杀纪念馆的方案虽然没有采用，但在方案中，表达出了它本身的思考。“现在的主流观念不接受这种带有超前和实验性的东西。但是，可能在未来就是好东西。所以说，现在的一些投标方案中，没有中标的作品，未必就是差的。”

在已建成的作品中，深圳基督教堂、合肥政府办公大楼、合肥新图书馆、东莞理工学院综合楼和张家港第一人民医院，都是孟建民自认为可代表自己水平的作品。在“深圳市基督教堂”项目中，他根据《圣经》中“诺亚方舟”的故事创意并紧密结合基地的山势地形，将教堂设计成舟船形状，通过高耸的桅杆状塔楼托举起离地70米的十字架，用弧形线条勾勒的侧墙逐渐向天际延伸，使整个建筑与自然环境相交融，凸显出雄伟与厚重的风格，也精心构建出一种积极为善的宗教文化氛围和心灵感染力。这座建筑是当代中国建筑师设计的为数不多的西方宗教建筑精品之一，也是为数极少的获得过部、省级优秀建筑设计奖项的当代宗教建筑。此外，合肥政府办公大楼两栋建筑对立，像翻开的一本书；合肥的新图书馆，他借鉴传统的一些符号和风格，采用了现代与

深圳基督教堂

传统结合的手段，虽然是新建筑，但从中却能看到中国古建筑的影子；东莞理工学院综合楼内部尝试使用交错构成的建构。这些形态迥异的建筑，从不同方面体现了孟建民在实践中对建筑的探索与追求。

“我本人的风格还在形成过程中。”

建筑的道路是漫长的，岁月的沉积伴随着多样化的锤炼。在建筑设计与城市观念等多个层面上求解的过程，为孟建民带来了宽广的视野。他也乐于积极探索，“我本人的风格还在形成过程中，还在思考中……我要等成熟了以后，再表达出来”。他更不讳言，这种探索的过程，凸显着当代建筑师的艰难之处。“我这种状态也是当代很多建筑师正在摸索中的困境。你能看到现在有很多建筑师，他们做的东西也不错，但就是风格不统一，今天这样，明天那样，你不知道他在走哪条路。实际上，我认为都是在尝试期。”像他自己，就钻研过传统与现代的结合，也曾对实验性较强的建筑很关注，并做出一些尝试。通往好建筑的路径很多，他决意继续走下去，去逐渐形成属于自己的“完整的东西”。

尽管处于尝试期，但对于好建筑的标准，他却有自己明确的主张。他用“三好生”和“特长生”打比方：一种是“三好生”，各方面看起来不错，但是没有什么特殊的亮点；一个是“特长生”，有这样或那样的毛病，但是有其特别之处。“三好生”与“特长生”的评判与“评价体系、角度、观点有密切的关系，社会上这两方面都需要”，所以孟建民说“我强调多元化”。

由于将自己的建筑坐标系建在的多元化的语境之上，孟建民认为，目前尽管中国文化复兴的呼声越来越大，但实际上，中国当代的建筑界还没有发展到成熟的地步，也还没有产生一套“中国当代风格”的土壤。这让孟建民对建筑师自我表达的意识、群体建筑的风格等问题，产生了反思——“我也常常思考，究竟要不要形成一种中国自己的东西。”他觉得，国外的建筑更多的是

强调一种个人的东西，更多的强调个性。如果非要群体形成一种共同的共性，形成一种中国的建筑风格，孟建民对比是持怀疑态度的。他觉得，“每个国家都有自己的一套东西。比方说越南有越南的传统建筑，泰国有泰国的传统建筑，中国有中国的传统建筑……全世界的国家都有自己的传统的建筑风格，但这仅限于‘传统’。而现在，却没有现代的越南建筑、现代的泰国建筑、现代的菲律宾建筑、现代的中国建筑这种提法……所谓中国的东西，可能是在中国的某一个建筑师群里面，喜欢把一种传统的建筑语言用到建筑里面去，可能是一类群体，一种表达，但是不能代表整体，只能是一个流派或一个枝节”。在目前的条件下，他认为“要形成一种中国当代建筑的风格，可能太理想化了，最终我是不相信有这个东西”。尽管有人有这个追求，但现代中国建筑不是想有就有的，它必须是在历史发展到一定阶段之后有一个总结和回头，才能判断出来的。现代中国建筑是一个建立在未来的建筑史的概念，并非是一个地域性概念。

与宽泛的建筑史观相类似，孟建民对于建筑的地域性也有着较为开放的态度，他认为，“建筑有地域性并不是说建筑就有中国的东西了。地域性就是一个条件，在寒冷地区和亚热带地区，在高山地区和平原地区播种，肯定种子不一样”。在当今社会，建筑除了受制于地域外，还受人文、审美等方面的限制。他觉得“现在的人文、审美越来越个性化，同时也越来越全球化，越个性化越代表和符合全球化。而全球化是一个必然的规律”。在全球化的浪潮中，很难分清一个人的创作是否受到了国际流派的影响。对于这种影响，他认为应该适当包容，而不是抗拒，即便抗拒，也应在抗拒的同时吸收其精华。

关于以后的工作中心，他说：“回归一线，多做一些建筑实践，是我的一个方向，我要在这方面做一些努力。”针对目前中国建筑理论界的现状，他深感这个领域仍很不成熟，有些人可能有些这方面的思考，做了一些努力和追求，而有些人还在一线实践的摸索当中，还没有去思考和总结这些事情。孟建民也在积极思考一些问题，也准备在建筑理论方面进行耕耘。（李子涵／文）

渡江战役纪念方案设计夜景(效果图)

渡江战役纪念方案设计立面图(效果图)

渡江战役纪念方案设计序厅(效果图)

渡江战役纪念方案设计(效果图)

中国科技馆（效果图）

中国科技馆（效果图）

从建筑历史的学术研究到历史建筑的保护与再生设计

同济大学教授、建筑系系主任　常青

东南大学工学博士，同济大学责任教授，博士生导师，建筑系系主任。中国科学技术史学会理事，建筑历史学术委员会副主委；中国建筑历史学会理事；上海市建筑学会理事，历史建筑保护专业委员会主任；上海市政府规划专家咨询委员会成员；上海市政协委员。曾任美国夏威夷大学客座教授，瑞士苏黎世高工（ETH）建筑系国际评估委员。被评为上海市高校教学名师，美国建筑师学会荣誉会士（Hon.FAIA）。

常青曾先后主持多项历史环境保护与再生设计。

虽然在西方发达国家的高等建筑教育里，历史建筑保护早已成为一个相对独立的专业方向，但在中国，直到进入21世纪，这一专业方向才在建筑学教育中诞生。2003年同济大学创办了我国建筑院系中第一个历史建筑保护工程专业，着眼于造就“专家型”的建筑师和工程师。同济大学建筑系系主任常青正是推动这一历史进程的重要领头人。

常青生长求学于西安、北京、南京三大古都，完成中外建筑比较研究的博士论文，1990年末到同济大学建筑与城市规划学院从事研究与教学工作。他常年从事建筑历史与理论研究和历史建筑保护与再生设计，特别是进入21世纪以来，常青先后主持了上海、广东、浙江、西藏、新疆等地多项历史环境保护与再生设计，其中杭州的来氏聚落再生规划设计方案，获得了首届Holcim国际可持续建筑大奖赛亚太区金奖。他认为，通过这类国际平台上的交流，可以更加看清理论和实践中的问题和行进方向。

求学经历与探研之路

青少年时期的常青多才多艺，自幼就喜欢画画，两三岁时，有时找不着纸就在父母的书籍中涂鸦（幸亏是用的铅笔）。“文革”后期，他在西安交大附中唱京剧样板戏出了名，在市里多次巡演，还差点被省里的专业剧院选去入行。高中毕业工作后，凭借良好的美术基础，常青被省里调去做了半年美工，在很高的架子上画过巨幅油画宣传画。常青自言“读建筑学完全是个巧合”。在交大家属院，常青家隔壁住着西安冶金建筑学院（今西安建筑科技大学）的张缙学教授，从他那里，常青知道了建筑学这个专业跟艺术有着密切的关系。在张教授的引导下，常青考取了西安冶金建筑学院建筑系——一所国内著名的建筑院系。在那里，他师从张缙学教授、张似赞教授、林宣教授、李觉教授和侯继尧教授等，走上了学习建筑学的道路。

大学毕业后，常青在一家省属设计院工作，以出色的方案和表现图能力得到院方赏识。“我家的另一位邻居，早年毕业于同济的沈锦霞建筑师恰好也在这个院里，我就是跟着她开始学做建筑施工图的。”

既已入行，常青一心一意被建筑学这片园地吸引，产生了强烈的学习意愿，从南到北，专心求学。20世纪80年代，建筑学界推崇“传统与现代结合”，建筑史也是当时考研的热门方向。常青考入北京中国科学院，做了攻读建筑史方向的硕士研究生，他跟着导师张驭寰研究员在长城沿线、大江南北四处考察中国古代建筑，还到新疆塔里木盆地作过较长时间的考察，这些都为他日后从事中外建筑比较研究打下了扎实的基础。在京学习期间，它还得到吴良镛教授、汪坦教授、徐伯安教授、郭黛姮教授，以及单士元先生、刘致平先生、杜仙洲先生等学界前辈的当面指教。1987年，常青放弃了北京的工作考到南京工学院，在齐康教授主持的建筑研究所攻读博士学位。3年多的求学时光里，导师郭湖生教授对建筑历史的洞悉力和实证精神，以及齐康教授对新古典和新风土设计的执着探索给常青留下了深刻印象。他还得到了潘谷西教授、刘先觉教授、刘叙杰教授、朱光亚教授和郑光复教授等的点拨。这些对他日后的教学和研究产生了长远的影响。

虽有西安、北京和南京三大古都的长期学习生活经历，但常青似乎注定与同济有缘。从1990年岁末常青来到上海起，在近20年的光阴中，他渐渐融入了理性务实、开放兼容、不拘一格与高度国际化的同济建筑群体，并成长为同济建筑学的中坚力量。系里一批老教师对他影响很大，比如"达至'世事洞明皆学问'的罗小未教授，学者风范的郑时龄教授，'有教无类'的路秉杰教授，勤勉厚道的卢济威教授，精益求精的赵秀恒教授，涵养深厚的莫天伟教授和聪慧干练的项秉仁教授等"。常青以他们为良师益友，不断地完善着自我。

10年来，常青在中外建筑比较研究，中国建筑历史研究和风土建筑保护与再生研究等方面，出了一系列理论与实践成果，受到国内外关注，被重要学术文献收录，多次获省部级以上奖项，出版的著作作为丛书之一，曾获国家图书奖最高奖，并获上海市优秀图书奖。

建筑观与理论视野

丰富多样的求学和工程设计经历，以及建筑历史与理论的学术研究，使常青对于理论与实践的互动作用非常关注，常常侧重于考察建筑与人类生存环境之间的关系，因而在诸多建筑理论学说中，他更喜欢那些对实存环境的阐释和分析，例如注重田野调查和文化模式分析的人类学认知视角。在罗小未教授的鼓励下，90年代初他就在同济首开了"建筑人类学"的研究生选修课，陆续发表了相关研究心得和译作。同时，对今天热议的注重建筑时空与本土文化关系的"全球在地"（Glocal）建筑理念，他也表现出了浓厚的兴趣。

常青不但倾向于从人类学角度关注传统建筑研究，也对现代建筑的大众化及商业化发展趋势持以冷静观察和客观评价的态度，认为"建筑师应当克服自恋情结，转变观念和立场，接受建筑总体上的大众艺术化走向，以及商业化现实"。但他更主张尝试印度建筑大师查尔斯·柯里亚式的建筑之路，因为在印度这样东方发展中国家的特殊国情下，柯里亚的设计里总有本土文化的影子，同时在整体上又体现出不逊于西方建筑的"现代性"，很好地兼顾了两者的关系，并兼顾了大众和精英的不同建筑需求。因此，对于国内几位实验建筑师在巴黎蓬皮杜中心的参展口号"立足本土，关注古今的演变"，他表现出了极大的赞同。

对现今流行的超越时空限定的解构建筑，常青认为"'解构'从本质上讲，应是质疑和消解既往文化对人类创造力的结构性束缚，消解理性对感性的压抑。但当这种'消解'运用到实体的建筑中来时，常常就把艺术中的怪诞、乖张、神经质和不计代价的自我表演付诸建筑的塑造，耗费巨资来实践现代艺术中常见的癫狂想象，甚至假作向重力和平衡的自然律挑战"。对此，"在有人埋单的前提下，不妨将之看作多元多价的当代建筑中的某种感觉消费和独一性标志。"

对于未来建筑演进的主流，他则认为，"依然应该是表达本土特征，适应气候环境，注重生态平衡的现代建筑"。

修复后的老海门街（椒江北新椒街）

保护与再生设计实践

常青在同济从事的设计实践活动是同理论与历史的研究密切相关的。从建筑历史的学术研究到历史建筑的保护与再生设计，虽然是两个不同的专业方向，但他认为"这二者是相辅相成的，合于根据个人兴趣和特点进行交叉课题选择和定位的专业逻辑"。

大学毕业后，常青做过一些工业和民用建筑工程设计，也做过一些古建筑复原想象设计，如南昌滕王阁展室中几座历朝滕王阁模型，就是根据他和师兄张十庆教授合作设计的图纸制作的。20世纪90年代初他在上海做过的设计，被德国人所著的书中作为中国建筑学者对“新古典复兴”理解的例子采用。

较早在建筑中贯彻了常青保护与再生设计理念的实践，是江西上饶的龟峰历史景观和珠海的历史名人陈芳故居，前者今已成为当地著名景观资源，后者已升格为国家重点文物保护单位。世纪之交，他主持了道教祖庭江西龙虎山大上清宫的复原性重建一期工程，这一重要历史建筑群“文革”时期被彻底捣毁。此外，在浙江台州市椒江区四套班子联席会上，经常青据理力争，最终以压倒性的票数接受了他对椒江“老海门街”（北新椒街）“盆景式”保留、修缮和再生的设计方案，从而在市区大拆大建中保留下来这唯一一条清末民初老街，如今这里成为台州市民城市记忆的稀有载体。

外滩九号轮船招商总局大楼修缮后夜景

西藏日喀则的桑珠孜宗堡（小布达拉宫）复原后仰视图

除了进行对城乡历史建筑的保护之外，常青还参与了旧工业厂房的保留与改造设计。最早做的案例是将同济大学临赤峰路的机械厂改造为办公和餐饮空间，后来他又与同济的老友钱锋教授合作了上海澳门路申新九厂的保留和再利用设计方案。此后常青还主持了杨树浦工业遗产带的保护与再生概念规划，这个项目受到了广泛的关注。

进入21世纪以来，常青先后主持了多项历史环境保护与再生设计，其中杭州的来氏聚落再生规划设计方案，以世系谱牒为起始线索，采用人类学访谈实录的环境把握方法和“延续地志、保持地脉、保存地标”的规划策略，使这块宗法社会的“活化石”在周边形成的新城市结构中保持了历史肌理和再生可能。这个项目获得了首届Holcim国际可持续建筑大奖赛亚太区金奖。

2001年，在罗小未教授的顾问下，常青带领助手做了“外滩源”首轮概念规划方案。接着他又主持了外滩九号轮船招商总局大楼外部修复、内部翻建的保护与再生工程，这座百龄建筑本是典型的英国维多利亚外廊式坡顶红砖墙建筑，但后来坡顶和精美的山花被拆除，外廊被封堵，红砖墙被水泥砂浆覆盖，室内结构也几经搭改建，整座建筑完全走了样。常青带着设计团队在3年时间里克服重重困难，密集地下工地配合施工，终于原样恢复了大楼的历史外观，内部则按最初的空间格局进行适应性再生设计，基础增加了100多根静力桩，上部结构也进行了强化处理，可确保下一个百年的结构安全。翻建后的内部上层仍为招商局集团办公空间，下层适应了外滩建筑群功能转型的需要，变成了国际品牌店和文化休闲空间，在恢复了的坡屋顶内还设计了一个小型会所。这个设计获得了上海市和全国的优秀勘察设计奖。

西藏日喀则的桑珠孜宗堡（“小布达拉”）是一个比拉萨布达拉宫还早300多年的宗山建筑，可惜也毁于“文革”时期。常青率专业团队又用了3年时间，陆续完成了修复加固堡台废墟，复原性重建消失堡楼的工程设计，并在其中设计了后藏民俗博物馆。期间他六上青藏高原，每次都是第一个攀上山顶工地。这一工程不但恢复了一座历史城市的天际轮廓线，而且完成了一项增进民族团结，巩固边疆稳定的“政治工程”，获得了上海市建筑学会建筑创作奖优秀奖。

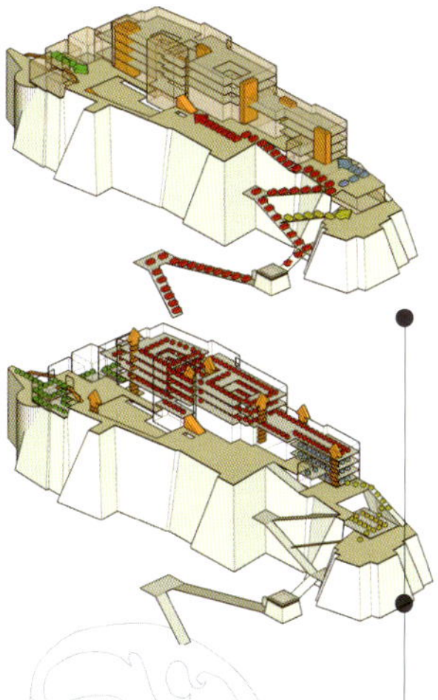

西藏日喀则的桑珠孜宗堡（小布达拉宫）交通流线

此外，这几年在上海的豫园城隍庙建设控制地段和新疆龟兹古城附近，常青还主持了历史环境再生中的“古韵新风”设计探索。如豫园商城边上的金豫大厦，从周边环境图像和色彩的感性认识入手，抓住红色基调的歇山楼台和街市景象特征，以中国红的型钢框架楼台、空透疏朗的现代“彩楼欢门”和灰白色石材的建筑形体背景为基调，并将其构成要素向楼内延伸，与对面的豫园商城檐牙高啄和楼台相错形成了新旧对景关系。从而，把传统的气韵、风骨表现在了现代结构、材料的造型逻辑之中。再如新疆库车的龟兹博物馆，外部以方圆几何手法表现古龟兹塔寺的神韵；以简素的清水混凝土墙面与玲珑剔透的镀膜玻璃相对比，隐喻粗犷的西域地貌与精致的龟兹风情之间的完美结合；内部以两个断离的半穹窿采光塔体，形成佛光映照的光影效果，而入口的多楼形玻璃幕墙，又闪现出伊斯兰钟乳拱的装饰意味；贯穿室内外的清水混凝土墙面上，嵌入汉白玉“丝绸之路组雕”，并在广场上树立“鸠摩罗什”、“玄奘”青铜雕像和“伊斯兰拱雕”，从而把古龟兹多元文化的历史特征形象地展现出来。这些设计案例先后以《建筑遗产的生存策略》和《历史环境的再生之道》两本集子出版。

今年初美国建筑师学会（AIA）评选常青为荣誉会士（Hon.FAIA），常青在大会论坛上介绍了保护与再生设计体会，他认为通过这类国际平台的交流，可以更加看清理论和实践中的问题和行进方向。

培养“专家型”的建筑师

从西方国家的建筑发展历史来看，在西方发达国家，历史建筑保护已经成为一个相对独立的专业领域。“二战”后特别是1960年代以来，当西方进入后工业社会时，历史建筑保护的概念愈来愈广，建筑工程也愈来愈多地与历史环境及历史建筑扯上关系。对建筑学而言，由于融入了文化遗产保护的理论和技术，从而形成了一个新兴的交叉学科方向，并且与社会对这一领域的职业化需求相适应。

2003年，在常青和同事们的精心筹划和努力下，得到教育部的批准，同济大学开设了我国建筑院系中第一个“历史建筑保护工程”专业。这样一个新增专业，如何做到扎实、有据?

常青为我们阐释了历史建筑保护工程专业的建设要点：

首先是充分利用校内外教学资源，开出了8门新的专业课程，并逐渐向院系其他相关专业开放；其次是引进了在文化遗产研究和保护技术方面的专精人才，已初步形成实力雄厚的专业师资团队；第三是新专业教学和研究平台“历史建筑保护技术实验室”建设已初见成效并正式投入使用；第四是联合国教科文组织亚太文化遗产保护中心之一已落户同济，将对该新专业建设起到国际专业平台的交流作用；第五是已与国际同类专业的著名院校如美国哥伦比亚大学、宾夕法尼亚大学，法国夏约学院，意大利罗马大学、佛罗伦萨大学等建立了密切的学术交流和教学互动关系。目前，同济大学的这一新专业已经形成了包括本科、硕士和博士学位培养的完整教学、研究体系。

对谈到对未来建筑师的培养，常青认为设计能力是外显才干的“硬实力”，理论修养是内敛底气的“软实力”，只有同时具备这两种素质，才有可能向专业或行业的高端发展。理论学习和思考是一种思维训练，对提高专业的眼力和眼界起着潜移默化的作用。同济建筑系在办学思想和培养目标里明确提出二者必须并重，既要基础扎实，又要眼界开阔；既要创新能力强，又要综合素质高。这样以未来建筑师为主的，具有多种职业适应能力的高级人才方有较强的竞争力。

（阿岚　李子涵／文）

龟兹博物馆立面图

上海豫园城隍庙建设控制地段（金豫商厦）内街

上海的豫园城隍庙建设控制地段（金豫商厦）细部

现实在左，理想在右

重庆大学建筑城市规划学院教授 汤桦

1959年2月出生，毕业于重庆建筑工程学院，建筑学硕士。现任深圳汤桦设计咨询有限公司总经理、重庆大学建筑与城市规划学院教授。

作品有：重庆大学建筑艺术教学楼、富阳市文化中心、深圳南油文化广场、成都贝森总部办公室、"阳朔桂花村"规划、宝安中心区中央绿轴、深圳电视中心、遵义经济技术开发区行政中心、沈阳建筑工程学院新校区、宁波"东钱湖国际教育论坛"方案等。

少年时代的激情岁月启蒙了改造社会的梦想，工厂学徒完成了手工艺的训练，汤桦的人生刚一起步，就踏在理想和现实之间，及至后来几十年的建筑生涯，仍是一个或此消彼长或相互渗透的过程。在重庆建筑工程学院人文色彩最浓厚的新时期，当室友刘家琨失望于建筑学的绘画不过是填颜色时，汤桦则失望于没有数理化。当西方现代主义的建筑学教育让他从一个完全不懂建筑的人成为建筑师，汤桦则认为"现代主义"是自己这一代中国建筑师的根。从1993年在上海美术馆举办名为"诗意的栖居"的建筑个人展，到1999年参加"中国青年建筑师实验作品展"，到2002年出版专著《营造乌托邦》，汤桦的建筑创作中，理想主义的色彩始终如影随行。近年来，随着建成的项目越来越多，深深体会到建筑和社会现实关系之密切，他认为建筑学不是一个纯粹的用"实验性"的建筑就能够体现出建筑师思想的学科，已从当年的一直不反对"实验建筑"，到有了更多的反思。尤其是2008年亲临震后灾区现场后，他更认为建筑应该"少一点美学，多一点道德"。

匠人情结和理想主义的情怀

汤桦的青少年时期，恰逢"文革"十年。回忆起那个年代的中学教育，汤桦却认为，那时候学校里有一些理想主义、英雄主义式的激情，甚至是乌托邦式的思想。"我也是在那个时候接触了农村，认识到工作和农业这些概念。"高中毕业后，汤桦留在城里当工人，这后来被他视为一种财富，"一直到现在，很多工作模型我都能做，有些模型公司不会做的，我也能教他们做"。这也为他后来的建筑学训练带来了很大的帮助。他的朋友这样评价他："勤于劳作，勤于思考。那种匠人所特有的对手头功夫近乎痴迷自恋的情结，使他对建筑形式手法和构造技巧具有某种敏锐的感觉。"

18岁时，汤桦参加了"文革"后的第一次高考。因为父母都是大学老师，很重视知识和技术，自己又倾向于数、理，汤桦敏感地意识到：在"科学的春天"来临之际，中国的现代化建设百废待举，选择建筑专业，是他对投身现代化建设理想的最直接表达。于是，他考入了重庆建筑工程学院。这个校园里的老师来自国内各个重要的建筑系，整体上有"杂家"的意味。同期的同学们受时代影响，格外热爱文艺，在学习建筑的同时，或写诗、写小说，或作曲、拉小提琴，对人文学科有着浓厚的兴趣。青春的热情与活跃的思维，延续了汤桦青少年时期的理想主义。或者正因如此，在许多年后，他自己事务所的宣言，依然有着相似的执著：

"我们探求设计的逻辑与内在的规律，坚持对资源的尊重和最大价值的使用。真实地建造，诗意地建造；面对全球化的高速发展，我们以开放的本土立场，营造现实的乌托邦。"

尽管他在作为建筑师的职业生涯里更换过几个单位，但他和校园的关系始终没有中断。直到现在，他所有的人事关系仍在母校，他也还在教书、带研究生，他的事务所也在不断接收大量实习生。汤桦特别喜欢"教师"这个身份，"学生们充满青春活力，有很多想法和问题，冲劲十足。

林同棪国际（重庆）科研设计中心（效果图）

和学生们在一起很激励我，所以我舍不得离开这个环境。我个人非常尊重那些做纯理论研究的老师，那是非常重要的”。

营造“现实的乌托邦”

1993年，汤桦在上海美术馆举办了名为“诗意的栖居”的建筑展。这个以纸上建筑为主、并没有实际项目展示的建筑展览，是在建筑师朱涛的鼓励下办起来的，同时也让另一位此前专注于写作的建筑师刘家琨“浪子回头”，决定重新回到建筑工作中来。这个展览大部分是理想主义的产品，有乌托邦式的，有巴别塔式的，还有空中城市，皆为建筑学的经典理想。今天看来，汤桦认为那是对自己一段时间内思考的总结，更大的意义也许在于建筑师对建筑的宣传。“那个年代能看到的房子类型也比较少，一般人对建筑的理解都停留在工程的层面上。”1999年，汤桦又参加了王明贤策划的“中国青年建筑师实验作品展”。2002年，他出版了自己的一本书，名叫《营造乌托邦》。

林同棪国际（重庆）科研设计中心

在现实责任与乌托邦理想之间，汤桦找到自己建筑创作的基点——他觉得图面建筑是必须存在的，在建筑工作里那是灵魂式的，少了它，就很可能缺少中心。同时，建筑并不是纯粹的艺术品，建筑是需要实现的，而图面建筑的实例是不可完成的。在看似矛盾的两者间，汤桦认为，可以通过现实的方法来表达乌托邦思想。他推崇路易·康对建筑的表述：建筑是起源于一个不可度量的瞬间，这个瞬间就是人的思维的复杂性。人是不可度量的，人总是比他的作品更伟大。人是通过可以度量的办法来表达他的不可度量的思想。比如在画图中用线条表达你的思想，作曲时用音符记号阐述你的感觉……建筑同样起源于这样一个“不可表达”的瞬间，但可以通过可度量的手段去完成，比如画图、一砖一瓦的建造方式等可度量的方法。然而过程完成后的那一时刻，建筑就又回到了不可度量的状态。

汤桦认为，建筑的设计和建造过程本身就体现了“不可量度”与“可量度”的对比，尽管乌托邦不可实现，但如果在建筑最开始的时候就注入乌托邦式的理想，那么在建筑最后完成的时候，将多多少少能够表现出来一些。从年轻时更激进的态度，到后来在具体的设计与建设环节中体现自己的理想主义，汤桦回顾自己从20世纪80年代开始做设计以来的经历。他说，自己沟通的技巧增强了，会在与开发商接触的时候尽可能地渗透这种理想主义，但也会适当地调整。“有些东西是需要你去沟通的。”

随着建筑实务工作的深入，他的关注点渐渐放到了“营造”上。回顾“诗意的栖居”展所承载的对公众的宣传作用，他意识到，西方建筑师所说的“公众参与”那种实践活动，只是一种理想状态，也未必适用于今天的中国。“建造速度越快，就越没有机会让公众参与。”建筑本身所具有的技术壁垒，使得建筑尽管能够牵涉到具体的个人（使用者），但建筑师与公众之间由于专业知识程度的差别，让如何建立沟通成为大问题。在这种情况下，建筑师的责任，更多的不在于呐喊，而在于用自己的良心来工作，“用作品去关怀到每一个人”。他不认同别人将他定位为“实验建筑师”，因为他所认同的“实验”，乃是针对于中国在大建设量时期里出现的缺乏个性和思想性的建筑。汤桦更强调，纯粹的“实验性”并不能够体现出建筑师的思想。

做中国的现代主义建筑

在设计实务中，汤桦表现出一种“自然主义”的手法。他坚持认为，要做中国的现代主义建筑。这一定位的出发点，并非针对“传统”与“现代”的价值判断，而是出于一种更朴素的想法：

"一个建筑在一个环境里面建成，如果没有经过设计，比如民居，那么它就一定是对于当下状况一种最经济的使用，它一定是用最少的资源来达到一种最大的效果。从这个意义上说，这个建筑就是属于当代的，或者属于特定时刻的，或者属于这个地域的，或者属于这个国家的。"

身为建筑师，又该如何？"我觉得要运用最合适的技术。"对于不同项目所对应的不同成本和投资，建筑师在从设计到施工的过程中，就需要选择合适的技术方式和投入去实现它。"从这个角度来说，我可能是个自然主义者。你只要将手中的资源进行一个非常合理的组合就好，没必要刻意做一个特别的形式。但是建筑师要将自己对所使用的材料及对建筑所在地点的理解，形成自己的立场，并融入设计中。"

优品艺墅东北透视（效果图）

在这个意义上，建筑的地域主义，建筑与传统的关系，都可以得到解决。"建筑要适应气候和当地的物理环境"，比如说在北方，空间不宜过于通透，在南方则不能做特别封闭的空间；建筑还要适应地方化的材料和它所在的位置、它和周边环境的关系、和城市空间等级的关系。在汤桦看来，应当对"当地最普遍的、最节约的、最大众化的技术"给予充分的重视和适当的使用。而所谓"等级"关系，是指空间的质感，比如浦东大片土地的环境与浦西弄堂空间，空间的质感和肌理就是不一样的。如果将以上的因素都完成了，"我觉得这个建筑就是地域主义的，同时也是现代主义的"。

中国式的现代建筑，还意味着以现代建筑的方式去与传统对话。汤桦说自己既推崇西方现代主义建筑，也热爱中国的传统建筑。让他记忆犹新的，是1985年夏天由重庆出发的一次"寻根之旅"。他南下贵州，经广西至海南，然后沿东部海岸线北上，过江浙、上海到达北京，继而从北京西出河北、山西，进内蒙古自治区，在呼和浩特离开铁路线，沿古长城遗迹漫游西部，历时两个月时间，直至新疆边陲。他记得在嘉峪关独自漫游时，戈壁滩一望无边，直达天际，人显得很渺小。嘉峪关沧桑的城楼屹立在地平线上，吐着浓烟的老式蒸汽火车轰然而过；更远的地平线上，是万里晴空和祁连山耀眼的雪峰。"古代的魅力，大地的魅力，人与自然的魅力，在这个伟大的空间之中同时展现出来。在这种时刻，传统变得非常的真实，近在咫尺。"

优品艺墅

之所以为传统建筑、民间建筑说打动，原因在于他"匠人"似的对材料、技术、建筑实现过程的敏感与重视。"我觉得一个好的建筑，就是当时最好的技术、材料以及施工方式按照当时的生活习惯所形成的审美趣味的综合，它一定是属于当时那个年代。"所以，汤桦不喜欢从传统里只是找找符号，"也许在符号和形式的意义上，古建筑的确非常伟大，确实跟我们古代的遗产有关联，但这不是我们中国自己的当代建筑，它实际上是另外一种意义，只是具有一种审美的意义。而我所学的是现代建筑，是用现代建筑的理论来组合我上面说的那些因素"。

基于本土意识的空间需求和审美倾向

如今，汤桦拥有自己的工作室。这个规模不大的工作室，以志同道合的年轻建筑师为主。"更主要的目的可能是在一起做大家都觉得有意思的东西。"汤桦坦承，"建筑师是手艺人，应该凭手艺吃饭，不能脱离操作层面的东西。脱离技术去做管理，我没有能力，也没有兴趣。"工作室的意义，在于将自己对职业建筑师的理解，将基于本土意识的空间需求和审美倾向，继续在实际的建筑设计工作中实践下去。在汤桦许多设计作品中，都能看到这种场地意识、环境意识在现代建筑中的表现：

重庆大学建筑艺术教学楼在功能体块间，运用台地、街道、广场等不同形态的建筑语言，以一条曲折的甲板系统来模拟人类过往的文明形态，为建筑与建筑、建筑与人之间增加了更多的接触、交流的可能。

在山水灵秀的浙江富阳，运用符号学、图解学的手法，在富阳市文化中心这个文化建筑中表达对场所与文脉的关系。

在位于广西桂林的阳朔桂花村规划方案设计中，汤桦在考虑到建筑各部分使用功能的基础上，为三层的酒店式公寓设置了两个入口大堂，起到就近服务于中轴线两侧公寓的效果。中间两个单元体，内部外部均设置环廊、内庭院，使现代建筑获得良好的使用效应，同时也呼应于朴实、简洁的古镇风情。

宝安中心区中央绿轴，则将人流空间与街道系统，将大地—森林、湿地—蚝田、滩涂—岛屿这种与历史性的地理和地貌意义的印迹抽离出来，呈现为建筑的意象。

2009年6月，汤桦在宁波东钱湖国际教育论坛方案征集中获全票通过。在这片临水的基地上，既有合理、清晰的总体布局和空间结构，又将山水与人文有机地交融在一起，取得了较完整的表达。这一方案得到认可的其中一个原因，还在于它有着较强的可操作性，“符合实际”。

如今，汤桦依然珍惜并喜爱动手做设计的工作。在一系列具体的环节里，他实践着自己介于理想与现实之间、可实现的建筑梦想——“我所理解的建筑学就是：充分珍惜和使用资源，敬重每一个人的权利和尊严，在一个严谨和适宜的技术框架中，进行符合专业准则的空间营造的一项智力行为。”（阿岚　王丛秀／文）

重庆大学图书馆南面透视（效果图）

重庆大学图书馆南面透视（效果图）

重庆大学图书馆西面透视（效果图）

非精英建筑师

齐欣建筑设计咨询有限公司总建筑师　齐欣

1959年出生于北京，1978至1983年就读于清华大学建筑系，1985年赴法国留学，曾先后担任法国巴黎建筑设计城市规划院高级建筑师、清华大学建筑学院副教授、京澳凯芬斯设计有限公司总设计师、德国维思平建筑设计咨询有限公司（中国）总设计师。2002年起，任齐欣建筑设计咨询有限公司董事长兼总建筑师。

主要荣誉有：2002年（中国）WA建筑奖；2004年（亚洲）亚洲建筑推动奖；2004年（法国）文学与艺术骑士勋章。代表作品：天创科技大厦、松山湖管委会、城市别墅住宅/会所、翡翠城住宅区、杭州"玉鸟流苏"、西溪会馆、江苏软件园、泰达研发社区等。

从出生到青年时期，齐欣一直生活在学院的大环境中。曾经是建筑师的父亲深谙传统文化，思维方式却又常常出于传统之外，甚至有点离经叛道。在父亲的影响下，齐欣自然而然地形成了一种开放的心态，对建筑师身份的"精英化"保持谨慎的距离。在法国学习和工作期间，他总是告诉自己，要去了解置身其中的另外一种社会形态、建筑观念、价值观等，"试图了解他们为什么会有这样的想法"。而当自己回到国内从事建筑设计工作时，他主张去积极了解项目的背景，在理解的基础上去创新。在齐欣的设计中，"秩序"是一个关键词，认为建筑可以做得很有特色，但有些建筑实在没有必要做得太花哨。当自己的作品需要"礼让"于环境时，就应当去礼让。

父亲的影响：只做"真我"

从在清华医院出生开始，到读小学、中学、大学及研究生，齐欣一直未离开过清华大学。甚至可以说，24岁之前齐欣的生活、生命都与清华有关，但问及为何他会成为今天的齐欣——与世无争的性格，不主张花哨的建筑，讲求建筑的秩序之美，他认为这与清华并无太大关系，反而是先天遗传和父亲的影响更多些。

"父亲曾经是建筑师，性格内向，不张扬。"这句话似乎也可以拿来形容齐欣本人，"他对我影响比较大的是他对中国文化、历史的了解。但他并不恪守传统，某些方面甚至有点离经叛道"。齐欣回忆说自己家里对类似春节这样的传统节日从不特殊对待，而父亲对他的教育方式更是全开放式的："他对我没有任何具体的要求，只有无言的影响。"

在这种自由成长的环境中，齐欣并未成为一个以自我为中心的人，反而"在性格上，我比较像我的父亲。他是不太会与人争的人，我亦如此。对我来说，吵架是特别难的事"，"这辈子没发过脾气"。遇到意料之外难以掌控的情况，他会选择"睡一觉，再回过来想，然后我会发现没有什么事是妨碍我们把工作往前推进的"。齐欣又说，"不太愿意争，并不是说有些原则你可以放弃，而是可以通过其他途径来解决"。在他的经验中，法国人喜欢通过争执来解决问题，而英国人的办公室则总是安安静静，但事情未必就进行得不顺利，究其原因，似乎与文化有关。"等你对文化了解到一定深度，你会发现在任何一个价值体系和文化体系里面，什么好或者什么不好，都有一些相对稳定的价值观。"总之文化和价值都是多元的，这正像人的性格各自不同一样。

同时，齐欣还是个十分理性的人。这不仅影响着他为人处世的方式，也关系到了他的建筑思想。人们往往为他的建筑贴上"秩序"、"礼让"的标签。齐欣则认为，"礼让"，涉及做一个什么类型的建筑，齐欣一直主张"大量的建筑不要做得太花哨"，建筑可以做得很有特色，但有些建筑实在没有必要做得太花哨。相比之下，"秩序"对他来说比较容易实现，反而比较难做到的，是非理性，是如何突破“秩序”。“实际上我自己跟自己打架的时候，往往就是跟我自己的‘秩序’打架。”

抛开自卑，才能走得更远

奥运下沉广场

在大多数人看来，齐欣的清华经历无疑是促使其成为佼佼者的重要基础。但他自己认为，自己从来不是一个拔尖儿的人，甚至从少年时代就有种自卑感陪伴左右。“我们这代人经历了‘文化大革命’。当时，我父亲受到冲击，我从小心理上就有个包袱，有点儿自卑。那时并不是什么事都能躲，可以等到明天再说，没有人知道明天是怎么样的。”“从读书情况来讲，我又一直不是拔尖的学生，所以身边有很多比我强的人。”这种经历加上性格因素，对他后来的行为都产生了一定影响，不论是打工还是教书，自己开公司，他都有个理念——“大家都是平等的关系”。

研究生毕业后，受吴良镛先生的鼓励，齐欣并未像大多数出国学建筑的人那样到美国去，而是远渡重洋去了法国，这一待就是10年。在那里，褪去了名牌大学毕业生的光环，带着初来乍到、语言不通的尴尬，齐欣从前的价值观、人生观受到了另一种文化的洗礼：“一方面，刚到的时候自卑感特别强，连话都说不好，比文盲还差点儿，有时甚至会羡慕扫马路的黑人。另一方面，受到父母的影响，我对新事物、新观点有比较开放的态度。我不认为有绝对好或绝对不好的东西，我是抱着学习的态度出去的，尽可能接受别人的长处。”至于有媒体报道他曾说过要把在中国学过的东西全部忘掉，则是因为“刚出去的时候，以前在国内形成的价值观受到了颠覆，在国内认为的好或者不好，到了那里却反过来了”。比如在恢复建筑专业教育之初，中国还有许多建筑学者对巴洛克风格持否定态度，而欧洲很多人则非常认可这个时代，特别是这一时期所建设的城市，当然还有音乐，几乎到了登峰造极的程度。“欧洲人也都特别喜欢中世纪的城市，而中国却总把中世纪描写得特别一片漆黑。相反，中国人很推崇现代主义，而欧洲人却对它做了很多的反思，特别在住宅和城市领域。”

在这种审美和价值评判标准发生颠覆的时候，齐欣有两条选择：一是坚信自己在中国学到的东西，不理会他们；二是试图了解他们为什么会有这样的想法。他怀着学习的心态，选择了后者。齐欣说：“如果你想要走得更远，就必须脱胎换骨。去国外学习，并不意味着你只是待在那里，而是要接受另类的思想。否则，出国几年后回来，思维方式、价值观都还是以前的那套，那不是白出国了么？”

学历不能取代实践

1993年，齐欣想找一份与中国有关的工作，恰好当时英国著名的福斯特公司在香港需要找一位既有欧洲教育背景，又通晓中国文化与语言的设计师，于是他离开居住了10年的法国，带着比他自己“更像中国人”的法国太太一起到香港发展。1996年底，考虑到即将出生的孩子，他接受了父亲的建议回到北京“休产假”。而选择留在北京，很大一部分原因是：在欧洲找工作很困难，但在国内，都是工作来找他。

齐欣坦言：由于经济不景气等原因，欧洲建筑师失业率高达50%，有时甚至可能更高。在那里，齐欣取得了一些成绩，也遇到过一些拒绝：学历高、年龄大、实践少都有可能成为求职不成功的理由。因为对公司来说，“学历高意味着相对给予的报酬高，并且有时候，公司并不需要高学历的人”。

在中国普遍的观念是：学历越高经验越丰富，含金量也越高。但无论哪个国家，在建筑领域，对学历与经验的考量都有所不同。齐欣反复强调说：“对我们这个行业而言，更重要的是实践经验。”人们对不同年龄段的人也有不同的专业技能期待，“比如说30岁需要什么样的实践经验，40

岁需要什么样的实践经验，这是不同的。对于一个刚毕业还没有工作经验的 30 岁的人，我不忍心给他一个 24 岁人的待遇”。

建筑界看中实践的务实态度还表现在实际工作中。齐欣在法国时就画了多年的设计图，“实际上是从那个层次上做设计。我原来一直是在一个团队里工作，我是负责设计的一部分，但我并不是掌握全盘的。有些东西我并没有接触到，所以我也不认为我会做什么，回国以后才开始真正全面接触。”

建筑要做得“地道”

齐欣把建筑师分为两类：“有些人一辈子总做同一类事，这样做媒体就能清晰地捕捉到他的思想脉络，给出一个明确的定义；另一类人则刚好相反，永远在变，今天认为对的明天可能就推翻了，明天认为对的后天可能又变了，他的价值观实际是有一种动态的批判。比如同样是日本建筑师，安藤忠雄就永远不变，而矶崎新则总在变。”齐欣更愿意做后者，更愿意尝试未知的领域。回国后，从教学到建筑设计再到开办自己的公司，齐欣开始了全方位的建筑探索。

回到北京以后，齐欣先在清华做了三年的业余教师，他教授建筑设计。与其他从学校到学校的清华教师不同，在齐欣的教学中，他把实践中遇到的问题直接给学生，教授他们实践的经验与处理问题的方法。

回国一年后，齐欣在一个设计公司工作。这次工作经验对他来说，是一次角色的转换：要负责整个建筑设计项目。起初，齐欣觉得，由于自己曾在先进的事务所工作，有着先天的优势，能下意识地把学到的技能、知识运用到项目里；但局限是，作品带着别人的影子，缺乏自己独到的设计。随着实践的增多，齐欣在逐渐实行自我调整，“影子”慢慢淡化，个性逐渐形成。

齐欣说自己性格中有很多开放性、兼容性，不会特别执著于某一个方向，也不会崇拜某个人，盲信某一理念。他对流派这些东西不是特别感兴趣，那些曾经触动自己神经的东西——理论也好，实体建筑也好，也许看过后并不一定留下特别深刻的印象，但它们会沉积在脑海中，形成潜移默化的效果。“这些东西可能是方方面面的，有可能是房子，有可能是别什么的，说不清楚。”从求学于法国到供职于英国设计公司，西方文化对他的影响，与其说是冲击，不如说是“随风潜入夜，润物细无声”式的影响。但作为中国人的齐欣，又总是在多元的文化中寻求自己的突破，他说“我其实总想突破自己，不想把自己定位”。

齐欣的出名，得益于他回国后接触的一个比较大的项目——国家会计学院。也正是这个项目，使建筑界的人开始认识他。齐欣说，国家会计学院分两部分，前部为公建办公区，设计风格多少受到了英国建筑的影响，而后部为生活区，则带有某种深受法国建筑的影响。对齐欣来说，这种影响在业务上，是很自然的流露，因为他确实曾经在那个环境中生活过。而对于这个项目受到关注的原因，齐欣自己的评价是：“其实也没什么特别让人值得赞叹的地方，可能就是因为做得比较地道。而在当时，国内可能很少有能将现代建筑做得像我这么地道。”

但“地道”，并不意味着生搬硬套，毕竟所有的设计都是按其特定的条件——功能、地点、技术、材料等等去做，之中总要加入自己的理解和创新。可以说，这一理念贯穿了他的设计，比如杭州“玉鸟流苏”项目，他说当时几个建筑师凑在一起，看着地，看着民宅，很自然地想把它建成一片因地制宜的自然村落。在天津中海项目中，建筑东邻海河，面对未来的城市中心区于家堡。为使建筑与城市道路的走向吻合，齐欣将不规则的地块形式导入不规则的建筑平面，并把这一平面关系延伸至立面，构成许多不规则形的窗洞，窗洞中的窗框仍沿袭这一不规则的规律，状若树的枝杈。这一图案打破了工业化时代的标准开窗的常规，使理性的建筑向抽象的自然靠拢。

中海天津（效果图）

未来：顺其自然

刚一回国，就有人劝齐欣，自己开公司。但他认为条件不成熟，原因有三：第一，他没有特别强烈的欲望想要自己开公司；第二，认识的人不多，项目来源不稳定；第三，光靠专业技能做不了公司，还涉及经营管理等诸多方面问题，这些他都不感兴趣，也不擅长。而在北京工作了几年后，有了一定的知名度，别人会主动找上门来做项目，再加之合伙人的加入，齐欣担忧的问题都解决了。于是，2002年他和几个合伙人一起，创办了齐欣建筑设计咨询有限公司，主要负责设计的工作。

齐欣坦言，回北京10年了，其实真正盖起来的房子特别少，很多弄了一半就没了，究其原因，却无法概括，因为每次的原因都不一样：第一年还好，有两个大的项目；可第二年，赶上了“非典”，许多项目都停了；到了第三年，国家进行了宏观调控，很多项目也就下马了——总之，会碰到各种各样的问题。

即使在不景气的情况下，事务所也不“外出觅食”。事务所里几乎所有的项目都是自己送上门来的。但经营事务所需要成本，若哪天有危机了，也不去争吗？齐欣说，他不是商人，不会争，他的合伙人们也都不擅长做市场。

如今，事务所是十五六人的规模，而齐欣没有继续扩大规模的打算。在他的观念里，不希望自己太累，“干好就完了”。对于事务所今后的发展，也是视自己的能力而定。在条件允许的情况下，齐欣希望能接到稍大的项目，而对建筑的类型倒没有过多的限定。

齐欣的建筑之路，从清华到法国，从香港到北京，一路走来，看似步步为营，实则并非刻意而为，甚至在经营上都有一种“姜太公钓鱼——愿者上钩”的意味。齐欣将这归为性格使然，这种平和而开放的心态，让他更多地注目于建筑本身多方面的品质与韵味，不焦虑、不追求超前，正如他对自己作品的评论：“现在去看，还是挺不错的。但也没什么特别让人值得赞叹，惊人的地方。”这样的建筑也许是“非精英”式的，但具有稳定而充沛的力量。（李子涵／文）

松山湖管委会（效果图）

松山湖管委会（效果图）

用世界的语言讲中国的故事

北京大学建筑研究中心副教授　王昀

生于20世纪60年代，1981年考入北京建设工程学院建筑系。1995年在东京大学获得硕士学位，1999年以论文《从传统聚落的平面构成中读解空间概念的研究》于东京大学获博士学位。方体空间工作室主持建筑师、北京大学副教授。

1993年参加由日本《新建筑》杂志举办的第24回日新工业建筑设计竞赛，获二等奖；1994年参加日本《新建筑》举办的第4回S×L建筑设计竞赛，获一等奖。设计作品有北京庐师山庄别墅区、石景山财政局培训中心、百子湾幼儿园、百子湾中学校等。

作为20世纪60年代出生的人，王昀与他的诸多同龄人一样，经历了“文革”、恢复高考、改革开放、留洋、回国等一系列的社会变迁与个体生命转向，渐渐进入了事业与生命的黄金时期。回国十余年，“因为身为建筑师还是想做建筑，国内现在建筑的机会太多了”。如今，王昀既是北京大学建筑研究中心副教授，这让他可以有一张书桌，安静地做与建筑有关的学问，将他深爱的聚落研究进行下去；同时也是一家得到国家级设计院支持的设计工作室——“方体空间”的主持人，这让他有机会将研究中的思考与积淀以建筑的形式，以具体、现实的方式表达出来。

学与教的人生

王昀生在哈尔滨，读初中时到了北京。时值“文革”，学校不怎么教文化课，为了今后有一门可以安身立命的手艺，在家人支持下，王昀从小学习画画。

恢复高考初期，人们沉浸在“学会数理化，走遍天下都不怕”的知识追求中，王昀希望在绘画与理科之间找一个平衡，于是选择了有一些人文色彩，也有艺术气息，又属于理工科的建筑专业。1981年他走进了北京建筑工程学院学习建筑。当时建筑学这个专业，很长时间没有招过学生。恢复高考以后，北京建筑工程学院刚刚成立建筑系，王昀是第二届学生。当时设计院特别缺人，所以北京建筑设计院给了学校一笔费用，要求学生毕业后都到那里工作。“其实现在想想当时那笔钱的作用还是非常大的。我们二年级的时候就出去看，到处实习，三年级就到南方实习，一般的学校都没有这样的机会。”由此，王昀也展开了他体验感知建筑的人生历程。

毕业后，王昀并没有进北京建筑设计院，而是留校当了助教，主要工作包括给学生做范图、改图，这样工作了四五年。20世纪80年代中后期，中国的知识分子群体在反思改革开放的出路，王昀也深处中国建筑路在何方的困惑中，而后现代主义理论正好给了当时人们一个思考问题、看问题的角度。20世纪80年代正是日本经济最活跃的十年，这十年当中，它将世界上很多的建筑理论，特别是后现代主义的建筑理论都盖成了建筑，变成了现实。这些建筑作品，通过大量日本的书籍和杂志进入了中国，一些日本明星建筑师也开始到中国进行交流，对当时的中国建筑界影响很大。比如前些时候去世的黑川纪章先生，当时他在北京盖了中日青年友好中心，还在北京讲学，他演讲时候提到的道教、佛教思想，与中国文化都是相通的。而王昀本来就对古建筑、民居研究感兴趣，再加上“想亲眼看看那些日本大师们的后现代主义作品”，1991年，他选择去日本东京大学学习聚落研究这个课题。

东京大学的建筑系非常有名。在那里，王昀体验了老师以个人教研室形式的教学模式。他们学术很自由，只要学生喜欢，可以自由选择老师的课去听，老师也不会强迫你一定要做与他一样

北京百子湾中学校

的东西，相反他会关心你对什么真正感兴趣，你想做什么。东京大学也出了很多有名的建筑师，像黑川纪章、矶崎新，伊东丰雄等。20世纪70年代，东京大学已经开始对世界各地的聚落进行研究，当时已有20多年历史了。当中国的研究者还在关注一些与民居研究有关的问题时，日本的学界已经超越了民居这个个体的层面，从整体、社会的角度来看待这个事物。王昀认识到，这是要慢慢来学的，不只是从语言上，或者从更大的视角来看待事物就可以了。从历届毕业的研究生、博士生写的论文，从他们写论文过程当中互相进行的讨论，老师进行的提问中，王昀受到很多启发，最后以论文《从传统聚落的平面构成中解读空间概念的研究》获东京大学建筑专业博士学位。学习的同时王昀也到一些事务所、设计院实习或做些兼职，"学术与实践虽然不矛盾，但需要提供实践可能性的场所：如果只是研究建筑的话，它的目的性、方向可能会偏离实践内容；如果只是实践而缺少研究的话，那么这种实践也是盲目的"。对日本业界与学界的良性互动关系，他总结道："日本的设计院特别愿意接收学生到他们那里打工、实习，学生在学习期间通过事务所接触实践，能很快了解在实践当中会遇到的一些问题。设计院对学生们进行着另外一种教育，学生在设计院的工作中遇到的问题又会拿回研究室去，反映到他的研究中。"

同时他认识到当自己花五六年时间读书的时候，在设计院做设计的人已经积累了五六年的经验，对建筑这种更看重实际经验的行业来说，自己已经不适合做一个专职设计师了。于是，受张永和邀请，新世纪伊始，王昀回到北京大学建筑研究中心教书。他说，自己想尽量将个人做建筑过程中的思考与体会传授给学生，告诉他们怎么少走弯路，怎么去看问题，让他们在这个基础上有更深思考的可能性。"目前中国建筑业的发展还处于初级状态，希望有更多学生超越我们，因为我们这些人根本就是铺路者。"

以肌肤体验建筑

色彩纯净到最根本的白色的方体空间，体现了王昀对建筑空间、建筑本身的思考，也是他的建筑哲学，思辨建筑的传达方式。这种构建空间的方式或者说理解建筑的路径，包括他多年学习建筑、研究聚落的心得，也有他通过实地观摩、考察而对建筑产生的自身体验。

人们经常说艺术家多是感性见长的性情中人，他们多以具体的方式感知世界，而非抽象地远观。而身为设计师与聚落研究专家的王昀多年来也一直坚持体验建筑的观点，他不但觉得自己从这种体验式学习中收获颇丰，而且也建议年轻的、未来的设计师多多以这种方式介入世界，走近建筑。

"我认为设计师对于世界的观察非常重要"，在幅员辽阔的国土之上，坐在北京的教室里很难想象南方城镇的文化、经济状态，更无从谈起了解人们的日常生活、建筑的细节和精神。只有通过实地考察，那些书本上的抽象数学、讲解才能化作一种深刻的认知进入人的知识范畴，通过这样带有目的的旅行，"作为一个年轻学生，就会对中国的社会状况特别清楚，这是靠肌肤感受到的东西，而不是书本知识能教给你的"。早在大学实习的时候，"我们当时去看苏州的园林，也去过杭州、上海，发现南方文化的细腻，南方的建筑给人的亲切感，不同于北京园林建筑大尺度威严的皇家色彩。我认为这种文化中的微小差别至今也是存在的。"

在日本上学期间，王昀也去看了很多以前在杂志上看到的建筑，到实地拜访、体验一下，很多事情就很清楚了。有些照片让人很期待，但实地一看并不如期待的那么好；有些觉得不是很有趣的建筑，看过以后却感觉挺好。比如说丹下健三的建筑，当时在国内的时候觉得他年纪比较大，做出来的东西好像不是很时髦了。实际上从时髦、或者时尚的角度来看，他已经过时了，可是当人们实地去看他的建筑时会觉得有一种力量传达出来。"还比如还有一个建筑，我不好意思提建筑师的名字，做得像机器一样，看到照片时，我喜欢得不得了，觉得人家的建筑已经做到我看不懂的地步了。结果实地去看了以后，你会发现从那个电梯间出来的时候窄得不得了，楼梯拐来拐去给人造成不快的感觉，愉快感就消失了，你会很讨厌这个建筑。建筑有两个重要方面，一个是空间，另一个是尺度，尺度就是说大小。比如说以前看照片里的建筑觉得尺度很大，实际一看才发现其实尺度很小，感觉就不对了。尺度要与建筑的体量相合适。”当然也不只是在东京看，后来王昀还到欧洲看了很多建筑。

聚落研究对设计师来说，个人化程度很高，它的社会意义可能只是通过文字表达自己研究成果，对社会起到资料性收集或提供一个视点的作用。但对设计师的培养、养成来说，它的重要意义是文字不能替代的：“你亲身体验过聚落后，那么它的型制、细节随时随地进入你的头脑当中，成为一种感受、一个概念或者一个小灵感，在你做设计的时候它随时可能会突然冒出来。而这种积累性的东西，只有见过、体验过的设计师才会有。”建筑是一个富于变化造型和延展性的四维空间，对它的评价不拘于外在的装饰和线条，而是通过空间感。而王昀追求的是，将这些具象知识和体验来的模式、经验融会贯通到自己之后的建筑实践中。

对数学的背离与回归

王昀曾坦言，自己当年选择学建筑，是因为数学等功课不好。但在他今天的实践和研究中，我们却总能看到数学的影子。也许，对与王昀来说，建筑，是艺术，更是科学。

虽然王昀自己并未想做某一种风格，但在其他人看来，他构建的空间却具有强烈的个人色彩。“可是有一点，我力图用一个非常抽象的语言系统来建构一个空间状态。我个人认为它特别方便沟通。好像数学里的 1、2、3、4、5，它是再抽象不过了。比方说一头牛再加一头牛是两头牛，一支铅笔加一支铅笔是两支铅笔，数学最棒的状态就是它去掉了牛和铅笔，当它抽象成 1+1=2 的时候，就已经变成了一种世界上共通的语言了。我认为只有一种语言是最清楚的，那就是数学，它没有国界。”“相反这样一种状态也是建筑所需要的，建筑的尺度、比例，空间的大小，在做建筑的时候你会发现开间是 3.2 米还是 3.6 米啊，高度是 2.7 米还是 3.2 米啊，你会发现你在谈建筑的时候实际上不是在谈建筑而是在谈数学。谈完数学以后你会发现其他所有的东西都跟它没有关系了。那个 3.2 米的墙上要用什么材料等都是下一步的事了。所以我还是想用一种最为简洁的语言状态来表达我个人对空间的一个理解。”

而王昀对聚落的研究，同样离不开数学的手段。他的研究是通过将世界各地聚落的平面输入到计算机里，经过一定程序性的计算，把它们还原到同一个坐标图上。“如果我们强调地域性的存在，当你说西班牙的聚落是在西班牙，中国的聚落是在中国，两者的可比性就没有了。但是我的研究是把它变成人的居住环境来看待的时候，我不会考虑它具体是西班牙人或中国人居住的，他们都是人。当把聚落还原至这个点时，房子和房子之间的距离朝向等都成了一种数学的描述。”“在这张坐标图上开始研究时，可能会发现坐标上的 A 聚落与 B 聚落在同一个或者相近的点出现，那我会把它们找出来仔细展现、研究，可能一个聚落是中国的，一个聚落是巴布亚新几内亚的，那么我就会看看为什么在中国的这个聚落与巴布亚新几内亚的聚落，在同一个或者相近的位置上出现，它们的异同是什么，文化有什么特点。”

共同幻想与文化微差

“我认为中国现在最有意思的状况就是各种观念的百花齐放，这种状态用聚落的语言来说就没有了‘共同幻想’。”“共同幻想”只存在于类似于传统聚落状态的封闭环境中，在相对稳定的环境中，形成了人们对事物的共同看法和认识，包括审美。一旦国门打开，开始与外界交流增多，不论信息是否对称，就造成了“共同幻想的不在”和“多种幻想的共存”。王昀举了个小例子：“在

北京百子湾幼儿园

我住的楼里，从一楼到顶楼每家的装修风格各不一样，西班牙、古典或者现代的都有，大家对生活的憧憬也不一样。”在发达国家则有一个趋于相近的共同幻想，当经济发展到一定阶段，社会构造相对稳定以后，就会有相对稳定的共同幻想。

“从这个意义上来说，我个人更同意大的、整体上的一致性趋向，其实趋同也是一种必然。但在这种情况下，我们更要强调其中的微差。”微小差别在聚落当中是有的，比如说云南有艾尼族、傣族等很多民族，冷眼一看你会觉得艾尼族跟傣族的建筑怎么几乎是一样的。可仔细观察的话，它们是截然不同的，他们选择建房子的地点也是完全不一样的。比如傣族一定是选择平原，吉诺族和艾尼族一定把房子建在山上。但吉诺族的房子一定是中间有一条路，房子是按照中间、左右布置的；艾尼族的房子中间也有一条路，但是按照等高线横向布局的。这说明在某种地域上的，包括建造方式、经济文化会对建筑产生一定影响，但这里面会有一个观念上的微差，人们头脑中对未来的设想、文化的积淀、对生活的憧憬不一样而所产生的微差。比如说欧洲的现代建筑，荷兰的现代建筑与法国的现代建筑，与西班牙、比利时的现代建筑都是不一样的。包括德国、瑞士的现代建筑，德国的建筑就是德国的，瑞士的建筑就是瑞士的，里面那种微小的民族性格，包括他们对生活理解的微小差别都包括在其中了。

王昀认为，欧洲人可以影响中国，在将来，为什么中国人不能影响欧洲？比如说大屋顶是中国的建筑语言，你可以讲一个中国语言的故事，但是外国人听不懂，人家不了解你的语言系统。如果你用一个大家都了解的语言系统——现代建筑的语言，将中国人对现代建筑的理解，中国人对生活的思考，中国人对于未来家园景象进行的憧憬，“用世界语言讲中国故事”，这样别人会感觉很有意思，也会很容易接受它。

（孟慧丽／文）

北京庐师山庄住宅

立足于文化、环境，做“谦虚的建筑”

上海兴田建筑工程设计事务所总建筑师　王兴田

1961年1月出生。1986年毕业于天津大学，获得建筑系硕士学位。1988至1994年在日本早稻田大学建筑学院任客座研究员。1994年至今任上海兴田建筑工程设计事务所任总经理、总建筑师，当代中国建筑创作论坛主持人。

曾获得第二届全国大学生建筑设计方案竞赛一等奖、河南省黄河大学规划设计竞赛一等奖、秦皇岛市中心花园广场规划设计方案二等奖、“创新风暴”全国住宅夺标活动综合金奖等。代表作有：南通珠算博物馆、南通地税征管中心、无锡胜利门广场和国贸广场、无锡火车站广场、上海城隍庙商城、上海鄂尔多斯世界城市广场等。

王兴田早年在天津大学学习建筑学及城市设计，随后去日本留学、工作，研究城市空间规划。由于对建筑与生态环境、建筑与城市空间环境的格外关注，他在自己的设计作品里着力捕捉建筑所在地的自然和文化特质，并以“谦虚的建筑”为创作准绳。这是“建筑设计”与“城市设计”视界与思路的交叠，体现出他对探索具有时代精神的中国建筑的努力。

1995年，王兴田归国创建“日兴设计”，经过多方考察权衡，决定将事务所设在当时开放程度还不高的上海。很多人提醒他上海这座城市比较排外，恐怕他难以适应。多年以后，王兴田谈起当年的选择，一再感叹上海的包容气度，政府很开明，业主也很有眼光，他的很多设计理念得以顺利实施。这让我们联想到那个通俗但又深刻的比喻：人生仿佛一面镜子，你给她一个微笑，她会还你一个笑脸。王兴田的心胸是包容的，这也体现在他对待建筑的态度上：“我们骨子里对自己的文化有信心，广义地采纳世界上优秀的文化，去建造有自己文化特色的一些建筑。这是我们的使命。”

一路追寻建筑“有机的关系”

先后学习过建筑设计和城市设计专业，注重建筑与环境、城市之间有机关系的王兴田，在刚刚开始学习建筑的时候，也曾将建筑设计理解为单层次的学科。“我是1979年参加的高考，当时不了解建筑，报的是天津大学的电子工程专业。碰巧，来招生的老师是建筑学专业的。他看我有美术基础，又是山西省的‘三好’学生，就建议我去建筑系。”那时候，建筑设计还属于土木工程的分支。王兴田心想，学土木，不就是跑工地、变成施工队员吗？然而，在大学里，他很快发现，建筑学的涉及面很广，包含了许多人文、艺术学科的内容，这让他对建筑的兴趣日渐浓厚。“那时候很用功，大学时画的草图，后来整理起来有满满一箱。我觉得现在我都画不出这样的图。”当时国内仅有的两本专业杂志《建筑学报》和《建筑师》，为数不多的国外建筑师的讲座，都是王兴田心目中不可错过的信息渠道。“直到我本科毕业后，国内外建筑界交流的频度就增大了，尤其是我们可以去北京，到清华大学、中国建筑学会这样的地方听一些演讲，各种展览也多了。”

学完四年的本科课程，王兴田深感知识结构的不足，“总感觉我们是在微观上讨论一些问题，总是关注建筑单品。不管听国外大师的讲座也好，还是看他们的杂志也好，发现将建筑放在一起后，这种有机的关系非常重要”。毕业后，他考上了沈玉麟老师的研究生，学习城市设计。“沈老师对我的启发很大。我开始明白建筑的问题不只在建筑本身，建筑的问题要扩大去看，看所在城市，看外部空间环境。”

在对建筑与城市问题的学习与探索之外，年轻的王兴田因缘际会，在较早时就接触到本土文化与现代建筑的命题。由于大学时期曾在一次全国大学生竞赛中获一等奖，他作为最年轻的代表，出席“中国当代建筑创作论坛”（1984年成立）第二次会议。在1985年，我国尚未进入建设高峰期，建筑界就在论坛上发起倡议——中国建筑创作要解放思想，敢于实践，创作出无愧于我们伟大时代的现代建筑，并提出建筑要走本土文化之路。这些同时具有责任心和抱负的讨论，给王兴田留下了深刻的印象。他说，直到今天，这样的倡议也是十分有价值的。

东渡扶桑：本土化与现代化的启示

研究生毕业后，王兴田留在天津大学教书。此前对于建筑创作和城市设计所萌发的学术兴趣，敦促他“走出去”，看看其他国家的建筑现状。他心目中理想的目的地是日本。“日本和中国同属东方文化，但日本在现代化过程中始终没有把自己的传统文化、渊源剥离开来，走了一条日本特有的东方现代化之路。”这里，必定有可研究、可借鉴之处。为此，王兴田 1988 年赴日，到早稻田大学学习。

王兴田以观察者的身份总结日本建筑现代化的过程。“日本也经历了引进（西方建筑及理念）的过程，但比较短。”日本建筑界很快意识到，钢筋、混凝土很难表达出日本建筑的轻盈、通透和“灰空间”的文化美感。他们先是尝试在西方语境下表达日本建筑，“用钢筋、混凝土表达它的檐口，类似用装饰的东西来表达传统文化”，随后，通过对钢结构、新技术、新材料等方面的探索，终于走出了日本建筑的现代化道路。

上海湾世界城市广场

这样的探索过程，不能缺少的，是建筑师对于建筑文化地域化的责任。

离开早稻田大学，王兴田决意到设计公司去，实实在在地做些设计。多年来在学校的学习、研究和教学工作，极大地丰富着他的理论研究，却又从另一个角度提示着不足。“我当时热衷于设计，加上在学校里一直做研究，不太知道真正的设计，就想到事务所去。”

在日建和大林组，王兴田一开始做得更多的是深化的工作，把别人的设计和创意加以落实和完善。回忆从深化工作，到以创意和综合实力赢得设计机会的过程，王兴田颇为感慨：“我在日本工作的时候，其他同事都说，你的基本功怎么这么好，画得这么好，不能想象。”尽管如此，当时像王兴田这样的中国建筑师还缺乏整体的构思，缺乏对新技术、构成和构造的掌握。一旦有所积累，“我们完全能够去深化一个题目”。

结合自己的实践，王兴田细心关注日本建筑界的现状。给他留下最深印象的，是日本的开发商在委托时对建筑师的了解与信任。“他们除了功能以外，别的不会干涉太多。”在国内，情况则有所不同。“常常是开发商在委托的时候并不知道设计师的特点，以为是个建筑事务所就什么都能做。实际上每个建筑设计师都有自己最有特点、最有创意的地方，如果建筑设计师的特长发挥不出来，最后就会造成一些误会。”王兴田也留意到日本建筑界一种团队合作的工作方式，尤其是对于体量巨大的建筑物，日本同行会希望能有多个概念组合——“有建筑师的独创的概念，有大公司综合技术作为支撑。一般小的事务所不会所有的人员都配备，但他们有好的创意，他们也要和外国的建筑师、工程技术人员组成一个团队。这需要社会的力量，而不是单单一个设计师。各个圈子旗鼓相当，才能完成。”

后来，王兴田创建“日兴设计”，在组织和运行上，都体现出团队意识。他注重从创作理念、宗旨，到设计全过程中，形成团队体系。对于公司所吸纳的新人，也强调用团队的思想和作风帮助他们确立明晰、正确的工作方式。“我希望，从他们中间能成长出一些思想性强、有追求的建筑师。”因为今后的建筑将越来越复杂，需要一个团队具备多元化的专业力量，在不同方向和领域均有建树。

建筑与城市：建筑师肩负“城市责任”与环境责任

建筑的问题不只是在建筑本身，它与城市设计紧密关联。而城市设计，“不光是一个城市形态的问题，还要渗透到城市的各种体系——建筑和建筑要对话，要按照朋友、良好的邻里关系去相处，要互相沟通”，以此达到城市区域综合利用的目的。

王兴田曾以日本银座地区为对象，专门研究过城市的整体开发问题。银座是日本商业起步最早、地价最高、开发最密集的地区，“到了晚上，这里就是空城，人一散，就有乌鸦、老鼠跑出来”。王兴田在调查中发现，日本的土地细分化程度很高，小豆腐块状的土地导致利用效率低下。“每栋建筑之间都有一个缝隙、两堵外墙，这是社会资源的浪费。”此外，小建筑同样要配备消防所需的空间，也消耗了部分面积。如何让银座成为一个真正有活力的城市空间？王兴田认为，不妨做一个整体开发，外墙面积也小了，同时还节能、环保，效率变得很高。如今，日本在许多地方都在将效率较低的地块集中起来，进行综合开发，集成开发，使城市的结构更完整。

南通珠算博物馆夜景

然而，集成开发的思路要实施，需要政府、开发商等各方首先能意识到这样做的好处。“前一阵我正好去开一个评标会，是关于一个比较琐碎的地块。本来是要做综合开发的，结果14家业主各自为政。”王兴田以自己的研究举例，站出来直言：“千万不要只考虑自己，只有全部街坊都做好，你自己的利益才有保证。”他同时认为，政府应该牵头，将综合开发的项目当作一个事业来完成，这样城市才有希望。

建筑师所负有的城市责任，除了提供人性化空间外，更与环境责任息息相关。“我们盖了很多楼，创造了很多GDP，但居住者的健康下去了，那肯定得不到任何更美好的生活”，因此，王兴田强调，既然做项目，就要尽可能减少对环境的负面影响，尽可能不要干扰环境。他时常提醒自己：“建筑是能耗巨大的使用物。在现在人的活动过程中包括汽车工业，它可以说是对环境影响是最大的，但有数据表明建筑的能耗释放的二氧化碳超过其总量的50%。”换言之，建筑师手下的这支笔、这个鼠标与人类的生活环境密切相关，“你所画出的每张图，都可能给人类环境带来负担”。所以必须考虑如何把负担减少到最低，尽可能减少建筑的环境负荷。

“一开始就要考虑如何减少建筑的环境负荷，概念和结果会更加明晰，不要在建筑创作时任意地创造，回头再把节能规范一套了事。”对于环境指标，建筑师更应该提升自己的环境观，“国家制定的是一个最低标准，建筑师帮业主进行设计时，对在标准上如何实践的问题，应该有更高的认识。”从城市的角度来看建筑，就能知道自己所处的位置，让建筑能够安详、谦虚地和城市构成大的空间环境。

南通珠算博物馆室内

设计：对地域文化的当下表达

王兴田对于地域文化、本土文化的关注由来已久，“我在天津大学的时候，彭一刚、聂兰生等老师的建筑思想就对我产生了一些影响”，到了学习城市设计的时候，王兴田就很关心我国不同地区城市长期以来形成的个性。“小城镇有小城镇的特点，南方有南方的特点，水乡有水乡的特点。我们去看看同里、朱家角，它们的建筑空间与形体很自律，该有的尺度、空间、样式、坡度都很有机、很有秩序，该突出和该退让的都恰到好处，如鼓楼、钟楼、庙。”

城市如此，建筑也理当如此。面对过去20年快速发展带来的新建筑与城市变化，在繁盛的背后，王兴田十分关注建筑师与规划者在大量建造时的“失语”——“什么是现代建筑？现在所公认的是西方的当代就是现代的。在这样一种大背景下，我们看到的建筑都是现代主义或它的支流的产物，那我们自己的文化哪里去了？”

传承和创造，不易实践，却不是无路可行。“每个建筑所属的地域，它的气候、历史、地貌、特有的材料，使用者对建筑的不同要求等等，共同构成丰富多彩的建筑文化。”这，就是资料库，就是灵感触发点，就是创作的底气。“我觉得在文化空间、材料方面需要重新思考，而不是把它搬过来。实际上我们有很多对待自然、对待生活的智慧，这也是我们祖先长期积累下来的，我们应该尊重、选择、发展。另外我要谈的是文化也是不断发展的，我们应该以开放的心态包容、接受外来的优秀文化，不只是西方的。我们骨子里对自己的文化有信心，广义地采纳世界上优秀的文化，去建造有自己文化特色的一些建筑。这是我们的使命。”

呼唤地域文化的观念不等于复古，也不是把以前的东西搬出来，而是在于“恰当地掌握现代化的语境中的基本的思考方法和创造方法”。王兴田深切体会到，文化不只是抽象的符号，它有时候就是一种感受，就蕴藏在细节之中。在这样的认识基础上进行创作，才会充满激情。

“我们做的南通珠算博物馆，包括其他一些项目，是考虑结合空间、用地、使用者的要求，如何能让使用者与来访者在这种空间里充分感觉到，这是最适合当地的文化建筑。”比如，在做无锡太湖国宾馆的时候，好些人建议把房子建在山头上。王兴田认为这不对，“整个建筑的体量不小，要尽可能把它藏在周边环境里，而不是露出来。它应该是建到山脚下，静静的，很谦虚的姿态。这就是建筑与自然的关系”。在其他几个度假酒店的设计中，因为它们在湖边，在山脚，自然环境非常好。王兴田说：“我们真的不忍心去过度开发，尽量让人在建筑里面和环境和谐相处。”（赵夏榕／文）

深证正中高尔夫会所

有为设计，无为经营

天津华汇工程建筑设计有限公司总建筑师　周恺

1962年出生于天津。1988年获天津大学硕士学位。1990至1991年赴西德鲁尔大学建筑工程进修。1995年至今，担任华汇工程建筑设计有限公司总建筑师。

周恺的主要作品有天津自然博物馆、天津美术学院美术馆、天津历史博物馆、天津财经学院教学楼、天津博物馆、冯骥才文学艺术研究院、天津民生大厦、天津电话通信楼、天津港保税区商务中心和北京地坛体育大厦等。曾凭借“冯骥才文学艺术研究院”设计获得“2007全球华人青年建筑师奖”。2007年，他所在的华汇公司与美国SASAKI合作，在北京奥林匹克公园规划方案中获一等奖，周恺是中方四位主建筑师之一。

周恺在建筑业界一直以双重身份而受人关注：一方面是有独立思想和丰富建筑实践的知名建筑师，另一方面是一家发展迅速的“中国十大民营建筑设计公司”的老板，而周恺对自己的定位始终是一个建筑师。无论是当年离开学院去国外进修，还是回国后因为机缘眷顾成为“华汇”的主人，以及在“华汇”已经成长为有相当规模的建筑企业的今天，他的目的只有一个——盖实际的好房子。经历了二十多年的实践和思考，现在的周恺对于好房子的理解是：在限定中的恰如其分的房子；很好地将建筑使用上的需求和建筑师个人设计思考上的独立性结合起来的房子。面对目前中国建筑业多元并存的竞争格局，周恺强调还是先独善其身，先把自己的事做好。他的这种心态也正印证了其导师彭一刚先生曾经的教诲：扎扎实实干你的事、盖你的房子。

单纯的起点

周恺的青少年时代恰似黑白照片上的笑脸，清贫的物质条件下却有真实的快乐。他记忆中做得最多的事情就是画画：“我很小的时候就爱画画，小学就去少年宫和其他很多地方画。那时候我就两个爱好，一个是体育，一个是绘画，整天要么是练田径，要么就是画画。”

他比较顺利地在初中毕业时考到了重点高中，又由重点高中考上了大学，水到渠成地走上了建筑这条路。这个选择，与他现在的建筑观念有异曲同工的意味——契机的引发总是有着多方面的原因。他既不是高瞻远瞩地思考到了前途，也不纯粹是兴趣使然：父亲因为他喜欢画画提出了建议；天津大学在客观上具有很强的吸引力……

谈起母校，他认为天津大学的建筑系毕业生基本功是比较扎实的，老师也比较注重对学生在这一方面的训练培养，从设计乃至做人做事的方式，都是踏踏实实的。他的研究生导师彭一刚先生对他的影响很深。“他是一位特别老实、本分的老师，很忠厚，能跟他念书我觉得特别幸运，他对我们也非常好。那个时候我记得他经常跟我们说，你就老老实实地、扎扎实实地干，不要想太多，只管好好地做。”让他至今记忆犹新的是，有一次一起做项目，彭先生总是来得很早，周恺就跟另一个研究生商量说，我们还是提前点来吧。结果不论他们怎么提前，彭先生总是比他们先到。后来他们才知道，原来彭先生每天早上六点就到了。

物质清贫的年代，师长严苛的要求，在他看来却是“特别开心”的时光。彭先生与他们一块儿画图，对他们要求得也比较严。“那时候也没有什么经济意识，老师们好多的项目都是无偿的，给别人做设计，不懂得谈设计费，其实也是不好意思谈。”但工作中得到的收益，却是十分丰盛。老一辈建筑师们的人文特质深深地影响着周恺，他牢牢记住了彭先生的一句话：“扎扎实实干你的事、盖你的房子！”

“我一定要去盖房子”

在天津大学读完研究生后，周恺留校教书。改革开放后对外交流的机会增多，他也得以走出国门，到德国鲁尔大学进修。那两年，他走遍欧洲，作建筑旅行，拍了许多片子，看了许多他想看的建筑，观察国外的建筑师如何工作，自感获益良多。

然而，研究生毕业留校教书后，他始终有一个疑惑：“我能教别人吗？我自己都没盖过房子，我能教他们什么呢？我真的知道一个方案是对还是不对，是好还是坏？我不知道。”

对知与行的自省，促使他迫切地希望找到一个地方，真正做些设计。那段时间，他的心声归结为简单的一句话：“我一定要去盖房子！”回国后，直到现在，他始终坚持在第一线做设计、盖房子，曾经读过的书、苦思过的理论和路上的见闻，渐渐在实践中汇为一体，夯实了他对建筑的理解。“现在回过头去想，如果我一直还在学校教书，相信一定不会有这么多的感受。毕竟真的去盖一个房子，和在纸上画画图、写写书是完全不同的工作。不能说后者不好，我只是觉得我可能更适合于前者。”

在“华汇”，只做总建筑师

对建筑设计用心很深的周恺，并不是一开始就知道如何经营一家设计公司。从华汇工程建筑设计有限公司刚刚成立，到慢慢干出了点名头，公司的队伍不断扩大，开始拥有自己的施工队伍。周恺也在摸索中意识到，民营设计公司也要讲求规模效益，不光是做好前面的设计，也要把后期工作落实下去，才能成就设计的完整性与合理性。“你更加不能接了一个大工程，就把其他的扔在一边。”本着把事情做得好一点的朴素的想法，“华汇”主动扩张，摆脱“小作坊”的局限性，蜕变成为中国建筑业里的“十大民营企业”。

公司大了，不再是个“作坊”，周恺说自己还是保留着“作坊”时期专注创作的状态。作为“华汇”的创始人，在外人看来，他免不了要花许多时间关心公司管理的问题。他却声称，除了做设计之外，什么也不管！既不管人，也不管物，连公司有多少钱也不知道。“我只管做总建筑师”，他时常开玩笑，说自己是公司几个老总里最累的一个，一直在没完没了地画图。可是他乐在其中，深觉累得其所，享受着做设计的单纯的乐趣。他愿意将自己的时间都花在琢磨设计、画图、出差去工地上。这些事在他看来，比签合同、应酬，可有意思得多了。周恺说：“他们都说我是什么权力都没有的，在公司里也没人怕我，也没人拿我当过老板。我呢，基本上还像在学校里教书那样，一边做我的设计，一边和年轻的设计师一块儿，教给他们做设计。我蛮享受这种生活的，这样我的压力可能会小点儿。再说，我也不可能把所有事儿都做好，又要做设计，又要做管理。我是尽量让自己选择轻松一点儿的、简单一点儿的生活方式。”

之所以能在管理上“无为”，全赖公司里有完整的体系，有整个团队的力量。周恺很赞赏每个部门的付出，他说，许多人在介绍“华汇”的时候，用主要篇幅来介绍他本人，其实整个团队的努力才是“华汇”走到今天的原因。“我创造的是一个平台，反过来这个平台又帮助我做成了很多事，这个平台是大家共同组成的，是一个集体，缺了哪个方面都不行。当然这种情况也是对等的，比如‘华汇’盖起来哪个房子了，也许方案不见得是我做的，可是无论好坏，大家都算在周恺头上，我也得认。”恰恰因为提倡团队精神，提倡“华汇“是一个整体，创办初期的原班人马，一起走过了风风雨雨的13个年头，没有人放弃，没有人退出。周恺在管理上的“无为”，恰恰很有效。

在限定中创作

“在限定中创作”，是周恺对于建筑设计这一工作的理解。建筑创作不能像其他纯艺术形式那样，让艺术家自由发挥，建筑师必须将建筑使用上的要求和个人设计思考上的独立性结合起来。而对于这一工作的客体——房屋，他的看法是，只有“恰如其分的房子”才是好的。这两点恰是辩证统一的，“恰如其分”正是创作中的“限定”，而如何“恰如其分”则是必须要通过“创作”来达到，在限制之下超越限制。

周恺反对用绝对的眼光评判建筑。“房子的好坏是相对的，不能简单地拿这个房子和那个房子相比，因为它们的功能、地点、投资环境，包括业主的好恶，还有建筑师个人当时的状态都是不一样的。即使是同样的东西，大家的解读也是不同的。”然而，好的建筑并非不可定义，“从相对性来理解，好房子的定义就应该是一个适度的、恰如其分的房子。它有与城市和周边邻里的关系、与使用者的要求、与当时的建造商的鉴定以及投资关系等方面的限制。在这些限制下尽量地把它们完成好，甚至说很巧妙、很智慧地把它们的功能安排得当，同时又能创造出一种良好的氛围或者说你想创造的氛围，再把建筑师的想象加进去，做成一个别样感受的东西，这就是好的了。”

如何才能“恰如其分”？周恺的回答是：不做作，巧设计，善创新。

有思想、有个性的建筑师，生而有创新的冲动与热情，他们总是孜孜不倦地追求创新型的设计。眼下中国建筑师所处的阶段，面对的是一个相对高速而投资不甚充裕的局面，大量的建设行为本身是快餐式的、速成的。这是一个理想的创新与创作环境吗？环境所给予的条件，限制了什么，又要求什么？周恺说，建筑师的创新应建立在认清现实的基础上进行，并有一个良好的策略去应对。首先，面对大建设量背景下的建筑，要避免建筑出问题。也许建筑师面对的是不容拔尖儿的项目，但它也应该具有充分的品质感，实实在在。与此同时，每个建筑项目总是在不同方面给设计者提供创新的挑战，比如功能的安排、空间使用的问题等，它们都在期待着设计者的用心经营。而且，建筑师的工作“都是在中国当下的建造技术下完成”的。反过来看，每一个限定条件都是对建筑师智慧与艺术的考验，就看建筑师是否能够不做作，沉下心，实实在在地去创新。

是否为恰如其分的房子，还需要将房子放在整个城市的角度上衡量。周恺认为，城市是一个整体，需要形成一个完整的形象。在城市里，有的建筑充当标志，可视为特定区域内的主角，有的建筑则注定以非主角的身份存在。当建筑师接到一个案子，他需要去判断如何将这座建筑的角色表现好。如果它是街区的主角，不妨竭力抓住所有灵感，务求让它跳脱出来，引人瞩目，标新立异。如果不是，就让它当好配角。

谈到建筑创作中类似于“带着镣铐舞蹈”的感受，周恺总是会想到曾经做过的天津大学冯骥才文学院。曾经，因为多重限制，他一度犹豫是否应该接受挑战：

首先，建筑本身落在他的母校天津大学。在老师和同学的关注下，自己能交出一份令人满意的答卷吗？

再者，冯骥才先生是一位知名的作家和学者，如何恰到好处地表现建筑的功能、内涵和气质？

周恺劝说自己放下顾虑，去聆听和思考。在沟通中，冯骥才告诉周恺，他希望这个房子能有自己的亮点——一来，这房子一定是现代的，要有时代感、当代感；另外，这应该是一个有中国传统意境的建筑。最后，人们看到的是这样一个画面：当你来到文学院，先进入的是一个空院子，只能看到树和天空，带出“空”的宁静意境，暗示了这是一方属于诗文的天地。利用水面的穿入，周恺很好地把前后两个院子沟通了，通过水对光线的反射，又增加了这个院子的景致。“北方原本有比较干枯的感觉，有了一点水在院子里，灵气就有了。”建筑主体是一个有着35米跨度的房子，这本身就是对现代的建造工艺、结构技术的一种表达，实质上也是对当代性的一个表达，在空间上表现着活力、进取与跨越。这样的设计没有破坏周边的环境，同时也透着自己的个性。完成后，冯骥才先生评论说，这个房子的意境比他当时所想要的、所想象的还要好。

天津大学冯骥才文学艺术研究所

独善其身，应对多元竞争

诚如周恺对于管理的“无为而治”，他看待当下建筑业界的多元竞争局面，也有着淡然的稳健。面对国外建筑师与国内建筑师同场竞技的现实，周恺认为，“外来的和尚”带来了积极的经验，比如他们呈现了好的团队化的工作方式，他们有自己的眼界和经验，他们创作了一些对中国建筑界有影响的好作品，等等。尽管许多项目的决策者可能对中国本土建筑师存在着一些不信任感，但总有一天，这些机会会属于已经准备好的了中国建筑师。

周恺觉得竞争没有什么不好，他说：“我们应该发挥自己的长处，然后与他们在竞争中有一些协作。我们也不惧怕他们，在有些我们能胜任的项目上，一定主动地去争。但是我认为心态要放正，你要是真能做好，你永远都能做下去；你要是做得不好，就是谁也不来，你也做不下去。还是要先独善其身，把自己的事儿做好。”建筑设计本身，既是一个创作，也是一个工作，它不欢迎冒进。“个人风格，不是你刻意创造就能实现的。可能是在你真正的工作过程中，你的表达日积月累下去，你就有了自己的眼光，有你自己的想法了。当然从主观上，建筑师还是想给自己一些定位的，希望自己是朝着这个方向走。”如今，中国建筑师在面对着许多限制条件的情况下，还没有到达冲击顶峰的时刻，一大批好的中国建筑师辛勤的耕耘，换来的必然是中国建筑整体水平的提高。而伴随着社会和大众对建筑理解的不断提升，建筑师将会得到更好的工作与创作环境——毕竟，水涨船高，真正的世界级的中国建筑师，并不会凭空而来。（赵夏榕 王丛秀／文）

天津大学冯骥才文学艺术研究所室内

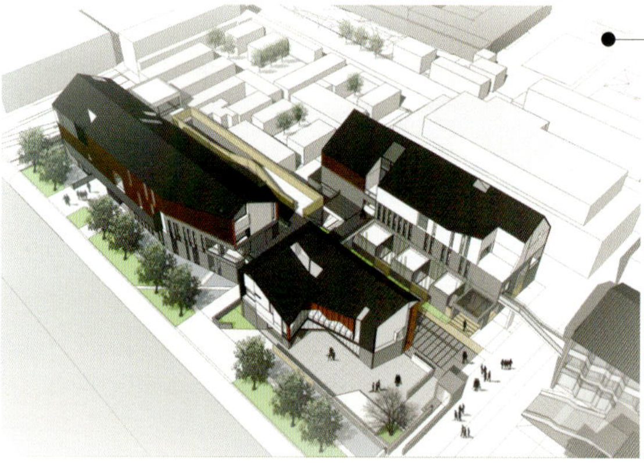

天津鼓楼商业街C地块（效果图）

东莞松山湖凯悦酒店

深圳万科棠越居住区会所大堂

深圳万科棠越居住区会所室内

深圳万科棠越居住区会所庭院

顺势而为，无为而治

清华大学建筑设计研究院院长、总建筑师　庄惟敏

1962年10月出生。1985年毕业于清华大学建筑系。1992年获日本国立千叶大学工学部工学博士学位。现任清华大学建筑设计研究院院长、教授、博士生导师。

庄惟敏设计的中国戏曲学院综合排演场获2001年教育部优秀工程勘察设计二等奖；天桥剧场翻建工程获2003年教育部优秀工程勘察设计二等奖；中国美术馆改造装修工程获2005年度建设部部级优秀勘察设计一等奖。曾获中国建筑学会1993年度"青年建筑师奖"第一名，1995年获清华大学"学术新人奖"等奖项。

庄惟敏对建筑的选择带有一定的自觉性——他自幼受同济大学出身的父亲的影响，中学时代就熟悉清华大学，在社会变革中应对激烈高考竞争，整个青春期目标明确，无暇叛逆。博士研究生期间被派往日本学习，他在日本千叶大学确定了自己的研究方向——建筑策划。这一研究成果填补了国内建筑理论在这方面的空白，并已成为清华大学建筑学院乃至全国注册建筑师继续教育的课程。博士毕业后，庄惟敏没有选择做专职教师，而是进入产学研功能一体化的清华大学建筑设计研究院，从最基础的工作做起，将理论应用于实践，同时，也在实践中引发新的思考，形成新的教学课题，诸如城市更新发展的研究、展陈建筑的研究。奥运场馆的中标并建成，让他对中国设计师与西方设计师的比较优势和劣势有了更理性的认识。他主张无为而治，不赞成在建筑中强加特别的口号或理念，认为应顺乎自然与环境，做贴切的建筑。

结缘清华建筑三十载

庄惟敏的建筑作品，无论北京奥运会场馆的建设还是北京天桥剧场、国家美术馆的改造等，都透露出一种难以言明且难以超越的和谐。这种和谐，也许要从他的成长经历说起。

庄惟敏的父亲1952年毕业于同济大学，毕业后留在同济教书。20世纪60年代庄惟敏的父亲携全家来到北京，在核工业部第二设计院工作。由于父亲在设计院的很多同事都是搞建筑的，加上父亲喜好绘画，庄惟敏从小就在父亲和邻居的熏陶下学习画画，为日后从事建筑打下了良好的美术基础。

1980年，庄惟敏从首都师大附中毕业后考入清华大学建筑系，从此开始了与清华结缘的建筑生涯。回顾从核工业第二研究院的孩童时期到步入清华大学建筑系的成长历程，庄惟敏说，那段时间"竞争非常激烈，时间非常紧张"。从考入清华到博士毕业，庄惟敏在清华园渡过了12年求学岁月。博士期间，庄惟敏获得了去日本千叶大学深造的机会，他在那里读完了大部分博士课程，并确立了将建筑策划作为自己的研究方向。

1992年博士毕业后，尽管想从事建筑教学工作，但考虑到建筑是一门需要实践的科学，庄惟敏选择了清华大学建筑设计研究院，并将其作为起点。他从设计师开始做起，从画施工图到详图包括下工地，和各个甲方去谈判，然后做到设计所副所长、所长、副院长，到2000年当院长，再到2006年当总建筑师直到今天。

大学设计院的编制一般有两类：一类属于工程系列编制，一类属于教师系列编制。庄惟敏属于教师编制，因此，除了参与工程以外，还要承担一定的教学量。现在，他除了带硕士生、博士生，还给硕士生开了建筑策划导论和环境行为学概论两门课。前者建筑策划已经成为全国注册建筑师很重要的九门课程中的一门；后者是他接替李道增先生的课，也是清华大学的精品课程。在指导研究生的过程中，他会根据一些实际项目和课题引导学生展开思考与讨论，如包括展陈建筑的研究。

从求学于清华到工作于清华，从欣赏清华园中西合璧的建筑到参与清华大学校园建设，庄惟敏的建筑实践始终没有离开清华大学。谈及国内的建筑学和建筑教育，他认为建筑是“以工科为基础、以创造人居环境为目标的综合性学科”。针对现在国内美术学院的建筑教育和传统工科大学建筑教育的比较问题，庄惟敏认为“两者应该说是互补的，没有谁高谁低的问题”，“比如说清华这种比较传统的理工科大学背景下的建筑教育，它是实实在在地培养职业建筑师，理论研究深入以后成为建筑家、建筑大师。美院更尊重的是和它学科背景呼应的那种强调造型艺术和空间感的教学”。理工科大学和美术学院的建筑教育都是顺应社会发展需要和发展规律的，体现了建筑作为一门综合艺术的多元化发展方向。

奥运柔道跆拳道馆

“无为而治”的建筑策划

从在日本读书时开始，庄惟敏就将自己的研究兴趣定位在了建筑策划上。“这个策划相当于设计前期的一个研究工作，涉及很强的政策性研究层面，非常重要。”它解决的是有了项目以后如何盖房子的问题。一个建筑不仅要满足当时当地的需求，还要考虑长远的实际用途。

而谈及建筑思想，庄惟敏说自己讲求“无为而治”。所谓“无为而治”，他认为“老子说的无为实际上是更加有为，我对建筑的态度是并不苛求把自己特别有想法的设计强加在建筑或者业主身上”，“不妨用一种环境诱导的方式，用这样一种看似无为实则顺应自然的方式逐渐地与环境和自然协调起来”。

着眼未来的建筑策划和“无为而治”的建筑思想，在庄惟敏的建筑实践中是相辅相成合二为一的。“无为而治这个概念可能是在思想层面，建筑策划应该是一个具体操作层面。”例如在奥运会柔道跆拳道馆的投标中，庄惟敏和他的同事们先做了策划研究。考虑到这个项目是作为北京科技大学体育馆暨2008年北京奥运会柔道跆拳道比赛场馆来做，不仅要满足国际奥委会对比赛场地的建设要求，还要从北京科技大学的角度考虑场馆的可持续利用性及相关财政预算，因此，在实际建设中，除了满足奥运会单项联合会柔道跆拳道协会提供的设计大纲外，场馆的功能上又附加了一个游泳馆，比赛结束后把活动看台拆掉以后变成两个篮球馆，做了光导管采光天窗，采用太阳能照明，大大减少了场馆的能源消耗。又如国家美术馆的改建工程。国家美术馆在戴念慈大师的设计下，采用仿密檐式的莫高窟建筑外观，立面设计十分精巧，但在恒温、恒湿、照明、消防系统等功能方面尚不够完善。因此，如何在不破坏原有设计的基础上，进一步完善美术馆的功能，而且用建筑的语汇、现代的材料来表达它原有神韵，同时体现出一种新的精神，是非常困难的。2003年5月，国家美术馆的改造和装修工作完成，在各方面都达到了国内领先水平，这个项目也获得了2004年全国建筑工程（公共建筑）装饰奖和2005年教育部优秀工程勘察设计一等奖（公建类）。

庄惟敏认为“建筑策划是理性思维，是我们国家建设或者进一步创作的一种基本的思维方法，要学会逻辑地、科学合理地、一步步地进行”，“我们更应该多关注过程，切实研究这个过程中涉及的东西是否科学、全面。将过程把握住了则结论一定是好的，而不要太多地去关注结果”。

尽管作为建筑师的庄惟敏对于建筑过程的追求大于结果，但民众则更看重最终完成的建筑形式。在庄惟敏的建筑生涯中，国家大剧院的建设可以被看作是对建筑师的一次全方位考量。国家大剧院的设计和建设从建国初期提出设想到2007年基本建设完成，历时半个多世纪。从1984年开始跟随老师李道增先生参与项目建设，到世纪之交与法国设计师安德鲁合作，庄惟敏觉得这段设计经历对自己的建筑生涯有相当的影响，主要表现在三个层面——“第一是学以致用层面，将研究的剧场设计理论应用到了实际的剧场设计中去，用建筑语言加以表现”；“第二个层面实际上是一个团队的概念，因为剧场被誉为建筑里面的重工业，所以在这样一个巨大复杂的项目中，特别要求能在团队的整体运作下，在包括国内、国外众多单位的协作中选取一个承上启下的方案”；“第三个层面实际上是一个国际化的过程，除了后面的施工图我们没有画，和安德鲁的前期合作收益还是非常大的，这也为此后与国外事务所的合作打下了基础”。这座矗立于长安街上与天安门广场比邻的“鸟蛋”建筑，与西长安街众多古朴的中式建筑形成了强烈反差。面对民众由此产生的褒贬不一的评论与争议，庄惟敏表现出了相当开明的态度。他认为对国家大剧院的反思“已经超越了建筑的美与不美这样单纯的评论之上”，而是上升到了中国建筑与国际接轨的高度：“首先，政府愿意把这么重要的一个项目做国际化的投标，这就非常重要。在后来奥运会的所有项目里面确实也借鉴了这些经验，同时也提升了中国建筑水平，这个意义就很重大。第二个意义在于引起了我们的思考和讨论，这对于原来中国相对比较封闭的建筑市场无异于在平静的湖面上投入一块儿石头。对此我在和学生们的沟通、和老师们的交流过程中都能深刻体会到。另外，价值观与审美取向的多元化是不可避免也是不以我们的意志为转移的，在这个前提下采取什么样的应对措施才是我们要考虑的重点。”

奥运柔道跆拳道馆

在与中外建筑师的合作中，特别是在2008年北京奥运会场馆建设的竞标中，庄惟敏看到“从建筑创意上来讲，我们自主知识产权的创意上并不比国外差”，“水立方”和“鸟巢”的设计和建设都是在中国设计师的参与下完成的。但是在整体协作方面，由于国外的建筑机制是建筑师负责制，建筑师在作为一个创作的主体，或者说作为一个设计总包的协作能力方面，比中国设计师强。“所以我们在和国外的竞争中，第一要有整体把握力。其次应注意的是将建筑行业的一体化配套提上来，包括我们的法律制度的仲裁、供应商和材料商等整体的协调、施工中的工艺等等。当然这里面还有我们讲的政策、法律的规定，比如说我们的条例明确规定建筑师不允许指定产品，这在国外是比较难理解的，所以这些也都在调整。”总的来说，他觉得，我们和国外的差距越来越小了，现在中国建筑师在很多的国际竞赛中打败国外建筑师就是明证。

从贴切的建筑，到有责任的建筑媒体

从具象的建筑案例谈及抽象的建筑思想和建筑流派，庄惟敏说自己对流派并不敏感，他信奉“建筑实际上是一种复合体，它既是一种文化表达物，同时又是一种能够在社会上流通的商品，有它的使用价值”。他认为，“建筑一定要有其自己的产品属性，在这个前提下同时去表达一种文化内涵”。在他看来，对建筑这样的复杂体进行归类并不容易。作为建筑师，他的主张是做贴切的建筑。所谓“贴切”，“它讲的是适度，从建筑角度来讲尺度是否合适、建筑师的表达是否恰当、建筑语汇是否合理，这些满足了才叫贴切，相当于用文化或者哲学层面来表达这个意思”。

在追求贴切的过程中，最不可忽视的要素是大众和社会的需求。建筑实际上是代表大众和社会的，因此“建筑师是要兼顾多方面的，不仅站在业主一边，还有很重要的一点是要站在社会和老百姓一边”。建筑师不仅要主动了解社会和大众的需求，而且国家在建筑师的培养过程中也要注重职业道德教育，并提供制度和法律保证。在国外一个项目的开展有很严格的程序要履行，其中程序之一是要征得建造所在地的地方公众的认可，这一点在欧美、日本都是非常必要的，在我国则还欠缺些。对此，庄惟敏说，其实“民众参与”不止是一个口号。在现在的“建立绿色的、可持续发展的人居环境”的基本准则里，就包含着民众参与这一条，“只不过这在欧洲的历史更早一些”。

建筑的发展不仅需要建筑理论和实践的内部支撑，大众和社会需求的外部动力，还需要接受媒体的评论和监督。2004年，庄惟敏在《建筑创作》上发表文章《中国需要有使命感的建筑媒体》，对中国的建筑媒体提出希望。他认为：“建筑的发展跟评论、建筑理论是离不开的，而很重要的一点是我们现在的建筑评论包括媒体在内不是很客观。国外就有很多的独立撰稿人、独立的评论家。所以我就是希望中国能够真正产生这种独立的、不受自己的状况所制约的、不为环境所左右的评论。”

回观庄惟敏的建筑之路，也许他屡屡获奖的建筑作品是受到关注的，也许他开创的建筑策划研究是为中国建筑史所记载的，也许他无为而治的建筑思想是值得当今社会思考的，可庄惟敏却用“折中”二字来描述自己。其实，“折中”也是一种境界，无为而治的态度，意味着对旁枝末节的忽略，意味着一种坚实的、专注的行进方式。（小冬　李子涵／文）

清华科技园科技大厦

清华科技园科技大厦

奥运射击馆

中国设计必须妥善解决当下中国问题

北京大学景观设计学研究院教授　俞孔坚

1963年出生于浙江金华。1987年获北京林业大学园林系硕士学位，1995年获美国哈佛大学设计学博士学位。1997年回国创办北京大学景观设计学研究院，并在北京大学创办两个硕士学位点：景观设计学硕士点和风景园林专业硕士点。1998年创办北京土人景观与建筑规划设计研究院。

俞孔坚曾五度获得美国景观设计师协会荣誉设计和规划奖，两次获得国际青年建筑师优秀奖，并获中国第十届美术展金奖。代表作有西藏昌都中路步行街项目、秦皇岛汤河公园、黄岩永宁公园、中关村生命科学园规划、四川都江堰水文化广场、沈阳建筑大学稻田校园等。

从广东中山市岐江公园野草掩映下的废弃铁轨，到沈阳建筑大学校园里的稻田，到北京中关村生命科技园区让京郊随处可见的本土植物菖蒲作为景观主角，再到被誉为“找回了广场的人性与公民性”的四川都江堰水文化广场，以及纵贯南北、全长1700千米的大运河遗产廊道规划研究，北京大学景观设计学研究院院长俞孔坚及其主持的北京土人景观与建筑规划设计研究院，近10年来创作了一个个出色的景观规划设计项目。在这些项目的背后，是俞孔坚对中国城市发展规划和建筑设计的独到见识和对妥善处理土地与人性问题的深刻忧患。

中国的城市是为什么人建设的

当下中国的城市建设，其主体是谁，是为什么人建设的？这是一个方向性的根本问题。

1995年俞孔坚获得美国哈佛大学设计学博士学位后，出任美国SWA集团（SWA Group）景观规划与城市设计师、项目负责人。1996年应邀回国到清华大学和北京大学讲学期间，他从香港途经深圳到北京，所到之处整个城市都在大张旗鼓地进行建设。他没有为这种如火如荼的场面欢欣鼓舞，而是看到原来的河道被钢筋水泥环衬硬化，或者干脆废除填埋，道路两旁的树木因为马路拓宽而被连根拔起。

人类城市发展经历了四个阶段：为神灵建城，如中国的天坛、欧洲中世纪的神殿、南美洲的玛雅神庙，那是神统治人的年代；为君主建城，如巴黎是为路易十四建造的，北京故宫不是住老百姓的，欧洲文艺复兴后，君主取代了神灵，城市是为君主、为贵族建造的；为机器建城，如纽约、香港，道路是为了跑汽车，摩天大楼用于商贸，一切为了追求高效快速；为普通百姓建城，现在的西方发达社会已进入后工业化时代，城市建设是为了人类诗意地栖居。

俞孔坚在深深的忧虑中思考着，觉得当时国内的建筑和规划学还未培育出适应中国这个时代建设需要的人才，导致很多建设工程还未考虑人与自然相协调，未能让我们的河流完全保留在城市中，未能珍惜记载城市历史的林荫道。这种挥霍性的城市建筑模式和快速的发展速度造成日渐严重的自然灾害、环境污染、资源浪费。未来20年，中国13亿多人口中的65%将成为城市居民。在中国现有的大约660个城市中，已有三分之二的城市面临缺水的困境，城市及郊区的所有河流几乎都受到了污染，全国上下几乎每条大江大河都建起了水坝……

“我着急呀！我看到中国这个蓬勃的景象，心里不安，感觉到要赶紧回去。我在美国好像是浪费时间，因为与中国整个国土的变化来说，我在美国承担的任何项目都算是小了。”俞孔坚说，“景观设计学就是这样一个学科，它在这样一个最合适的时候来承担重建人类与土地和谐关系的重任。”责任感促使他放弃了在美国刚刚开始的中产阶层的个人生活道路，于1997年回到北京，在北京大学创建景观设计学研究院。不久，为了解决研究经费和人员工作问题，他又注册成立了北京土人

沈阳建筑大学稻田校园

景观与建筑规划设计研究院。

当下中国城市的建筑与景观设计的标准是什么

如果说当下中国的城市建设，不是为神灵的，不是为君主的，也不应该为机器的，那么，判断城市建筑设计的标准只能是以满足普通百姓的需要为准。

1997年俞孔坚创办北京土人景观与建筑规划设计研究院，开始注册就遇到观念的冲突。作为首批应邀入驻中关村留学人员创业园的规划设计机构，可以享受20平方米免费办公场所，但取名“土人”难以被接受。经过反复解释和争取，最后才获得通过。在俞孔坚的眼里，“土人”有两层意思：一是土地与人类，表达该机构的性质是规划设计土地与人的关系。二是以土人对洋人。中国的城市为什么一定要请洋人来设计？谁最懂得我们自己脚下的土地与身边的人民？为什么当时国内的建筑事务所都挂上一个洋人的名字？

俞孔坚的研究院最初从政府那里得到了合作项目。他应邀为市长班讲课，讲城市规划发展理念，讲城市应该如何建设，批判城市建设中的种种不妥当行为，慢慢打动了这些市长们。最早是当时的广东中山市市长，他需要的就是这样一个生态人文并重的城市。俞孔坚接到盛情邀请，承担整个城市开放空间的规划。中山市岐江公园项目，在旧厂址上建公园，保留野草掩映下的废弃铁轨，结果出乎意料地被叫好。沈阳建筑大学校园规划项目，在一片稻田里建学校，他没有简单地把稻田变成水泥地或观赏草坪，而是煞费苦心又别出心裁地在校园里保留稻田，春耕夏种，秋收冬藏。在北京中关村生命科技园区规划设计中，他拒绝了所谓引进外来名贵树种，而选择京郊大地随处可见的本地植物菖蒲作为景观主角。四川都江堰水文化广场，被誉为找到了中国广场的人性与公民性的典范……这样一个项目一个项目地做下来，口碑相传，“土人”便不断成长壮大起来。

现在的“土人”包括三大综合领域：景观设计、城市规划设计、建筑规划设计。其中的景观设计，包括土地和所有物体所构成的空间。三个领域对应三个学科，共同解决人类的居住环境问题，共同承担人与自然的和谐问题。俞孔坚觉得，现在的“土人”能够比较理想地实现他心目中的景观定义。

沈阳建筑大学稻田校园一景

与强调艺术美感的设计师不同，俞孔坚的设计理念带有更强烈的社会责任感，更关注普通民生。他认为强调艺术美感的规划设计无可厚非，但是要成为一个真正能够代表中国特色的设计师，必须敢于正视当下中国的问题，并能够妥善解决这些问题。环境、资源、能源紧张，城市缺水、缺绿、缺乏人文精神，是所有问题的核心。对此，俞孔坚提出，如果要做一个能够解决中国问题的设计师，必须要有对土地和人民的责任意识。

真，就是建立与土地真实的关系，建立起与当地的气候、资源、人文历史和地域特色的关系。中国传统园林真不真？不真。真实的牡丹花是能够结籽的。贵族园子里种的牡丹花被“园艺”了，被杂交了，徒有雍容华贵的容貌，没有自身繁殖的能力，它已经失去物种的真实性。中国园林里的石头真不真？石头也是假的，不是本地真实的石头，而是异域的“花石”。中国园林号称人与自然的和谐，实际上完全是士大夫想象出来的，它收珍猎奇，更像是个集锦园，所以它不真实。桃花源是真实的，即使陶渊明描写的是虚幻景象，里面也有人居住，有良田美池，有桑竹之属，但仿造桃花源的中国士大夫及皇家园林则是假的。

善是益生的，利民的。中国传统园林善不善呢？不善。农民种的地是善的，为什么？因为可以生产粮食，可以养牛羊，对众生有利益，这是善的。中国园林里种的桃树是不结果的，只开重瓣的桃花，饲养的金鱼是不能吃的，养鸳鸯、养孔雀都是观赏用的，它通过剥夺芸芸大众的劳动来满足少数人的享乐。宋徽宗派人从江南运石头，沿着大运河逢桥拆桥，遇到城门就把城门拆掉，这是作恶，而不是行善。

美是一种感觉，不同的人在不同的时代对同一事物都会有不同的感觉。对士大夫们来说，中国园林是很美，但是美的价值观因人而异。美是不可靠的，真和善却是可以衡量的，是客观的。

这样分析，俞孔坚发现中国园林只剩下一个带问号的美。所以，一个建筑也好，一个园林也好，一个城市也好，其规划设计建设的评价标准必须要用真善美同时衡量。如果只为了美观，而不考虑其真和善，则是值得质疑的。

俞孔坚把士大夫的造园比喻为“裹脚艺术”，它是帝王将相和士大夫阶层腐朽没落的产物。所以，他把自己的观点定位在延续“五四”白话文运动的基础上。他多次重申，我们要续唱“五四”白话文运动之歌，也就是把中国古代社会后期遗留的东西要重新梳理，大胆扬弃。

回国后的10年里，俞孔坚跑了上百座城市。看到本来美丽的山林，却被无知地“三通一平”了；本来非常动人的河流，却被残忍地裁弯取直，水泥灌底护衬，变成了人工河渠；好端端的良田，一夜之间就被大笔一挥地划为开发区，然后又被撂荒；在那些气派的广场和景观大道背后，仅仅几步之遥，就是臭气熏天、肮脏拥挤的街巷和垃圾场。曾经，美国也发生过大规模的“城市美化运动”——借着举办1893年“芝加哥世界博览会”的巨大城市形象冲击，呼吁城市的美化与形象改进。但这场好大喜功的“城市美化运动”，仅持续16年就被叫停，代之以经济、美学、健康的城市规划理念。

他认为，中国必须从修建那些造作的展示性景观以及巨大的纪念性广场和建筑的嗜好中走出来，发现、建立与土地有着真实联系的寻常景观，才是保护国家环境、遏制爆炸式发展的可持续发展道路。

沈阳建筑大学稻田校园广场俯瞰

城市建设要对得起脚下土地与头顶星辰

浙江金华，那是现代诗人艾青的故乡。俞孔坚从不隐讳自己出身农家，为家乡的诗人而骄傲，为诗人写下咏叹土地的诗篇魂牵梦绕：“为什么我眼中常含泪水，因为我对这片土地爱得深沉。”童年岁月里，在一个非常恶劣的社会环境下，身边没有可以信赖的人，他所能依赖和信任的只有土地，唯有土地是最真实可靠的。他放过羊，放过牛，种过地，到水田里摸鱼，捉泥鳅，土地没有任何虚假的成分，将一分收获赐予一分耕耘，厚德载物，孕育生机。他无限感念父母为他取名“坚”，土在脚下，为人做事应该脚踏实地。

1980年考入北京林业学院园林系后，5年里俞孔坚学习的是如何造园、铺路、修桥，因此打下了坚实的工程学、植物学等专业知识基础。硕士研究生期间，他对传统园林学产生怀疑，认为园林能解决的问题太窄了。传统园林是属于小农社会背景下的一门经验学科，更偏向于视觉审美。景观设计学则是在大工业背景下产生的一门现代科学，研究天地间的自然系统。于是，破墙而出，他跨进了城市规划和地理两个领域，尤其是自然地理、地貌学、地质学、生态学、植物地理学和人文地理学，将他带进一个全新的知识领域。1987年他在全国首届青年城市规划论文竞赛中获奖，更加激发了学术研究的热情和信心。

留校任教5年后，1992年俞孔坚来到美国，进入哈佛大学攻读博士学位。他进一步确认，西方知识谱系中的“景观设计”（Landscape Architecture），是对土地、对大自然的规划设计；当时中国国内的“风景园林”（Landscape Gardening），是用造花园的方法来规划风景区和绿地。中国的风景区大多是亭台楼阁点缀其中，就是延续了中国古典园林的造园方法，其价值取向还局限在观赏层面，其审美趣味还停留在古代贵族士大夫们的视野，它属于某个阶层某些人的审美观。景观设计要走向自然，走向生态，走向大众，走向日常生活，需要采用新的理论体系，找到属于自己的真实的服务对象。

沈阳建筑大学稻田校园局部

1995 年，俞孔坚以哈佛大学设计学博士身份加盟美国 SWA 集团，从事景观规划与城市设计工作。当时亚洲金融风暴还没有发生，他直接担纲负责的工程项目大多数在亚洲。在随后的两年时间，他学到了如何运作大项目，如何经营管理设计公司。其中，他主持设计雅加达郊外的一座小城，感受最深的是在城市快速增长过程中，景观设计如何满足大多数人的需要，景观设计如何适应城市，把景观设计变成城市设计的概念，以及怎样梳理水系，梳理绿地系统，解决建立绿色城市的问题，实现人与自然和谐关系。所有这些，为他回到国内从事教学和规划设计工作，打下了坚实的思想理论根基，积累了相当丰富的实际操作经验。

俞孔坚坦诚地说："受我尊重的人都是有责任感的，都不是陶醉在个人情感里面。你必须认识到，你是中国这么多人口中少数能够接受这么多年的教育，获得这么高的学术造诣。如果连你也陶醉在小小的空间里，那么中国谁去弄？"他认为中国设计必须正视当下中国城市建设、社会发展所带来的严峻问题，先要认真地学习国外的设计理念和设计方法，革新价值观念，融汇中西古今，回到土地中寻找真实的存在，让河流在城市中复活，让城市景观设计满足大多数普通人的生活需要。（朱鸿召　许晓东／文）

岐江公园

岐江公园一角

岐江公园旧铁路

岐江公园

2010 年上海世博会园区浦东中心绿地规划与设计（效果图）

2010 年上海世博会园区浦东中心绿地规划与设计（效果图）

做一些真正的“东方建筑”示范

中国美术学院建筑艺术学院院长　王澍

1963年生于新疆乌鲁木齐。1985年毕业于南京工学院（今东南大学）建筑学专业，1988年获南京工学院建筑研究所硕士，2000年获上海同济大学建筑城规学院建筑学博士。杭州中国美术学院教授、中国美术学院建筑艺术学院院长、中国美术学院建筑营造研究中心主任。

王澍的代表作有陈默工作室、苏州大学文正学院图书馆、垂直院宅（钱江时代）、中国美术学院象山校区、宁波当代美术馆等。曾参加多项国内外展览活动，如德国柏林依德斯美术馆“土木——中国新建筑展”、中国美术馆“梁思成建筑艺术双年展”、第二十二届世界建协大会中国建筑展、意大利帕尔玛国际建筑节中国新建筑展等。

王澍，这个自命为“17世纪文人”的今日江南才俊，其实是一个来自西北的硬汉——颇感自豪的小时候干活的经历，学生时代的“三无理论”，“文人”身份的提出背景，自我建筑语言的建立和转译，由隐士重新入世的角色转换，自认为走得比较稳健的从建筑艺术专业到建筑艺术学院的美院办建筑教育的路径，志在培养“哲匠”的教育理想，独立于“主流”之外的“业余建筑”立场……王澍不太关注别人对他作品的评价，他认为，关于中国传统向现代转换这个老生常谈的问题就像一只叫了一百年都没有下过蛋的鸡。一定要把东西做出来，大家看得到，这时候工作才能真正朝前推进。“我觉得我能够做的就是一些真正的示范。”

“我从小就特别羡慕干活的人”

王澍的建筑理念和建筑实践中，时常体现出古代建筑工匠的劳动色彩和传统智慧，这和他自幼的成长经历以及多年来形成的读书喜好有关。他说：“我从小就特别羡慕干活的人。”王澍1963年出生于新疆，外公是一个很优秀的木匠，亲手为王澍做了不少玩具。而父亲，则被他称为“家中的革新能手”，家里所有的家具都是按当时的风气由父亲自己做的，甚至包括各种各样的小饰品，为此他特别崇拜自己的父亲。在祖辈和父辈的影响下，王澍自己也从小干活，并且对自己干活的经历很骄傲。他从小学一年级开始帮家里挑水，一直挑到有自来水。关于这段经历，他认为“这对我是特别大的收获”。

自20世纪80年代开始，王澍在南京工学院建筑系和东南大学建筑研究所开始了建筑专业的学习和训练。在学校读书的时候，王澍是观念反叛、但却是手上功夫极好的学生，甚至有的老师看他的方案，刚开始时会说，你敢这样做下去就是0分，但他最后能把一个0分的作业以极高的标准做完，老师不得以给他一个全年级最高的分数。1997年，东南大学90周年校庆的时候，学院做历史回顾介绍的第一张图片就是王澍当年的作业，尽管那份留校作业只剩下了一张轴侧图纸。其余的图纸，因为他图画得特别好，都被学生偷掉了。在东南大学，王澍深受中国近代造园理论研究的开拓者童寯老先生的影响，在建筑中追寻中国文化的情趣。童先生在一篇文章里说过这样一句话：“今天的工程师是没有能力胜任像造园这样的任务的，因为你没有情趣。情趣要比你掌握很多的工程技术重要得多。”

东南大学建筑系毕业以后，王澍在众多城市中选择了杭州，在浙江美术学院任教。刚到杭州的时候，由于编制紧张，王澍并没有正式当老师，加上学校需要多方筹集办学经费，王澍参与到了当时如火如荼的创收行列中去，主要是做装修。他利用做装修的机会做设计，接下来参与施工管理，最后演变到小型工程的总承包。从设计到施工，成天泡在施工工地上，他会注重每一个细节，从钉子怎么敲进去，到不同的材料怎么搭接，以至整个施工过程的管理，这段经历让王澍有特别大的收获。他说，自己并没有受过正规的施工图训练，但现在，他做的施工图能让工人一看就明白，这些都是根据在工地上的经验改进而来的。

早在东南大学学建筑的时候，王澍就已经开始对简单地模仿西方的建筑学教育方式产生了质疑。从1988年到1995年的七年时间里，他除了看一些中国的建筑书外，也时常游山玩水，在这个过程中，王澍发觉“以前学了太多东西了，尤其是做建筑，基本上是西方教育对基本观念的塑造”，“要真正了解中国自己的东西，我恐怕要把以前学的东西基本上忘记掉”。同时，他也意识到“建筑师是一个非常社会性的职业，如果你要成为建筑师的话，你必须要进入体制中”。因此，1995年王澍到同济大学攻读博士学位。读博期间，有人说王澍的论文看不懂，他轻描淡写地说：“真正的道理，永远都属于少数人的，真正明白道理的人不会太多，一定是这样的。大家都看得懂，就等于我没说什么，就说明我写的是大家都已经知道的东西。”

2000年博士毕业之后，王澍回到中国美术学院，参与美术学院建筑系的筹办。2001年中国美术学院创办了建筑艺术专业，2003年有了建筑艺术系，2007年成立建筑艺术学院。这个过程，王澍和他的同事们自认为走得还算比较稳健。

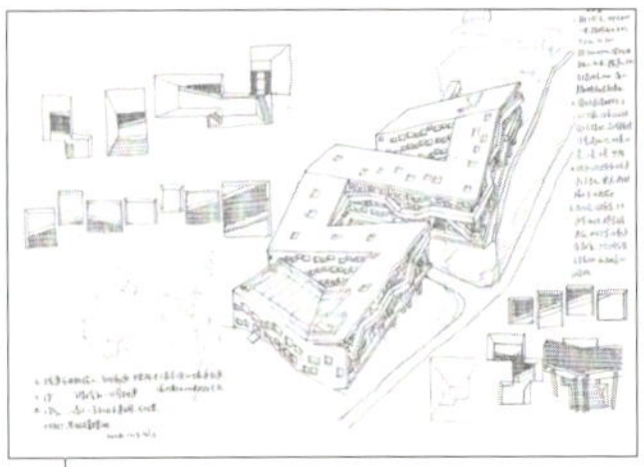

中国美术学院象山校区二期草图设计

钱江时代草图设计

苏州大学文正学院

苏州大学文正学院

文人建筑师的“业余”建筑观

外界对王澍的描述中总少不了“17世纪的文人”这几个字眼，王澍也自认为是文人。他说：“我一直认为自己是个文人，一直是这样，就没有改过。”

文人，除了有立场、有思想外，与“情趣”也紧密相关。在这里，情趣不仅指气质，同时也是一种能力，一种参与现实、改变现实的能力，用真正很敏感的、能够观察到自然生活中情趣的能力去颠覆建筑学中所有那些振振有词的严肃理论。面对自古以来的中国文人的软弱性，王澍也不回避自己对现实的逃避，他经常说：“我有一个非常坚定的消极的立场，我对今天整个社会现状是持一种基本批判的态度，但是我不是一个所谓的革命者。”他主张“不再用简单的对立的态度来谈论问题，而是真正的在最基础的层面去建立一些东西”。因此，他十分推崇李渔，他并不认为这位具有超群艺术鉴赏力的先贤“逃避现实”，反而是“真正扎根在生活和现实中”。热衷于哲学的王澍认为：“人和人之间最根本的区别，不在于是否持有一个和别人不同的革命主张，可能还有些更基础的东西，在决定你是不是真的不一样。而这更基础的东西，就是我比较关注的问题。”

1986年，还在攻读硕士学位的王澍提出了中国“没有现代建筑理论，没有现代建筑师，也没有现代建筑”的“三无理论”。他理解的现代建筑，“一是有很强烈的观念性，它不再是简单的产品，它是以很强的批判性和观念性的姿态出现的，我称之为现代。第二个是它对应的和注重的是快速变化的社会现实，包括生产和建造技术的变化，并能够与其发生真实的关系。最后一个是它有很强的精神性”。而能够设计出如此建筑的建筑师，在当时的中国并不存在。20世纪90年代以后，国内建筑界的实践经验丰富起来，同时也出现了许多争议。但王澍觉得，更重要的是真正做出来一些好的建筑，因为关于中国建筑由传统向现代的转换尽管已是老生常谈，却像一只“叫了一百年都没有下过蛋的鸡”，所以，“一定要把东西做出来，大家看得到，这时候工作才能真正的朝前推进”。

建筑师对于社会的影响，也正是需要通过做出一些示范来将工作一步步向前推进。这样，即使将来人们可能会悲观地说“中国建筑的现代转型仍然没有大的进展”，但“大家回过头来看，仍然有另外一条道路是存在的”。

王澍将自己的工作室命名为“业余建筑”，希望保持一种边缘性，与“主流”之间保留一种距离。对所谓主流社会所做的建筑和城市研究的大方向，王澍是有疑问的。他认为讨论“业余建筑”，“实际上是在讨论专业建筑师该有的对社会的伦理、良心和责任，同时你要意识到你手上掌握的专业的设计权利的严肃性，你要对这种主流的专业制度保持独立性”。他眼中“一个好的建筑师需要披荆斩棘，能应对‘反对意见永远多于赞成意见’的局面，这需要有非常清楚的头脑、很强的信念才可能做到”。

文人王澍的建筑思想里面有一种中国古典哲人般的悲天悯人的情怀，他的理想里面包括重建整个社会价值观。尽管他基本上没看到这样的前景，但仍觉得在中国多样性的社会支撑下，我们有可能做一些不一样的事情，它从来就没有形成过真正的、从上到下贯彻始终的主流，这是这个社会的优点。

不关注评论，做“东方建筑”示范

王澍的建筑实践最早可以追溯到他本科三年级的一次作业。那是一个旅馆，以福建土楼为原型，但是是一个现代的建筑，而且把功能造型都处理得很妥帖。当时英国有一个建筑教育的老师看到这个作业，给出了这样的评价：“这是我在中国看到的第一个真正的后现代主义的作品。”但这个项目因种种原因而搁浅，并未付诸实践。

第一个建成的作品，是他读硕士时在南京设计的18层的三星级酒店，王澍负责了包括施工图在内的整个方案。那是一个典型的现代建筑，但是在其中，王澍试图加入一些对中国的、东方的建筑平面的讨论。王澍在入口区域做了一个非常小的入口，为城市留出公共空间。他还做了一个抽象的立柱、横梁、斜屋顶的组合，门口两个，背后一个，形成了一个进院的状态。后面还有一个高层的塔楼，被称之为塔院式，有点像中国以前的寺庙，这可以说是一个非常概念化的东方建筑的因素。

中国美术学院象山校区11号楼

从高空庭院看另一栋塔楼（钱江时代项目）

毕业十年，经历了一系列的思考与实践后，王澍建立起了自己的建筑语言。促成因素，竟是在为自家做装修时的顿悟。那段时间，他又恢复了在工地上与工人切磋、讨论的状态。在这之后，他很快就承担了苏州大学文正学院图书馆的项目。从住宅装修到一个大型公共建筑设计，王澍说，这是一个非常重要的转折，使他开始理解“见微知著”的道理。过去所读的书，如造园“小中见大”、“大中见小”等要义，在自己的实验中渐次实现。

在此之后，王澍所设计的建筑里面更多地流露出了对于中国古典记忆的追溯。对瓦的偏爱便是其中之一。中国美术学院象山新校区的建筑中就大量使用了瓦片。王澍认为瓦体现了一种生活的趣味，新校区中使用瓦除了文化趣味之外，还有特殊的原因——回收材料的循环建造。他特别主张节约，杜绝浪费。

当一部建筑作品完成时，王澍并不关注人们对它的评论。对于好和坏的定义，他延续精英知识分子的态度，时常引用这样一句话：“有人问孔夫子，什么是好，什么是不好？孔夫子的回答也就是，水平特别高的人说好就好，水平特别低的人说好就不好。”

我们的学生最后是要培养成哲匠

王澍说，自己在20世纪80到90年代，常有“归隐”之心，但在2000年博士毕业之后，他选择了一种更为入世的生活方式——参与创办中国美术学院的建筑艺术专业，并与学科一起成长壮大，将其建筑思想运用到教学实践中来，以期培养出更多的建筑人才。而今的王澍是中国美术学院建筑艺术学院院长，对于建筑艺术，他有着与自己建筑思想一脉相承的教学理念。

王澍所在的学院原来叫做建筑艺术系，其学科定位是“以研究实验建筑为其主攻方向的教学研究单位”。这种“实验”，被王澍理解为一个沟通传统与当下的桥梁。“我一直觉得像中国这种文化的中断，包括建筑传统的中断，包括我们一些很有意思的生活方式的中断，得从一些更基础的事情做起，才有可能恢复。”比如匠作的传统，假如学院里根本不教，它就无法恢复和延续。“我的定义就是说，老师和学生一起去做，一起追求的是连老师也没能够搞明白的事情，是一个一起探索和研究的状态，这才是实验的精神所在。”此外，对于“建筑艺术”中的“艺术”二字，王澍认为它“已经远不是以前的那种古典艺术了”，而是“当代”的。现在的建筑艺术学院，就是把正在发生的、正在进行时的一种艺术性的想问题做事情的方式，和对中国传统的关注，把这两件事合在一起。

从公路上看钱江时代

钱江时代局部

王澍所设想的理想教学模式中，学生在前两年里，基本上是像一个工艺学徒一样，学习包括木工、石砌、砖砌之类的技艺。工艺学习之后，基本上是一种真正的生活经验的培养，需要用很多不同的方式去培养。王澍还强调，学生应在讨论、辩论当中形成自己的思想。所有课程都是讨论式的，有的课程会讨论得很激烈，老师说话也是不留情面的。“学生需要经历这么一个过程。大学里应该教给学生他到社会上去以后不大可能做得到的事情。”

作为院长的王澍经常说：“好的建筑师基本就是一个哲学家。”建筑师要用哲学家的头脑去关注生活设计城市，同时也应具备人类学家的气质、文人的情怀和工匠的手艺。最理想的建筑师就是将这些看上去不可能的全部身份合在一起，因为建筑是一个高度融合的事情，把这些事情全部合在一块，那就会成为一个非常好的建筑师。简而言之，王澍的目标就是要把学生培养成一个“哲匠”——就是带有哲学气质的工匠：他既是工匠，又是一个哲学家。（阿岚　李子涵／文）

中国美术学院象山校区十四号楼内院

中国美术学院象山校区十六号楼内部

中国美术学院象山校区十五号楼入口

中国美术学院象山校区十七号楼

在全球秩序的建立中确立文化身份

西安建筑科技大学建筑学院院长　刘克成

1963年出生。1984年获得西安建筑科技大学建筑学学士学位，1990年获西安建筑科技大学城市规划与设计硕士学位。现为西安建筑科技大学建筑学院教授、院长，陕西省古迹遗址保护工程技术研究中心主任。

主要建筑设计作品有：三门峡虢国君王墓地博物馆、汉阳陵帝陵外藏坑遗址博物馆、秦始皇陵百戏俑遗址博物馆、唐西市遗址博物馆、剑南春古酒窖遗址博物馆、富平陶艺博物馆、贾平凹文学艺术馆等。目前主要从事文化遗产保护研究，负责唐大明宫国家遗址公园规划设计。

在全球化时代，人类环境建设面临两大主题：其一是建立全球秩序，其二是确定自我身份。前者主要集中在可持续发展研究；后者则侧重于文化遗产保护。刘克成认为，中国作为历史悠久的文明古国，以及世界城市化速度最快、规模最大的国家，文化遗产保护尤为重要。

秉持城市与建筑一体化，规划与设计一体化的研究方法，刘克成立足西安，开始了他的研究、设计及创作。西安历史文化的独特性，使他有机缘较早地明确了将地域建筑研究、文化遗产保护作为自己学术研究和实践的方向。从汉阳陵遗址公园规划及遗址博物馆设计开始，他先后主持完成了秦始皇陵、唐大明宫、唐西市、汉长城、西安碑林、厦门鼓浪屿、四川剑南春古酒窖、哈尔滨731遗址等一系列重要的文化遗产保护规划及博物馆设计项目，在西部建筑科技国家重点实验室中组建了陕西省古迹遗址保护工程技术研究中心，以及西安城市遗产保护研究中心，在大遗址保护、遗址博物馆设计领域走在全国前列。

确立“地域建筑”之学术方向

少年刘克成曾有一个梦想，要当一名数学家。“这也是受了徐迟的文章《哥德巴赫猜想》的一点影响。那时候，华罗庚、陈景润是中学生的偶像。”加上刘克成曾在很多数学竞赛中拿到第一名，老师也鼓励他去学数学。但最终刘克成被调剂到西安冶金建筑学院（西安建筑科技大学前身）。对建筑学、对西安一无所知的他，心里很不情愿。这时，他的大哥告诉他，这是个挺老的学校，建筑学也很有意思，能够把艺术与技术结合在一起。他认为刘克成学画已经多年，还是适合读建筑学的。

回忆起大学生活，刘克成说，自己直到将近大学二年级时，才真正喜爱并投入建筑学。未实现的数学梦让他耿耿于怀，一年级建筑系学生面对的制图、水墨渲染等课程又显得那么枯燥，让他提不起兴趣来。直到他自己设计了小茶室，他才一下子捕捉到了建筑学的快乐。

真正将刘克成引导到学术研究道路上的，是他的老师李觉教授。早年毕业于之江大学的李教授主要从事城市研究。“那时候，很少人能给学生讲解系统理论，而李觉教授就是其中的佼佼者。”刘克成清晰地记得，自己在上大四的时候，听李教授在课上一口气讲了4小时的“人、建筑与环境”理论。“这在今天不算什么，但在当年就算是最新的理论了，非常吸引人。”于是，毕业以后，刘克成追随老师先后参与了华山总体规划等一系列规划设计项目，并在老师手把手的教导下，走上教学岗位。后来，还义无反顾地去考了他的研究生。李教授鼓励刘克成“规划、设计两不误”。因此，在追随老师从事城市规划的同时，刘克成一直也没停止做建筑设计。那时候建筑市场还没有开放，没有很多实际建筑可做，但是有各种国内外竞赛。他与一个高两级的师兄李京生（现为同济大学教授）合作了8年，参加了很多建筑设计竞赛，变成了获奖专业户。

研究生毕业之后，刘克成在建筑研究与创作的道路上，也一度遭遇迷茫。自己的基点在哪里?这时候，“张锦秋院士和韩骥先生以自己的创作道路以及成就为我做了很好的示范”。他开始意识到，个人的建筑道路，应该依托于所在的地域文化。找到了方向后，1993年，刘克成在老师李觉的支持下，成立了“西安城市与建筑研究所”，明确了三个基本点：

其一，坚持城市与建筑一体化的研究方法；

其二，坚持规划与设计一体化的工作方法；

其三，坚持以西安为研究中心。

这样的判断，是基于对我国建筑设计、城市规划的现状与趋势，立足所在城市而产生的。“在当时形势下，单纯去做建筑设计，有点像在抹布上绣花，你绣得再漂亮，结果也不好。”单纯做城市规划，又容易跌入“图上画画，墙上挂挂”的务虚境地，城市规划实现的周期太长，规划师经常连证明自己规划正确与否的机会都没有。

之所以坚持以西安为中心，是因为刘克成认为学术研究需要一个稳定的学术对象。“她应当像你的妻子，早晚看得见、摸得着。当你对研究对象的了解胜于其他人的时候，你才能对她有发言权。”在刘克成看来，每个城市都有自己的天时地利，比如上海就有“天气”，在上海能够感受到时代最前沿的东西。西安则是个有“地气”的城市，能够让人感受到民族文化深厚的内容。经常在不同城市和国家走动，通天地之气，有助于拓展和把握自己的建筑创作方向。但根据地是西安，去其他地方主要是“看天气”、“照镜子”。

文化遗产保护是身份认同的一个基点

一个偶然的机会将刘克成带入了文化遗产保护的领域中。他在这个领域的起点，在于20世纪90年代各界共同关心、亟待解决的“大遗址”问题。所谓大遗址，是指那些尺度大、规模大的文物，比如大城址、大陵墓，大宫殿。这些文物暴露在自然环境下和社会环境下，保护工作不同于一般文物。过去，由于中国经济活力比较低，城市化进程比较慢，大遗址大多处在城市郊区或农村地区。很长的一个时期它们就静悄悄地待在那里。到了20世纪90年代中期，随着城市化的进展，许多原来在郊区的大遗址已经被开发区所包围和占领，变成开发用地的一部分。另外，比较严重的是，盗掘文物变得很猖狂，这在当时的陕西，乃至全国都是大问题。

汉阳陵帝陵外藏坑保护展示厅入口

为了讨论“大遗址”的保护问题，国家文物局1995年在西安召开全国性的文物工作会议。由于陕西拥有全国最为集中的大遗址，此次西安会议就成为一次现场会。为此，陕西省文物局邀请陕西的大专院校、相关的科研设计机构，每个单位负责一个或几个大遗址，进行方案设计，提出大遗址的保护方法。刘克成负责的是汉阳陵。在形成思路的过程中，他的城市规划学的背景起到了重要的作用。“当时做大遗址保护的有考古学、历史学、建筑史等多方面专家，好像只有我一个有规划学背景。”出于规划学者的本能，他从城市整体以及汉阳陵保护所涉及的各个方面，进行了一番较系统的研究，最后提出建立一个遗址公园的设想，试图将旅游和文物保护、文化记忆的传达结合起来。在当时，这样综合性的思路显得非常新颖，在工作会议和全国文物系统都引起了关注。但由于当时的经济状况，以及文物系统的状况，没有人认为可以实施。

这件事情在 1997 年发生了变化。当时，陕西省提出“以文物旅游为桥梁为纽带，发展经济”的总思路，成立了一个文物旅游公司，到处寻找发展项目。这个规划被人发现，开始启动，陕西省政府下拨 1. 3 亿元，在汉阳陵附近买了 200 公顷地，进行遗址公园建设。2001 年，这个项目进行国际竞赛投标，刘克成和他的同事中标。整个项目从 1997 年启动，到 2005 年正式开馆，前后 8 年，刘克成一直在做汉阳陵遗址公园规划以及遗址博物馆设计，越做越有兴趣，渐入佳境，以后又陆续完成了秦始皇陵、西安碑林、西安半坡、唐大明宫、唐西市、汉长安城等一系列项目。2005 年，他还主持完成了西安历史文化名城保护总体规划。

汉阳陵帝陵外藏坑保护展示厅门厅引道

汉阳陵帝陵外藏坑保护展示厅遗址参观廊

“汉阳陵”项目之后，文化遗产保护就成为刘克成主要的工作领域。回忆这段经历，刘克成认为它意义重大。“汉阳陵项目是一个重要机缘，就像国家文物局文化遗产研究院前院长张廷浩先生（当时是陕西文物局局长）所说的那样：汉阳陵保护汇集了国内相关领域的最高智慧，全国考古学、历史学、保护学和建筑学等各个领域最优秀的专家都不同程度地参与进来了，汉阳陵不仅改变了我们国家对遗址公园、遗址保护、遗址博物馆的概念，也改变了从专家到领导各个方面对遗址的认识。”与国内相关领域最优秀的专家一起研究问题，让刘克成对文化遗产保护领域的认识迅速提升，在多达 50 余次的会议讨论过程中，他渐渐走到了学科前沿。

尤其是当刘克成阅读了更多相关书籍并出国参观、访问后，他进一步坚定了投身于文化遗产保护的信心与决心。在罗马，他曾听一名中国人对一名罗马市民说，“罗马街道那么窄，灯很暗，你们怎么不把灯弄亮点？”而这位罗马人回答道：“哦，是吗？罗马的文明光辉还需要电灯泡照亮吗？”刘克成认为，像西安这样的历史文化名城，在城市建设的过程中也需要这样的精神。

在刘克成看来，全球化时代里，最重要的有两件事——一是全球秩序的建立，二是全球身份的确认。今天，关于全球环境秩序，国际的最高纲领是“可持续发展”。在这个方面，国家所扮演的角色取决于其经济地位，往往经济越发达，越能主导全球秩序。而全球身份的确认，对每个国家和民族来说都具有重大的意义，缺失身份与自我的国家和人民，成就感和进步感也就无从谈起。文化遗产作为民族整体记忆和进步的坐标，作为全球化时代各个国家和城市的面孔，与身份的确认密切相关。它帮助人们回答“你是谁”以及“你从哪里来”等问题，帮助形成民族认同，巩固社会凝聚力。近年来，我国政府与有关部门越来越重视“软实力”的培养。文化遗产保护是增强国家“软实力”，提高文化竞争力的重要方面。

普及正确的文化遗产观念，让城市的历史与现实并存

尽管国家对文化遗产保护的力度不断增强，在这个领域内也不断取得突破，但与欧洲文化遗产保护的先进国家相比较，如何普及正确的文化遗产保护观念，还任重而道远。

对于文化遗产的辨析、选择、继承和保护，刘克成持有自己的观点：“以如何看待历史来说，我们习惯于对历史进行选择，判断好的历史与不好的历史，然后进行‘去粗取精’。”这曾为学界和大众普遍接受的逻辑与方式，往往也容易将人们引入误区——“由于认识的局限性，我们对历史的理解总是片面的。什么是‘粗’，什么是‘精’，不同时代有不同的认识。历史事实证明，由于认识上的错误，我们经常去‘精’留‘伪’。这样的错误对文化遗产所造成的损害，比自然造成的损害还要大得多。”刘克成认为，只有自信的民族和自信的城市，才可以正视自己所有的历史，更好地走向未来。但要普及这样的观点，还需要时间。

在自己担纲的项目里，刘克成也探索着以一种更为广大的文化遗产观念，来对待保护与开发

的对象。他反对仅仅记录城市历史上光辉的一面，而是倾向于认为，城市在每一个历史阶段留下的痕迹，都有与今时今日共存的价值。在他所负责的唐大明宫国家遗址公园项目中，他就曾提出，除了帝王将相的历史遗迹，是否可以保存一部分自20世纪30年代遗留至今的棚户区？20世纪30年代，由于花园口决堤，河南难民顺着陇海铁路逃难到西安，在大明宫遗址安营扎寨。“这片1000多年前世界最华丽的宫殿，如今是城市里最破旧的居住区。”刘克成说，如果使两种遗产并置存在，可以更加彰显遗产的价值，体现历史沧桑巨变的魅力，凸显大明宫国家遗址公园的先进性和示范性。

多年来在西安的耕耘，也为刘克成提供了一个以文化古城西安为基点，思考我国文化遗产保存与当下文化建设的绝佳平台。对于这座历经沧桑，见证辉煌的古都，刘克成充满了感情。他呼吁，人们应该更多地讨论西安文化遗产保护对全国经济发展的贡献，因为如果离开西安文化遗产，中国历史将失去最精彩的篇章，中国的全球化角色也将变得含糊不清。作为世界历史文化名城、中国古都和丝绸之路的起点，西安的文化遗产不仅属于西安，也属于中国，属于世界。因此，国家以及其他城市，应当对西安文化遗产保护有所作为，有所贡献。而西安对全国最重要的贡献，正是文化遗产的大力保护。

说到西安当下的城市建设，如何与它作为古都的文化身份相呼应、相和谐，刘克成认为，张锦秋院士已然用自己的创作，做出了精彩的回答。张院士的作品与周秦汉唐等历史建筑一道，已经成为西安城市遗产的一部分。她所创立的“新唐风”建筑，满足了大众对西安盛唐气象的向往。在学习和继承张锦秋院士研究方法的基础上，刘克成在自己的工作中，一方面注重从深层结构解读西安城市历史空间结构，寻求从城市总体格局、空间秩序、建筑形态等多方面延续历史的方法与途径；另一方面，则积极地从遗产保护角度出发，研究新建筑与城市不同历史时期遗产并置共生的可能性。“在历史的空间行走，探索与历史对话的方式，建立起建筑与建筑、建筑师与建筑师良好的代际关系”，这，就是他所持的地域建筑学的立场与态度。他更认为，今天在探索新地域建筑时，需要建筑师永不休止地努力，因为每代人，都应该对地域建筑、地域文化作出自己的贡献，贡献出多样化的风格与形态，贡献出对城市建设的“无穷解”。（小冬　赵夏榕／文）

富平陶艺博物馆主馆模型
富平陶艺博物馆主馆内景
富平陶艺博物馆主馆内景

河南三门峡虢国君王墓地博物馆

四川剑南春古酒窖遗址博物馆

让作品先发言

南京大学建筑规划设计研究院院长　张雷

1964年2月生于江苏，东南大学建筑系硕士毕业，瑞士苏黎世高等工业大学建筑系研究生毕业。现为南京大学建筑学院副院长、教授，南京大学建筑规划设计研究院院长，国家一级注册建筑师。

张雷建筑工作室入选美国《建筑实录》评选的2008年全球十家设计先锋（DesignVanguard2008）事务所（建筑师），作品“混凝土缝之宅”获2008年英国《建筑评论》ar+d国际青年建筑师最高奖荣誉提名。近几年他应邀参加了柏林Aedes画廊“土木”中国新建筑展、法国蓬皮杜艺术中心“中国当代艺术展”、荷兰建筑协会“中国当代建筑展”等国际性建筑展览。

在中国建筑界，张雷的话语曾经是鲜活的：中国现在还不是谈论真正高水准的建筑的时候，把房子建得没有很多的漏洞，就已经很满意了；中国在我这一辈子还不可能出建筑大师；中国的当代建筑，以前人家是根本不看你，因为不上路，但现在国外的同行会有探讨的兴趣了；基本建筑是对建筑本质的回归，一种理性和简约的回归……他说：“我觉得对建筑应该要轻松一点，不一定要这么沉重。在这个高速度的建筑时代，我的思路是把问题简单化，用最简单的方式来应对最复杂的东西，因为我觉得没有时间把问题搞得很复杂。在中国要工作好，必须要有这样的策略。”

但是现在，“我做的越多，想说的就越少”，他自认为这是一个建筑师成熟的表现。他坚持着“建筑人本精神”，却对于观点的提出更为小心。踏实做出“雅俗共赏”的作品更实际，更有意义——事实胜于雄辩，还是让作品先说话吧！

社会环境决定建筑的完成度

和众多同辈设计师一样，张雷也有着海外学习的背景。当年在东南大学毕业后，得到公派出国交流学习的机会。“当代有很多好的建筑都在国外，所以有机会实地去感受一下，对我来说无疑是很好的机会。”这段学习机会纯属偶然，张雷本身并没有将出国留学作为自己人生规划的一部分。

这个“偶然”，同样也影响到了张雷今后的设计理念。在瑞士苏黎世高等工业大学建筑系学习时，张雷的导师教的是基础设计——“这是非常重要的一个部分，严格的现代建筑的训练，让我受益匪浅。”现在建筑体系可以说是西方建立起来的，经过一段在瑞士的学习经历，张雷现代建筑的空间语言运用基础更为扎实。

“瑞士是一个单位面积上好建筑最多的国家。”张雷对瑞士建筑的整体水准印象深刻，评价很高。在那里不能说是建筑形态特别出众，实地的观察也显然不如图片上经过巧妙拍摄的图片精美。但，张雷发现这里建筑的完成度和对于技术的追求非常高。真正体现出“建筑师是一个综合性的工作”。瑞士的建筑设计理念和其经济发展有着必然联系，它们的设计更为注重建造文化。

相较之下，中国建筑中显露出来的缺陷非常明显。设计师的设计思路和设计理念往往会在实际施工建设过程中被歪曲甚至剔除。自己的设计被曲解，是每一个设计师最不愿看到的。面对这样的无奈，张雷显示出最大程度的适应，他曾表示过：“在中国现在还不是谈论真正高水准建筑的时候，把房子建得没有很多的漏洞，就已经很满意了。”比如之前在南京高新技术开发区的一个项目，虽然建成后，其中还有诸如景观施工粗糙等问题，但是张雷倒是乐观，带有一丝冷幽默的味道：“这算是个毛病较少的建筑，我已经可以承认说这是我的作品了。”

模仿是对自身文化缺乏自信

中国现在的建筑强烈地受到了西方的影响已经成为不争的事实。一份材料中谈到20世纪30年代，很多中国建筑师都有不同的学术背景，有从英国回来的，有从德国回来的。当时欧洲已经有现代建筑的教育了，遗憾的是未能在中国流行起来，“如果这一派发展起来，今天中国的状况也许就不是这样了。”说到这里，张雷流露出一丝的遗憾。不过历史已经不容假设。虽然张雷个人倾向于欧洲的建筑文化，但在中国，美国文化的思想显然更容易被接受。快速的、消费的、实用的文化模式，快速建造起来的标志性“建筑”能够被及时醒目的关注到，一切以经济发展作为首要目的。欧洲则更多地投注于传统维护，美国的文化与之相比，没有深厚的历史，因此也不可能在自己的建筑思想中容纳沉积历史文化感。

“中国不能学美国，中国是一个有文化的地方！”张雷觉得经济落后会让一个国家的人民对自己的文化产生怀疑，建筑上的模仿是对自己文化缺乏自信的表现，“如今中国必须把文化不自信的地方重拾起来。”

不过，张雷也不赞同刻意追求所谓“中国特色”的建筑：“首先要造出好房子，然后再去想是不是有中国特点的好房子。”谈到自己现在设计的建筑，张雷表现出格外的谦虚，一再表示等达到一定的深度，才有资格去考虑文化的问题。

实际工作中，张雷也有和许多国外的设计机构合作。必须要承认，合作的过程中暴露出许多看问题方式的差别、技术手段上的差距。不过张雷非常自信的一点：“现在中国建筑的问题，原因不是设计师本身的创造力和想象力，而是有许多陈旧规范的限制，整个系统对这些限制难以支持。”很多外国设计师在中国的设计也并不符合中国实际情况，不过这些海外的合作带来的优势不容忽视，它为中国设计师带来更多机遇，帮助中国设计师突破很多桎梏，挑战更多极限。

国家遗传工程小鼠资源库

对美好生活的感受是相通的

每一个设计师都有自己心目中好的建筑的标准。虽然这个标准有时候抽象到难以言传，无法总结，但是却一定萦绕在心间。

张雷一直强调：“建筑师设计的不是一个房子，而是未来的生活方式。”如今全球趋同，中西方的生活方式相似之后，人们对于空间的安排也会相似，对于美好生活的感觉大同小异。张雷不希望自己的设计被框定为某一种风格之后，在限制中创作。他想的更多的是，建筑是人用的，建筑是一种生活，必须和时代的使用者之间发生确切的关系。因此不同类型的房子设计给不同的人用，为他们所接受。这比抽象的谈风格更有意义。正如现在人的生活交往，以及家族模式都发生了巨变，再去设计苏州园林就失去了古代具有那种巨大意义。

在设计中，张雷提到了“尺度”这个概念。他认为现在很多建筑一味地强调形式，规模上的超常规，是失去了人的尺度的建设。毕竟建筑是和人发生关系，是人在使用，在其中生活，因此这个尺度必须要把握好。比如这一次张雷在南京大学做的新设计，虽然是比较现代的建筑，但是还是希望给人一个非常宜人的环境。“风格不能代替格调。”这是他一直强调的。一个优秀的建筑师可以有自己的风格，但是他的作品一定是能够放在不同境遇、不同国家、不同文化中都达到认同。这种认同的一个重要前提，就是让使用者舒适。

他对“基本建筑”有这样的概括：“房屋的建造应使用适当的材料和合理的构造。房屋的建造应与其所处的环境相和谐。”这象征了一种建筑本质的回归：空间、建造、环境成为核心问题。“基本建筑体现的是诚实、合理、人性的建造过程，它不需要回答建筑到底是什么，也不暗示任何风格。”这是否构成张雷的“理论”？张雷回避了理论这样宏大的提法，而用了“态度”这样更为轻的词汇，并且加上了新的注解——“用平实的态度面对复杂的问题，用普通的材料和技术实现比较有创意的作品——这些对我来说更加有挑战性。”比如说，他在南京大学图书馆与校史展览馆（古典建筑）之间设计的防火墙和通廊，在防火墙使用了模板混凝土。这种普通的材料，一方面保证了图书馆的通风，同时也使得新旧建筑之间彼此谐和。

“基本建筑”这一提法是2005年张雷对于自己的想法和观念的归纳。他说现在的自己已经有了很多改变，也许等到新一批建筑设计出来之后再沉寂下来，慢慢将这一阶段的思想和理念做个总结。

回到建筑本身

昔日，齐欣对张雷设计的评价是：“让建筑师一看就喜欢，让业外人士一看就头疼。”不过这一切都已慢慢改变，张雷现在的目标是“让专业人士，使用者都觉得很好”。这种改变在张雷看来是必然，且必须的。尤其是近年来，他在多种建筑类型上，对于设计、工程、意蕴等方面的结合越发娴熟流畅，小型的私人住宅“砖屋”、“混凝土缝之宅”，纪念性建筑“新四军江南指挥部展览馆”，改造项目“南画廊”，均给人留下深刻的印象：

杭州玉鸟流苏模型

杭州玉鸟流苏（效果图）

2007年，张雷为两位诗人在南京高淳设计的一处私人住宅建成。设计延续了他惯用的“院落”主题。在他看来，一个大小适宜的“院落”是中国住宅特征的显现，也是诗人情怀的一部分。“院落”体现在总平面和内部空间上，采用了正方形总平面的内向围合形式；基地的开阔使得建筑的功能布置比较自由——直角空间、线形序列。大量且连续的交流、交通、休闲、展示空间成为了建筑内部循环的主体成分。这也是简陋的技术条件下所做的选择——既然无法在结构上动脑筋，那么就尽量增加非功能性空间的层次，增加视线贯穿和交换的密度。换句话说，创造尽可能多的感官兴奋区域。

张雷用砖表皮将建筑严实的包裹起来，每一个墙面都是空洞，砍半砖和凸半砖中二三种砌法的混合。三种密度的砖肌理和无规律的窗洞一起进行着蒙德里安式的几何划分，在背湖一面砖墙生硬冰冷的隔绝了陌生的窥视，保护住个人生活的秘密；而在朝湖一面，它和反复出现的大面积窗洞，一起组合了户内外高频率视线互换的生动元素。

值得一提的是，这样的住宅品质是以一个低廉的价格来实现的。住宅的主人并无庞大的财力，房子的前身，则是一个废弃的粮库。张雷使用了邻近砖窑生产并且当地一直沿用的红砖作为主要建筑材料，请当地有经验的农民施工队施工，因此只用800元每平方米的低价就完成了全部室外和室内工程。在张雷工作室对这一作品的介绍中，他们说：“诗人住宅与其说是建筑师的作品，不如说实现了如诗人叶辉们那样的中国普通老百姓对于未来生活的憧憬与梦想。”

在江苏溧阳，张雷设计了新四军江南指挥部展览馆。展览馆是为纪念新四军上世纪30-40年代在这一带与日军激战的历史。他将字母作为设计的前提条件，并对院落空间继续进行思考、研究与应用。“字母和院落都是建筑的原子，是无法深入分解的基础物质，代表着某种开端。从完成结果来看，院落空间发挥了充分的效用：内向空洞增加了展览空间的层次，同时也微妙的改变了几何体建筑连贯的硬性轮廓。字母虽然没有成为建筑的唯一原型，但是它和两个靠前的院落之间的结合相当巧妙。”设计者如是说。

“在展览馆中，我们看到了符号活动和建筑内容的连接、破碎的现代主义和中国当下现实的连接。更重要的是，我们还看到了，拥有绝对价值、纯粹内涵、一维方向的独立革命史开始逐渐走向更为广阔的人类史。对自我历史的回溯，已经不再象很多老式的纪念馆建筑的仅是关于原始创伤的纪念，关于现实秩序的巩固。它现在肩负起新的责任：参与进人类的普遍的整体循环之中。”

在交出多项出色的单体建筑作品外，张雷也涉足规划项目。他所在的南京大学建筑规划设计研究院通过竞争，拿下了南京大学仙林新校区的规划。这样大型的项目对他来说，是一个挑战。他认为，改革开放以来国内先后建设了200多个大学新校区，现在看来，成功的并不多。在方案中，张雷将“学生”放在了中心位置，学生宿舍被安排在校园的中心部位，这样他们无论要到学校的哪个地方，都至少省了一半路。而南京大学的校训“诚朴雄伟”，也被应用到方案中，比如在一期工程中，学校的基础实验楼就强调了一种秩序感，建筑外观呈深灰色，这也与老校区的色调形成某种延续性。

建邺体育大厦

如今，张雷将大部分时间用在实践上，随着做的建筑越来越多，他发现自己要讲的越来越少：真正想要说的已融入设计之中。虽然建筑师始终是一个烦累的工作，但张雷自言从内心中觉得有种对于建筑设计的热爱——出于这种特别热爱，才会觉得乐在其中。“对建筑充满热情的去做。如果没有热情的话，我就停止。”对于他来说，现在最重要的是——多做少说，用作品说话！

（阿布 / 文）

建邺体育大厦

芊岱国际大厦外观

芊岱国际大厦售楼处

带着责任，孜孜不辍于建筑设计

北京建筑设计研究院总建筑师　胡越

1964年1月出生，江苏宜兴人。1986年毕业于北京建筑工程学院。现任北京市建筑设计研究院总建筑师，胡越工作室主任、总建筑师，教授级高级建筑师。2003年被评为北京市有突出贡献的科学技术管理专家，享受国务院特殊津贴。2005年入选“新世纪百千万人才工程”北京市级人才，2006年被评为“全国工程勘察设计大师”。

作为主持人和方案设计人，胡越先后主持设计了北京国际金融大厦、望京36号地综合楼、秦皇岛体育馆、望京36号地高层住宅、望京科技园二期、五棵松体育馆等工程。

胡越热爱自己所从事的建筑设计工作。他认为建筑存在于一个比较长的时间段内，包含了当时社会的政治、经济、文化的各个方面，与社会和人的关系最为密切。从1996年主持设计第一个大项目到之后不断地创作出好作品，胡越一直在实践中探索着自己的建筑之路，对建筑的思考也在不断地推进并逐渐成熟。从最初借鉴国外优秀的建筑经验，并融合中国传统元素于设计之中，到在材料和技术上尝试并着力较前卫的设计手法，再到试图改变传统的设计方式，从而使建筑更好地为人服务，这些都记录着他的努力与付出。

胡越认为境界最高的建筑师应该是有着强烈社会责任感的那些人，他也一直以此自勉。他倡导建筑师在为业主服务的同时，应时刻想到建筑的社会功能并维护好公共利益；他积极地思考建筑的社会问题，倡导在民众中普及建筑审美意识。

建筑与人的生活息息相关

胡越1986年毕业于北京建筑工程学院建筑系，毕业后被分配至北京市建筑设计研究院，一直在此工作至今。最初开始工作时，国内整个设计市场很冷清，1996年以前胡越没做过大项目。随着建筑市场开始活跃，1996年他的北京国际金融大厦设计方案脱颖而出，最终该项目囊括了詹天佑土木工程大奖、国家优秀设计金奖、建设部优秀设计一等奖和20世纪90年代北京十大建筑等建筑工程设计领域的全部奖项。之后，胡越不断有好的作品产生，秦皇岛体育馆、望京科技园二期、五棵松体院馆、上海青浦体育训练馆的改造等项目即是其中的代表。这一路走来，胡越做出的成绩被充分认可，而这与他全身心地投入建筑之中是分不开的。

胡越在中学时就决定了要走建筑之路，他对建筑的喜爱源自内心。他认为建筑总是能够在一个比较长的时间段内存在于某个地方，它包含了当时社会的政治、经济、文化的各个方面。建筑与社会以及社会中人的关系最为密切，建筑对人们的生存环境的影响是时时刻刻都存在着的。诸如当我们去到某地，若感觉别扭，大多是因为那里的建筑与周围的山、水、树等周边环境的关系处理得不融洽；相反，若身处某一地段而舒心惬意，大多也是因为建筑的关系。所以说建筑物除了实现本身的商业价值、使用功能外，还应该具有重要的社会功能，建筑的社会功能就是给人们提供良好的居住环境。但是在我国，建筑的社会功能还没有被提升到一定的高度。主要原因是当前我国的建筑市场比较混乱，各种诱惑很多，以至于很多建筑行为不成熟，建筑物发挥的社会功能远远不够。胡越认为，无论业主是政府部门、私人企业还是开发商，都不能只顾眼前利益，要把眼光放远。一个优秀建筑的产生要求建筑师不仅要有高超的专业水平，更要有强烈的社会责任感。

实践推动思考

北京国际金融大厦工程是胡越作为方案设计人和工程主持人所接的第一个大项目。胡越后来回忆说对于这样的重大工程除了兴奋还有点发怵。当时工期非常紧，而整个设计组里只有3名建筑师，老同志又不会用电脑，所有的图基本上都是胡越自己画的。由于甲方要求在春节后上报修改方案，1996年的春节他是一个人在设计院的电脑机房里度过的，还好工程甲方给予了设计人员充分的信任。但是对于胡越而言，甲方对他越信任，他对自己的要求也就越高，所以他经常跑工地，一盯就是一天，最少的时候一周也要跑三次工地。胡越一直认为建筑师要对自己的作品负好责任，除了方案和施工图要精心地做，盯工地绝对是第二次创作，只有在全过程中都全身心地投入，才能保证最后出来的效果。付出终有回报，北京国际金融大厦那具有中国传统图案的铝合金窗式幕墙和点式连接钻石型玻璃锥顶技术，在当时具有独创性，达到了国际先进水平。该项目在城市设计、建筑设计、工程技术、商业开发等多方面都取得了突出的成绩。

北京国际金融大厦

就是从这个项目开始，胡越在方案设计上的许多构想逐渐从自发变为自觉，并且有意识地去遵循一些原则，比如在城市设计和建筑的功能与形式等方面的问题。同时，胡越对建筑有了一些新设想，产生了一些新的设计手法。前者体现为，胡越在建筑实践中体会到，建筑必须真实地反映其功能和材料本身，在建筑表现上要干净利索，避免拖沓啰嗦。另外他早前一次对欧美建筑文化的实地考查经历对他的建筑思考影响很大。胡越在1992年时第一次出国到巴黎参观，从古老的巴黎旧区到德方斯的新区，整个过程给他带来了很大的冲击。古城优美的环境、有活力的城市生活与新区可怕的城市设计，这种古典与现代建筑的巨大反差，使得他对城市设计、对现代建筑有了一个新的认识。他认为一个优美的城市必须建立在和谐有秩序的结构之上。此外新建筑必须有表情，在人的尺度上有细部，应该创造能使城市环境产生活力的建筑。

胡越在北京国际金融大厦这个项目之后对建筑产生的新设想主要体现在：首先，建筑设计应该以城市为基础，它应该对破碎的城市结构进行修补而不是使城市结构更加破碎。因为建造一个和谐优美的城市比修建一个漂亮的建筑更重要；其次，建筑应表现人的创造力和特点，最有力的形式就是简单几何形和直线；第三，功能是建筑设计的基础；第四，材料和技术是创造新建筑的构思源泉，建筑师应熟练地掌握材料和建造技术；第五，用简单的几何形组成复杂的室外空间；最后，用一些违反结构逻辑的造型表现建筑的个性。

同时，胡越一直把满足功能作为建筑设计的基础，形式跟随功能一直是他和他的设计团队所遵循的信条。当然，建筑是一个整体，功能与形式实际上是一个事物的两端，满足了功能就是一种美，而美也是功能的一种，功能与形式并不是对立的两个方面，而是一个统一体的两部分。建筑设计是建筑师用建筑材料去建筑一个形体和空间来满足人的某种需要的活动，当建筑师做到了这一点，建筑就实现了其本身的价值，也就达到了形式与功能的完美结合。但是建筑师的设计在实际的建造过程中会受到诸如资金、地形、气候、材料、建造技术的限制，建筑师的工作正是要克服这些困难来尽量满足人的需要。胡越认为手段和方法能够更好地帮助建筑师达到目的，但一定要避免它们成为桎梏建筑师的枷锁。

胡越的这些想法很好地体现在了望京科技园二期这个项目上。这个项目是一个高档办公建筑，方案设计开始于1999年初，最初是一个约8万平方米的办公楼，后来由于规模和用地的问题，其面积被控制在5万平方米以内。胡越的设计团队经过三轮方案，最终第三轮方案被甲方选中并依次进行设计。胡越认为这个项目的业主为他的设计提供了很宽松的发挥空间，所以能让他表现一些更个性化的东西。这个项目采用了通过简单几何形体来构筑复杂外部空间的手法，而且该方案

北京五棵松体育馆

构图方正，主动形成整齐的地界边缘，表现出对修补城市空间的渴望及对简单几何形体的偏爱。这些正体现了他在建筑设计上对一些构想从自发到自觉的过程。

到了做五棵松体院馆这个项目时，胡越进一步考虑了建筑设计的问题，提出了“工作系统”的设想，这个系统试图改变传统的设计方式，从而使建筑更好地为人服务。

五棵松体育馆的设计工作于2002年开始，原始方案是由瑞士布克哈特公司设计的。从2003年6月开始，由胡越带领他的设计团队负责方案优化和调整工作。布克哈特公司的方案将体育馆与大型娱乐、商业设施结合，此种模式在体育场中已有一些实践经验，典型的做法是体育场与旅馆结合，但在体育馆中采用这种方式的很少，特别是与一个大型商业设施结合则更为罕见。这一方案极富挑战性，建筑外型近似立方体，体育馆上部设置了约6万平方米的大型商业中心，其主要设想是平时商业建筑和体育馆可以进行互补，在比赛时观众可以进入到上部的商业中心进行消费。大胆的布局带来了一些问题，首先在一个大跨度的建筑上设置这样大规模的商业设施，结构设计的技术难度大大增加；另外，两个大型设施均存在大人流疏散问题，流线问题非常突出。胡越和他的团队针对这些问题，对方案做出了重大调整。为了节省投资，将体育馆上部的商业设施移走，体育馆整体向上抬高18.4米。调整后的方案采用了国内体育馆普遍采用的模式，即体育馆只按比赛考虑，整体呈现出两个特点：一是观众入口层与室外地面处于同一标高，观众可以很方便地进入体育馆，避免了过去通常需要上大台阶的弊病；二是特殊人员的出入口全部在位于地下10米的大型下沉广场内。

北京五棵松体育馆

方案调整后的体育馆在赛时必定是一个非常实用的高水平比赛场馆，但在赛后的利用上却可能存在着很大风险，因为观众服务设施比较简单，除门厅、厕所外，只配置了必要的小型商业零售摊位。另外，比赛层设置大面积赛时功能用房，特别是针对奥运比赛的用房，面积大、规格高，此部分用房在赛后将很难利用。这对这个问题，2007年体育馆又进行了重大的调整，包括：扩大下沉广场，为大型货车预留了卸货区；为南、北两侧主看台的观众增设了大量餐饮设施；调整了VIP服务区，增大了餐饮的面积；增加了货梯，为餐饮设施服务；调整了观众区的厕所，增大了售货区；增加了自动扶梯；上部看台栏板外侧增加了液晶显示屏。

这一次又一次的调整，实则包涵了胡越对设计模式背后隐含的经营方式的考虑。最后的方案采用了商业化赛事结合多功能利用的模式，并重点采用了美国NBA的管理模式，为国内大型体育馆的赛后运营探索了一条新路。当然，探索也代表着某些地方还不尽成熟，但毕竟有了尝试，才有成功的可能。

普及大众的建筑审美意识

胡越认为建筑师有几种，境界最高的是有着强烈社会责任感的那些人，胡越也一直以此自勉。正是在这个想法下，胡越对建筑问题有诸多积极的思考。

胡越认为我国民众对建筑的认识不够，在社会整体的建筑审美意识上还有待提高。究其原因，我们是将建筑作为一个专业门类来看待，而非将其作为一种普遍的审美认识来培养。目前，在社会的整体认知中，建筑是一门实用美术，像一个碗、一口锅或者是一辆车那样，并非完全是一个艺术品。其实建筑和时装或者说和工业用品不一样，一件衣服过时了那就算了，但是建筑会长久地影响人们的生活环境。胡越认为如果要想提高中国普通民众的建筑审美意识，可能还要做大量的普及工作。在我国，我们是将建筑作为一门学科、一种技术放到大学中去教去学，而不是将其作为一项修养。其实建筑甚至比任何一个日用品对人的影响都大，因为一个糟糕的城市环境会直接降低人们的生活品质，但是优美的环境则会带来健康、舒适的生活。中国人由于传统的原因，特别不注重外在的东西，比如公共环境。在我们民众的概念里，可能会注重将家里设计得很好，但不关心周边环境的经营，推开门外面其实很糟糕。这些都需要长时间的教化和影响。

关于在建筑方面的传统与创新问题，胡越认为中国建筑师包括整个社会，在面对这一问题时，背了一个太沉重的包袱，而他觉得这是完全是没有必要的。因为必须承认我们还属于一个弱势的文化，我们的国家从 19 世纪末到现在一直处于一个落后的状态，所以这也决定了我们必然要受到他种文化的冲击，这也是一个客观规律。胡越认为在这种情况下，从主观上做任何的努力也不能够改变这种状况。美国有一个未来学家，他画了一张图，这张图的纵坐标代表西化，横坐标代表现代化，最后这个图呈现出的是一个抛物线。也就是说当一个国家从很落后的状态向现代化迈进的时候，其实是一个逐渐西化的过程，只有在达到一定的高度时再去现代化，这就成为自己的东西了。正是基于此，胡越认为中国现在不必担心西化或者是不能够继承传统这个问题。随着中国社会逐渐地进步，必然有一天我们会创造出无愧于我们这个时代、无愧于我们这个民族的建筑。他觉得这是一个必然的规律。（司阿玫／文）

城市化进程中的建筑实践

深圳都市实践设计有限公司

刘晓都（中）

1961年生于北京。清华大学建筑学院1979级，美国迈阿密大学获建筑学硕士。曾在美国的建筑事务所工作多年，1998年回国运作Urbanus都市实践，创立深圳公司并负责具体管理与项目设计。

孟岩（左）

1964年生于北京，清华大学建筑学院1983级，美国迈阿密大学建筑学硕士。Urbanus都市实践创建人之一，美国纽约州注册建筑师。1999年，回国运作Urbanus，负责具体管理与项目设计。

王辉（右）

1967年生于北京。清华大学建筑学院1985级，清华大学建筑学硕士、美国迈阿密大学建筑学硕士，Urbanus都市实践创建人之一。

Urbanus都市实践代表作有：深圳福田区图书馆，深圳南油购物公园城市设计，东莞理工学院松山湖校区教学楼，地王城市公园，深圳地铁大厦，深圳规划大厦，深圳华侨城创意文化园，深圳城中村研究福新村、岗厦村，CCTV媒体公园，大芬美术馆，唐山城市展览馆等。

在中国快速的城市化进程大背景下，建筑师作为见证者与参与者，也面对着相应的城市责任问题。对此，“都市实践”设计公司的合伙人之一刘晓都认为：“建筑师能在城市里做的努力其实不多，但至少他能做一些比较有意义的东西，给这个城市施加一点好的影响。”为此，刘晓都、孟岩和王辉将公司的设计主旨定位为“从广阔的城市视角和特定的城市体验中解读建筑的内涵”。

他们认为，建筑是一种介入城市问题的方式。一方面，他们将建筑视为有能量的装置，力图让它对城市的局部区域起到激活作用；另一方面，他们从自己所关注的城市问题出发，在具体的项目中去进行实践，如深圳城中村改造过程中设计的“大芬美术馆”，以及从2005年就开始启动的为城市低收入者所设计的廉租屋“万汇楼”。在工作中，“都市实践”强调，要从现有的条件出发，主动地发现问题、研究问题，主动地寻求具有现实意义的课题（项目）。

并无“国外经验”可照搬

“都市实践”由四个有相似背景的青年建筑师在1999年成立。如今，公司的合伙人是刘晓都、孟岩和王辉。他们不仅是清华大学的校友，在美国迈阿密大学学习期间也是前后届的学生，因为对建筑有共同的话题，一起开办公司。开始时公司的名字叫“都市国际”，但几位合伙人后来决定要修改它。孟岩解释说：“实践这个词特别直白，说出去这不像一个公司的名，但不像就不像吧，它更加脚踏实地，给人一种更积极、更现实的感觉。”

从“都市国际”到“都市实践”，还包含着另一层考虑：在近年来设计市场青睐“洋面孔”的背景下，许多有海外背景的华人设计师常常强调所在公司是在国外注册，拥有强大的国外经验。于是，人们不禁要发问——“国外经验”在设计中的现实意义究竟有多大？对此，“都市实践”曾有过专门的反思。“虽然当初我在KPF工作，王辉在GENSLER公司，但我们在国内做出来的东西与国外经验没有太大关系，建筑设计环境完全不一样了。”孟岩说，“都市实践”并没有有意识地照搬公司在国外做的任何东西。王辉则认为：“事实上，国外所有经验几乎没有直接能照搬的，因为国内外完全处于两种不同的经济运行模式，人口分布状况以及工业化水准的差异也非常大。”在快速的城市化进程中，中国有众多人口，居住、交通等问题，也有新富起来的群体对于建筑空间的欲望问题，如此种种，都需要有针对性的建筑方案，并不能“依葫芦画瓢”。

“平行交叉”，互相批判

说到三位合伙人之间如何共同工作，孟岩使用了“平行交叉”一词。在他看来，因为大家的教育背景非常接近，在专业上的差距并不是太大，反而是在性格和做事的方式上有所不同。“因为刘晓都比我们都大一点，相对来说，他更成熟，更全面，更有号召力和领导才能，是他把我们号召到一起；王辉更加细腻一些，做事非常认真，可能在细节上考虑会更多一点。”而他自己，则处于中间状态。在实际的运作中，三人的关系是平行的，无分“老大、老二、老三”，也不像许多设计公司“三分”的管理模式——一个人专注于设计，一个人负责管理，第三个人抓市场。在“都市实践”，三个合伙人都参与管理、设计和对外事务，虽然有所侧重，但均有涉猎，并没有非常明确的分工。

“这种合作模式对于一般的商业公司不一定合适，”孟岩说，“但对于我们建筑设计事务所的好处，是每个合伙人之间保持平行关系，能够互相批判。”在美国期间，孟岩接触过另一种“平行”的模式，合伙人之间各人接自己的项目，单独核算成本，甚至有独立的人员班底，这样的单干模式是平行的，但没有交叉。“我们是一种平行交叉关系，都有权参与对一些项目的讨论，包括对管理、对市场的讨论，实际上有非常多的讨论和批判。这个是我们觉得比较有价值的。”孟岩说，如果缺乏讨论和批判，去做“让一个人专门做设计，他就永远能把设计做好”的假设，恰恰是危险的——时间长了，这个人可能会故步自封，受到很多个人因素的主导，以致公司整体思路发生偏差。“我们之间经常有很多非常公开的讨论、争论和辩论。这主要是为了公司的利益，为了项目的利益，没有任何个人的利益。”在孟岩看来，如果失去这种自我批判和自我审视，公司的发展动力就将衰弱。

如今，“都市实践”在深圳与北京两地开设了公司。在深圳公司，除了几位合伙人，“我们还有副总建筑师职位，实际上从技术上和管理上对项目整体负责。这是一个层次；下面还有项目负责人，相当于设计经理这个级别；再下面是高级设计师、设计师，他们专注于设计”。北京公司因为设立较晚，组织架构则更简单，“更像工作室”。

从城市视觉解读建筑内涵

在拉丁文中，URBANUS是“城市”的意思。孟岩说，“都市实践”从一开始就对中国城市化的进程十分关注，并在此基础上去定位公司的设计行为。“设计主旨是从广阔的城市视角和特定的城市体验中解读建筑的内涵。”这一自我定位，从来未曾改变过。

巧合的是，“都市实践”在初期，做得最多的项目并不是单体建筑，而是公园、城市设计等与城市、民众关联度更高的案子。第一个项目是位于深圳市深南路的一处景观设计，内容很广，“包括地铁出入口、地铁与商业的连接、地下空间与地面环境整治，是一个综合性项目，”但并没有完全实现，最后建成的是一个市民公园。事实上，“都市实践”的三位合伙人并不是以景观设计、城市设计为专业的，只有孟岩在读研究生时是研究中国园林的，“沾了点边”，但他们有着自己的立场——“我们是把景观设计当作城市设计来做，从城市生活的角度来考虑，怎么连接现有商业？怎么打通原本被阻隔掉的空间？就是通过景观设计这样一个机会，重新去整合城市的公共空间。”公园建成后，得到了市民的认可，并为“都市实践”带来了后续若干个公园的项目。

“慢慢地，城市设计部分，包括景观、配套小建筑、公共空间、商业空间成为我们的主要设计内容。直到深圳规划大厦建筑设计，才开始做比较大型的公共建筑项目。同时，我们还做了几个住宅项目，如大梅沙心海伽蓝。”孟岩说，如此经过一个时期，其他人才知道“都市实践”不仅仅做景观设计，还做建筑设计。公司也通过投标，去参与高层写字楼、旧厂房改造、艺术中心工程等，项目范围也因此变广。“我们不挑项目，并不是只做一种，我们是全方位的：从景观到建筑，大到城市设计，小到公共厕所，我们都做过。”他认为，项目大小没有关系，关键是做项目的态度和方式。

之所以“对项目本身是没有选择的”，孟岩认为，这涉及到社会责任感问题。“如果把当前中国的建筑设计和欧美发达国家的进行比较，最大的不一样是中国的建筑师面对的问题更多，所以要面对更多的责任。”一方面，甲方希望建筑师能够通过设计来解决问题；另一方面，建筑师在社会、城市和文化的巨变中，既是见证者，又是参与者，绝不是一个旁观者，由此，建筑师还会主动地去发现更多的问题。“你还要去想，建筑师本身的创造兴趣在什么地方？自己的专业在中国现实的大环境下能够创造什么？我觉得这是一个很大的问题，是我们这代人对当代建筑学本身的一个思考。”

基于这样的思考，“都市实践”倾向于积极的参与，制造对城市或区域的良性影响。“建筑是一种建筑现实的手段，”孟岩坦言，这是几位合伙人的自我鞭策，“我们不是研究院的，也不是纯商业的，而是希望通过建筑实践积极地去介入，去利用现有的条件。”也许现有的条件是不利的，甚至很糟糕，但建筑师依然可以去研究，是否有可能从中产生新的创造价值？比如使自己所涉及的建筑、景观等能够激活一个城区，甚至是一个小区域。在这个理念上，“都市实践”将这种概念概括为“做城市装置”——“把一个建筑作为一个有很多能量的装置，它能搅动、能激活，在一个局部里能够发生作用，带来变化。这个是我们一直特别有兴趣的，我们一直在寻找这种机会。”

在深圳，“都市实践”曾有针对性地研究并参与“城中村”的改造。其中一个行为，是设计了“大芬美术馆”。大芬村是深圳市龙岗区布吉街道下辖的一个村民小组，占地面积仅0.4平方千米，从20世纪80年代末开始发展，逐渐成为“中国油画第一村”。然而，这个“文化产业基地”的特色，却在于copy画。刘晓都认为，大芬村的拷贝美术作品产业是自发形成的，活力是自然产生的。当政府试图进行“改造”，要修建一个11000平方米的大美术馆，建筑师就不得不思考这样一个问题：大芬村原发性的活力，是否会因此被扼杀？建筑师决定不去切断大芬美术馆与周围“混乱”状态的联系，并通过美术馆来提升整个大芬村的价值。他们以“倒置的城中村”为概念，让美术馆的第一层作为油画超市，第二层用于办展览，第三层则做成街道。考虑到大芬村每年都会举办画工比赛，他们提出，可以将每年比赛的前五名作品放置于外墙框架里，让这些画作渐渐铺满外墙。刘晓都说，这是作为建筑师为建筑设计“附加”的部分，同时也是建筑师需要去做，需要去与多方交流的。

“都市实践”还曾在深圳华侨城打造了一个创意园，产生了相应的城市效应。“华侨城是一个中产聚集的地方，很小资，很情调，层次很单一，缺乏一股生机与活力。”刘晓都认为，创意园吸引了来自不同阶层的人，如设计师、艺术爱好者等参与到这里的生活，因此丰富了该区域的层次。

城中村改建

大芬美术馆

华侨城展馆

深入研究，发现真正有创造性的机遇

在审视建筑师职业特性时，孟岩认为，建筑师不应该是“绝对”地服务性的，“他一方面对个体（甲方）负责，同时还要对城市、对其他人负责”，所以在任何具体的工程项目设计时，都需要进行“角色扩展”。在城市化进程中，“我们不断地问自己，能不能去积极地发现问题，能不能去主动地想一些事情？”比如“都市实践”曾主动出击去做一个在深圳罗湖区的项目，尽管没有研究经费，但他们认为，基于深圳这个城市快速发展20年后出现的一些衰退，去研究该项目与城市的交流，是有意义的。

孟岩认为，如果谈到中国建筑，最关键的是它的当代性。“我们也会做一些所谓这样的中国式的建筑，因为我本人也有兴趣，我最喜欢看的就是中国古代园林，还有村落。”但他觉得，最根本的还是要依据中国当代的社会条件、城市状况来做，哪怕它是不完美的。“很难形容这种状态——但是我始终坚持认为，不要做简单的价值判断，而是深入研究，我们会发现一些真正有创造性的机遇。如果没有找到，说明我们的研究还不够。”他以中国电影界与现实建立联系的方式为例，解释“都市实践”对于身边现实的态度：“有些导演关注中国传统的颜色、空间构成、故事；有些导演则关注中国那种看似非常一般、说不清楚、没有性格的偏僻的小地方；或是关注大城市中的那种混乱状态，关注当代发生的事情。”建筑面对的问题比电影还要复杂，但孟岩希望建筑师也要关注身边的现实和状态，“从这里面能够得到很多东西，这对我们将来的创作真的很有意义。”

从2005年开始，“都市实践”与万科集团合作，对低收入者住宅进行研究，他们所设计的“万汇楼”，已经于2008年夏季投入使用，开始了为期三年的试运营。位于广州、佛山交界处的这个大型低收入者出租屋，在形态、结构、物业管理方式等方面，引入了该类住宅新的探索。“都市实践”的设计师为此曾专门对低收入者人群的居住现状、生活习惯和可负担程度进行调查研究。

万汇楼的原型来自福建传统土楼，刘晓都说，土楼的形体使得北向的住宅量变少，空间更加紧凑。从建筑学的角度去讲，万汇楼实现了从传统到现代空间的丰富变化；从功能上讲，取得了较好的通风、采光效果。而向心的外廊的形式可以促进一些交流。收入相近的人群，生活状态差不多，闲暇时间能够互相认识，形成一个小社会。这种向心的形状能促进人对在楼里居住的其他人的认同感，从而改善了以往单元楼里相对隔阂的邻里关系。“都市实践”希望，这个他们参与的第一个廉租房项目只是一个开始，而不是“完结篇”。他们认为，城市中心和边界有大量被忽略的、无效的土地，它们实际上很适合用于建造廉租房。（朱妍丽／文）

翠竹公园

规划大厦

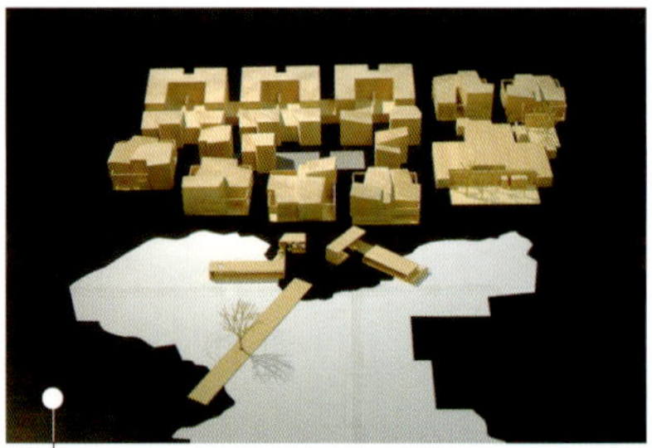

天津老城厢

北京华侨城世纪生活艺术馆

建筑是我的非功能空间

九城都市建筑设计有限公司总建筑师　张应鹏

1964年12月出生，1987年毕业于合肥工业大学工业与民用建筑专业。1995年，获东南大学建筑研究所现代建筑设计及其理论专业建筑学硕士学位。2000年获浙江大学博士学位。

2002年创办九城都市建筑设计有限公司。

现任《世界建筑》杂志社编委、世界华人建筑师协会理事。曾获世界华人建筑师协会优秀设计奖；上海国际青年建筑师作品展一等奖；苏州优秀建筑设计一等奖；江苏省优秀建筑设计二等奖。并在《建筑学报》、《世界建筑》、《建筑师》、《时代建筑》、《新建筑》、《世界建筑导报》等杂志发表论文近20篇。

在中国当代建筑师里，张应鹏的履历是特别的。他因土木工程邂逅建筑学，从此结下不解之缘；为完善对建筑的理解，在中国建筑业大突进和自己的建筑事业蒸蒸日上之际，他悄然转身，潜心研究哲学，利其器以更善其事。他兴趣广泛，涉猎文学、音乐、宗教、哲学，但毕生的理想就是把建筑做好。土木奠基建筑，哲学思辩建筑，一路走来，旁人看到的是他今天的成功，而他自己却从不讳言个中艰辛。人生没有设计，坚持与生俱来，成功只是坚持的结果，不是目的。

作为一位建筑哲人，张应鹏坚持的，是要对社会负责任，要做好建筑的世界观，同时还有怎样做一个好建筑的方法论：建筑的非功能空间和空间的非功能性。他认为，一个建筑和一个城市的品质，取决于它的非功能空间，人生亦同此理，非功能性时间决定你是否活得精彩。张应鹏认为自己是幸福的，建筑是他的职业，更是爱好，是非功能性的。

建筑：是事业，更是生活

考上合肥工业大学时，张应鹏的专业是土木工程，并不是建筑学。他说，选择土木工程是因为自己并不知道建筑学与土木工程的区别，但是，“其实有些东西是与生俱来的。不论建筑也好，绘画也好，只是需要一个契机去了解自己潜在的东西。很偶然的读了土木工程，当时建筑学和我们是一个系，然后我慢慢发现建筑与自己内在的很多东西都发生了共鸣，就好像把你的痒痒挠了一下，起先没有察觉，但一旦发现之后，有些诱惑是你无法抵挡的。”

大学毕业之后，张应鹏并没有立刻进入建筑的行当中，他在镇江江苏大学的基建处做了5年的土木方面的工作，看工地，管材料。那是一段比较困苦的时期，工作不顺利，考研也受到阻挠，想做自己心爱的建筑设计，又因为不是科班出身而被人轻视。再加上大环境正处于低潮期，他整个人都很消沉，找不到方向。克服这种状态后，他最终如愿以偿，考入东南大学建筑系，师从建筑学大师齐康教授。他认为，在东南大学这段时光是自己一生中最重要的一个阶段——“我今天所有对建筑的认识和成果全部得力于那一阶段。”与合肥工业大学相比，东南大学在培养方式和建筑方向上完全不同。“我觉得到东南大学的第一年就有一种很明显的感受，就是东南大学的设计图都画得非常普通，方方正正的，规规矩矩的，后来才知道这个是最难的。它的图你看着觉得很普通，但事实上是很沉稳的，实际上做出来的东西都比较好。建筑的做法其实不仅仅需要看图，这个给我的印象很深的。”

张应鹏在东南大学的研究方向是建筑设计及其理论，但他的论文却是一个国家“九八五”的重点项目——关于长江三角洲区域科学体系的研究。这是一个由清华大学、同济大学和东南大学合力完成的重点项目，最后获得了国家级的一等奖。他做的是丹阳市的一个小县级市，主要研究

苏州沧浪新城规划展示馆

苏州沧浪新城规划展示馆
东北角透视

的是城市的分布、人口的结构、产业的结构、区域之间的关系以及区域优势。这是一个很宏观的课题，与现实生活有些距离，但是对国家发展的意义重大。“现在这些对我还很有帮助，比如与政府官员打交道的时候，我就会站在一个宏观的层面去想问题，而不仅仅是想到我的空间尺度、比例、形态这些具体的东西。”

学哲学：内心的需求

1995年研究生毕业后，张应鹏来到当时刚刚成立的苏州新加坡工业园区。这又是一次短暂的工作经历，两年之后，他毅然放弃了工作，考入浙江大学哲学系，攻读西方哲学博士学位。对于自己的这次大跨度的选择，张应鹏解释说：“如果说第一阶段去读研究生是为了工作，迫不得已的话，那么第二阶段去读博士就反映了一种内心的需求，纯粹是为了完善自我。那个时候我并不需要这个文凭，而且读哲学在别人看来是没有用的。不管在经济还是在精力上都要付出非常大的代价，所以很多人不理解。但我认为人一辈子能为自己的一两个兴趣和爱好去付出还是值得的。”

至于为什么选择西方哲学这个专业，张应鹏说道：“如果要追究到根子上，还是因为我太喜欢建筑了，所以我想把这件事做到最好。我觉得要把建筑做好，如果不去学哲学，不去学文学，不去提高自己的社会学水准，我的建筑设计就会永远停留在形态上。这从我的博士论文《当代西方哲学中的非理性主义倾向对建筑的影响》就能看出来。我写的还是建筑，只不过是把哲学和建筑放在一起来研究。我总结了非理性主义在建筑设计中体现出的不确定性、偶然性、否定性、世俗文化等。所以我读哲学，在别人看来可能是无用的，可是对自己却是有用的。而且这也是我这么多年来反思建筑教育的一个身体力行的证明吧。我一直认为中国建筑学的培养方向有些问题，它一直被当成一个理工科的方向来培养。中国古代传统认为建筑是‘匠’，其实就是形而下的。到了现代社会，更是把建筑师当成工程师，当成技术人员。我认为建筑学实际上是形而上的，因为建筑设计是很社会化的，对宗教、经济、文学、心理学等各个方面都需要了解。同样，建筑评论与建筑作品说明的写作也不能仅仅拘泥于工程描述，而是在手法与做法上表现自己的设计思想。”

这样的想法在有些人看来或许太学术了一些，但是在张应鹏眼里，建筑师就是需要这样的严谨性。通过对哲学的学习，张应鹏感觉到建筑学是感性的，是有人文气息，有灵魂的。“一个人不能感性地用语言表达建筑，说明你对建筑本身还没有感悟，并没被自己的建筑所打动。如果你不能感受建筑自身所带的这种人文魅力，这种骨子里的气质，那你怎么去做建筑？你最多就会构图，运用空间。这样也不是不行，但是我就是觉得浅了一点。”

攻读博士的那段时间，张应鹏有意识的和建筑斩断联系，而是更多地和哲学、文学、音乐等门类打交道。“我之前的建筑学习是打基础的。开始时你积极地去获取它，获取它后你必须有能力把它甩掉，才能让新的东西进来。”

坚持：最难，也最容易

博士毕业后，张应鹏进了设计院。他常说对于自己这样一个不擅长经营的人，他只有一个理想，就是把建筑做好。“我觉得一生能把一件事做好，就很不容易了。”但是，设计院的工作环境很快让他发现了一个与理想针锋相对的矛盾。“我当时是首席建筑师，职位应该是很高的，但是我的奖金还不如一个普通建筑师高。原因是什么？中国建筑业目前大多数都是按产值算奖金，按你完成量的多少算奖金。那问题就出现在这儿了。不是与你的作品好坏有关，而是跟你做的产品量的多少有关。”

这样的模式驱使建筑师为了经济利益而去做大量千篇一律的住宅，而且这种模式本质上是不主张创新的。张应鹏一直坚持认为最重要是把东西做好，哪怕设计费少一点都是可以的。因此，他决定创业，并在接下来的几年里取得了不错的成绩。“我觉得假如一定要讲理由的话，就是我赶上了一个好时机，也就是在这个时期里你不管怎么样都有事做，我们能活下来。一旦活下来了，话语权就在我这儿了。你做得再好，如果你赶不上一个好的时机，早在你被发现之前，你就已经被淘汰掉了。其实项目的好坏和成名是两码事，我们当年就是从做别人根本不愿意做或者说是非常不屑于做的项目做出来的。拿到一个项目，只要你好好去做就可以了。”

面对人们的赞扬，张应鹏回首过去的艰苦和磨难，愈发认为这是自己一路坚持的结果。“只要让我做，我都会做好”的信念，加上“我用你的钱去盖房子，完成自己的作品，那何乐而不为呢”这样的感恩的心情，张应鹏一路坚持，一路走来。“所谓的坚持其实是一个价值观的问题，就是哪怕我‘死掉’，我也要坚持。而且根本不会去想如果坚持就会“死掉”，如果你去想，你就会疑惑你就会放弃，所以我也不要去想。就像马云讲的一句话：人最难得的是坚持。实际上，人最容易的也是坚持。我觉得坚持是很正常的，要想不坚持那太困难了。”

讲到自己一直以来所坚持的信念，张应鹏说道：“一个是对建筑的爱好，这个坚持是针对建筑本身。到了 40 岁以后，另一个坚持就是一种社会责任。我觉得现在很多建筑师确实是不负责任的。他们只要稍微花一点精力都会做得很好，至少要比现在做得好，但最后都不坚持。业主怎么说就怎么做，一点责任心都没有，所以我想以实际行动来做表率。当然也不止我一个人，刘家琨那一拨人也都在做这件事，所以前面还有一线希望，还有光亮。”

苏州沧浪新城规划展示馆之硬地广场全景

苏州沧浪新城规划展示馆之东南角雪景透视

非功能空间与空间的非功能性

在设计方法上，张应鹏一贯提倡的，尤其是这两年逐渐清晰的，是非功能空间的功能性。在建筑学里，工作室里的会议室，学校里的教室和办公室，这些都是功能性空间；而非功能性空间则是指走廊、楼梯、门厅等空间设施。在张应鹏看来，“你要一棵树，你不能只要花和果实而把叶子都剪掉，叶子就是辅助的功能，你看着它好像没有用，其实它非常有用，可能更有用。”延伸到建筑学上，这就是非功能空间的意义。

功能空间由于具有明确的功能，往往忽视使用者的体验性感受，它不是一个体验空间。而人在非功能空间里是自由的，是没有目的的，只有在这个时候，体验才能发生。张应鹏认为，功能空间和设计师没有多大关系，设计师不能在功能上做文章，非功能空间才是设计师最能发挥作用的地方。在他的定义里，非功能空间由于没有特定的功能，所以它具有许多潜在的功能。确定性是无意义的，非确定性才是有意义的。“那么我们建筑师的责任就是要把你工作中的辛苦释放出来。就是在进入工作状态之前，你是在非功能空间里经过的，你工作完以后，释放心情也是在非功能课空间里。非功能空间才能反映一个建筑的性格，也是反映我们建筑特点最直接的通道。它是我们建筑表达中最重要的东西。”

苏州沧浪新城规划展示馆之硬地广场局部

现在，张应鹏将自己的理论完整阐述成两个方面，即非功能空间的功能性和空间的非功能性。“今天房子的功能是这样，但能保证 10 年后还是这样么？可能在你房子没盖好时需求就已经变了。所以说空间的非功能性就是一种兼容性。兼容性实际上来讲就是一种不确定性或者说是通用性。我认为重视功能是对的，但唯功能主义是错的。我并不反对功能，我认为功能本身很简单。建筑要上升到形而上的‘学’，靠的就是非功能。研究非功能并不是代表我不注重功能，而是我默认功能已经解决掉了。”

一直以来，张应鹏坚持将这个理论应用到自己的实践中。尤其是现在，他的理论已经成熟，在设计时不仅仅只是自己思想的表达，同时也可以很好地满足客户的需要。“这就是一个理论成熟的程度。比如说我们最早盖的一个房子它要求功能很简单。但如果就那么做，那就是一个工业建筑了。我怎么做呢？我就把它的楼梯、卫生间全部拿出来，把走道也拿出来，这些都是原先业主所不关心的，而我恰恰把它当作一个很重要的表现空间，我把功能空间都弄到一块放中间，然后把非功能的拿出来，就成了这个房子的重要特征，功能空间反而成了背景，非功能空间成了表现。那这是一个很成功的案例。”张应鹏如是说。

在他主要的教育性项目中，张应鹏认为现在的学校学生的非功能空间太少了。老师在上，学生在下的空间方位决定了他们的地位是不平等的。在张应鹏的设计中，他有意打乱了这种模式，让老师和学生之间有交叉，以增进他们的沟通和交流。“在非功能空间里，本来你遇到老师一直是在课堂上，你上他的课能碰到，后来他上别人的课你也能碰上。第一次碰上他你可能打招呼，也可能不打招呼，一个人过去了，你可能比较拘谨。第二次打招呼的时候，你可能比较害羞，第三次打招呼你可能就比较轻松了。这就是两个人建立起来的关系。它与功能没关系，你的功能是反映不出来的。建筑不是通过一个设计来满足一种功能，建筑是你通过一个设计来诱导一种行为。”

张应鹏一直认为自己是个很幸运的人，他并不将现在取得的成果看作自己辛苦打拼赚来的，而是归功于他赶上了好的时代。“我们事务所工作开展还没几年，一切才刚开始，但发展还算顺利。我很感谢社会，感谢它给我的这些机会。我觉得我们这一代人很幸运，恢复高考开始考大学，工作以后，国家正处在改革开放中，我们一切都赶上了。下一步就还需要自我完善，然后希望中国建筑界的地位能进一步提高，这也是我最大的愿望。”

（小冬　单明川／文）

苏州科技城七号研发楼

无锡南洋学院信息楼立面

苏州高博软件学院综合教学楼三层大平台空间雪景

矛盾中自转

马达思班建筑师事务所设计总监　马清运

1965年生于陕西，1988年毕业于清华大学建筑系，美国宾夕法尼亚大学建筑学硕士。现为美国马达思班建筑师事务所合伙人及设计总监、美国南加州大学建筑学院院长。

马清运的主要作品有上海恒隆广场、宁波日报社总部、浙江大学宁波分校、宁波天一广场、宁波老外滩历史街区、西安蓝田玉山石柴、上海青浦夏阳湖浦阳阁、上海青浦桥梓湾商城、西安广电世纪园等。曾于2002年获第二届上海国际青年建筑师设计作品展三等奖；2003年入选日本a+u"百花齐放，中国十位最有影响的建筑师"。

库哈斯曾给过马清运的工作室这样的评价："马清运的工作室是一个原创的、矛盾交织的工作室，给当代中国建筑提供了实质性的见解和探索。"对于当下中国建筑师的思考与实践、东西方建筑文化、传统和反叛等问题，马清运表现出他在多方面的矛盾与突破。

"思想"之重要与不重要

马清运出生于西安，父亲年轻时曾在蓝田务农，后来成为了一个裁缝。他说，自己天生就具有做建筑师的感受——一种类似于以手艺养家的朴素原则。他并不讳言：如果我不能为事务所带来效益的话，我就不配来做这个事务所。

在清华读书期间，他受老师汪坦和徐伯安的影响颇深。"汪坦老师曾经说，一定要相信思想是能够推动所有方面发展的力量，如果说经济上不发展，那还是说明没思想。建筑学上有大家不太愿意认可的一种想法，就是说当你有思想的时候，你就很有可能是不应该挣钱的，其实这就是很错误的。"

大学毕业次年，马清运赴美国宾夕法尼亚大学美术研究生院继续读书。1991年，取得建筑硕士学位。说到这段求学经历，他最深刻的记忆是："我画的透视没人比，但老师却骂我没思想。"因此，他不得不开始怀疑起自己的本科教育。"但更不得不感谢本科的教育，我想什么，画什么，这是教育的差距，还是文化的差异？"

马清运认为，简单说来，美国建筑教育"比较注重概念化和思想体系，一个作品的好与坏不是看上去的质量，而在于建筑师能否用所学的知识体系支持他的想法与概念"。

在评价中美两种教育的差异时，他的观点并非一成不变。在早前，"我会告诉你中国的建筑教育太过注重类型学的教育，对建筑过早地分类：酒店、餐厅、学校……我认为这是一个比较大的问题，因为就建筑质量而言，最后的原则应该都一样。此外，相较于美国以思想为判断的标准，注重概念化和思想体系的教育，中国学生比较缺乏对一个问题自我判断的标准"。近年来，马清运对自己以往的判断产生了怀疑，他现在更倾向于认为中美两种建筑教育是互补的。中国教育的长处在于基本功和"用手思考"的教育，在他看来，这就是为什么几千年来中国建房是由没受过概念教育的工匠完成，然而却有很多建筑在世界上影响极大的原因。

"所以，我觉得思想的尺度在工作中算不上什么。当然，这也要看社会发展到某一状态时所需要的是哪种能力。"

尽管对"思考"在建筑师工作中的意义表达过如此谨慎的抑制，人们却可以发现马清运在更多的方面坚持将"思考"作为重要的立场和工作方式。1996年，马清运参与并协助库哈斯进行的珠江三角洲城市状态的研究，最大的收获是“城市问题的全球眼光”。思路的拓展带来了新的视界，马清运后来一直沿着“城市”线索发展。对于自己在“马达思班”的角色，他认为，“管理一个建筑师事务所，其实是在管理思想”，重要的是在整体的思想碰撞中，通过整合产生综合的成功的能量。

作为建筑学院的院长，马清运认为，只教学生盖房子还远远不够。“在新世纪里，受高等教育的建筑师的责任不仅仅是盖房子。”在他看来，盖一栋房子是把你认识的东西做总结，而所有的总结都有过时的危险。“我们不能总结，而是要参与到更多非物质的状态中。建筑师这个行业综合性很强，涉及诸多问题，比如经济、社会和一切与人生活息息相关的事情。我们对这些问题都有思考，但是完全不能用盖房子来完成对这些问题的探讨。”因此，他认为建筑是知识的结构，而不是物质的结构。

“我也希望将来南加州大学的学生不只是会盖房子，更重要的是能发现现存条件中的问题，然后通过对建筑的思考，最终参与到这种能量转化的工作当中。”

实用主义与建筑文化

马清运曾说：“建筑文化的影响完全不表现在项目的大小、地点。”在这样的论调中，实用主义已经退居第二位。他也曾多次主张，不能单独来看建筑的艺术维度，“我觉得建筑没有任何艺术性，它就是一个工程，另外是创造环境的一种手段。你喜欢它，它就是一种艺术，但是对创造者来讲，完全不是这样的。”然而在谈到自己的关注点，他也坦言：“我对形式的关注是最高的。我认为形式才是我们建筑师的语言，其他的语言和我们没有关系。”

以上看似矛盾的观点，让马清运以一人之身，折射出了多元建筑观之间的碰撞与融合。人们更关心的是，这些不同方向的思考与体悟，如何相互作用?

首先，人们发现了他对“实用”的坚持。“做建筑就是要实用，如果花了几亿盖的房子不实用，那你就浪费了。我认为只有实用主义才永远靠得住。”马清运说，自己并不把建筑当作一个自我封闭的有完美审美价值的陷阱。“我实际上很喜欢精美的东西，但有一天我突然意识到中国需要的是‘合适科技’”，亦即是“在低科技之后的一种唯美的、诗性的一种隐藏”。比如说在陕西蓝田“父亲的宅”，他用河里的卵石来筑墙。“在几十万年前蓝田猿人生活的时代，河里就一直漂着这样的石头。用了石头，我就可以少花三分之二的钱，你不用这样的材料你就有问题！”在宁波理工大学图书馆，他使用了黏土砖，原因在于旁边就有一个行将倒闭的砖厂，有大量便宜的黏土砖剩余，能为工程大大降低造价。

因此，“实用主义”又是一种“灵活主义”。在马清运看来，或许中国建筑师目前还拿不出一个可以与世界级大师相抗衡的项目，但中国建筑师所具备的思想与思维方式堪称独有：“首先是灵活性，中国人的思维非常灵活，这为世界其他建筑师所没有。我们可以用很多元素和方式塑造一个形象。灵活性是中国文化中非常重要的一部分，也是我们这一代建筑师所表现出来的让国际同行所尊重的一方面。其次，我们中国人对大问题不拘小节的解决方法，也让国际同行嫉妒得不得了。我们一做就做半个城市，让他们觉得不可思议。我们的问题非常复杂，但我们能抓住最根本的问题将其简化。一旦解决了根本问题，其他问题也就迎刃而解。这样的能力，在西方建筑界已经快没有了。”

马清运对建筑判断的标准，则是“顺其自然”——“顺其自然的大方向下，要能让人想到物质之外的东西，要具有精神层面的作用。所谓顺其自然就是要实用，对于现代的各种生存方式有自然而然的解决和回应，其次才是超出物质境界之外的东西。”

其二，他具有鲜明的社会参与意识。巴西建筑师奥斯卡·尼迈耶对马清运的影响很大，因为他在南美洲社会变革期间把建筑思想变成了改变社会的能量。在马清运看来，这个时代的能量表现在城市上，因此，建筑师“必须用建筑来揭示城市问题，否则就浪费了这种处境”。他将商业项目视为调停、重新组织一个区域日常生活的重要手段。“在传统的建筑教育当中，对建筑参与商业的勇气不够，往往都会先入为主地认为会失去建筑的艺术性。但其实建筑要有勇气直接参与对生活的重组，这本身就是一种任务。”比如在宁波天一广场，他改变了当地长期缺乏公共休闲场所的局面。

陕西蓝田井宇酒庄

在鄂尔多斯，马清运不仅参与“100鄂尔多斯”项目，也是中国创设的第一个国际性建筑奖项“鄂尔多斯奖”的创立委员会总监。对此，他的想法是，建筑作为一种固体永远都是暂时的，国际性建筑奖项的设置可以起到双重意义：“一方面是鼓励国内更多有创造力的年轻设计师思考中国的建筑问题，另一方面，则希望能留下非物质遗产。”在他看来，以往中国的城市规划都是一种教育背景下、实践背景下、政策背景下、法律背景下形成的，这多少会有问题。因此，在鄂尔多斯的实验有先觉的意义。

有趣的是，马清运在建筑边缘及建筑以外的行为，也揭示了他在实用主义与理想主义之间的态度。在老家蓝田，他由“葡萄美酒夜光杯”起意，建造一个名为“井宇”的酒庄（兼酒店），并在附近的山上栽种了近13公顷葡萄，创立品牌“玉山葡萄酒”。此举的意义并不在玩物，而在于“在一个非常古老——古老到几乎已经没有生命力的区域中注入了一种新的生产方式，这会对当地产生一定的刺激”。

陕西蓝田井宇酒庄

传统与反叛

传统与新文化、传承与反叛本是对立的，然而马清运却周旋于其中并乐此不疲。

“我小时候生活在大院里，习惯于一群人共同做一件事，假如是自己一个人去干什么事，就会心慌。直到现在我都无法一个人关在屋里做事。这是我们这代人的集体主义情结。后来，在那一段非常强烈的‘自由化’时期，我们又热烈而盲目地拥抱西方文化：看尼采、叔本华的书，看所有能看到的杂志，甚至买来厚厚的一句也看不懂的外文书扮酷。就是在这一时段，新文化产生了，而我们这代人因此也具有理想主义、折中主义和怀旧的成分。这在我们这代建筑师的工作中表现为较大的工作跨度：可以做古建筑保护一条街，也可以做雕塑感很强的外形。这是一种自我张扬。”

对于自由与约束、传统与新文化之间的冲突，马清运似已有自己的解决之道：

“首先是一种集体的责任心。一个建筑要为很多很多人负责任，不能只为实现一个建筑师的想法。第二就是思想开放，只要是对我的目的有用，我一定不会注重它看上去会如何。我们对某一事件的价值观，不在于它是否看上去好看，而在于它是否达到了更多的目的。此外，还要有很高的追求和公众利益的状态。例如我做了很多的政府项目，为什么？因为政府项目最能够表达社会的追求。”

马清运在刚回国的那几年，曾下定决心绝不接触历史建筑，绝不在历史风貌城区做项目，但凡有专家评审的历史保护项目他统统都不参与。那时的他，是要彻头彻尾地反叛传统。若干时间后马清运发现，真正的反叛必须建立在了解的基础之上，要颠覆传统，首先得变成传统的一部分。

上海青浦朱家角行政中心

青浦浦阳阁

宁波日报社

此后他所谓的反叛传统，其实是在用他理想中的传统颠覆另一种传统。他说："反叛传统只为了让传统更合理，反叛的是不假思索的传统和僵化的传统。"

问及何为他理想中的传统，他说："我理想中的传统是合适的，会依时而变，符合现代生活的。我认为所有不变化的传统是墨守成规，是非常危险的。"马清运表达理想中传统的得意之作也是他目前最满意的作品，就是为他父亲建造的房子——玉山石柴。

在陕西蓝田玉山村，山下和山上的房子是两种截然不同的景观。山下房子石墙只砌一米多高，用的都是河里的圆石头，谁也说不清这一传统从何时开始流传。取河里的石头当然是因为距河近，而这一高度不为别的，就因为要高于此高度，在缺粮的古时候而言是劳力的浪费。山上的房子，全部都是条形石头，因为那些石头是从山上采下来的，从上往下放山石要比从下往上搬河石轻松。

"我为父亲建造的房子的标高在中间，这个高度的地是不耕作的。村民为什么就不在这个高度建房生活，而非要在河边与耕地'打架'呢？因为懒，因为没想过，因为循规蹈矩，还因为这个高度不知该用山上的石头还是河里的石头来建房——把河里的石头搬到这太累，把山上的石头放到这儿也太累。所以这一带就成了'盲区'。而这里就是我反传统最好的选择，也是'反传统首先得变成传统一部分'的最佳证明。我若是不知道山上和山下的房子为什么不一样，那我也无法做出'玉山石柴'。"

2007 年，马清运作为"深圳 / 香港城市建筑双城双年展"总策展人，提出"城市再生"论题。这一次，他破了西方建筑文化的"局" ——"现代建筑学是建筑在西方文化基础上的，建筑界几乎都把建筑当作永久的纪念物，我认为这是一个误区。中国文化讲究轮回，最重视的是能量的转化。"在城市概念上，马清运说，建筑作为永久性的存在，是对地球的不负责任。"其实，建筑是可以重新塑造而不产生废物的。"他说，房子有朝一日能否使用合成的无污染的材料？就像威尼斯人吹玻璃的技艺一样，不喜欢就再吹一个。为什么没有人研究这样的材料？这些对既有建筑观、城市观的"反叛"尚待研究，但是，它们的提出本身是有意义的。

在谈及他在多方面表现出的矛盾时，马清运坦言："对，是矛盾的。我想自相矛盾在我这个年龄段还摆脱不了。但你想，世界上有能量的物质，其实都是矛盾的，比如电池，它有正负极；心脏也是由左心房、右心房组成的。反正所有的东西都要有两极，才能自己转起来。如果完全统一的话，就没有了新鲜感。所以我希望这矛盾能起着积极的作用。"

事实上，马清运内心的矛盾确实是起着积极的作用，他正在从这矛盾双方的博弈中得到自转的能量，并发出光芒。（赵夏榕 / 文）

陕西蓝田玉山石柴

源于传统，归于现代

原作设计工作室主创设计师　章明

1968年11月出生。同济大学建筑与城市规划学院副教授、同济大学建筑设计研究院原作设计工作室主持建筑师。曾于1994年受安藤忠雄资助，作为“大阪府国际交流财团大阪府海外短期建筑艺术研修生”赴日本考察与研修；1998至1999年作为访问建筑师赴法国巴黎ADP公司进修建筑设计，参与多个项目的设计实践与竞赛。游历欧洲及非洲进行建筑考察。

2003年入选“上海市十大杰出青年建筑师”，并获首届“上海青年建筑师新秀奖”；2004年参加首届中国国际青年建筑师作品展并获奖；2006年参加第五届上海国际青年建筑师作品展，获项目类二等奖、方案类二等奖。

章明所主持的同济原作设计工作室，是同济大学建筑设计研究院的一个学术性、研究性创作团队。和许多建筑学人一样，章明既在教坛中耕耘，也强调在实际设计中探索、验证并创新。他认为，建筑学的实践性、工程性决定了建筑学的教师教学与工程设计实践的结合，而研究、教学和设计的融合，会使得几方面都得到积极的增长。比如，他立足于对上海城市建筑历史、现状与未来的研究，认为旧建筑的再生性改造对于城市的当下与将来都具有重要意义。通过朱屺瞻艺术馆改造工程、南市电厂改造项目、上海市敬业中学改造工程和北站街道社区文化中心建筑方案设计等实际案例，他试图探索并总结出城市旧建筑再生性建造的基本原则与方法；又因为对于历史脉络的尊重，他形成了较为率真而平和的建筑创作观念，主张让建筑源于传统，但又归于现代。在新建筑的设计工作中，他则将每个项目都视为独一的研究对象，呼应当地地理、文化环境，并创造性地使建筑满足当下的现代需求。

一路上，有良师，有良伴

章明走上建筑道路后，赶上了有机会出国领略世界建筑、向大师学习的时期，赶上了蓬勃的城市发展与建设期，赶上了一个快速、芜杂、丰盛而又喧嚣的建筑时代。“我成长于一个巨变的时代，”章明说，“有时这种时代特征会令成长的过程充满了戏剧化因素。我们连跑带跳地奔过了一个原本需慢慢品味的过程，这种加速对心理适应力与性格的完善性都是个考验。”但总体上说，他觉得自己仍然算得上幸运之人——如果站在这个全球最热闹的舞台上，还不停地抱怨，那简直会引起众怒。回顾成长道路的不同阶段，他认为，有几个人给予他的提升和帮助十分重要，他的职业生涯，与这几个人有着重要的关联：

“首先是我的导师郑时龄院士。硕士阶段和博士阶段，我都师从郑院士。由于他参加了很多国内重大项目竞赛的评比，能接触到最新的国际化的理念，使我受益匪浅。”现在，章明自己也成为同济大学的一名教师，在实践和教学中继续磨砺与进步。

第二个人是安藤忠雄。因为他的支持，章明得以去日本研修建筑艺术。1993年，安藤忠雄将他得到的“普利策”奖的奖金全部捐献出来，资助亚洲的年轻建筑师去日本进行建筑研修，而章明则荣幸地成为该项目第一批派往日本的两位学生之一。“此前我已经十分仰慕安藤等日本的建筑大师，能够亲自去日本，几乎参观了他当时的全部作品，真的使我受益匪浅，给了我诸多启示。直到现在我依然觉得自己的设计在一定程度上受了安藤的影响。那次游学让我了解到日本建筑师在亚洲乃至世界的地位和影响力，也看到了中国建筑师与之存在的差距，坚定了我要做一名优秀建筑师的决心。”

第三个是保罗·安德鲁。“当时我去法国巴黎进修设计。在ADP（法国机场公司），与我的法国导师安德鲁共事，参与包括国家大剧院的第二轮设计的多项设计工作，使我获得了很多宝贵的经验。除了巴黎的进修之外，欧洲和非洲共十几个国家，五十多个城市的游历体验——仅仅是为了建筑考察，使我大开眼界。”此行，章明一有机会就寻访当地著名的新老建筑，参观学校和事务所。他对各地的建筑形式、空间利用及建筑形态韵律的表现都做了大量考察。行程匆匆，极费脚力，却有如入宝库的喜乐，“那时候，吃过早饭，就开始一天的行程。尽管可以乘车，但为了更好地观察和体验，大部分时间还是选择了靠两条腿走。现在想想，那时的经历真是给自己好好充了一回电。当时在欧洲的停留给了我充足的时间来学习，来思考，既反思曾经的自我，也欣赏以前不曾留意的风景，这个过程使我渐渐成熟，渐渐有所感悟：只有将自己融入建筑中去，去用心感受，才能不断升华自己。”

“最后一个要感谢的人是我的太太张姿。从我们同学到现在，她不仅是在生活上给我关怀和照顾，更多的是在我的工作上给了很多的技术支持。我们在很多项目运作上的观点都是不谋而合的。”从开始时的互补到现在的默契，章明笑称，与太太这个工作伴侣堪称“珠联璧合”。

不做无妄的建筑实验

一如“原作”工作室的名字，章明关注建筑设计的“原创性”，力求反映建筑最本真的状态。这本真，乃是从容、智慧，也包含着人性、人情，对应着建筑师的自我定义。章明和他的“原作”对此曾有声明：

杭州西湖南线景观建筑

“我们不要求彰显，但归从于更强大的历史脉络之中，它使我们更强大，更持久；我们不要求尖锐，但接纳碰撞的理念和对立的思想，它使我们更宽容，更宽泛；我们不要求自诩的清高，但我们有勇气率真而平和地表达建筑，表达自己。”

因此，章明主张建筑师应有节制地保持思想的超越性：“如果被现实所累，他就失去了表达现实的能力。但建筑师如果被自己所累呢？那他失去的恐怕不止是表达自己的能力了。我们所追求的不是拉扯出一面特立不群的潮流大旗，也无意于‘语不惊人死不休’的建筑玄学，因为仅靠自我捆绑式的‘拒绝’是不足以撑起一片建筑的新天空的。作为建筑师，我们期望对建筑的理解建立在更广泛的探索基础之上，我们的每一项研究都是针对每一个项目与事件展开的，但我们不做无妄的实验。”

“原作”在浙江杭州西湖南线景观建筑，广西桂林电子工业学院教学实验综合楼、尧山校区规划设计等项目中，实践着一种自然、生动的设计语言。在整合西湖南线景观的过程中，他们坦然地面对“历史所曾经拥有的许多东西确实已经死去，它们不再和我们相关相连”，试图建立新旧元素的弥合，让砖石与钢构交织，产生了名为“涌金寻遗”的新空间。而在桂林电子工业学院的校园里，走出校外，数十分钟就走近桂林郊区的尧山林区。在山与林的大环境里，新建的综合楼，由建筑形体的穿插整合而自由形成的五个空间向不同方位开启，铺就出一方凭水临风的诗意平台。“它自由变换的视觉界面，提供了一个向环境完全开放的建筑精神与理念，自然的脉络延展着人们视觉所能企及的每个方向。”

一名好的设计师，需要具备的绝不仅仅是灵光一现的绝佳创意，更重要的是严谨踏实的工作态度和高度的协调合作能力。在这一点上，章明的态度是自省、自问、自我承担。他说，建筑和纯艺术不同，一张画画坏了可以重来，而建筑设计做坏了，影响的是排在设计后面的一连串的工种运作，“因此，我总是反复告诫自己和工作室的成员要多思考。我们在设计过程中的每一次思考，都可能为别人省去一些不必要的麻烦，为社会节省一部分资源”。

为城市“叠加影像”，实践再生性改造

“你一定看过岩土的断层，它所呈现的断层十分有趣：你可以清晰地分辨出层层积淀的岩土的缝隙。这种沉积层由于其复杂的层面和沉积而彰显意义……”从国内到国外，章明走过、看过不少城市，在欧洲进修期间，就游历了十二个国家近五十个城市，曾为前卫建筑所震撼，也曾动容于黄昏时匆匆停下歇脚的古老而宁静的小镇。也许，还因为他身处的城市上海，拥有丰富而灿烂的近代建筑，有着不同阶段城市发展的建筑痕迹，章明对于城市更新、旧建筑与城市的关系的态度，是将自己从容、开放地放在历史的场合中：

“历史是一个流程，我们也是其中的一个阶段。”他说，我们总是“在城市上建造城市”，对于具有高度历史和文化价值的建筑应该完善地保护，有些建筑则可以用“相对保守下的开放态度”进行再生性改造，使文化脉络得到延续。原作工作室在过去几年中，承担了不少改造性的工程实践。章明说，目前改造项目可以分为三种：

一是历史性保护，即原汁原味地保留，把建筑当作真正的文物保护起来。目前，人们较少采用这种方式，因为当建筑没有被使用时，它腐化起来会更快。

第二种是革命性改造，即将那些没有了文化价值、实用价值和历史价值的老建筑彻底改头换面。

第三种是再生性保护。这类建筑在设计之初，均能较为理想地满足功能要求在艺术、品位与文化内涵上有其独特的影响力与存在价值。但时代更替所引发的改造需求，也十分迫切——例如由于功能的彻底改变或置换引发的改造，由于功能局部调整与重组引发的改造，以及由于环境与文化照应的条件发生变化而引发的改造等。这种改造项目在当前的城市更新中具有很强的现实意义，也是过去数年来章明和原作工作室重点实践过的。

以朱屺瞻艺术馆改造工程为例，章明对“再生性改造”基本原则作出总结：

“就空间组合而言，再生实践的首要原则，是意识到空间并不是以自身的完善作为终点的，它是以更为拓展与包容的方式形成一种从至强到渐弱的过程或状态。”在艺术馆的改造中，三层的梅花草堂扩建是其中的一个亮点。草堂向外延展与东侧平台合为一体，满足日后的多功能需求。为了使整合不留痕迹，原先开敞的平台被一个轻巧的钢结构玻璃体所取代。顶部独特的蒿草中空玻璃，让过滤后的日光带着某种不确定的斑驳影像倾泻而下，暗合了梅花草堂的质朴意韵，更使厚实的实体屋面自然过渡到轻盈的玻璃体量。

在建筑形态方面，可以从艺术馆的改造中体会到另一个重要原则——表皮的处理不仅可以强化或消解体量，限定或延展空间，它使人们对建筑的认知更丰富、完整和直观。它更能传达出技术层面之外的丰富信息。当然，对表皮的理解往往同对材料或材料特性的认知结合在一起。由于原设计受制于有限的材料选择范围，东侧沿欧阳路一侧入口处的连续墙体采用黑色花岗岩饰面，使入口的色彩过于凝重，章明在改造中将其替换为深灰色砂石转角砖对位拼贴。由于角砖的独特砌筑方式形成纵向感的细密肌理，在光影的变化中折射出含蓄内敛的传统文化意味。先前大面积的米白色外墙涂料被浅灰色的砂石砖代替，拼贴方式上强化水平方向的延展感。

经过再生性的改造，建筑本身保留了历史的痕迹，同时也刻录着当下的语境，使城市的历史在流动中鲜活、绚烂。在另一个改造方案里，章明试图利用上海世博园区近代工业建筑遗留下的巨大烟囱，改建后，将它的形态定义为两条不断升腾的曲线。两组螺旋线在塔底与塔顶处通过环

杭州西湖南线景观建筑

中国财税博物馆

形轨道连接起来，形成一组闭合曲线，观光缆车悬挂其上，形成奇特的螺旋状摩天轮。而烟囱内部将形成垂直拔风管道，强大的气流从底部升向顶部，带动风车状的世博光环不断转动，形成风力发电装置，同时也用于塔顶的供电照明和观赏。它是纪念性的，也服务于未来。

首先是教师，其次才是建筑师

建筑师的职业训练，使章明在工程把握、项目操作的环节上都达到了纯熟的程度，而面对当代中国建筑师普遍存在的浮躁心态，他又可以转身投入幽静的校园，在知识和学问的海洋里闭目清修，为自己充电，给自己一个思考的空间。他认为，建筑学的实践性、工程性决定了建筑学的教师教学与工程设计实践的结合。

作为教师身份的建筑师，章明说自己不单纯追求项目的数量，而更看重项目本身是否能激发他的创作热情，业主是否能接纳并实现他的设计理念。“一些仅仅是以挣钱为目的的设计项目目前对我没有很大的吸引力，从这个层面上讲，我就不会被我的工作或者业主所牵制。如果不是一门心思想挣钱就不会一个项目都不放过，很多与我的课程安排有冲突的事我就会推掉不接。毕竟我首先是一个教师，其次才是一个建筑师。反过来讲，在我的教学过程中，我可以结合自己的实际设计经验来授课，可以让学生们更早更多的接触到一些真实的工程，这样课程就不再是纸上谈兵那么空泛。我在设计实践接触到的信息也可以及时反馈给学生，让他们也与时代同步。在国外，很多著名的教师同时也是著名的建筑师。他们会在设计中思索一些问题，然后结合到教学中去，在这个过程中他们自身的责任感也加强了。我想我也是这样的。”（朱妍丽／文）

青浦北菁园之西半间

青浦北菁园之无间桥

建筑实验：当代，跨界和艺术

朱锫建筑设计事务所主持建筑师　朱锫

生于北京。1991年取得清华大学建筑学硕士学位并留校执教，后留学于美国加州伯克利大学(UC Berkeley)，获得建筑与城市设计硕士学位。2001年回国，与他人创建URBANUS都市实践建筑事务所，任主持建筑师。2005年在北京创建朱锫建筑设计事务所，任主持建筑师。

他所设计的深圳规划局办公楼获得美国《建筑实录》(*Architectural Record*)杂志授予的中国建筑奖。2004年获奥运建筑数字北京国际设计竞赛一等奖。2006年应古根海姆艺术基金会的邀请设计阿布扎比古根海姆艺术馆，2007年再次应古根海姆艺术基金会的邀请设计北京古根海姆博物馆。

近年来，建筑师朱锫以其建筑创作与实验，成为少数受到西方媒体关注最多的中国建筑师之一。他觉得，这是因为他的态度，“我永远是在实验的过程中”，“任何一种当代文明都是实验的成果”。他一方面认同库哈斯“当代知识分子无法预知未来”的观点，另一方面又以坚持不懈的建筑实验进行对未来的探索，试图为大众提供一种选择的可能性。

“未来感”几乎被朱锫用来评价自己所有的作品，无论是对“数字北京”，还是对古根海姆在阿布扎比和北京的项目。作为20世纪60年代出生的人，朱锫说，自己从小所受的是忽视个体价值的教育，“但是我认为个体非常重要”，实验性和未来感必须建立在建筑师个体的哲学态度之上。同时，他又强调：“我这个人比较‘公共’，你看我很少做那种特别私密的房子，办公建筑、博物馆、美术馆做得比较多。它们有社会意义，有公共性。我觉得要想让你的个人理念在这个世界形成影响，‘公共’这个词是非常重要的。”

形成属于个体的哲学

“一个建筑师的态度就取决于他对这个世界怎么看，对过去和当下发生的事怎么看，有没有自己一套看世界的方法，也就是所谓的哲学。”朱锫对于建筑与建筑师身份的思考，基点落在“是否拥有属于自己的个体意识”上。他认为，一个建筑师如果缺乏建立在个体独立思考基础上的哲学与方法，他就是随波逐流的。这种观念的形成并非一蹴而就，而是贯穿于他整个的成长与成熟的历程。“好像我从小就觉得个体非常重要”，生于20世纪60年代的朱锫对少年、青年时期的教育背景常有审视与反思。他更不讳言：“我们这代人所受的教育，认为个体是不重要的。”而他则坚持认为，人不应该失去自我，必须要去表述自己跟别人不一样的看法。

朱锫认为，今天中国很大一部分建筑师，都分属于这样两类：“一类建筑师是在中国传统的建筑里找灵感，保持他们所谓的坚强的中国立场；还有一类，他们的建筑在中国范围内看起来做得很前卫、很特殊，但是放到世界语境下就发现他其实是在拷贝别人。他们都是试图在别人的领域里寻找一些看法和答案，而没有属于自己的、当代的设计理念。文明是没有国界的，被人类所共享，当你运用和享受文明的时候，也应该尽可能地用中国的智慧回馈它。你应为世界的文明作贡献，而不是在为前人的文明做补充。”

回溯自己个体意识的形成，朱锫说大学的环境起到了重要的作用：“我们经常听到学校大喇叭里播放广播，让你走出宿舍，走出教室，去锻炼身体，为祖国工作50年。”这种交织着责任感与热情感的氛围，与朱锫追求个体成长、个体成就的内心呼声，形成共鸣。他说，在清华，你能感觉到，学校的教育告诉你“你可以做”，你可以成为一个人才。而“当你把自己所学的知识一点一点地浓缩在一个特定的范畴里的时候，实际上是人从一种无意识变成有意识地开始做什么的时候，

数字北京外观

数字北京局部

你对知识的驾驭度就开始不一样了”。他的大学生活里也充满反思。“我上学的时候设计课分数经常很高，因为我画得好。我是否真正能设计得比别人好？我一直打个问号。我拿高分可能就是我的绘画基础好，我最终呈现出来的图面比别人漂亮，看着比较明确，有一套绘画的方式和表达的方式。”

当他毕业后留校任教，从一个以海绵般态度求学的青年学生，到一个“按部就班”的青年教师，另一个反思与自我质问产生了。回忆两年多的教师生涯，朱锫说，他最大的感受是开始意识到中国的建筑教育有很大的问题，其中一个典型的例子是，他在给学生上设计课的时候，发现课程所使用的一个任务书在 5 到 10 年里，甚至都没有改变过。“我往教室里走的时候就开始怀疑自己，”他对自己的老师说，不想再“毁”人不倦，因为尽管自己上课的时候很多学生都爱围着他，但学生们究竟能从他那里学到什么？

20 世纪 90 年代初，中国社会思潮涌动，表现出改革开放进程发展到一定阶段后整个社会的反思、思想交锋、审美多元。朱锫此时一改大学毕业时“坚决不出国”的想法，觉得必须出国，要去一个前沿的地方，反过来思考中国建筑界所遇到的问题。

然而到了美国，在加州伯克利大学，朱锫很快就发现，自己在清华时赖以获得高分的绘画和画图功底，在这里并非优势，反而变成一种劣势。“表达的方式，对一些问题的出发点突然就全部颠覆了。这种感受让我开始更注重建筑的态度问题、建筑观念、角度问题。”朱锫以自己的经历，比较了中美两种建筑教育的差别：“我觉得国外在用观念教书，国内在用手段教书。中国的建筑教育讲究制作的过程，而国外讲究分析的过程、观念形成的过程。我们的建筑师很容易被训练成工程师，缺少对人与自然的观察能力，失去了自我判断的能力。”为此，朱锫一直呼吁中国的建筑教育一定要进行观念教育。

矛盾的“知识分子”建筑心态

在寻找个人建筑哲学的历程中，朱锫受过不少前行的学者与建筑师的影响。他对于哲学、社会学与城市学的兴趣，很大程度上使自己的观念内部形成多向度的关系，不乏矛盾。在伯克利，朱锫曾受著名城市理论家 C・亚历山大（学哲学出身）的影响，建立了一套关于城市与建筑的理论。

另一个对朱锫影响很大的人——库哈斯，对于知识分子的理论建设则并不热衷。拥有新闻学背景的库哈斯对社会问题非常敏感，一直希望用建筑回应他对社会问题的发现。他认为当代的知识分子无法预知未来。朱锫认同这个实践型的观念，“比如一二百年前的人描述未来城市，到今天没有一个城市是像他们所描述的那样。人都受到所处环境的制约，想预知未来，想建立一套理论，我觉得没意义”。他觉得库哈斯的思路更适合于中国的城市建设乃至于当今世界的城市建设。朱锫在回国之初，就主张先研究，发现城市的问题，提出策略，然后用建筑的、城市规划的方法去实施这个策略，因为，“等你研究清楚了，中国的城市早建完了，你跟不上”。

数字北京局部

矛盾的是，朱锫一方面觉得“知识分子的理论性的东西没用”，另一方面，“骨子里又很想做一些有诗意的，很文化的，很知识分子姿态的那种房子”。他将内心的喜好外化在自己的许多建筑设计上，演变成为他自己的一个观点：建筑回归艺术。

建筑要与当代艺术结合

近年来，朱锫设计的一系列办公建筑、博物馆、艺术馆，引起了国内外的关注。他自称，自己比较“公共”，更倾向于做具有社会意义的公共建筑设计，因为这是让自己的观念形成影响的重要途径。透过这些作品，朱锫想表达的观点，是建筑应该与当代艺术结合。

“今天这个世界太物质化了。当今中国重要的城市发展面对的，就是一个非常表象化的物质文明，但是我觉得建筑应该把很物质化的东西做得更精神化一点，也就是更关注人的文化，更关注中国人的思维方式、中国的人与自然，我觉得这才是根。”建筑之所以应该向艺术学习，因为艺术最核心的本质就是它的真实性。“现在中国的建筑在这个层面做得很差，虚伪太多，真实太少。如果想超越工业社会带来的这种物质文明，我觉得一定要站在一个更根源的地方，从自然的角度，重新来解释建筑。”

在朱锫看来，当代艺术具有很强的批判性。许多人认为建筑实际上应该解决物质手段、物质环境的问题，但他觉得，中国城市出问题，恰恰是在精神层面上的。为此，朱锫选择从当代最前沿的东西里学习，同时采用中国人的哲学观念，试图以“特别本源”的做法，去做一些有益于当今建筑与城市文化的批判。这就使他本身成为一个充满实验精神的建筑思考者。

建筑实验的意义在于它所提供的差异性。基于这个观点，朱锫并不认为自己的建筑要还原到大众文化层面上。“要有差异。你怎么让大众有选择？你要提供给大众一种可能：选择的可能、改变观念的可能。也许改变不了，也许有些人会喜欢，我觉得这很有意思。这是一个世界发展的动力。”回国之初，朱锫曾与几位同是清华毕业的朋友共创“都市实践”设计事务所，后来最终分开，他觉得原因也正在与自己对建筑实验的态度。“因为我想做一个比较极致的工作吧——我认为任何一种当代的文明都是实验的成果，实践的层面更多地解决的是一些基本问题，但实验的层面是在探索。有些人说中国的实验建筑已经死亡，我认为‘实验’永远都存在，特别是以我的经历，我永远是在‘实验’的过程中。”

在朱锫看来，如果建筑师想要保持在前沿，就要尽可能地用实验的方法，而不是反过来通过经验来指导实践。设计2008年北京奥运会控制中心“数字北京”，他的合伙人吴桐就是一个非建筑专业的伙伴，有着艺术与平面设计的背景。朱锫在创作时，回忆起了20世纪90年代初在纽约现代艺术博物馆举办的一个“微芯片图解”展览，他便以信息革命对建筑带来的影响为思考基点，经由各类芯片的形态取得灵感，使用普通的玻璃和石头，设计了一个能够承载高科技内容、充满力量的建筑。在外观上，这座建筑更像是一个表达着当代隐喻的装置艺术。“数字北京”在国外受到关注，支持与批判的声音并存。对此，朱锫认为，它“试图表述一种当代中国、而不是传统中国的东西”，它更重要的是想体现中国城市或者中国人的一种当代性。“如果你要拿‘数字北京’跟‘鸟巢’、‘水立方’比，另外两个你会觉得它很漂亮，很特殊，很有装饰的效果，‘数字北京’没有。它可以说是一个近乎于裸体的状态，但很勇敢，这就是我，就站在那儿，没有任何过渡。我就是要做一个不是建筑的建筑，我就觉得这个建筑应该很有能量，能反映中国国情，所以它没有任何装饰。也有很多人攻击它，但是我仍觉得它很勇敢。”

阿布扎比古根海姆展览馆模型

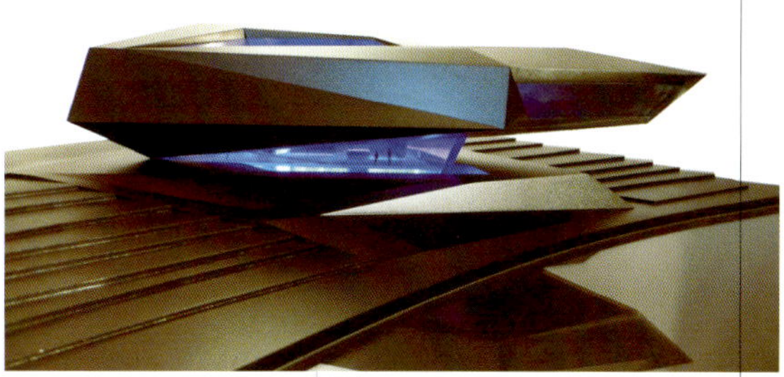

阿布扎比古根海姆展览馆鸟瞰

“欢迎所有人”的空间

2006年底，朱锫受到古根海姆基金会的邀请，在阿联酋阿布扎比萨迪亚特岛打造文化艺术区的计划——受邀的10位建筑师中，包括扎哈·哈迪德、弗兰克·盖里、安藤忠雄、让·努维尔等世界著名建筑师。为什么受到邀请？朱锫觉得，因为自己一直以来态度鲜明，设计比较一致，不是在实践的层面上，而是在“实验”层面上。最终，朱锫的方案在众多名建筑师中脱颖而出。

在设计中，朱锫的目标是为当代的艺术展示空间塑造一个绝佳的环境，有面向未来的态度，并尊重当地的气候。海湾城市阿布扎比气候夏季炎热，冬天寒冷，当代人需要建筑既在夏天提供大片阴影地带来庇护自己，也需要在冬天享受到向阳光敞开的空间。朱锫吸取了当地建筑与城市应对自然的智慧，设计出一个犹如“外来飞行器”的“漂浮空间”，充满未来感——结构概念来自鸡蛋壳，使整个建筑没有柱子，完全靠三角形的面构成特殊的空间支撑，为地面提供阴影，而屋顶又可以成为第二地面 。

深圳规划局办公楼外立面

木棉花酒店外立面

设计中还有特别重要的环节，即创造一些“给人待的空间”。朱锫认为，博物馆最大的一个特征就是，它欢迎所有的人，让所有人没有任何障碍地进入其怀抱，得以放松地感受艺术环境，并随意交流。以阿布扎比项目来说，他设置了一个汽车入口，两个为步行者准备的入口。步行入口比汽车入口低将近 4 米，人们将沿着美丽的河道走上一个坡道，一路上看到这个建筑，最终走进建筑。“建筑里面还是坡道，一直到屋顶，人们可以看到周围的环境。这是一个特别连续的线索。”在建筑内部，包括在展览的过程中，朱锫也设计了许多特殊的、休息的地方。也许人的坐具恰恰也是一个展品，这样，人就不是被动的，他获得的是整个的体验过程，还可以在馆里待上一段时间。

这个方案被评价为“INVISIBLE”，朱锫在自我评价的时候，则认为，它在观念层面上，体现了某种中国传统环境观。同时，这座建筑又是属于阿布扎比的，属于它的未来。回溯创作动因，朱锫说：“我们今天的建筑最终都呈现成为一种形式，这种形式如何与其所在区域的文化、气候、自然发生关系，这是我最感兴趣的。我认为这正是原创的可能性之所在。”

因阿布扎比项目得到肯定，朱锫受邀设计古根海姆博物馆（北京）项目。他说，两者最终呈现出的生存状态将会完全不一样。在他的预计中，位于北京的古根海姆博物馆尽管也会很有未来感，但将不会有特别地自我标榜，将有着东方的内敛。

朱锫说，自己和自己的事务所今后还将以“当代、跨界和艺术”为方向，努力工作。他说：“我但愿我们的建筑师、艺术家能有一个自觉，这个自觉就是在一个强大的物质环境下，让人通过你的艺术作品或者建筑，能开始欣赏、释放内心的自我。这就是我希望参与到这个行业里的人应做的事，而不是在这庞大的物质世界里变得狭隘。”（小冬　李威／文）

岳敏君美术馆（效果图）

岳敏君美术馆（效果图）

岳敏君美术馆（效果图）

“思考型的实践”或“实践型的思考”

香港大学建筑系助理教授　朱涛

1969年出生。重庆建筑工程学院建筑学工学学士，纽约哥伦比亚大学建筑学硕士、建筑历史与理论哲学硕士、建筑历史与理论哲学博士候选人；香港大学建筑系助理教授；ZL建筑设计公司（ZL Architecture, P.C.）设计主持。

朱涛近年来在建筑评论界十分活跃，试图推动建筑评论在现代化进程中起到更积极的作用，并在建筑史及建筑设计课程中进行更新；曾参与或主持的工程项目有深圳文锦渡长途汽车客运站、四川华存希望小学等。

近年来，朱涛以活跃的建筑评论引起建筑界及社会层面上的关注。与此同时，他在实践和理论建构、阐释方面也着力甚大，走上了“实践、理论、批评三结合”的道路，朱涛说，这是因为自己作为一个建筑师，希望实现一种“思考型的实践”或“实践型的思考”。在“现在中国建筑评论还处在一种贫瘠状态”的大环境下，他试图推动建筑评论为社会的现代化、走向公民社会起到更积极的作用；在教学过程中，他以独特的切入与整合方式讲授历史，反思上个世纪的建筑发展；在建筑实践中，他则十分关注如何以明确的手法来协调建筑的形状、空间和建造等诸多系统之间的关系，关注一栋建筑如何能成为一个具有高度整合性的构筑物。

建筑，这么远，那么近

朱涛“发现”建筑并与之建立起联系，开端产生于一个丰富的语境里。因为母亲是一个图书馆的馆长，高中时朱涛常常在晚上以做功课的名义，在图书馆里随意读书。他渐渐觉察到，建筑学的确如“听说”的那样，是一门综合性的学科，融合了人文艺术和科学技术。考入重庆建筑工程学院后，文学作品更是成为他最重要的精神滋养。这在20世纪70年代末到到80年代的建筑系，是常有的现象。“比如我的前辈校友刘家琨，他是20世纪70年代末在重庆建筑工程学院读建筑的。你看他当年设计建筑乃至现在写建筑，都是很文学性的。”后来，朱涛与许多诗人、评论家都有交往，像朱大可、翟永明、欧阳江河以及北岛。他说，他感觉与这些比他大了一辈的朋友们精神上要更加接近。

1990年，朱涛大学毕业后先后到成都西南设计院及其上海分院等单位工作，而后又到深圳和珠海做了几年设计。回忆那些年的建筑实践，朱涛觉得，“就是在粗浅的层面上磨炼技艺、手法”，也积累了宝贵的社会经验。“记得我24岁到深圳时，每晚都在加班狂画各种超高层建筑，深圳的、海南的、北海的……”看似疯狂的工作速度背后，是对泡沫经济的初次体验，真正实现的设计并不多。不过，真正让他“灵魂深处爆发革命”的，是与他当时十分推崇的日本建筑师矶崎新的近距离接触。他说服珠海规划局邀请矶崎新为珠海南部横琴岛的南滩做一个开发规划。没想到，本来很简单的一个推山填海的房地产开发项目，在矶崎新手里“彻底搞大了”——矶崎新因发现珠海地处亚洲中心，于是乌托邦热情大发，开始构想一个海中的人工岛，取“海市蜃楼”之意，叫“海市”。朱涛作为珠海规划局和矶崎新之间的协调人，亲见这场方案构想的戏剧化发展过程。他说，尽管矶崎新对城市乃至政治经济的构想实在太幼稚，但他那种乌托邦式的磅礴热情，在当时不失为很大的震撼。

实际上，朱涛本人对于乌托邦与建筑空间的情结并不是偶然的闪现。1993年，他自己就曾策动这种讨论。他为同是毕业于重庆建筑工程学院的建筑师汤桦在上海美术馆策划了一个名为“诗意的栖居”展览，展出许多纸面建筑，带有明显的时代烙印。与此同时，他和文艺评论家朱大可还曾在上海的一个小旅馆里，组织了20多位画家、建筑师、音乐家和摄影家等，包括何多苓、翟永明、钟鸣、刘家琨、刘小枫等，召开了一个名叫“21世纪新空间”的研讨会。

早在大学时，朱涛就对哥伦比亚大学建筑学院很感兴趣，翻译过哥伦比亚大学建筑学院院长Bernard Tschumi的书。1998年，他如愿踏入哥伦比亚大学，先是读了三年硕士，继而自2002年始攻读历史和理论博士。他硕士时期的教育，是意在培养“前卫建筑师”的，朱涛自己也全心全意认可这种理念。然而，当进入博士阶段的学习后，他发现，硕士阶段的教育有许多幼稚和片面的地方，而“从建筑历史和理论中获取的营养，可以很好地帮助我思考当下的中国建筑现象”。

偏离，或者说回到正轨的教学

在纽约，朱涛与祝晓峰、张轲、李虎、黄文菁、赵仲贵、王辉、孟岩等青年建筑师一起形成了一个叫“建筑同志”（Archicomrades）的圈子。时值国内设计工作机会众多，人们陆续都回国了。朱涛说，其实他每年夏天和冬天也都回国做设计，但在“大好形势”下，他也心生犹豫——“如果思想不够清晰、不够坚定的话，在现实中很快就会失去评判自我的高标准，就很容易做平庸的东西”。在纽约，毕竟还有国际性的标准在，不如借读博士的时机，再保持几年的距离。因为哥伦比亚大学的博士制度是没有学习年限的，就读期间还可以在美国25所加盟的大学里无限地免费听课，朱涛因此变成一个疯狂的学生，到处听课，再加上纽约层出不穷的各种展览和讲座，让他渐渐产生一种反向的觉悟——“以完全无防线的心态去接受信息爆炸，可能会把一生都耗去了。我现在需要静下来涵养一些由内至外的东西。”

深圳文锦渡长途汽车站综合大楼

离开纽约，朱涛的下一站是到香港大学去教书。“对我来说，我内心一直是想做建筑师的，只是人生每一次选择都使我原来的方向偏转了几度。而这种‘偏转’的经历恰恰使我对建筑历史和理论越来越有深入钻研的兴趣，看一些建筑实践的问题也越来越能有一种不同寻常的角度和深度。通过教学，自己也能更仔细地想很多问题。”而之所以选择香港大学，除了对香港的地缘政治、经济和文化感兴趣，也是为了更好地整理思路——如何在21世纪的今天反思上个世纪的建筑发展？如何在一个极其关注现在、但历史意识淡漠的环境中讲述历史？如何在一个多文化碰撞的地方讲述“世界”建筑史？更进一步，如何能在香港与内地的微妙距离间设置一种“批判性的张力”？

在香港大学，朱涛同时教授建筑历史和设计两方面的课程，并探索新型的建筑史课程。他不用固定教材，自己准备讲稿，安排学生读的不是诠释历史的通史类的书，而是历代建筑师自己写的宣言、批评和阐述文章等第一手材料。他尝试不单纯从编年史的角度讲建筑史，以“20世纪现代建筑史”为例，“讲1910年代意大利的未来主义思潮，宣扬建造全新的机器文明和城市，这种思潮一方面是编年史中的一环，另一方面又是一个特定的文化主题，可以跨越时代，一直讲到今天的中国，更具体讲到香港疯狂填海、高速度地进行开发……一个纵向的贯穿性的历史”。朱涛觉得这样讲很过瘾，学生会发现，人类的历史经常表现得像是“有限的几个主题不停地在重复”。

设计课上，朱涛更强调教学生基本的建筑语言，尽可能地简化建筑的命题，在一定时间内专攻某一个方面。他将运用建筑语言能力的培养视为建筑设计教育的基石。在这个层面上，他说自己在教学中几乎可以称为一个“形式主义者”。朱涛认为，当下建筑师有两个方向的危机——一是完全不关心社会，仅仅沉浸在“非常自我的空间趣味中”孤芳自赏；一是宣称关心社会，但实际上囿于自己的小圈子，并不能直接为社会做出什么“参与性贡献”，靠空洞的社会关怀姿态来包装低质量的设计。作为一个教师，他觉得，如何在建筑教育中帮助学生避免将来迅速滑向这两种困境，是很大的挑战。

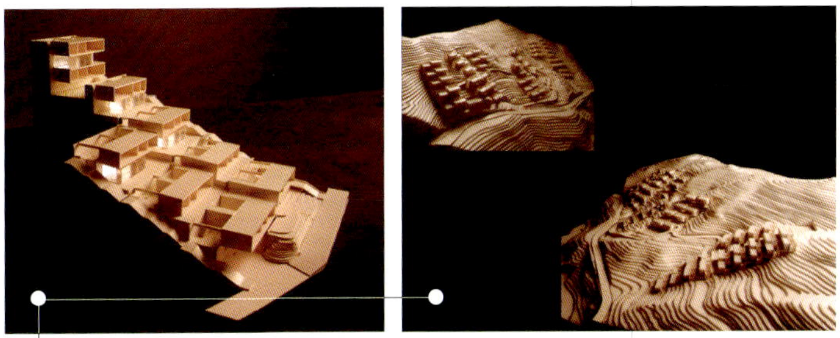

深圳大梅沙海滨集合住宅设计模型

中国建筑评论的贫瘠与建筑史学的重要性

2000年，朱涛开始写建筑评论。当时他还在哥伦比亚大学读书，每年只有假期可以回国做设计。当互联网的力量蓬勃壮大时，他意识到，自己更有效地参与中国建筑的方式，是写作而不是设计，而且在纽约，获取各种信息的渠道更多。另一个原因，是因为朱涛在攻读博士学位期间所受到的建筑史和理论训练，让他对中国建筑的状况有了新的思考和认识。

朱涛将建筑评论分为两类：一类是探讨建筑学本身发展的评论，一类是探讨建筑学跟社会之间关系的评论。前者读解建筑学的内在价值，后者则读解建筑学跟社会之间界面的关系。“当然，这样分纯粹是为了方便起见，实际上是很复杂的。”

对于建筑学内在价值的评论，需要对建筑学本身有精神的认识，才能阐释清楚何为好的建筑，包括其空间质量、形式语言的创新程度、建造的手段等因素。“就像美术评论，如果不懂美术史中形式语言和观念的演变，就不可能成为一个好的美术评论家。”朱涛认为，现阶段，中国建筑评论界能细腻准确地读懂建筑学、建筑作品的评论家其实少之又少。

对于建筑学与社会之间关系的评论，同样需要对建筑史、社会文化发展史有深刻的认识，才能着力这个界面上的各种问题。如建筑学在当今中国现代化进程里能起到多大的社会作用、文化作用？要建立一个公民社会的话，建筑学在空间维度上能作出多大贡献？

“中国建筑评论还是处在一种非常贫瘠的状态，从大众评论到学术评论都是这样。”朱涛坦承自己的观点，他觉得根本的原因在于这两类评论没能建立在对建筑历史发展的认识的基础上。“其实，在我看来，大众建筑评论和学术评论的区别更多在于界面上，比如语言上是否通俗易懂，背景知识需要介绍多少等。我们要真正处理的难题不是业余和专业分工的问题，或者面向什么样的读者的问题，而是如何把评论写好的问题。”

在朱涛看来，唯一能让人们坚定清晰地做任何价值判断的基础，是建立在历史性的价值判断上的。“如果对建筑的历史发展是盲目的，就根本没有办法评论。”为了使“历史”在人的判断中能够起到更可靠的作用，朱涛在关注建筑史本身时，也十分注重历史的阐释学——“在历史之上，我们还有一部历史学的历史。我在教学生历史时，还特别注意介绍针对同一历史现象不同史学家不同的阐释。知道了这些，就能掌握更丰富的解读建筑史的角度和立场，就为形成个人对建筑历史和当下现象的思考创造了可能性。”

营造空间的社会意义

近年来，朱涛越来越关注一个问题：建筑评论如何能对这个社会走向现代化、走向公民社会

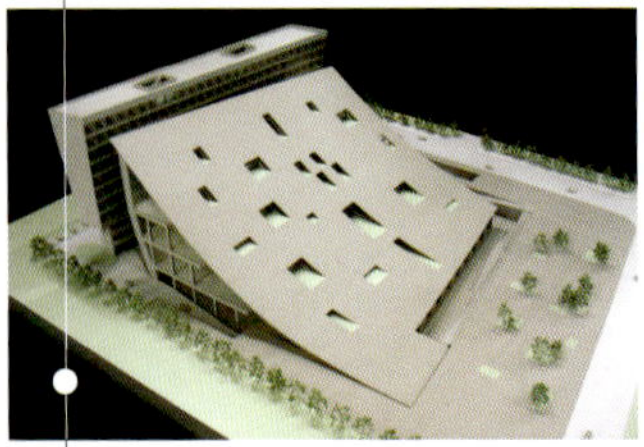

深圳土地交易中心设计竞赛方案（效果图）

深圳土地交易中心设计竞赛方案模型

起点积极的作用？他深感国内的民众在不直接牵涉个人利益时，很少意识到空间的问题。反映在建筑上，中国建筑师哪怕设计几十万几百万平方米的住宅，面对的也只是发展商，真正的使用者对建筑师而言是虚无缥缈的。

他以成都的美国领事馆为例，领事馆墙外的人行道被封掉了，行人必须在车道上绕行一段。朱涛曾亲见刚签证出来的学生，兴奋地想赶快过马路到对面去告诉家人，但路上车辆很多，几次差点酿成车祸。在他看来，如果是有公共意识的评论家看到了这种侵犯城市人行道的行为，应该立刻意识到这是对公民空间权益的一种侵犯。

反过来，朱涛在香港时代广场观察到一个现象：以前游客想在门口花坛边沿坐一下，保安会过来阻止，大家以为那可能是私有场地，所以也无怨言。后来，报纸披露，时代广场的开发商曾与政府有过协议：政府允许开发商多修一部分建筑面积，而作为回报开发商应开放地面广场部分，使它成为公众可以逗留的空间。消息一传出，许多市民马上到广场去坐，一些旨在捍卫公共空间权益的活动家甚至搞起了行为艺术，以量度这“公共空间”到底能“公共”到何种程度？而商家，则不动声色地为市民提供一些半艺术装置、半坐椅式的坐具。“这就体现了一个公民社会的特征”，朱涛说，有空间意识的建筑评论家应该对此类现象敏感，去重视这些了解、珍惜自己空间权益的人的价值。

作为建筑评论者，朱涛在评价具体的建筑设计时，最重要的标准是建筑含义的丰富性和建筑语言的整合性。而作为一个实践中的建筑师，他认为，建筑设计意味着为人们的生活提供空间平台，为人们的文化提供表现形式。比如，他所设计的深圳文锦渡长途汽车客运站是一个综合型的项目，有复杂的、三维叠加的人、车、物流和商业、办公、居住设施等。在极其狭窄的用地上，面对周边芜杂的、毫无特征而言的城市环境，朱涛试图以一种有力的姿态达到对城市周边环境的重组——通过一个具有高度整合性的体量，对内有效地容纳多样的空间和功能，对外则建立起一种鲜明的可识别性。

而在他与建筑师李抒青合作的四川华存希望小学项目中，在造价极低、必须使用当地材料和工艺的条件下，仍努力尝试做一些非传统性的探索。“比如针对四川潮湿、多雨雾的气候，我们坚持在宽走廊内部设置上下贯通的自然采光、通风井。”在朱涛看来，关注“形式”其实是关注如何能以明确的手法来协调建筑的形状（几何学）、空间（全身心体验和功能使用）和建造（结构、材料、工艺等）等诸多系统之间的关系，关注一栋建筑如何能成为一个具有高度整合性的构筑物。他认为，这是衡量一个建筑作品是否具有“艺术性”的最重要标准。

（小冬　赵夏榕／文）

深圳大梅沙海滨集合住宅设计模型

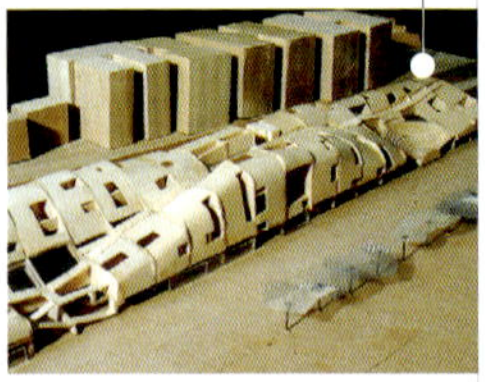

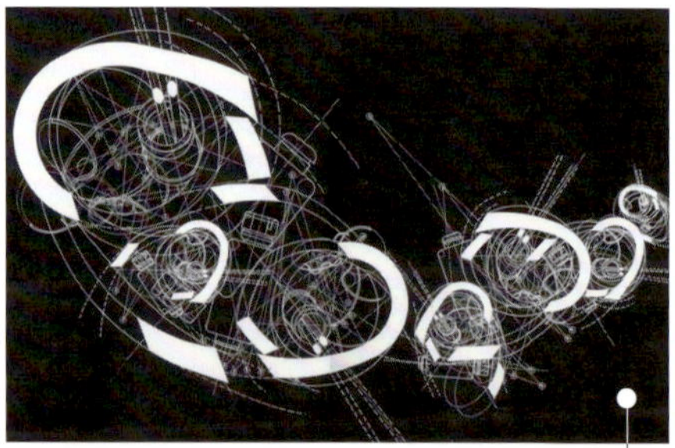

朱涛哥伦比亚大学建筑研究生院硕士毕业设计1999-2001

有些东西是一直不变的

大舍建筑工作室

柳亦春（右）

1969年11月出生，1997年获同济大学建筑与城市规划学院建筑学硕士学位。1997至2000年就职于同济大学建筑设计研究院。2001年成立大舍建筑工作室。

庄慎（左）

1971年3月生，1997年获同济大学建筑与城市规划学院建筑学硕士学位。1997至2000年就职于同济大学建筑设计研究院。2001年成立大舍建筑工作室。

陈屹峰（中）

1972年出生。1998年获同济大学建筑与城市规划学院建筑学硕士学位。1998至2000年就职于同济大学建筑设计研究院。2001年成立大舍建筑工作室。

大舍建筑工作室的代表作有：广东省阳江市海韵居、江苏省昆山市三连宅、上海市张江高科技园区管理中心、青浦新城区夏雨幼儿园、广东省东莞理工学院电子系馆、计算机系馆、文科楼等。

“大舍建筑”这样为他们的名号释义：大，大象人形，尊词；市居曰舍。由此可见他们对于市居，对于建筑，心中怀有的崇敬之情。这几年来，“大舍建筑”坚持务实认真的态度，依照自己的喜好，有选择的完成了一些建筑作品，虽然从体量上来看，这些建筑并不大，但在社会上却引起了不小的反响。他们应邀参加了国内、国际知名的专业展览，个别作品还获得了国际的奖项。面对这一切，“大舍”的心态很平和：“我们不必好高骛远，因为我们已经知道有些东西是一直不变的。”

三人行，不必有师

“大舍建筑”的主创建筑师是柳亦春、庄慎和陈屹峰三人，他们有着极其相似的求学和工作经历：都毕业于上海同济大学建筑系，获得硕士学位，又一起工作于同济建筑设计研究院。因为有着相同的教育背景和工作经历，又同样痴迷于建筑设计，更重要的是他们都觉得自己不适合设计院那种按部就班的工作模式，这才萌生了创立一个自己的建筑设计事务所，给自己一个自由空间的想法。

“我们并没有想过要把‘大舍’发展成一个多么大的设计机构，只是希望有一方我们自己的天地，做点自己喜欢的东西。”也正是这种难能可贵的平常心，让他们不必远离尘世的喧嚣，也就有更多的时间去设计和思考，让自己成为更加关注建筑基本问题和实际问题，能让社会广为接受的职业建筑师。

谈到三个人的分工协作问题，他们说：“因为有足够的默契，我们之间不需要什么明确的分工，也没有主次之序，完全是共同完成作品。”谦逊却不矫饰，坚定但不招摇，“大舍”的三位建筑师，就如同他们手下的建筑作品，用一种温和的力量打动人心。

关注现实与传统，和谐自然与环境

他们说：“建筑的语言是丰富多彩的，而每个建筑师最终都会有自己最擅长的一种。事实上我们可能还处于成长积累的阶段，但我们已经知道我们未来的语言该怎样打动人心。”

青浦私营企业协会
办公大楼

在提及建筑风格的追求时，设计师很诚实地回答说："我们并没有追求一种非常鲜明的形式或风格。一来是因为我们有三位设计师在做设计，二来我们也不刻意追求一种形式上很符号化的东西。"

因为同时有三个人作设计，因此人们很关心他们是不是会出现观点不同而无法继续深入的情况，但实际上，三个人的配合似乎一直天衣无缝，甚至有时候会不谋而合。这不仅仅是源于他们对设计同样的一份热情，更多的是支撑这股热情建筑理念。这种理念，便是对现实和传统的关注。正如他们自己所说的："我们关注环境整体风格，这个原则来自我们对一些传统建筑的关注。以前我们传统建筑的营造有一定的法度，但没有固定的样式。所以我们现在做的项目都会追求这样一种建筑和环境的融合。幼儿园中，我们注重小房子之间的关系，小房子和围墙之间的关系，这个关系我们认为是很重要的。可能我们建筑的形式有多变的样式，但是从某种意义上说，我们有一致性的东西在里面。这是我们三位建筑师所公认的。"

他们认为，关注传统并不一定是简单的形式。虽然他们平时对江南的园林、民居院落都非常感兴趣，在建筑设计上也多会用到这种手法，但还不能说找到了一个百试不爽的原则，或是找到了一种可以跟传统相连的捷径。在大舍建筑的作品中，我们看到，每一个作品都或多或少反映出一点传统的味道，或者是传统建筑材料的运用，或是江南院落空间的营造，手法有多样，但重视传统与现实结合的特点却始终没有丢。我们相信，也许有一天，当大舍建筑真正成熟壮大的时候，也许会形成一种自己的品牌风格，但这种风格的诞生，一定是在潜移默化中形成的，并非先入为主，而是自然而然。

婉约无痕，江南情结

青浦私营企业协会
办公大楼

"大舍建筑"的三人中，庄慎是江苏吴江人，陈屹峰是江苏昆山人，柳亦春虽说是出生在山东，但也成长在南方。于是，在"浅潴波光云影，小桥流水人家"的江南文化的熏陶之下，三人的建筑观和设计观也被赋予了一种细腻委婉的气质。正是这种气质的支配，使他们的作品多多少少都隐喻了一点含蓄的味道，变得更加耐人寻味。

也许恰恰是因为这个"江南情结"，"大舍建筑"的作品几乎都集中在江南地区，并且在建筑面积不大但空间层次丰富的小体量建筑的设计上更胜一筹，这一点，人们可以在他们几个比较优秀的设计作品中体会到。

上海青浦区夏雨幼儿园就是这样的一个成功案例。幼儿园共有十五个班级，每个班都要求有自己独立的活动室、餐厅、卧室和室外活动场地。设计师将教师群和教师办公及专用教室部分分为两大曲线围合的组团，分别围以一虚一实的不同介质：班级教室部分的曲线体是落地的实体涂料围墙，办公和专用教室部分是有意抬高并周边出挑的U型玻璃围墙。

在班级单元的设计上，活动室全部设于首层，卧室则被覆以鲜亮的色彩置于二层，卧室间互相独立并在结构上让其楼面和首层的屋面相脱离，强调其漂浮感和不定性。设计师采用和很多迂回曲折的走廊和上下穿插的楼梯来打破单元体块过多所形成的呆板和单调感，营造出很多亲切温馨的小尺度空间。

天江鼎城商业街坊坐落于重庆渝北区天江鼎城居住区内。这个方案最大的成功之处就在于建筑设计结合现有地形，并结合项目自身的功能特点，进而演绎一个个具有场所感与地方特质的新"地形"——起伏的多层次街道空间建筑的形象在城市的尺度内最终以一个具有整体感的聚落形态出现，建筑沿内街则强调近人的亲切尺度和丰富复杂的商业氛围，结合不同类型的商业空间，允许其自身因为商业模式的不确定性而变化，这也将是其未来的魅力所在。“大舍”成功挑战了这个设计中的地形高差问题，打破了商业街传统意义上“街道”概念，变成了集购物、休闲、娱乐于一体的空间组合。

青浦区私营企业协会办公楼是大舍的一个获奖作品，这个方案同样源于对“园”的概念的解析构成，使千步泾两岸的幼儿园和这座办公楼以不同的表现形式刚柔相济、相得益彰。在一个正方形玻璃围墙后的体量变化以及所产生的具有园林意蕴的现代化办公环境，是这一方案的重点。而来自同三高速公路的噪声也因外围的玻璃“围墙”得以缓解。走入建筑或庭院内部，不同材料如冰裂纹的丝网印刷玻璃、木材、石材所给人的感染力，是这座办公楼所展现的现代气质所在。在建筑材料的选择上，设计师煞费苦心，想过用玻璃，用混凝土加玻璃，但最后还是回到玻璃上来。就是这样一个简单的玻璃的对比，产生了柔和的感受，使建筑在没有任何江南园林的元素点缀下，营造出一种中国园林的隽秀和柔美。

青浦夏雨幼儿园

从兴趣出发，打造精品

“大舍”建筑成立以来，并不像一些商业性很强的事务所，逢案必接。他们所做的项目都经过了仔细选择，虽然数量并不很多，但完成后每个都堪称精品。在谈到当今社会上很多设计师都被房地产开发商所收买，成为生产商品化住宅的机器，设计师只是淡淡一笑说：“我们所接手的一切项目，都必须是自己感兴趣的。”正是这句平淡的话，展现了一种淡定宁静的心态，这种心态，也许正是在当代这个消费主义扩张的世界中，很多建筑师所缺乏的一种坚持，一种能够让人踏实下来，真真正正去做一些设计的坚持。

提及住宅，可能有很多建筑师很久没有去好好推敲形体，玩味空间了。中国的设计住宅市场上，出现了太多千篇一律的“火柴盒”，索然寡味的住宅楼加剧了人们的审美疲劳。然而，我们从“大舍建筑”的作品中，看到了一抹欣喜的闪光。

“三连宅”是他们作品中比较成功的一个案例，在毗邻淀山湖的一片别墅区内，建筑师为三位朋友设计建造了一栋有别于周边其他尖顶样式的房屋，供他们有时在此居住或工作。两层的小楼分别由四段横墙和四道纵墙限定出首层公用的厨房餐厅、工作室和二层的三个独立的居住单元，开放的底层的四段横墙对应的都是被划分开的有限视野，而看似有限的二层四道纵墙，限定出的都是看得见湖景的开放视野。院子是自然形成的，有数种形式，它们在一层是连通的，在二层则形成了三个分开的天井。院子在靠工作室一侧整齐地种满了竹子，这些竹子是调节内院尺度和气质的重要空间元素。

青浦夏雨幼儿园

建筑虽然放弃了类似周边房屋的多数人喜爱的坡顶别墅形式，但外墙材料还是采用了相同的片石和白色涂料的外墙。片石是贴上去而不是砌筑的，这和周边房子的做法一样，也是现在中国人盖房子的习惯做法，有所不同的是在片石贴面墙的端头有意清晰地表露了这种“粘贴”的表面特征。

建筑一层包括楼梯踏面均采用了传统江南民居厅堂里常用的方形灰砖，这种灰砖同时也被作为一种面层材料运用到了一些简单家具上。二层卧室的地面铺的是竹地板，而卫生间的地面和墙面则仍然采用了温暖且富于触感的灰砖材料。虽然只是一栋小住宅，但设计师仍然花费了很多心血，关注人的舒适度，关注人的需求感。正是因为有了这些关注，才能营造出一个充满灵性的人性化的建筑空间。

在广东省东莞理工学院电子系馆、计算机系馆、文科楼的设计中，“大舍”显示出了对于学校教育建筑的巧妙理解。由于基地坐落在东莞松山湖新城里绵延起伏的丘陵地带，山丘上长满了荔枝树，山坳则是天然的水塘。“理工学院的电子系馆、计算机系馆和文科楼被选址在一个高约 20 米的山丘周围，为避免巨大的建筑体量将地形吞噬，山丘朝向东北侧水面的一侧被敞开，以保证至少通过这个敞开面还能看到原来持续的地形。电子系馆呈直线形体量布置在山丘的东南侧；计算机系馆则以转折形体围合了一个小的内院——该建筑布置在山丘的西南侧，和学院的综合教学楼隔山坳平行相对，文科楼则以一个正方形的架空方院形态布置在山丘的西北侧。”

三栋楼以不同的方式，建立起与地缘的关系。其中，以文科楼进深最大，场地高差大于 7 米，“大舍”将文科楼首层的建筑半插入山体，使建筑的部分体量成为地形的一部分。“因为地势的原因，首层建筑仍有两面是开敞的，并面对很好的池塘景观，其他部分则通过一个 L 形的内院采光。首层屋顶在起伏的地形中形成了一块开放的平台广场，上部建筑则呈正方形围合并架空在平台层上，这样内院、围廊、平台共同形成了一处具有中心感的公共开放空间。”由于建筑体量得到有效化解，“当视线穿越架空层而停留在后面或远处隆起的山坡上时，人们大致可以想象或回忆起这处地形原本的模样。”

“大舍”在三个设计师手下一天天成长，有瞩目的成就，也有辛酸的曲折，正像青浦的那座玻璃房子，静谧的外表下，虽然充满了很多建造过程中留下的未必如意的处理，但这仍不妨碍它的整体完美性。在他们平淡的叙述中，没有太多的语言张力，甚至看不到任何他们思想的波澜与权衡方向的痕迹——一如他们的建筑。但思想往往藏在宁静的背后，而思想者反而是沉默的。（宋妍丽／文）

重庆市渝北区天江鼎城商业街

浙江省嘉兴市翰林府第住宅区

独立思考，问题实践

"未名空间"主持建筑师　李静晖

1971年生于甘肃，1993年毕业于西北建筑工程学院，获学士学位。1993至2001年在中科院建筑设计研究院任建筑师。2005年获北京大学建筑学研究中心硕士学位。自2006年起，为北京未名空间建筑设计有限公司合伙人。

建筑作品有国家天文台兴隆观测基地综合楼、清华核能研究院职工餐厅、国林系统家具有限责任公司展厅及环境设计、北京亦庄BDA国际企业广场、北京亦庄BDA国际企业广场售楼处、望京绿色公园规划及单体设计（实施方案），广西南宁八大处园林示范区1号园等。曾发表文章有《对话：艾未未／未名空间》、《对话：董豫赣／未名空间》。

"发现问题，揭示问题，想办法在自己的能力范围内解决问题，这就够了。"李静晖算是个"问题青年"。大学时代起他就问题多多，看了教学片，听了老师的点评，参加了讨论会，一边解惑，一边却又"结"惑。毕业进了设计院，"对建筑设计与社会体制的关系产生的各种困惑想不清楚"，甚至开始怀疑"社会为什么还需要建筑师这个职业存在"。北京大学的三年沉潜，他"将建筑实践与社会发生关系的基本立场最终定位为一种批评性的实践方式"；创立工作室，不仅是回归建筑实践的必然选择，亦是希望建立一个思考和发问的平台。他说："我们做建筑的方式更类似于一种问题实践。"即是根据不同的项目特点，找到不同的问题作为切入点，根据项目的进展对找到的问题做出分析解答。

建筑：无限可能性的世界

在李静晖的回忆里有这样一个画面：还在读小学的他到父亲工作的单位去玩，一个人沿着钢梯，在体型巨大的球型储气罐表面爬上爬下。在球罐的顶上，周围的一切看起来都跟平常时不一样了。"这可能是我对物体尺度和空间感觉的形成最早的强烈记忆。"李静晖说。当他听父亲讲解那些钢球是由巨大尺寸的钢板分块无缝焊接成，他觉得神奇极了。"我对制造精确的器物总是非常偏爱，觉得有一种说不清的质量和美感。"也许，这种偏爱的源头就来自于这段最初的对形式与空间的体验。

李静晖少年时期另一种美好的体验来自于收集画片。上初中的时候，李静晖就把这个爱好扩展为去了解挂历画片上的中外作家，去学着画画，去阅读跟那些画家有关的书。后来，一个做画家的亲戚告诉李静晖，学建筑也能画画，比如一位叫杨廷宝的老建筑家的水彩画就非常厉害。想到专业能与艺术、与画画有关，李静晖便报考了西北建筑工程学院建筑系。在那里，他觉得自己最大的收获是对建筑真正产生兴趣，而且在比较宽松的环境里获得了很大的自学和独立思考的空间。

"有一件事对我影响特别大，就是二年级的时候看一部叫《建筑走在十字路口》的录像，是C·詹克斯策划的建筑师采访系列。我第一次感到建筑可以有这么多可能性，可以具有这么大的社会效应。"他也碰到让他当时完全搞不懂的问题，如为什么片中的建筑师都对现代主义提出了批判？什么是现代主义等。于是他将此作为自己读书和思考的一个方向来加以学习。"有一位教我们设计的李岩老师对我影响也很大。"李静晖说。这位老师在评图的时候，常常就着学生的设计，联系许多建筑史中的作品和事件来讲。"他不是直接告诉你做得对还是不对，而是从你的一点想法里引申出许多可能性。"他发现老师常常说出许多自己听不懂的东西，跟着就"按图索骥"般地到图书馆去查资料。这让他一方面开始认识到，建筑设计需要放到建筑历史中去考察；另一方面，"我认识到做建筑师是需要有很多知识的，你要渴望知识，并学着自己去寻找获得各种知识的方法”。

大学记忆里还有一些值得铭记的内容，比如“地下论坛”。那时候，高年级同学每周有一个晚上，会在系里的顶楼过道里，自发组织不同年级对建筑有兴趣的同学讲讲自己的设计，范围不大，讨论的氛围却很热烈。“参与这个活动，使我最早开始有了将个人的兴趣和思考转化为公共表达的愿望和需要。现在想起来，这一点其实是成为建筑师后开展工作的一个重要方面。”

告别可疑的“体制化绘图训练”，归零，反思

大学毕业后，李静晖到中国科学院北京建筑设计研究院工作了 7 年。在那里，他开始真正具体接触到中国的建筑行业。尽管参加工作后很长一段时间里，李静晖主要的工作还是辅助院里的老同志画卫生间和楼梯的大样施工图，但他并不觉得枯燥，因为他一直相信，建筑师通过具体的经验来和人发生关系。“无论是建筑还是城市，对于我从来都是具体的、有经验可循的，而不是抽象的。”比如当工程负责人，主动跑现场，学着画全套的施工图等等。

然而，在各环节的工作中，他慢慢发现，在大型设计院的体制下，“就是学了画施工图和盯工地，对这个房子还是没任何感觉，于是开始意识到设计院画的那种施工图特别抽象，说好听一点只是对各种设计审批通过有效，但对一个建筑最终完成质量的控制几乎无效”。他并不认为设计院里体制化生产本身是错误的，但问题是，为什么在这种体制下的生产（工作）方式会如此单一？为什么它似乎总是有意对其他可能性、其他方式进行屏蔽？“同样令人困惑的是，你渐渐会发现，对这种问题，当时的体制留出来可以进行对话的对象和空间很单一、很狭窄。”这种困惑在工作中越来越多，李静晖觉得自己总是想不清楚，经常自问：“我们这个社会为什么还需要建筑师这个职业存在？懂技术、会画图（画）就是全部的理由吗？”

正是这个问题，让李静晖把自己重新“踢”回了校园。而他之所以选择投考北京大学建筑学研究中心，其中一个直接的原因，是张永和设计的中国科学院晨兴教学楼带给他的震动。“这种震动主要不是来自建筑设计本身，而是这个小建筑让我一下子看到了有别于体制化生产的、另外一种盖房子的方式。”李静晖描述道，“这个建筑似乎摆脱了那时令我困惑的各种现实限制，仅仅以一种干净简单的姿态矗立起来。”从张永和在设计中所体现出来的实践方向，李静晖读出了一个信号：变化已经开始发生，其他的建筑实践方式是有可能的。他决定不再去被动地重复相似的尝试，而是要重新整理自己，给自己的建筑工作和生活都进行一次“格式化”。他认为张永和新创立的北京大学建筑学研究中心是一个解惑之地。

在李静晖的体会中，那时北京大学建筑学研究中心的教学有一个基本出发点，即通过展开实践、讨论、交流、研究等各种方式来探讨在当代现实的条件下做建筑的方式与可能，做建筑师的方式与可能。这使李静晖开始重新着手搭建自己的知识体系，建立对建筑问题的基本立场和态度。在学习期间，李静晖也参加工作室设计，自己动手盖房子，然后中心会请校外的老师来讲评。有一次，“艾未未老师和同他一起过来的一位艺术家对我们的工作提出了激烈的批评，认为我们的工作完全是在建筑学内部的自言自语，是缺乏政治立场的表现。”这个批评给了李静晖重要的提醒，他重读肯尼斯·弗兰普敦的《现代建筑：一部批判的历史》。最后，“建筑实践与社会的关系”，这个产生于设计院、促使他重回校园的困惑得到了解答——他将自己的基本立场最终定位为：一种批评性的实践方式。

一切指向实践

“愿意思考、关心和建筑有关的一切问题，说到底是因为我感兴趣的是具体地做建筑，而不是欣赏建筑、评论建筑。”2006 年，李静晖与另两位也曾在北京大学建筑学研究中心学习的建筑师

杨帆和胡罡一起成立未名空间建筑设计工作室。在中国高速发展为建筑行业提供大量发展机会的背景下，李静晖认为，通过一种“提出自己立场的实践方式”来参与这个社会进程，可以直接地表达自己对建筑、对社会的理解。而且，工作室这种实践形式具有较好的可操作性，它是小型的。“另外，是想建立一个鼓励研究和思考的工作机制，希望和单纯的商业实践有一定的区别。决定注册公司，则是想尝试建立一个和社会接轨的职业体制，希望自己的实践具有一个职业上的连续性。”

“未名空间”成立伊始，李静晖的工作就投入到了自己一直希望的“主动的思考和实践活动”中，这也是他到现在为止对自己的工作状态最满意的地方。在工作室内部，设计师们试图通过组织小型的研究会议来营造一个讨论氛围。他们基于不同的项目，进行有针对性的思考与设计。他们也积极地参与展览和出版活动，参加与建筑或城市有关的文化讨论，保持独立的思考、设计与研究。

“我想把我们当前的实践方向重新缩短为一句话：在当代的、现实的条件下，开展一种以独立思考为前提的，多样化的、批评性的建筑实践。”李静晖称，“我们关心一切问题的目的是指向实践的，当然这是一种基于思考的实践。即使我们希望在工作中引入研究，也最终是一种基于实践的研究。”

李静晖对于建筑“建造”层面上的探索，与他对城市问题的理解也有着密切的关系。在他看来，城市问题和建造问题恰好构成同一个对象宏观和微观的两个方面——这个对象就是当代建筑实践。他赞同美国经济和社会学家 Saskia Sassen 对“什么是城市”与“今天的城市问题是什么”这两个问题的阐释。后者认为，在历史上，城市是从矛盾中产生出来的，并且城市有能力把矛盾、分歧、憎恨、畏惧转化为第三种可能。而今天的城市正冒着失去这个能力的风险。在李静晖看来，Saskia Sassen 谈到城市具有的“第三种可能”，正是建筑师需要通过自己的建造实践去定义和寻找的东西。“城市问题今天实际上构成了建造问题的原因，这是我今天对城市问题和建造问题关系的基本理解。”从这个角度出发，作为一个民营性质的建筑工作室，对“城市问题”有多大的话语权？李静晖认为，尽管无法掌控“城市问题”，但对于一个盖房子的建筑师而言，争取话语权的方式，就体现在建造实践的过程和结果中。

以“实践”研究“问题”，以“问题实践”的方式做建筑

谈及建筑设计中的方式问题，李静晖说：“我们的方式更类似于一种问题实践，就是根据不同的项目特点找到不同的问题作为切入点，根据项目的进展对找到的问题做出分析解答。这么做可能使我们对不同的项目的设计看上去很不同，但我觉得这正是最有意思的地方，因为这正好反映出每个项目的不同特点和社会背景。”

国家天文台兴隆观测基地综合楼是李静晖所在的工作室承担的第一个项目。建筑位于两山之间一块微有高差的台地上，建成后将作为基地对外开放的主要公共活动区。为了解决如何与山地环境建立联系，如何将一个面积不大的小建筑表达为一个向环境开放的公共空间的问题，李静晖与同事创造性地引入一个折叠空间的概念，将地面、楼板和屋面整合成一个连续的表面，将办公、居住、就餐、休息等不同的功能空间结合场地标高变化在不同高度上连接起来，形成一条在两山之间沿线形折叠展开的连续路径。

2006 年，工作室接手了一家家具公司展厅的设计项目，难点在于苛刻的造价——“要使土建的成本控制在每平方米 500 元以内，甲方才有钱盖。”于是，工作室提出了一个由一系列形式相似但类型不同的短肢折墙组合成的清水砖外墙方案。“砖的造价低，当地就有生产，可以同时作为结构和装饰材料使用，能够保证外墙一次建造完成。而用砖砌筑成短肢折墙单元，这种方式可以大大增加墙体的稳定，有利于抗震，并且外墙中间不需要设缝。另外，外墙是由当地人施工的，他

国家天文台兴隆观测基地综合楼

们也熟悉这种材料和做法。”由于家具展品的展示主要依赖人工照明，需要在外墙上减少开窗，周围的工业开发区里也没有值得远借的风景，于是短肢折墙的组合被设计成了不同类型，形成不同形式的开口。这些开口为展厅内部提供间接的漫射采光，并把从内部向外远望的视线限定为不同的方式。

阳光书架

在建筑以外，家具也被李静晖所在工作室视为一种实践的方式。每个家具，都凝结着一个具体的问题，和一个具体的解题手法。

比如在圆明园工作室门廊里曾做过的一个“阳光书架”，是对“此时、此地”这个命题的一次有趣思考。“计算得到北京各主要节气变化日一天内太阳高度角变化时落在受光地面和墙面上的太阳轨迹线，在考虑书籍存放尺寸的需要后对得到的太阳轨迹线调整约减，用最后留下的太阳轨迹线相交构成的不规则网格确定书架最终的板式结构布置。”这是一个可以根据阳光角度的变化调节存书位置的书架。从气候因素出发，这个书架的功能特殊到它只属于它所在的地点和时间。

又比如工作室自己设计的一个图形会议桌。当时正缺一个会议桌，也缺一个存放图纸的柜子，因此产生了“为何不把两个家具合在一起”的提问。“从A3到A0，图纸的平面投影尺寸和存放形式决定了一个可以形成桌面的平面分割图表，这个图表暗示了一个板式结构的布置平面图，联想到小时候玩的插板游戏，我们决定采用相互插榫的方式作为立板与立板、立板与桌面板之间的连接方式，再根据会议桌周边坐人和受力的要求去掉每块板使用和结构不必要的部分。”这个过程有意地错用而不是挪用了传统工艺，使一种传统工艺因为被用来解决一个新的问题而重新有了用武之地。李静晖认为，在全球化时代，中国建筑师应主动将对传统的学习、思考和理解纳入自己的知识体系，才能让传统成为思考现在的问题和解决现在的问题的资源。

在他看来，好的建筑态度就是尊重自己，尊重他人，能够保持和各方面对话和协商的可能。坚持这个态度，正是做建筑设计最有意思的地方。（李威／文）

唐山药品超市（效果图）

孔明城（效果图）

孔明城（效果图）

用自己的步调走出焦虑

"山水秀建筑"设计总监　祝晓峰

1994年毕业于深圳大学，获建筑学工学士学位，毕业后留校任教。1997至1999年在美国哈佛大学攻读建筑学硕士学位。曾担任波士顿建筑学中心担任设计研究室导师，深圳大学建筑设计研究院项目建筑师，KPF建筑事务所（纽约）副合伙人、高级建筑师等职务。2004年至今，担任山水秀建筑设计顾问有限公司上海合伙人、设计总监。

祝晓峰的作品有上海"青松外苑"、上海春申万科城社区中心、仁杰河滨会所等。

多种因素的综合作用，如业主、政府、设计周期、建筑工业化等，形成了中国独有的设计环境。在机会与压力之下，建筑师不免要面对许多具有阶段性特征的问题，并因此而焦虑。祝晓峰认为，这种"焦虑"的状态，乃是由建筑师一方面忙着盖通过全球媒体学来的时尚建筑，另一方面也想找寻属于自己的文化体现，同时还不得不应对各种现实的情况。对此，他主张建筑师去寻找自己的步调，在现有条件下去实现高品质、有趣味的建筑设计。

关于理想：对中国的建筑语言有所贡献

谈及为何选择建筑，祝晓峰说自己从小就喜欢画画，"但我的父母都是工程师，他们不太可以接受我学画画，而不学数理化"。这样综合起来考虑，祝晓峰的父母觉得可以让孩子学习建筑，于是就有意识的培养他。高中时代，祝晓峰在当时一本叫作《建筑画》的杂志的引导下，渐渐地对建筑产生了兴趣，于是进入了深圳大学建筑系。

经过5年的专业学习之后，祝晓峰毕业时设计了学校的一个活动中心，并在留校任职期间将房子建立起来，那成为他的第一个建筑作品。1997年，祝晓峰在库哈斯的推荐下赴美国哈佛大学攻读硕士学位，毕业后加盟纽约KPF事务所，后来还成为了事务所的高级工程师。

在KPF工作到第四年时，他有更多的机会回国做项目。尽管他所在的公司在中国的部分项目也添加了一些"中国元素"，祝晓峰还是发现，这并不是自己的建筑理想，"与我想追求的，从文化的本质上对中国的建筑语言有所贡献的这个理想不太合拍。"他说，其实自己在留学前已经清楚，此行只是必要的历练，但最终是一定要回来的。于是，在为KPF工作了5年后，他回到熟悉的江南，开始了筑梦之旅。

祝晓峰为自己的建筑设计公司取了一个古典韵味十足的名字——"山水秀"。他说："这是我一直以来一个美丽的梦想，我小时候喜欢画山水画，现在我希望能在有山有水的环境里盖现代的房子。"他既赞同对于建筑的诗意与所蕴含的"自然"哲学，又融入了对于技术与当代文化的理解："我们相信建筑的根源来自人对自然和生活最基本的感知。在我们的设计里，重要的是空间、光线、物质所呈现的逻辑和情境，而非特定的形式和风格。在追寻智慧和诗意的路上，一块远古石料和一个数字虚拟结构将给予我们同等的启迪。"祝晓峰说，"整个社会都在通过不断的努力去收获文化上的自信，我们将自己的实践看作是这种努力的一部分。"

探索更多的原创性建筑语言

基于自己对建筑创作的态度，祝晓峰认为自己的努力方向，在于为中国现代建筑探索更多原创性的语言。为此，建筑师首先需要做的，是解决自身的焦虑。1998 年时，他就在哈佛大学设计学院亚洲论坛上讨论过当代中国建筑师所处的“焦虑”状态。他认为，中国建筑师一方面忙着盖通过全球媒体学来的时尚建筑，另一方面也想找寻属于自己的文化体现，同时又得应付包括业主、政府、设计周期、建筑工业化等各种中国独有的设计环境，这种“焦虑”状态就在建筑师寻求这些矛盾的平衡点时表露无遗。在一篇名为《寻找自己的步调》文章中，祝晓峰试图对青年建筑师在建筑道路中的困惑作出分析。他认为，在与西方前卫建筑学派接触时，不妨保持一种警惕心理，因为中国的建筑不该走向新一轮的“模仿”，让前卫建筑观念吸取市场社会能量和尝试新建筑语汇的积极意义沦为“形式主义的空壳”。

结合自身的经历与思考，祝晓峰认为，中国建筑师当下的工作中有两个重要方向。一是参与中国文化的复兴，以“批判性的地域主义”作为理论参照；二是融入全球化进程并影响整个世界。作为中国青年建筑师，应该对当代建筑有自己的贡献，而不是刻意去形成和西方建筑之间的对比或者抗衡。中国的建筑师要尝试去做一些事情，抛开狭隘的“民族主义”，去积极探索更新的建筑语言。正如他所涉及的仁杰河滨会所——项目坐落在一个三岔河口，以连续的草坡和石墙与场地连成一体，临河一面则通过落地窗向景观开放。河边小径被纳入建筑内的线性空间，并经由三桥联跨三岸，暗合当地平野烟水的风貌。山水画般的基地环境，烟波浩淼，钢和玻璃质感的大体块建筑，现代感十足，而形体舒展的虹桥如同纽带，连接着山水与建筑，也仿佛连接着梦幻与现实。

在上海春申万科城社区中心的项目中，祝晓峰以“开放性小区”的理念为源——因为有交通干道从社区中穿过，同时在规模并不甚大的一块基地里集中了商场、邮局等等公共性很强的场所，所以最初的定位是期望营造一个外部环境与居民生活互动的公共性社区中心。基于这一点，设计师提出了一个大胆的想法，利用一层的菜市场的屋顶平台作为公共交流的场所。三条自然舒展的转折形体围合出富于变化的外部空间，为社区中心的不同人群所共享，这也是对传统板式建筑进行改进的新的尝试。但创作中却遇到了周折，即“万科城”的居民们完全拒绝了这种与外界的交流，结果便在无形中将这个社区割裂成两部分，以交通干道为界，居民仅仅是在内部形成自己的交流圈子，原有的流动感则消失殆尽。祝晓峰说，这个没有实现自己初衷的设计引发了他对中国城市居民意识形态的思考，反映了一个不可避免的社会现实。也许是与中国人内敛含蓄的传统性格有关，同时也由于城市人之间的竞争日益激烈，当代中国城市居民形成了很强的自我保护意识和排他性，很难接受与外人进行资源共享，这里说的资源，当然也包括了公共场所。

作为一个颇具探索冲动的设计师，祝晓峰的在创作中并不仅仅局限于作品本身的好与坏、美与丑，更多的是关注作品背后所表现的精神理念或反映出的社会现象，并从中汲取和提炼出精华，作为自我提升的铺垫。

青松外苑外墙肌理

“青松外苑”：文化和技术的双重体现

“青松外苑”是祝晓峰在2004年来到上海后所完成的第一个作品，在其中，他对材料、形体、空间与基地关系所作出了不同层面的思考。

这个项目位于上海往朱家角的 A9 高速公路旁，基地是一个介于市镇与公路之间的夹心地块。任务是占地 3 万平方米的绿地景观设计和其中包括酒吧、餐厅、园林及户外停车场的两座小建筑的加建改造。祝晓峰首先用树阵的概念支配了植物配置和外部空间的划分，利用几条自然的轴线把原有的一面外墙变成边界围墙，排水沟和青石板小径穿行于各组树林之中，引导着视觉和步行的线路。这种中国园林的设计手法将整个环境的规律在既有空间架构下清晰的呈现出来。

青松外苑

在建筑改造设计上，“青松外苑”的两座建筑物顺应了原有的形体逻辑，但祝晓峰通过材质的运用和新旧墙体之间的加与减，非常巧妙地隐藏并同时转变了旧的外墙立面，使改造结果更近于一对相互搭配的体量组合。东面的建筑是一个被杉木条包住的体量，杉木条在这里变成了一层有斜度的半透明表皮，而表皮背后的混凝土墙则显得若有若无、变幻莫测。

在另一座建筑的外立面上，祝晓峰将青砖作为贴面饰材依附于砖混结构的墙体上。每一排青砖之间都增放了更薄的望砖，形成立面上横向线条的主旋律。墙体的中间部位开了一扇别致的窗。在这里，饰面的排列变成了独立并互相支撑的青砖和望砖。这是一种既传统又现代的设计手法。在材料的运用上，它使用砖材代替了传统建筑中的木窗花格，但它提供的视觉印象，似乎又找回了很多当代建筑所抛弃的传统感觉，厚重感的青砖和望砖所组合的窗口成就了一种轻盈、通透、近乎于飘摇的效果，十分值得玩味。

酒吧的旁边是加建的玻璃体块，用以延伸室内空间和联系室外景观。在这个玻璃盒子与整个空间的比例、玻璃与钢柱关系的处理上，都能看到学生时代的祝晓峰曾做过的休斯敦 De Menil 艺术馆加建方案的痕迹。其实，每一个建筑师都在设计生涯中逐渐形成了一套属于自己的创作思路和设计手法，在打造自己的建筑作品的过程中，他们不仅赋予建筑以曼妙的形体，同时还赋予建筑以鲜明的性格，而这种性格的塑造，就来源于建筑师内心深处对建筑本质的理解，来源于他们相当长一段时期内的创作理念。有了形体和性格，建筑才有了完整的生命，才有了可以打动人心的力量。

除了杉木和青砖之外，这两座小建筑的其他体量都以白色的粉墙作主要的背景材料，再加上为酒吧加建的玻璃盒子，配合周围的景观设计，形成了高速公路旁边一个形体特征鲜明和质感丰富的地标。设计师以一种非常大胆的创作手法将杉木、砖材、白色粉墙和玻璃盒子等一系列原本不相干的材料糅合在一起，成为一个对比强烈但又不失和谐统一的整体。

以提高作品的品质为第一要务

从位于珠三角地区、以高速建设闻名的城市深圳走出来，经过长期的学习和工作，祝晓峰对于自己的历程与建筑师身份时有反思。这种反思，首先表现为一种谨慎：“许多‘海归’建筑师回国后的话语权增强了，只要建成了几件像样的作品，各种各样的展览、采访、宣传就接踵而来，国际上，尤其是欧美的建筑界对中国当下建筑实践的关注度也进入了一个前所未有的火热时期。但如果把我们目前作品的水准放在世界上来衡量，就很容易发现相当的泡沫。我们确实在进步，但我们更应该善待眼下难得的机遇。因此，我希望自己能够愈加踏实，以提高作品的品质为第一要务。”每个人的心性不同，有人能够在诸多的社交活动中迸发出创作的灵感，而他所信奉的则是在扎实的工作之后，收获殷实的成果。

尽管对于传统文化有着不变的重视，并以丰富当下中国建筑语言为目标，但祝晓峰一直强调的是，应该淡化所谓的“家国情结”。这是因为，“中国性”这一宏大和沉重的命题，对于这些年轻的建筑师们而言，既不是他们的经验和传统文化的修养所能够探讨的，也非他们的兴趣所在。他们更关注的是如何在中国现有的条件下，实现有品质、有趣味的建筑。他们并不太在意自己的思想和形式是“西方”的，还是“中国”的。虽然他们的某个设计的构思中可能会强调中国传统建筑文化的影响，但那只是解决某个具体案例的具体策略，绝不是将对中国建筑和中国文化的界定作为自己的建筑观或者选择的道路。

祝晓峰认为，有两件工作目前可称得上是有意义的应对。一是在全球背景下对中国城市化过程的积极回应。产业功能及社会生活的变迁所激发的新的城市空间和建筑形态，往往是原始自发的，它们当中所蕴藏的设计策略和形式潜力却很少被有意识地发掘。二是从建筑本体上寻找有中国文化品质的现代建筑语言。通过实践创造新的建筑语言，既享受创新，又能为完成传承文化的使命添砖加瓦。另外，理论方面的建设也是不可或缺的，现在中国是在埋头做事，容易陷入一个方向性的被动局面。理论层次的交流与发展对于建筑学本身的完善也是十分必要的。

（朱妍丽　李子涵／文）

仁杰河滨会所

晨兴广场

朱家角国家粮仓C6地块

让建筑成为关注现实社会的手段

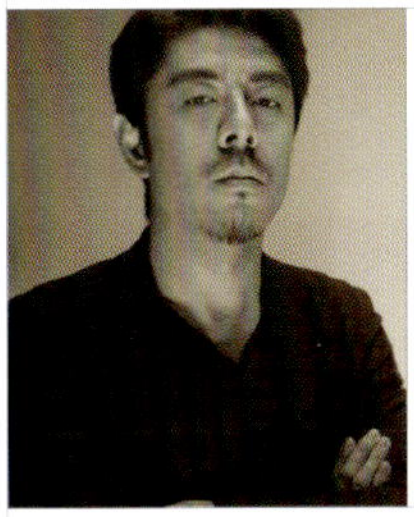

MAD建筑事务所　马岩松

1975年出生于北京。2002年毕业于美国耶鲁大学，获建筑学硕士学位。2002至2003年在伦敦的扎哈·哈迪德事务所和纽约埃森曼事务所工作。2004年回国成立北京MAD建筑事务所。

他曾获得2006年度纽约建筑联盟青年建筑师奖，2001年美国建筑师学会（AIA）建筑研究奖金。作品包括："浮游之岛"——重建纽约世界贸易中心方案、加拿大多伦多"梦露大厦"、上海现代艺术公园（S-MAP）概念设计、广州生物岛太阳系广场国际竞赛一等奖中标作品、"Net+Bar"概念设计竞赛一等奖作品等。艺术装置作品"鱼缸"、"墨冰"曾分别在中国国家美术馆和中华世纪坛展出。

2006年春，伴随着"梦露大厦"在加拿大多伦多ABSOLUTE超高层国际竞赛中标，那个自称为"婴儿建筑师"的马岩松一下子被推至风口浪尖。才过而立之年的他，用一种先锋、独立的姿态冲击中国、乃至世界建筑界。

在科幻电影般的前卫设计，如红螺会所、浮游之岛、广州太阳城以及"螺旋动感上升有机体"梦露大厦的背后，直面马岩松，人们可以发现他的性格是自由、独立的，不囿于世俗的观念和固有的标准，因而更容易接近事物的本质。在建筑本身的物质特性外，他对建筑所关联的文化、历史与政治因素，对建筑的城市背景，对建筑师的"话语权"，一直在观察、反思。在不同的设计项目中，能够发现他独立的思考和对当下城市建设与建筑设计的批判态度，发现他所做的多个实验性极强的方案背后，有着参与城市进程的勇气，有着"实验是为了更好地避免浪费"的考量。或许，这就是另一面的马岩松。

"我想争取一个话语权！"

回顾拿下"梦露大厦"这一让他声名鹊起的案子，马岩松说，自己当时的第一感觉是"好多年轻人可以自由了"。因为这给了那些坚持做自己作品的人更多的信心。"年轻人对于我们是好奇，喜欢我们那些争议性的东西，又踌躇这样做对不对，（和主流）和不和谐。获得承认之后，他们就明白了有时候不和谐不是坏事。"

处于锐利的青年时代，马岩松并不缺乏利刃般介入建筑界的勇气，也具备充沛的创作冲动。而在他看来，年轻一代设计师要有自己的发言权。"如果没有人能与你对话，说明他们落伍了。团结，我认为就是新的一代年轻设计师起来了，并且拥有自己的发言权。这是完全不同的一代。"马岩松非常推崇 "大声展"。当年这个展览汇集了众多年轻的华人设计师,涉及平面设计、服装、建筑等领域，他们分别用自己的语言大声说出自己想表达的东西。

马岩松所渴望的发言权，也包括"标准制定"的问题。他认为，国外的评论界对城市影响很大，就是因为他们在定一个标准，但他们的标准却存在很大的问题，永远只是西方人眼中被"异化"的东方。中国现在的城市问题其实远不是他们认为的那些。"他们定了一个奖，给中国年轻人误导。但就我所知，没有一个外国人是真正了解中国当代城市问题的，年轻人最重要的就是亲自去观察。"因之，"我们希望用自己的声音说中国的问题是什么。不要让人觉得中国没有人关心自己的问题"。在马岩松看来，"中国自己的问题"，其中一个重要的部分就是普通人的生活。他说，自己本身也是平民化的人。

在城市"同质化"时代，更需要设想未来

城市的同质化在全球化的模式盛行多年之后愈发明显，这种"同质化"已经引起了许多文化

梦露大厦（效果图）

研究学者的警惕。他们提示人们看看纽约、伦敦、首尔、东京、上海这样的大都市街头，差别越来越少，充斥着一样的流行符号。“千城一面”的景象将在建筑上更明显、更剧烈，这就不禁让许多人对中国文脉如何延续，中国特色如何凸显忧心忡忡。

马岩松有着西方学习的背景，他的设计方案也大都充满了西方后现代特质。他面对中国城市丧失本土特征的危机，说得坦然：“我觉得，完全一样和保持绝对的个性，这两种想法都是乌托邦的。”正如本雅明认为机械复制时代的到来使得艺术光晕消失，马岩松也认为是工业社会的巨变让什么都开始复制。建筑师虽然在提倡地域性，但是一个村庄演变为城市，必将与其他城市联系紧密。

现在有很多城市，为了寻求特色，就回到过去寻找可识别性。马岩松并不认同，他坚信——了解过去并不是为了模仿过去，了解历史唯一的作用就是设想未来！

“作为设计师表现出来的，就是未来的。我要说的是了解过去，是为了做一个完全不同于过去的东西。”马岩松的眼中，不论是过去的辉煌，还是西方的强势，都不能成为他的标准，他将全球如今往一个方向上走，归因为崇拜一个标准，所有人将这一标准奉为金科玉律的结果，就是实现它。倒是古人没有那么多的标准，马岩松钦佩的是中国古人“前卫”的心态，敢于尝试没人做过的事情，敢于打破固有的规则——“四大发明”不都是面向未来的吗？现在的人反倒缺乏这样的精神。“如果今天中国还有这样的精神，也许就能创造一个新的标准，中国的标准，有别于其他地方的标准。”

关注城市，设计“批判”

近年来，马岩松频频参与具有强烈城市意识的设计活动，如北京“2050”方案、三亚凤凰岛建筑设计方案、贵阳市的“花溪CBD城市中心设计”等。相比较于2004年他在广州的“800米”这样的单体建筑方案，不难发现马岩松介入城市新文化构成的意识。正如另一位具有海内外求学与实践背景的建筑师马清运在评价马岩松的“三亚凤凰岛”项目时所说：“在此之前，他一直在做的是一个物件，是某种时尚的但又容易消退的物件，现在他要塑造一个新的城市空间。在这样大的尺度下，马岩松愿意站出来做这样一件事，我觉得体现了他试图解决城市问题的一种尝试。”

北京2050（效果图）

通过大量的设计工作，包括许多建成机会也许并不大的方案提交、落实到实践层面上的设计，马岩松使设计和规划的整体过程本身就构成一个批判性的个案，不遮不掩地宣扬其立场与态度。

由于自幼生活在北京四合院，马岩松对北京城区改造的过程关注颇多。北京先是大举拆除四合院，盖三层的小别墅；随后四合院被认为是文化象征，需要保护。但是这种保护并非马岩松所期望的。四合院成了“主题公园”，这个“城”已经不是人住的城，只是去满足游客的观赏欲。另一部分是有钱人，将四合院当成是一种奢侈的地位身份象征，对四合院进行彻头彻尾的改造，和古老的东西已不搭界。

“中国的传统不认为城市的改变可以改变人们的生活，但在西方认为城市改变，人就会改变。”正是抱着这样的心态，马岩松曾说过他希望通过建筑改变未来人们的生活态度，更希望能够消除建筑的阶级性。

2007年设计的内蒙古鄂尔多斯博物馆也体现了马岩松对城市的观察与隐喻。博物馆坐落在鄂尔多斯的新城区。MAD事务所这样介绍项目的背景：新城建设依照一个被命名为“草原上升起不落的太阳”的总体规划进行，一个由空荡的城市中心广场发散出的一系列象征阳光四射的绿化景观，构成了一幅对政府行为心领神会的壮观图像。

因此，博物馆以不规则的、由抛光金属百叶缠绕而成的壳体对城市规划作出回应，周围的城市景观在博物馆的表皮上被消解成为无意义的碎片图像。而在这个现代金属穹隆之内，则是一个被天窗过滤后的光线所笼罩着的、纯净而宁静的流动室内世界。马岩松称："因为是不规则的曲面，周围的建筑被反射后都扭曲起来。我并不认为其他建筑会很好看——扭曲一下也许变好了。"

从2008年起，MAD建筑事务所策划并组织了11位国际青年建筑师，在花溪CBD城市中心设计中展开一次以"高密度城市自然"为主题的城市及建筑设计实践。2009年开始，第一轮概念设计方案公布，后来它们被否决了。马岩松承认，第一轮是一次"不怎么成功的概念设计"，但他和建筑师们还要做第二轮、第三轮，甚至更多的尝试。

在马岩松看来，"实验"在多种层面上均具有重要意义。"我强调的是实验，而不是直接犯错误，更不是随便来一个外国建筑师，做一个很不靠谱的设计，然后就开始盖——都已经盖成了，还算什么实验呢？那就叫直接犯错误，不是实验。"他说，"没有达到理想的效果，我宁可只做设计。"

弱化空间规则

早年，在还未曾拥有一个已建成项目时，马岩松曾表示："虽然有可能我的建筑生涯还没真正开始，但是很可能最有价值的就是前面这些没建成的。"他并不认为建筑是一个工程，因其与文化、历史、政治的关系太大。"传统上一般认为建筑是工具，或者政治、权利决定怎么做，用建筑实现这种场景，人们按这个规则在里面生活。"他认为，今天的情况可以不一样，建筑师能够从可支配的层面里提出某些观念，"我们喜欢自由，我们希望建筑是一个舞台，人在里面可以不停地自由发挥"。他说，这个概念如果能实现的话，一个房子建成与否，并不是最重要的。

尽管如此，我们还是有必要从MAD近年来陆续建成或在建的项目，去观察马岩松如何在建筑中表现对当下问题的关注，如何企图发挥建筑自身的影响，如何去弱化不同个案中的空间规则。

MAD第一个建成的项目是红螺会所。会所坐落在位于北京密云地区湖光山色中的红螺湖别墅区。建筑主体是一片仿佛由流动的水面凝固而成的银色三维曲面，它在水平和竖直方向之间延伸扭转，模糊了屋顶和墙壁、室内与室外、固态和液态之的界限。跟随这个银色表面的运动，人们可以进入两个方向的分支空间——一个位于水平面下1.3米的下沉庭院和一个漂浮在湖水中的游泳池。下沉庭院连接着水岸的另一端，当人们从岸边拾阶而下步入这里，视线与湖面在同一水平面上，身体的一半仿佛在水下。游泳池的水面和湖水也在同一平面上，使人工和自然的界限再次出现模糊。设计是对于现代主义城市建筑的工业属性的叛逃，它鼓励人们有选择地去体验空间。

红螺会所

2006年，马岩松在内蒙古乌兰布统区一处私人马场设计了由8座度假屋组成的草原别墅。设计的起点在于对当地景观与气候的尊重与回应——从起伏的地形中发现的洞穴、树、山坡、谷底，成为8座别墅与周围环境相结合的自然元素，并由此决定每个建筑各自的形态与细部设计。第一座建成的草原度假别墅外部形态取自基地环境中一棵白杨树，整个建筑如同手臂环绕着它，并以白色作为印衬这棵树的背景。这座度假屋坐落在山边，可以远眺周围的山谷。巨大的、带斜度的玻璃窗跟随着山形的坡度以及建筑的走势。

在建中的"梦露大厦"（The Absolute Tower），位于加拿大多伦多地区的密西沙加市，是一栋50层的地标性公寓建筑。"高塔的设计一直是对地理和社会环境的一种有力的陈述"，高层建筑在现代建筑发展史中，最初乃是以突破与挑战的姿态出现。马岩松则取消了传统高层建筑中用来强调高度的垂直线条，让连续的水平阳台环绕整栋建筑，来对应不同高度的景观文脉。在这个高层建筑普遍失去先锋意义的时代，新的设计语汇随之产生。

另一栋在建中的MAD设计的高层建筑——天津中钢国际广场，试图建立一个具有有机形态的全新地标。设计的概念是将建筑形态、结构受力以及文化符号统一在"蜂巢"状的六边形原型。"蜂巢"既是建筑的外表皮，也是建筑结构的受力主体。外立面由五种不同尺寸的六边形窗构成，是对"六棱窗"的发展与创新。富于变化的六边形"蜂巢"窗为方正简洁的塔楼体形带来了如生物

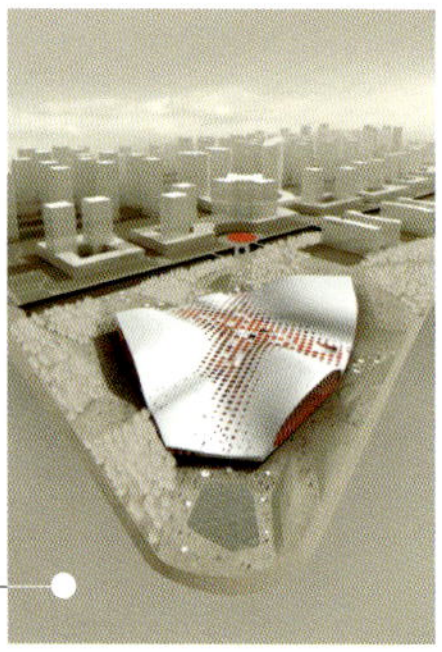

上海数码媒体实训基地（效果图）

细胞般的自然肌理。六边形窗的尺寸和形态变化依照当地的日照和风向特征而设计，综合了日照指数和太阳高度角变化以及全年风速风向特征，这样的表皮设计有助于在夏天获得最大限度的能量，在冬天损失尽可能少的能源。

而在位于广西北海海滨区域的一处居住建筑，马岩松试图去做一个拥有既高密度、又经济可行，有地标性的特色住宅。设计概念结合了两种常规定义的元素，即高层长形的塔楼和低层板楼，在长形结构基础上大胆创造出新型结构。这种结构可以最大程度地实现建筑内的远景观，但是它也一定程度地阻挡了海滨与内陆之间的视线。为此，设计师在塔楼中间切出像山一样的造型，并在建筑的结构上面开洞，使空间、海滨景观以及采光都能通过这些洞渗透进城市中，使建筑本身成为一座供人们居住的“假山”。

人有两种接近真实的方式，一种是模仿，一种是创造，前者是接近既有的，后者是接近理念的。值得关注的是，马岩松在坚持“创造”，并且以他的建筑创作越来越多地直面现实、介入现实。（陈惊雷　赵夏榕／文）

新宫俱乐部（效果图）

广州太阳城（效果图）

浮游之岛（效果图）

做有品性的中国建筑

上海米丈建筑事务所总建筑师　卢志刚

1973年12月出生。1997年毕业于重庆建筑大学。2003至2004年，获法国政府长期总统奖学金资助，赴法国巴黎进修。2005年成立上海米丈建筑设计有限公司。

卢志刚的主要作品有上海市高级人民法院审判法庭办公楼、新江湾城邻里中心、无锡中达公司总部、上海大学体育中心、上海大学美术学院等；2004年，策划组织“城市取样1×1”巴黎、北京、上海、柏林巡回展。曾于2000年获第一届上海国际建筑设计展青年建筑师创作奖；2002年获第二届上海国际青年建筑师设计作品展一等奖；2003年获上海市青年建筑师新秀奖金奖；2004年获中国建筑学会青年建筑师奖。

在当前建筑业大环境里，一个年轻并小有成就的建筑师离开“大院”，最大的诱惑之一，很有可能是从相对庞大的体制里，从一个相对固定的生产环节上脱身，转变为更有活力、更为丰满的“立体”人物。当然，无可否认的是，大院经历本身也是一度滋养这些建筑师的土壤。诚如英国建筑师理查德·罗杰斯所言：“建筑是最有社会性的艺术。”在自己创立的米丈建筑事务所里，年轻的卢志刚在建筑设计、文化出版乃至创立家具品牌等多个领域全面耕作。他所有的努力都围绕着一个共同的支点，那就是做有品性的建筑、积极追问城市建筑文化的生成与流变。无论是“走个性化定制路线”的经营理念，还是“搭建大众与建筑专业阶层”沟通平台的文化活动，都紧扣这一点。

学习解决问题的方法

从小学过美术，父母本身又是建筑工作者，走上建筑道路对卢志刚来说，并不是一个意外的选择。从重庆建筑大学毕业后，他进入华东建筑设计研究院，开始了作为职业建筑师的生涯。

大型设计院是我国建筑业内重要的组成部分，在很长一段时间内，都是建筑设计生产最主要的阵地。在数十年的发展中，大型设计院通过多类型的优秀项目，总结出了出色的施工管理经验，制订出成套规范的管理条例，从咨询到建成，上下游配套齐全，综合力量强大。卢志刚在华东建筑设计研究院工作的8年间，也是获益匪浅。“华东建筑设计研究院最吸引我的是工程机会，因为你可以做大项目。”参与大项目，往往意味着建筑师将接触到不一样的层面。“你能够和很多优秀的工程师一起工作。而且，一般大项目的甲方实力比较强，他的决断力或处事方式可能也会对你有些影响。”卢志刚说，“我觉得不管做哪个行业，建筑、艺术或者其他管理工作，实际上都是在寻找解决问题的方法。如果你能够掌握解问题方法，你就会有很强的能力。”

在华东建筑设计研究院时所做的设计中，上海市高级人民法院审判法庭办公楼、上海大学美术学院、体育中心等项目都给卢志刚留下了深刻的印象。其中，上海市高级人民法院审判法庭办公楼曾获得国家级设计一等奖。在对这个设计的自评里，卢志刚认为，很重要的一点，是对建筑自身与城市之间关系的梳理，通过这一建筑实践，“希望寻求建筑和城市的一种动态的均衡，使之成为城市场景和运动过程中的诗意部分”。由于大楼的大部分场所面向公众，广场以草地和高大乔木为主，加以常绿灌木，形成一个开放的入口广场，通过高差、植被的自然分隔，形成内外区的分界。设在大楼中间北侧的主楼入口为一个内外互融的玻璃体，向外倾斜，极具现代建筑理念。其下为一个统贯各层的共享大厅，改变了以往法院建筑常用的“明镜高悬”的语汇，将寓意中的“镜面”由二维演变为立体的“镜堂”，以此表现法院秉公执法、开放的特征。建筑完成后，“建筑本身的特性通过简洁的语言及大块面的虚实转换得以体现。完整的视觉影像在城市的连续界面上呈现出强烈的震撼力，使跳跃的街道在基地范围内有了暂时的停顿”。

从“分段作业”到“建筑师负责制”

回顾在设计院时的工作，卢志刚也有遗憾，比如在设计项目的完成度方面，有些原来的想法并没有完全实现。他认为造成遗憾的症结在于，施工图是其他的建筑师在做，“当然，我也很能理解做施工图的建筑师的想法——你既然把这个拿给我，我肯定要负责按照我的想法把它做好，这样两方面的想法就会产生一些差异，尽管他觉得这样做已经很好了”。这个现象，实则是大型设计院工作方式的一个缩影：

“大的设计院会把工作切分成不同的阶段，然后每个人负责一个层次的工作，比如说做经营的同事会洽谈项目，方案工作的可能有个方案组，施工图会是施工图的一组人去做……”这样，建筑师所从事的也是一个分段的“作业”。但实际上，“建筑师不是把方案做好了，就成型了、完成了，你会发现在做的过程中，哪怕是在最后装修、收尾工作中也存在设计——甚至于施工图期间有更大的设计量。就像你收设计费一样，建筑方案设计只占到百分之十到二十的份额”。

相比起这样的工作模式，卢志刚更认可建筑师负责制。都说建筑师是用别人的钱来实现自己的梦想，他觉得，做建筑更是一个协调的过程，“如果是一个建筑师全程控制的话，它对建筑最终的实施效果会有很好的促进作用”。比如巴黎的戴高乐机场垮了，首先是追究安德鲁的责任，然后才追究到施工和建材上，因为这个项目是安德鲁建筑师负责的。

“现在有个提法，叫设计的专业化，就是把每种类型的建筑，或者每个阶段都交给非常专业的人去做。比如说医院建筑，我们培养出医院建筑设计专家；学校建筑，我们培养出学校设计专家……”卢志刚认为，这样做是有弊端的。“我觉得专业化是一个非常功利化的模式，它把建筑设计降格为一个类似于产品生产的过程。”在我国建筑业的发展历史上，这一模式有着现实的基础，“之所以发展到这一阶段，也有它的合理性。因为建设量太大，只有用大设计院的这种方式才能把它做完”。但另一方面，“对我们来说，想要做一些稍微有趣和个性化的东西，就必须与这种模式脱开”。在他看来，如果能够全程控制整个项目，也许在谈合同的阶段，建筑师就可以争取以某种方式来做。

解读“质＋量”发展阶段的需求

2005年，卢志刚离开华东建筑设计研究院，成立米丈建筑设计有限公司。此举的动因，一方面是他发现自己与大型设计院常规的工作目标不太一样了，“国内大型的设计院或是商业的设计院对建筑的空间、设计品质这些问题，并不是那么看重”。另一方面，他对建筑市场未来走势的判断是以后的需求会是多样性的。以前，我国的建筑业很大程度上在解决“量”的问题，现在则是解决“质”加上“量”的问题，以后则可能更多地偏向于解决“质”的问题。基于这样的判断，他产生了一种“定制”建筑的思路——“我觉得特定的客户会更多，这是切合社会发展过程的。因为我不是做一个普遍性的房子，是在针对定制的房子”，提供个性化的产品，并能满足甲方对价值的要求。

卢志刚希望，自己做出来的房子是“非常有趣味性、能够感动人的，使用者住在里面会觉得非常舒适，对人的影响是积极的”。他认为，建筑师应更多地注重建筑空间，“有时候，走进一个建筑就觉得很乏味，这一点和设计师关系很大”。建筑界和社会上之前普遍要求建筑空间节约，流线要清晰、明确、经济，在这样的基础上，如果内部空间想要具有更多的创造性，则会对建筑师提出更高的要求。“有些房子，从外面看不出什么，但进去以后你会发现整个流线的组织、空间穿插安排都是非常有经纬，而且出人意料，有戏剧化的元素。现在我们看到每个房子，都会希望有一种空间上的超越感。"

"建筑是可以改变人的，"卢志刚说，"如果能够把一个空间的品质或者是建筑品质提高，使用者的素养实际上也会慢慢受到影响。"但这还只是对建筑的最低层面的要求，"最高层面是，空间会非常有灵性，能激发一个人情感的丰富性，比如说某道光的设计让你感觉到神圣"。

在无锡，卢志刚曾为一家民营企业设计了一座只有2000平方米左右的建筑。"我们在设计中探索一种当下中国新产业建筑的类型，"他说，让企业主和使用者得到新鲜的、与众不同的空间感受，在某种程度上，能够体现出建筑师对他们的尊重和关怀，也让他们发现——原来建筑可以是这样的。这个体量并不庞大的建筑位于高速公路旁的狭长基地，提示了一种动态的体量存在，错动的体块在运动中形成了一些有趣的空间，素色的粗糙墙面与金属的光亮形成一种对立，与该企业的运营内容也形成呼应。

做有品性的中国建筑

卢志刚将自己的公司命名为"米丈"，带有对当下中国建筑师所处文化环境、社会环境和发展路向的反思，同时也含蓄地表明了自己的态度。从字面上来看，"米"和"丈"都是长度单位，"米"是西方的，"丈"则是中国的。卢志刚说："现在在中国做建筑，你根本无法回避用西方的一套方法来做，但是必须是要加上中国的一些精神在里面，这样才能做出有地域文化的房子。""米丈建筑"的意思就是："米"和"丈"必须是结合的，但是"丈"肯定是比"米"长的，我们一定要把属于中国文化的这一块做得更好。

"其实我们现在非常关注一些宏观的东西，经济和社会发展都和我们的工作有关系，因为我们必须在当下这个时代背景下做东西。说到中国的文化复兴，我觉得这不是复兴的问题，是找回自己文化背景的问题，我觉得是一种回归。"在这种大背景下，建筑师需要了解自己在用何种方式建造，这个方式是根植在怎样的基础之上、怎样的时代背景之下的。

最终，建筑师对于工作的追求总是落实到具体的过程中。年轻的卢志刚坦言，自己的理想是要做有品性的中国建筑。所谓"品性"，就是品质与性格。"你必须达到优秀建筑所具备的最基本的东西。首先你要做出一个有品质的建筑，你才能去谈性格。否则你就只是耍性格，没有品质不能说是一个好的建筑。"

为了实现自己的建筑主张，卢志刚对公司的运营有着清晰的规划——首先是保持适当的规模，让它不超过30个人，在项目方面则控制在每年10个以内，甚至是五六个。这样做的目的，是为了降低在内部管理和协调方面的消耗，将整个设计品质更好地提高；其次，实施并发展项目建筑师制，增加在各个环节的控制度。"在过程中，往往甲方的配合度会越来越强。到最后，有可能我们设计的办公楼内部的材料，甚至是家具和窗帘，甲方都要我们帮他订，这样才觉得达到整体的效果。当然，很难完全把握施工水平的高低，但当我们拥有比较强的控制力时，在设计和建造的过程中可以摆脱掉一些负面的因素。"在做建筑设计的同时，卢志刚还在家具定制和出版两方面有所发展。他认为，这对建筑师也会带来好的影响，比如说家具设计就常常可以作为建筑师锻炼自己思维、艺术创造力、动手能力的好渠道。

关注建筑，也关注城市

作为一个建筑设计师，卢志刚认为，从城市层面去思考设计是有益的。"一个房子必须逻辑清晰，在上面加的建筑语言或符号都必须有所支撑。"他不排斥艺术家式的设计主张，突然获得一个令建筑非常好看的灵感，然后去实施。但即使如此，建筑设计依然应该是有依据、有逻辑性的。只有这样去与偶发的、被触发的想法结合，才会形成一个具有较高饱和度的设计。早在2003年，卢志刚就曾参与一个名为“城市取样1×1”的项目，选取北京、上海、巴黎和柏林四个城市作为取样的目标城市，在每个城市里选择1平方千米的区域进行研究。项目通过在四个城市之间建立一种横向的相同尺度的比较，为建筑设计和城市设计提供借鉴。卢志刚说，这个项目的意义在于影响了自己思考问题的方式，去更多地从周边的城市环境中寻找设计的依据。

“实际上，一个建筑最大的制约条件，或者说控制因素，都存在于它的周边环境。”在他看来，我们国家，要让一个单体建筑达到国际水准是很容易的，但我们的城市却很难达到高水准。而且，在目前城市快速发展的进程下，建筑师如何寻找并建立与城市之间的关系，是一个很大的难题。比如说，目前许多新建筑所在的地理环境都是农田、荒地等空旷之地，很难想象它在10年后的景象——“像宁波的鄞州区，二三十栋高层建筑在同时建造，它未来将作为一个CBD，坐落在南部商务区。这就等于，之前你在那里能够看到的全是农田，但可能几年后你去看，它就像曼哈顿中心区似的。”在这种情况下，卢志刚认为，要更多地去了解它发展的步伐、前景，从趋势中获得信息，去建立与未来城市的关系。而新的建筑，将会形成此地新的文化、将来的背景和将来的特色。“所以说，我们现在做房子，又有一个新的文化识别性形成的问题。”

对于建筑与城市的关注，卢志刚不曾放弃大众层面的普及工作。他说，建筑师与大众之间的沟通平台十分重要，“我们一直说甲方不懂建筑，谁谁谁不懂建筑，我们做的他们看不懂。反过来，这也说明我们建筑普及的工作真的做得很差”。他说，在国内，建筑设计一直都没有被视为一种大众艺术来推广，但现实是，“建筑师还很难归入艺术家的范畴”。对于建筑普及的工作，不妨由建筑师来参与、主张和发起，“我觉得这事情是应该由建筑师去做的”。卢志刚说，建筑普及文章需要专业的角度和大众的语言，就如科普文章一样。近年，他所在的米丈建筑和米丈堂文化推出《米丈建筑地图》文化丛书，介绍当代中国城市发展和现状——“当大众都得懂得欣赏和评价一栋房子的时候，整个建筑领域的水准才会水涨船高。”

（赵夏榕／文）

无锡贝安公司总部办公楼立面实景

无锡贝安公司总部办公楼实景

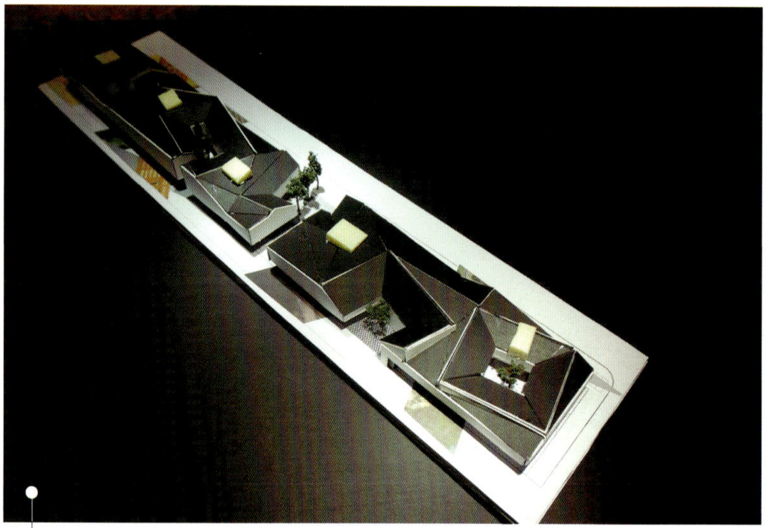

无锡胡埭新城公共带规划典型单体模型

知难，行亦难

——《新中国 新建筑：六十年60人》编后记

《新中国 新建筑：六十年60人》一书的选题构想，缘起于一年前江西科学技术出版社与我及熟知近年来《设计家》人物访谈内容的朱鸿召先生联系，商讨共同策划一部反映新中国60年建筑成就的图书。

今年初，选题确定，准备启动。出版社方面希望我和《设计家》编辑部来执行此事。我从一开始即知这一选题对我们而言任务和责任都很重。虽然近年来做过为数不少建筑设计界的人物访谈，积累了一定的素材，但《设计家》作为传媒，更关注的是当下之现实，而非过往的历史，秉持的是大众的、人文的视角，而非专业与学术的立场，而建筑在中国一直作为一个专业领域与大众保持着一定的距离。但我亦知此事于社会、于建筑界均有积极意义，于是知难而进。

所幸我们得到中国科学院院士郑时龄先生的理解和支持。作为关注中国当代建筑师成长的德高望重的建筑界前辈，郑先生针对当今中国经济发展成为世界关注的焦点、建筑和城市规划成为世界的中心时，中国的建筑师却处于国际建筑界边缘地位的现实，曾呼吁社会学研究和建筑理论研究应当超前并预示建筑界出现的问题。对此，我们深表认同。郑先生觉得编辑出版《新中国 新建筑：六十年60人》是一件难得的好事，而且总得有人做，虽说做了之后又可能受到各式各样的批评，但还是欣然担任了本书的主编。

在郑先生的指导下，编委会明确了《新中国 新建筑：六十年60人》一书的编辑思路：以在建筑设计领域具有重大影响力的国内60位建筑师的设计生涯以及他们的代表作品为经、设计理念为纬，为新中国60年的建筑师和新建筑立传，并希望新中国60年以来建筑师的成长、新建筑的发展之路，能鼓励当下、启迪未来。但在人物选择上，我们遇到了难题：我们是在非正统、非体制、非权威、非组织的条件下选择建筑师，无明确的标准作为参考依据，也无法动用大量的人力和学术资源进行评选。编委会本着纵观历史，侧重当下一线建筑师的原则，忍痛割爱地完成了人物选择。在人物排序上，也没有作带有主观色彩的代际或流派的划分，仅仅以纯客观的出生年月来进行编排。因为不是什么权威机构主持，不必面面俱到，不必考虑什么平衡，既有建筑大师，建筑名师，也可以颂扬那些年轻的建筑师和他们的作品，但是，我们仍然逃脱不了漏失一些重要建筑师和学者的干系。

值得一提的是，在60位建筑师选择上，有两个席位是以团队组合形式出现的。他们是两个建筑设计主体，彼此之间不是一般的层级关系相联合，而是以平等互补的合作关系相组合。编委会认识到，这是时代发展出现的一种新现象。在观念与现实之间，我们延伸了观念，追踪着现实。

开始正式着手工作，已经是今年4月。这里，我借用刘家琨回顾当年自己创业开事务所经历时的感叹——“我晓得创业十分辛苦，但我没料到竟是如此艰难”，来表达本书筹备、撰稿工作的不易。一是《设计家》已经采访过的人物，稿件完成不如想象中的轻松。这部分人物大多是建筑创作旺盛期的中青年建筑师，虽时隔不久，亦有大量资料需要补充；由对话体到叙述体的转换，仿佛是将水墨描绘成工笔，完全变了一个韵味。二是对1949年前出生或年纪更长一些人物的撰稿工作，原想一定要经过实际采访后再进行，但实行起来尤其艰难。他们除少数仍然活跃在建筑创作领域外，多数已经退休，有的已经年高体弱，少与外界接触，或难以联络，或经辗转联络后，却因种种原因予以推辞；或接受我们的邀请，并在阅读了采访提纲后，要求一定要进行当面采访，但又无法落实采访时间。时光蹉跎，最后留下的时间已经很少，我们只能在查阅大量资料的基础上进行撰写。很多建筑的图片资料，也由于年代久远，质量不是最佳的。

这本书能够与读者见面，需要感谢的人很多。首先要衷心感谢所有接受我们采访并对我们工作给予过支持的建筑师们，他们是本书的主角。另外特别感谢为本书做出许多辛苦工作的我的同事们，尤其是赵夏榕女士。我深信，她赴美前在中国进行的这些工作正如她所追求的，是有社会意义的。

六十年一甲子，生命又新章。我们相信，现代建筑的中国时代，正在孕育、诞生、成长中。

许晓东

2009年8月

启迪未来

图书在版编目(CIP)数据

新中国 新建筑：六十年60人/郑时龄主编.
南昌：江西科学技术出版社,2009.9
ISBN 978-7-5390-3570-3
Ⅰ.新… Ⅱ.郑… Ⅲ.建筑师—生平事迹—中国—
1949—2009 Ⅳ.K826.16
中国版本图书馆CIP数据核字(2009)第161160号

网址：http：//www.jxkjcbs.com
选题序号：KX2009092
图书代码：D09100-101

策　　划：温　青　刘　峰
责任编辑：孙开颜　徐晓锋
整体设计：武　士

新中国 新建筑：六十年60人　　**郑时龄/主编**

出版发行…………… 江西科学技术出版社
社　　址…………… 南昌市蓼洲街2号附1号
邮编 330009 电话（0791）6623491 6639342（传真）
经　　销…………… 各地新华书店
印　　刷…………… 深圳市彩美印刷有限公司
幅面尺寸…………… 210mm×280mm
印　　张…………… 15.75
版　　次…………… 2009年9月第1版 2009年9月第1次印刷
字　　数…………… 300千字
印　　数…………… 3000册
书　　号…………… ISBN 978-7-5390-3570-3
定　　价…………… 180.00元

（赣科版图书凡属印装错误，可向承印厂调换）